die mobilen
Mob. Alten- u. Behindertenhilfe e.V.
Mitglied im DPWV
Augustastr. 28 - Tel. 0251/7 33 42
48153 Münster

die mobilen
Mob. Alten- u. Behindertenhilfe e.V.
Mitglied im DPWV
Auguststr. 28   -   Tel. 02 51 / 7 33 42
48153 Münster

Die aktuelle Besteuerung von Vereinen

Von

Werner H. Bischoff

Steuerberater – Vereidigter Buchprüfer
Rechtsbeistand

2. Auflage

Die Deutsche Bibliothek – CIP-Einheitsaufnahme

Bischoff, Werner H.:
Die aktuelle Besteuerung von Vereinen: [steuerliche Besonderheiten bei gemeinnützigen Körperschaften; Voraussetzungen und Anerkennungsverfahren für die Gemeinnützigkeit; Neuregelung des Spendenrechts; zahlreiche Gestaltungshinweise und Praxistipps] / von Werner H. Bischoff. – 2. Aufl. – Bonn: Stollfuß, 2001
ISBN 3-08-318303-8

ISBN 3-08-**318303**-8

Stollfuß Verlag Bonn, Berlin 2001 · Alle Rechte vorbehalten
Satz: ICS Communikations-Service GmbH, Bergisch Gladbach
Druck und Verarbeitung: Druckerei Plump, Rheinbreitbach
01D4

VORWORT ZUR 2. AUFLAGE

Die Besteuerung gemeinnütziger Vereine ist, wie das gesamte Steuerrecht, seit der Erstauflage dieses Ratgebers im Dezember 1997 ständigen Änderungen unterworfen.

Die neuere Rechtsprechung, die Gesetzesänderungen wie das Steuerbereinigungsgesetz 1999, das Gesetz zur weiteren steuerlichen Förderung von Stiftungen, das Steuersenkungsgesetz 2000, das Steuer-Euroglättungsgesetz, das Gesetz zur Änderung des Investitionszulagengesetzes 1999, das Gesetz zur Einführung einer Entfernungspauschale, das Sponsoring, die Änderungen des Umsatzsteuerrechts, insbesondere seit dem 1.4.1999, machten eine grundlegende Überarbeitung des Ratgebers erforderlich.

Ab dem 1.1.2000 haben die gemeinnützigen Vereine die Berechtigung erhalten, für Spenden und ggf. für Mitgliedsbeiträge selbst die Zuwendungsbestätigungen (früher: Spendenbescheinigungen) ausstellen zu können.

Der Gesetzgeber hat die Verordnung zur Änderung der §§ 48 bis 50 EStDV vom 10.12.1999 als eine grundlegende Vereinfachung und Verbesserung der Regelungen des Spendenrechts angepriesen, doch dürfte dies in erster Linie nur für die Gebietskörperschaften, die vom Gesetzgeber her verpflichtet waren, die „Durchlaufspenden" zu bearbeiten, der Fall gewesen sein. Die kommunalen Einrichtungen sind für Spenden noch „Durchlaufstellen", wenn dies der Spender wünscht, i.d.R. werden die Spender nunmehr die Zuwendungen direkt an den gemeinnützigen Verein überweisen, den sie begünstigen wollen. Hierin liegt der Vorteil, dass die Vereine schneller zu ihrem Geld kommen.

Andererseits haben die Vereinsvorstände, insbesondere die Schatzmeister der Vereine, nunmehr eine weit höhere Verantwortung zu tragen. Während bis zum 31.12.1999 für die Vereine die Ausstellerhaftung keine Rolle spielte und nur die Gefährdungshaftung von wesentlicher Bedeutung war, kann nun auch die Ausstellerhaftung bei unsachgemäßer Behandlung einen schweren Vermögensverlust nach sich ziehen. Die Vereinsvorstände müssen sich mehr denn je mit den gesetzlichen Bestimmungen auseinander setzen und die Vereinsverwaltung danach ausrichten.

Ich befürchte, dass nunmehr die Finanzverwaltung nicht nur die tatsächliche Geschäftsführung und die Ordnungsmäßigkeit des Rechnungswesens, insbesondere im Rahmen des wirtschaftlichen Geschäftsbetriebs, überprüft, sondern ihr Hauptaugenmerk auch darauf richtet, dass die Ausstellung der Zuwendungsbestätigungen den gesetzlichen Vorschriften entspricht. Gerade auch bei Sachzuwendungen werden die zu beachtenden steuerlichen Bewertungsvorschriften einem nicht sachkundigen Vereinsvorstand große Schwierigkeiten bereiten.

Jedem Vereinsvorstand, der selbst nicht sachkundig ist, wird deshalb die Hilfe eines/einer Steuerberaters/Steuerberaterin bei der Bearbeitung seiner steuerlichen Verpflichtungen von großem Nutzen sein.

Der Ratgeber zur aktuellen Besteuerung gemeinnütziger Vereine soll neben den Berufskolleginnen und Berufskollegen auch den Vereinsvorständen eine wertvolle Hilfe sein.

Bonn, im Februar 2001 　　　　　　　　　　　　　　　　　　　Werner H. Bischoff

RECHTSGRUNDLAGEN

- Abgabenordnung (AO 1977) i.d.F. v. 16.3.1976 (BGBl. I 1976 S. 613, ber. BGBl. I 1977 S. 269), zuletzt geändert durch Art. 5 des Gesetzes zur Änderung des Investitionszulagengesetzes 1999 v. 20.12.2000 (BGBl. I 2000 S. 1850, BStBl I 2001 S. 28)
- Anwendungserlass zur Abgabenordnung 1977 (AEAO) v. 15.7.1998 (BStBl I 1998 S. 630), zuletzt geändert durch Art. 6 des Gesetzes zur Änderung des Investitionszulagengesetzes 1999 v. 20.12.2000 (BGBl. I 2000 S. 1850, BStBl I 2001 S. 28)
- Einkommensteuergesetz 1997) (EStG 1997) i.d.F. v. 16.4.1997 (BGBl. I 1997 S. 821, BStBl I 1997 S. 415), zuletzt geändert durch Art. 1 des Gesetzes zur Regelung der Bemessungsgrundlage für Zuschlagsteuern v. 21.12.2000 (BGBl. I 2000 S. 1978, BStBl I 2001 S. 38)
- Einkommensteuer-Durchführungsverordnung 2000 (EStDV 2000) i.d.F. der Bek. v. 10.5.2000 (BGBl. I 2000 S. 717, BStBl I 2000 S. 595), zuletzt geändert durch Art. 2 des Steuer-Euroglättungsgesetzes – StEuglG v. 19.12.2000 (BGBl. I 2000 S. 1790, BStBl I 2001 S. 3)
- Einkommensteuer-Richtlinien 1999 (EStR 1999) i.d.F. v. 14.12.1999 (BStBl I Sondernummer 3/1999)
- Erbschaftsteuer- und Schenkungsteuergesetz (ErbStG u. SchenkStG) i.d.F. v. 27.2.1997 (BGBl. I 1997 S. 378, BStBl I 1997 S. 298), zuletzt geändert durch Art. 19 des Steuer-Euroglättungsgesetzes – StEuglG v. 19.12.2000 (BGBl. I 2000 S. 1790, BStBl I 2001 S. 3)
- Erbschaftsteuer-Richtlinien (ErbStR) v. 21.12.1998 (BStBl I Sondernummer 2/1998)
- Gesetz zur weiteren steuerlichen Förderung von Stiftungen v. 14.7.2000 (BGBl. I 2000 S. 1034, BStBl I 2000 S. 1192)
- Gesetz zur Senkung der Steuersätze und zur Reform der Unternehmensbesteuerung (Steuersenkungsgesetz – StSenkG) v. 23.10.2000 (BGBl. I 2000 S. 1433, BStBl I 2000 S. 1428), zuletzt geändert durch Art. 8 des Gesetzes zur Änderung des Investitionszulagengesetzes 1999 v. 20.12.2000 (BGBl. I 2000 S. 1850, BStBl I 2001 S. 28)
- Gesetz zur Umrechnung und Glättung steuerlicher Euro-Beträge (Steuer-Euroglättungsgesetz – StEuglG – v. 19.12.2000 (BGBl. I 2000 S. 1790, BStBl I 2001 S. 3), zuletzt geändert durch Art. 2 des Gesetzes zur Einführung einer Entfernungspauschale v. 21.12.2000 (BGBl. I 2000 S. 1918, BStBl I 2001 S. 36)
- Gewerbesteuergesetz 1999 (GewStG 1999) i.d.F. v. 19.5.1999 (BGBl. I 1999 S. 1010, ber. S. 1491, BStBl I 1999 S. 496, S. 682), zuletzt geändert durch Art. 7 des Steuer-Euroglättungsgesetzes – StEuglG v. 19.12.2000 (BGBl. I 2000 S. 1790, BStBl I 2001 S. 3)
- Gewerbesteuer-Durchführungsverordnung 1991 (GewStDV 1991) i.d.F. v. 21.3.1991 (BGBl. I 1991 S. 831, BStBl I 1991 S. 469), zuletzt geändert durch Art. 8 des Steuer-Euroglättungsgesetzes – StEuglG v. 19.12.2000 (BGBl. I 2000 S. 1790, BStBl I 2001 S. 3)
- Gewerbesteuer-Richtlinien 1998 (GewStR 1998) i.d.F. v. 21.12.1998 (BStBl I Sondernummer 2/1998 S. 91)
- Grunderwerbsteuergesetz (GrEStG) i.d.F. v. 26.2.1997 (BGBl. I 1997 S. 418), zuletzt geändert durch Art. 13 des Steuer-Euroglättungsgesetzes – StEuglG v. 19.12.2000 (BGBl. I 2000 S. 1790, BStBl I 2001 S. 3)

Rechtsgrundlagen

- Grundsteuergesetz (GrStG) 7.8.1973 (BGBl. I 1973 S. 965), zuletzt geändert durch Art. 21 des Steuer-Euroglättungsgesetzes – StEuglG v. 19.12.2000 (BGBl. I 2000 S. 1790, BStBl I 2001 S. 3)
- Grundsteuer-Durchführungsverordnung (GrStDV) v. 1.7.1937 (RGBl. I S. 733), zuletzt geändert durch Art. 22 des Steuer-Euroglättungsgesetzes – StEuglG v. 19.12.2000 (BGBl. I 2000 S. 1790, BStBl I 2001 S. 3)
- Grundsteuer-Richtlinien 1978 (GrStR) v. 9.12.1978 (BStBl I 1978 S. 553)
- Investitionszulagengesetz 1999 (InvZulG 1999) i.d.F. v. 18.8.1997 (BGBl. I 1997 S. 2070, BStBl I 1997 S. 790), zuletzt geändert durch Art. 1 des Gesetzes zur Änderung des Investitionszulagengesetzes 1999 v. 20.12.2000 (BGBl. I 2000 S. 1850, BStBl I 2001 S. 28)
- Körperschaftsteuergesetz 1999 (KStG 1999) i.d.F. v. 22.4.1999 (BGBl. I 1999 S. 817, BStBl I 1999 S. 461), zuletzt geändert durch Art. 4 des Gesetzes zur Änderung des Investitionszulagengesetzes 1999 v. 20.12.2000 (BGBl. I 2000 S. 1850, BStBl I 2001 S. 28)
- Körperschaftsteuer-Durchführungsverordnung 1994 (KStDV 1994) i.d.F. v. 22.2.1996 (BGBl. I 1996 S. 365, BStBl I 1996 S. 191), zuletzt geändert durch Art. 5 des Steuer-Euroglättungsgesetzes – StEuglG v. 19.12.2000 (BGBl. I 2000 S. 1790, BStBl I 2001 S. 3)
- Körperschaftsteuer-Richtlinien 1995 (KStR 1995) i.d.F. v. 15.12.1995 (BStBl I Sondernummer 1/1996 S. 2)
- Kraftfahrzeugsteuergesetz (KraftStG) v. 24.5.1994 (BGBl. I 1994 S. 1102), zuletzt geändert durch Art. 27 des Steuer-Euroglättungsgesetzes – StEuglG v. 19.12.2000 (BGBl. I 2000 S. 1790, BStBl I 2001 S. 3)
- Kraftfahrzeugsteuer-Durchführungsverordnung (KraftStDV) v. 24.5.1994 (BStBl I 1994 S. 1145), zuletzt geändert durch Art. 28 des Steuer-Euroglättungsgesetzes – StEuglG v. 19.12.2000 (BGBl. I 2000 S. 1790, BStBl I 2001 S. 3)
- Lohnsteuer-Durchführungsverordnung 1990 (LStDV 1990) i.d.F. v. 10.10.1989 (BGBl. I 1989 S. 1848, BStBl I 1989 S. 405), zuletzt geändert durch Art. 3 des Steuer-Euroglättungsgesetzes – StEuglG v. 19.12.2000 (BGBl. I 2000 S. 1790, BStBl I 2001 S. 3)
- Lohnsteuer-Richtlinien 2000 (LStR 2000) i.d.F. v. 29.10.1999 (BStBl I Sondernummer 1/1999), zuletzt geändert durch die Allgemeine Verwaltungsvorschrift zur Änderung der Allgemeinen Verwaltungsvorschrift zum Steuerabzug vom Arbeitslohn 2000 (Lohnsteuer-Änderungsrichtlinien 2001 – LStÄR 2001) v. 18.10.2000 (BStBl I 2000 S. 1422)
- Rennwett- und Lotteriegesetz (RennwLottG) v. 8.4.1922 (RGBl. I 1922 S. 393), zuletzt geändert durch Art. 1 des Gesetzes zur Änderung des Rennwett- und Lotteriegesetzes v. 17.5.2000 (BStBl I 2000 S. 1160)
- Solidaritätszuschlagsgesetz 1995 i.d.F. v. 23.6.1993 (BGBl. I S. 944, 975), zuletzt geändert durch Art. 2 des Gesetzes zur Regelung der Bemessungsgrundlage für Zuschlagsteuern v. 21.12.2000 (BGBl. I 2000 S. 1978, BStBl I 2001 S. 38)
- Umsatzsteuergesetz 1999 (UStG 1999) i.d.F. v. 9.6.1999 (BGBl. I 1999 S. 1270, BStBl I 1999 S. 595), zuletzt geändert durch Art. 14 des Steuer-Euroglättungsgesetzes – StEuglG v. 19.12.2000 (BGBl. I 2000 S. 1790, BStBl I 2001 S. 3)
- Umsatzsteuer-Durchführungsverordnung (UStDV 1999) i.d.F. v. 9.6.1999 (BGBl. I 1999 S. 1308, BStBl I 1999 S. 633), geändert durch Art. 10 StBereinG 1999 v. 22.12.1999 (BGBl. I 1999 S. 2601, BStBl I 2000 S. 13), zuletzt geändert durch Art. 15 des Steuer-Euroglättungsgesetzes – StEuglG v. 19.12.2000 (BGBl. I 2000 S. 1790, BStBl I 2001 S. 3)
- Umsatzsteuer-Richtlinien 2000 (UStR 2000) i.d.F. v. 10.12.1999 (BStBl I Sondernummer 2/1999, BAnz. Nummer 241a)

INHALTSÜBERSICHT

		Seite
VORWORT		5
RECHTSGRUNDLAGEN		7
LITERATURVERZEICHNIS		21
ABKÜRZUNGSVERZEICHNIS		23

				Seite
A.	**VEREIN ALS GEMEINNÜTZIGE KÖRPERSCHAFT**			27
I.	**RECHTSGRUNDLAGEN UND RECHTSFORMEN**			27
	1.	Gesetze und Verwaltungsanweisungen		27
	2.	Körperschaften		27
	3.	Sonstige juristische Personen des privaten Rechts, rechtsfähige und nichtrechtsfähige Vereine, Stiftungen		27
	4.	Körperschaftsteuerpflicht		28
II.	**STEUERBEFREIUNGEN NACH DEN EINZELSTEUERGESETZEN**			28
III.	**AUSSTELLUNG VON ZUWENDUNGSBESTÄTIGUNGEN**			28
IV.	**STEUERBEFREIUNGEN UND -ERMÄSSIGUNGEN BEI DER UMSATZSTEUER**			28
B.	**GEMEINNÜTZIGKEIT**			30
I.	**ANERKENNUNG DER GEMEINNÜTZIGKEIT FÜR KÖRPERSCHAFTEN**			30
	1.	Allgemeine Voraussetzungen nach der Abgabenordnung		30
		a)	Gemeinnützige Zwecke (§ 52 AO)	30
		b)	Mildtätige Zwecke (§ 53 AO)	32
		c)	Kirchliche Zwecke (§ 54 AO)	33
	2.	Gemeinnützigkeit durch Förderung der Allgemeinheit		34
		a)	Selbstlosigkeit (§ 55 AO)	36
			aa) Mittel des Vereins	36
			bb) Zeitnahe Mittelverwendung	36
			cc) Ausnahmen von der zeitnahen Mittelverwendung	37
			dd) Schädliche Mittelverwendung	37
			ee) Vermögensbindung	38
		b)	Ausschließlichkeit (§ 56 AO)	38
		c)	Unmittelbarkeit (§ 57 AO)	38
II.	**SATZUNGSMÄSSIGE VORAUSSETZUNGEN**			39
	1.	Anforderung an die Satzung		39
	2.	Mustersatzung		39
III.	**STEUERLICH UNSCHÄDLICHE BETÄTIGUNGEN**			40
	1.	Fördervereine/Spendensammelvereine (§ 58 Nr. 1 AO)		40
	2.	Überlassung von Mitteln an andere Körperschaften (§ 58 Nr. 2 AO)		40
	3.	Überlassung von Arbeitskräften und Arbeitsmittel (§ 58 Nr. 3 AO)		41
	4.	Überlassung von Räumen (§ 58 Nr. 4 AO)		41
	5.	Teilweise Verwendung des Einkommens von Stiftungen für den Stifter und seine nächsten Angehörigen (§ 58 Nr. 5 AO)		41
	6.	Bildung von Rücklagen (§ 58 Nr. 6 AO)		42

		Seite
	7. Begrenzte Bildung von Rücklagen aus Überschüssen der Vermögensverwaltung (§ 58 Nr. 7a AO)	43
	8. Bildung von Rücklagen zur Erhaltung der prozentualen Beteiligung an einer Kapitalgesellschaft (§ 58 Nr. 7b AO)	44
	9. Gesellige Veranstaltungen von untergeordneter Bedeutung (§ 58 Nr. 8 AO)	44
	10. Förderung des bezahlten Sports neben dem unbezahlten Sport (§ 58 Nr. 9 AO)	44
	11. Zuschüsse von Gebietskörperschaften errichteter Stiftungen an Wirtschaftsunternehmen (§ 58 Nr. 10 AO)	44
	12. Weitere steuerlich unschädliche Zuführungen von Mitteln (§ 58 Nr. 11 AO)	45
	13. Zuführung von Vermögen bei einer Stiftung (§ 58 Nr. 12 AO)	45

IV. PARTIELLE STEUERPFLICHT DES WIRTSCHAFTLICHEN GESCHÄFTSBETRIEBS 45

1. Begriff des wirtschaftlichen Geschäftsbetriebs 45
2. Unterhalt mehrerer wirtschaftlicher Geschäftsbetriebe 47
   a) Unterhalt einer Gaststätte 48
   b) Werbeeinnahmen 49
   c) Steuerpflichtige sportliche Veranstaltungen 50
3. Beteiligung an einer Kapitalgesellschaft 50
4. Beteiligung an einer Personengesellschaft 51

V. BESTEUERUNGSGRENZE 52

1. Ermittlung der Besteuerungsgrenze 52
2. Steuerliche Auswirkungen bei Unterschreiten der Besteuerungsgrenze 53
   a) Erhalt des Charakters des wirtschaftlichen Geschäftsbetriebs 53
   b) Verwendung der für steuerbegünstigte Zwecke gebundenen Mittel 54
   c) Behandlung des Verlustabzugs gem. § 10d EStG 54
3. Vermeidung von missbräuchlicher Ausnutzung der Besteuerungsgrenze 54
   a) Funktionale Untergliederungen 54
   b) Regionale Untergliederungen 54

VI. ERTRAGSTEUERLICH BEFREITE ZWECKBETRIEBE 55

1. Allgemeine Begriffsbestimmung 55
2. Gesetzlich festgelegte Zweckbetriebe 56

VII. EINRICHTUNGEN DER WOHLFAHRTSPFLEGE 58

1. Begriffsbestimmung 58
2. Einzelbeispiele 59

VIII. KRANKENHÄUSER 59

1. Begriffsbestimmung 59
2. Zweckbetriebseigenschaft 59
3. Krankenhauswäscherei 60

IX. VERMÖGENSVERWALTUNG 60

1. Begriffsbestimmung 60
2. Einkünfte aus Kapitalvermögen 60

			Seite
	3.	Einkünfte aus Vermietung und Verpachtung	61
		a) Verpachtung der Vereinsgaststätte	61
		b) Verpachtung von Bewirtschaftungs- und Veranstaltungsrechten	62
		c) Nutzung von Werbeflächen	62
		d) Vermietung von Sportstätten	63
X.	**SPORTLICHE VERANSTALTUNGEN (§ 67a AO)**	63
	1.	Begriffsbestimmung	63
	2.	Neuregelung des § 67a AO	64
	3.	Einnahmen außerhalb sportlicher Veranstaltungen	65
	4.	Überschreiten der Zweckbetriebsgrenze	65
	5.	Verzicht auf die Anwendung der Zweckbetriebsgrenze	65
XI.	**ERTRAGSTEUERLICHE BEHANDLUNG VON SPORTLICHEN VERANSTALTUNGEN BEI VERZICHT AUF DIE ANWENDUNG DER ZWECKBETRIEBSGRENZE**	66
	1.	Sportliche Veranstaltungen ohne Teilnahme bezahlter Sportler . . .	66
		a) Pauschale Vergütung an Amateur-Sportler	66
		b) Vergütungen an bezahlte Sportler und Nichtmitglieder	67
		c) Vergütungen an Trainer/Spielertrainer	68
		d) Zahlungen von Ablösesummen	68
	2.	Die steuerliche Behandlung neuer Gestaltungen im bezahlten Sport	68
XII.	**ANERKENNUNGSVERFAHREN FÜR DIE GEMEINNÜTZIGKEIT**	70
	1.	Allgemeines	70
	2.	Vorläufige Bescheinigung	70
	3.	Erstmalige Überprüfung nach 18 Monaten	70
	4.	Regelmäßige Überprüfung jeweils nach drei Jahren	70
	5.	Außenprüfung bei gemeinnützigen Vereinen	71
XIII.	**STEUERLICHE PFLICHTEN DER GESETZLICHEN VERTRETER DES VEREINS**	71
	1.	Rechtsgrundlagen	71
	2.	Gesetzliche Pflichten	71
		a) Haftung des Vorstandes aus Ansprüchen aus dem Steuerschuldverhältnis	71
		b) Haftung bei Steuerverkürzung oder Steuerhinterziehung	71
C.	**BUCHFÜHRUNG DER VEREINE – GESETZLICHE GRUNDLAGEN**	72
	1.	Auskunfts- und Rechenschaftspflicht nach dem Bürgerlichen Gesetzbuch	72
	2.	Buchführungspflicht bei einem wirtschaftlichen Geschäftsbetrieb	72
	3.	Gewinnermittlung durch Erstellung eines Betriebsvermögensvergleichs	73
	4.	Gewinnermittlung durch Erstellung einer Einnahme-Überschuss-Rechnung	74
D.	**KÖRPERSCHAFTSTEUER**	76
I.	**KÖRPERSCHAFTSTEUERPFLICHT DER VEREINE**	76
	1.	Gesetzliche Grundlagen	76
	2.	Umfang der Steuerpflicht	76
	3.	Steuerbefreiung für gemeinnützige Vereine	76

		Seite

II. TÄTIGKEITSBEREICHE DER STEUERBEFREITEN VEREINE 77
    1. Von der Körperschaftsteuer befreite Tätigkeitsbereiche 77
    2. Von der Körperschaftsteuer nicht befreite Tätigkeiten 78

III. STEUERPFLICHTIGER WIRTSCHAFTLICHER GESCHÄFTSBETRIEB 78
    1. Begriffsbestimmung 78
    2. Beteiligung an einer Kapitalgesellschaft 78
        a) Ausgliederung des wirtschaftlichen Geschäftsbetriebs 78
        b) Betriebsaufspaltung 79
    3. Beteiligung an einer Personengesellschaft 79
    4. Einzelfälle 79

IV. BESTEUERUNGSGRUNDLAGEN 83
    1. Grundlagen der Besteuerung 83
    2. Ermittlung des zu versteuernden Einkommens 84
        a) Einnahme-Überschuss-Rechnung 84
        b) Gewinnermittlung durch Betriebsvermögensvergleich 84
    3. Verlustabzug 84
        a) Möglichkeit eines Verlustabzugs 84
        b) Verlustabzug und -vortrag bei Vereinen ohne Ertragsteuererhebung 85
    4. Geschäftsaufgabe 85
    5. Spendenabzug 85
    6. Behandlung von Erträgen aus der Beteiligung eines gemeinnützigen Vereins an einer Kapitalgesellschaft nach dem Steuersenkungsgesetz 86
    7. Sondervorschriften für den Übergang vom Anrechnungsverfahren zum Halbeinkünfteverfahren 86
    8. Körperschaftsteuerguthaben und Körperschaftsteuerminderung (§ 37 KStG) 88
    9. Körperschaftsteuererhöhung (§ 38 KStG) 89
   10. Einlagen der Anteilseigner (§ 39 KStG) 89
   11. Umwandlung (§ 40 KStG) 89
   12. Behandlung der Kapitalertragsteuer 90

E. SOLIDARITÄTSZUSCHLAG 91

I. GESETZLICHE GRUNDLAGEN 91

II. ABGABEPFLICHT UND BEMESSUNGSGRUNDLAGE 91

III. ZUSCHLAGSATZ 91

F. SPENDENRECHT 92

I. SPENDENABZUG BEI EINKOMMENSTEUERPFLICHTIGEN PERSONEN 92
    1. Rechtsgrundlagen 92
    2. Begriff der steuerbegünstigten Zuwendungen 92
        a) Allgemeines 92
        b) Aufwandsspenden 93

			Seite
		c) Sachspenden	93
		d) Durchlaufspenden	94
		e) Großspenden	94
II.	SPENDENABZUG BEI STEUERPFLICHTIGEN KÖRPERSCHAFTEN		94
	1.	Rechtsgrundlagen	94
	2.	Höhe des Spendenabzugs	94
	3.	Großspenden	95
III.	BERECHTIGUNG ZUM EMPFANG VON ZUWENDUNGEN		95
IV.	ERLEICHTERUNGEN FÜR DEN SPENDENNACHWEIS		97
V.	AUFBEWAHRUNGSPFLICHTEN DES VEREINS		98
VI.	VERTRAUENSSCHUTZ FÜR GUTGLÄUBIGE SPENDER		98
VII.	HAFTUNGSTATBESTÄNDE		99
	1.	Verschuldungshaftung (Ausstellerhaftung)	99
	2.	Gefährdungshaftung	99
	3.	Haftungsschuldner	99
VIII.	STEUERRECHTLICHE FOLGEN BEI VERLETZUNG DES VERTRAUENSSCHUTZES		100
G.	SPONSORING		101
I.	ALLGEMEINES		101
II.	ZUORDNUNG VON SPONSORING – AUFWENDUNGEN BEI SPENDERN		102
	1.	Berücksichtigung als Betriebsausgaben	102
		a) Erlangung von wirtschaftlichen Vorteilen	102
		b) Keine Gleichwertigkeit der gegenseitigen Leistungen erforderlich	102
		c) Keine Geschenke i.S. des § 4 Abs. 5 Satz 1 Nr. 1 EStG	103
	2.	Berücksichtigung als Spende	103
	3.	Nichtabzugsfähige Kosten der privaten Lebensführung oder verdeckte Gewinnausschüttungen	103
	4.	Steuerliche Behandlung beim Empfänger	103
	5.	Sozio-Sponsoring	104
III.	MÄZENATENTUM		104
IV.	AUSSTELLUNG VON ZUWENDUNGSBESTÄTIGUNGEN		104
H.	LOHNSTEUER		105
I.	RECHTSGRUNDLAGEN		105
II.	BEGRIFFSBESTIMMUNG		105
III.	STEUERPFLICHT VON ARBEITNEHMERN		105
IV.	ARBEITNEHMERTÄTIGKEIT BEI EHRENAMTLICHEN TÄTIGKEITEN VON VEREINSMITGLIEDERN		106
	1.	Abgrenzungsprobleme	106
	2.	Übliche Arbeitnehmertätigkeiten bei einem Verein	106

Inhaltsübersicht

			Seite
	3.	Arbeitnehmereigenschaft von Mannschaftssportlern	106
	4.	Ausnahmen von lohnsteuerpflichtigen Arbeitnehmertätigkeiten ..	107

V. STEUERLICHE BEHANDLUNG DER VERGÜTUNGEN BEI KURZFRISTIG ODER GERINGFÜGIG BESCHÄFTIGTEN VEREINSMITGLIEDERN 107

1. Kurzfristig beschäftigte Arbeitnehmer (Aushilfskräfte) 107
2. Teilzeitbeschäftigte 108
3. Ausnahme von der Pauschalierung der Lohnsteuer 108
4. Keine Anrechnung des Arbeitslohns bei einer Veranlagung des Arbeitnehmers 108
5. Freistellung von der Besteuerung 108
6. Weitere Pauschsteuersätze bei Bezügen an Arbeitnehmer 108
7. Pauschalierung der Kirchensteuer 109
8. Solidaritätszuschlag 109

VI. VERGÜTUNGEN FÜR SELBSTÄNDIG TÄTIGE VEREINSMITGLIEDER 109

VII. VERGÜTUNGEN AN VORSTANDSMITGLIEDER UND SONSTIGE EHRENAMTLICH TÄTIGE VEREINSMITGLIEDER 110

VIII. ÜBUNGSLEITERPAUSCHALE 110

1. Steuerliche Vergünstigung 110
2. Abzug von Werbungskosten 110

IX. STEUERLICHE BEHANDLUNG DER VERGÜTUNG FÜR AUSLÄNDISCHE SPORTLER UND KÜNSTLER 111

1. Gesetzliche Grundlage 111
2. Voraussetzung für den Abzug steuerpflichtiger Einkünfte 111
3. Steuerabzug 112
4. Zuständigkeit, Verfahren 112
5. Doppelbesteuerungsabkommen 112
6. Ausländische Kulturvereine 112

I. KAPITALERTRAG- UND ZINSABSCHLAGSTEUER 113

I. RECHTSGRUNDLAGEN 113

II. BEGRIFFSBESTIMMUNG 113

1. Kapitalertragsteuer 113
2. Zinsabschlag 113

III. BEMESSUNG DER KAPITALERTRAGSTEUER 113

IV. ABSTANDNAHME VOM STEUERABZUG 114

1. Freistellungsauftrag 114
2. Nichtveranlagungs(NV)-Bescheinigung 114

V. STEUERBEFREIUNG FÜR GEMEINNÜTZIGE VEREINE 114

VI. ERSTATTUNG DER KAPITALERTRAGSTEUER 115

VII. BESTEUERUNG DER ZINSEN BEI UNTERGLIEDERUNGEN DES VEREINS .. 115

1. Funktionale Untergliederungen 115
2. Regionale Untergliederungen 115

		Seite
VIII.	**STEUERPFLICHT BEI WIRTSCHAFTLICHEN GESCHÄFTSBETRIEBEN STEUERBEGÜNSTIGTER KÖRPERSCHAFTEN**	115
	1. Steuerpflicht der Kapitaleinkünfte	115
	2. Ermittlung der Einkünfte aus Kapitalvermögen	116
	3. Anrechnung der Steuerabzugsbeträge bei einer Körperschaftsteuer-Veranlagung	116
	4. Die steuerpflichtigen Einkünfte überschreiten nicht die Besteuerungsgrenze	116
J.	**INVESTITIONSZULAGENGESETZ**	117
I.	**RECHTSGRUNDLAGE**	117
II.	**ANSPRUCHSBERECHTIGTE**	117
III.	**FÖRDERGEBIETE**	117
IV.	**BEGÜNSTIGTE INVESTITIONEN**	117
V.	**AUSSCHLUSS VON DER INVESTITIONSZULAGE**	118
VI.	**ERTRAGSTEUERLICHE BEHANDLUNG DER INVESTITIONSZULAGE**	118
VII.	**HÖHE DER INVESTITIONSZULAGE**	118
K.	**GEWERBESTEUER**	119
I.	**STEUERBARKEIT EINES GEMEINNÜTZIGEN VEREINS**	119
	1. Rechtsgrundlagen	119
	2. Begriffsbestimmung	119
	3. Steuerbefreiung	119
	4. Steuerpflicht des wirtschaftlichen Geschäftsbetriebs	119
II.	**BESTEUERUNGSGRUNDLAGE**	120
III.	**ERMITTLUNG DER GEWERBESTEUER NACH DEM GEWERBEERTRAG**	120
	1. Ermittlung des Gewerbeertrags	120
	2. Hinzurechnungen	120
	3. Kürzungen	121
	4. Gewerbeverluste vorangegangener Erhebungszeiträume	121
	5. Steuermesszahl und Steuermessbetrag	122
IV.	**STEUERMESSBETRAG**	122
V.	**ERHEBUNG DER GEWERBESTEUER DURCH DIE GEMEINDEN**	122
VI.	**ABGABE EINER GEWERBESTEUERERKLÄRUNG**	122
L.	**UMSATZSTEUER**	123
I.	**RECHTSGRUNDLAGEN**	123
II.	**UNTERNEHMEREIGENSCHAFT**	123
	1. Begriffsbestimmung	123
	2. Unternehmereigenschaft bei Vereinen	123

Seite

	3.	Abgrenzung des nichtunternehmerischen vom unternehmerischen Bereich	124
		a) Im ideellen Bereich	124
		b) In der Vermögensverwaltung	124
		c) Im (ertragsteuerfreien) Zweckbetrieb	124
		d) Im steuerpflichtigen wirtschaftlichen Geschäftsbetrieb	125
III.	**ZUORDNUNG VON WIRTSCHAFTSGÜTERN ZUM UNTERNEHMENSBEREICH**		125
	1.	Leistungen für das Unternehmen	125
	2.	Zuordnung von Grundstücken	126
	3.	Zuordnung von gemischt genutzten Grundstücken	126
	4.	Auswirkungen durch die Zuordnung des gesamten Grundstücks	127
	5.	Auswirkung bei einer nur teilweisen Zuordnung des Grundstücks zum Unternehmensvermögen	127
	6.	Auswirkungen einer teilweisen Zuordnung bei Veräußerung des Grundstücks	128
IV.	**STEUERBARE LEISTUNGEN**		128
	1.	Begriffsbestimmung	128
	2.	Leistungen an Vereinsmitglieder	129
	3.	Leistungsaustausch mit Dritten	129
	4.	Unentgeltliche Leistungen an Mitglieder	130
	5.	Leistungen an Arbeitnehmer des Vereins oder deren Angehörige ohne besonders berechnetes Entgelt	130
	6.	Entnahme von Gegenständen aus dem unternehmerischen Bereich	131
	7.	Entnahme von sonstigen Leistungen	131
	8.	Hilfsgeschäfte	131
	9.	Verkauf von Wirtschaftsgütern	132
	10.	Einfuhr von Wirtschaftsgütern	132
	11.	Innergemeinschaftlicher Erwerb	132
	12.	Einnahmen als „beliehener" Unternehmer	133
V.	**STEUERBARE UND STEUERPFLICHTIGE LEISTUNGEN DES VEREINS**		133
VI.	**EINNAHMEN IM NICHTUNTERNEHMERISCHEN BEREICH**		133
VII.	**STEUERBEFREIUNGEN**		134
	1.	Allgemeine Grundsätze für eine Steuerbefreiung	134
	2.	Spezielle Befreiungsvorschriften, die auf die Gemeinnützigkeit abstellen	134
	3.	Weitere Befreiungstatbestände, die bei gemeinnützigen Vereinen einschlägig sind	134
	4.	Steuerbefreiung bei bestimmten Vermietungsleistungen	134
	5.	Steuerpflichtige Vermietungsleistungen	137
		a) Betriebsvorrichtungen	137
		b) Vermietung von Plätzen für das Abstellen von Fahrzeugen	137
		c) Vermietung von Tennishallen	137
		d) Verträge besonderer Art	137

			Seite
	6.	Verzicht auf die Steuerbefreiung bei Vermietungsleistungen	138
		a) Voraussetzungen nach § 9 UStG	138
		b) Einschränkung der Verzichtserklärung	138
	7.	Steuerbefreiung von sportlichen Veranstaltungen	139
VIII.	**BEMESSUNGSGRUNDLAGEN**		139
	1.	Bemessungsgrundlagen für Lieferungen und sonstige Leistungen	139
	2.	Mindestbemessungsgrundlage	140
	3.	Bemessungsgrundlage bei unentgeltlichen Wertabgaben (Abschn. 155 UStR)	141
	4.	Unentgeltliche oder verbilligte Leistungen an das Personal	141
IX.	**STEUERSÄTZE**		142
	1.	Regelsteuersatz	142
	2.	Ermäßigter Steuersatz für gemeinnützige Vereine	142
	3.	Beispiele für Besteuerungstatbestände mit Steuersatz	142
	4.	Ermäßigter Steuersatz bei Personenvereinigungen	144
	5.	Steuersatz bei Aberkennung der Gemeinnützigkeit	145
X.	**ENTSTEHUNG DER STEUERSCHULD**		145
XI.	**VORSTEUERABZUG**		146
	1.	Einführung des Vorsteuerabzugs durch das Mehrwertsteuersystem	146
	2.	Voraussetzung für den Vorsteuerabzug	147
	3.	Einschränkungen beim Vorsteuerabzug	147
	4.	Erleichterungen bei Kleinbetragsrechnungen	148
	5.	Kein Vorsteuerabzug bei Bezug von Leistungen für den nichtunternehmerischen Bereich	148
	6.	Ausschluss vom Vorsteuerabzug	149
		a) Ausschluss bei steuerfreien Umsätzen	149
		b) Ausschluss bei Anwendung der Kleinunternehmerregelung (§ 19 UStG)	149
	7.	Vorsteueraufteilung	149
		a) Allgemeine Regelung	149
		b) Vereinfachungsregelung für Vereine, Forschungsbetriebe und ähnliche Einrichtungen	150
	8.	Pauschalierung des Vorsteuerabzugs bei gemeinnützigen Vereinen	151
		a) Ausübung des Wahlrechts	151
		b) Bindungsfrist bei Pauschalierung des Vorsteuerabzugs	151
		c) Keine Vorsteuerpauschalierung bei Personenvereinigungen ..	152
XII.	**BERICHTIGUNG DES VORSTEUERABZUGS**		152
	1.	Änderungen der unternehmerischen Nutzung bei Wirtschaftsgütern des Anlagevermögens	152
		a) Berichtigungszeitraum für Wirtschaftsgüter, ausgenommen Grundstücke	152
		b) Berichtigungszeitraum für Grundstücke	152
		c) Maßgeblicher Berichtigungszeitraum	153
		d) Berichtigung des Vorsteuerabzugs in der Umsatzsteuer-Jahreserklärung	153

			Seite
	e)	Weitere Vereinfachungsregelungen	153
	f)	Berichtigung bei Änderung der Möglichkeit des Vorsteuerabzugs	153
	g)	Keine Berichtigungsmöglichkeit nach § 15a UStG	153
2.		Berichtigung bei Veräußerung von Grundstücken oder einer Überführung von Wirtschaftsgütern in den ideellen Bereich	154
3.		Vorsteuerberichtigung bei nach dem 31.3.1999 angeschafften Fahrzeugen	154

XIII. AUFZEICHNUNGSPFLICHTEN ... 154
1. Aufzeichnungspflichten nach § 22 UStG ... 154
2. Aufzeichnungspflichten nach § 66a UStDV ... 155

XIV. AUSWIRKUNGEN DES UMSATZSTEUER-BINNENMARKTGESETZES ... 155
1. Innergemeinschaftliche Erwerbe ... 155
2. Erwerbsschwelle ... 156
3. Keine Anwendung der Erwerbsschwelle ... 156
4. Entstehung der Steuerschuld ... 157

XV. DAS BESTEUERUNGSVERFAHREN ... 157
1. Voranmeldungszeiträume ... 157
2. Abgabe einer Steueranmeldung ... 157
3. Besteuerung im Abzugsverfahren ... 158
   a) Anwendung des Abzugsverfahrens (§§ 51 bis 56 UStDV) ... 158
   b) Berechnung der einzubehaltenden und abzuführenden Umsatzsteuer ... 158
   c) Anwendung der sog. „Nullregelung" ... 158
   d) Anmeldung und Abführung der einbehaltenen Umsatzsteuer ... 158

XVI. BESTEUERUNG VON GEBRAUCHTGEGENSTÄNDEN ... 159
1. Rechtsgrundlagen ... 159
2. Anwendung der Differenzbesteuerung ... 159
3. Bemessungsgrundlage/Steuersatz ... 159
4. Verzicht auf die Anwendung der Differenzbesteuerung ... 159
5. Verbot des offenen Steuerausweises/Aufzeichnungspflichten ... 160

M. ERBSCHAFTSTEUER/SCHENKUNGSTEUER ... 161

I. RECHTSGRUNDLAGEN ... 161
II. BEGRIFFSBESTIMMUNG ... 161
III. STEUERPFLICHT ... 161
IV. STEUERBEFREIUNG ... 162
V. EINSCHRÄNKUNG DER STEUERBEFREIUNG ... 162
VI. STEUERLICHE FOLGEN BEIM WEGFALL DER STEUERBEFREIUNG ... 163
1. Steuerpflicht der Zuwendungen ... 163
2. Steuerklasse/Freibetrag/Steuersätze ... 163
3. Steuerschuldner ... 164

		Seite
N.	**LOTTERIESTEUER**	165
I.	GESETZLICHE GRUNDLAGEN	165
II.	GENEHMIGUNGSBEHÖRDEN	165
III.	BEMESSUNGSGRUNDLAGE UND STEUERSATZ	165
IV.	ENTSTEHUNG DER STEUERSCHULD	165
V.	AUSNAHMEN VON DER (LOTTERIE-)BESTEUERUNG	166
VI.	ERTRAGSTEUERLICHE BEHANDLUNG DER „GENEHMIGTEN" LOTTERIE	166
VII.	UMSATZSTEUERLICHE BEHANDLUNG DER LOTTERIEUMSÄTZE	167
O.	**SONSTIGE STEUERN**	168
I.	GRUNDSTEUER	168
	1. Rechtsgrundlagen	168
	2. Heberecht/Steuergegenstand	168
	3. Steuerbefreiung für Grundbesitz bestimmter Rechtsträger	168
	4. Grundstücke und Grundstücksteile, die von der Grundsteuerbefreiung ausgeschlossen sind	168
	5. Steuerschuldner	169
	6. Erlass der Grundsteuer	169
II.	GRUNDERWERBSTEUER	169
	1. Rechtsgrundlagen	169
	2. Steuergegenstand	169
	3. Allgemeine Ausnahmen von der Besteuerung	169
	4. Bemessungsgrundlage	169
	5. Steuersatz	169
	6. Steuerschuldner	170
	7. Fälligkeit der Steuer	170
	8. Örtliche Zuständigkeit	170
III.	VERMÖGENSTEUER	170
IV.	KRAFTFAHRZEUGSTEUER	170
	1. Rechtsgrundlage	170
	2. Ausnahmen von der Besteuerung	170

ANHÄNGE

ANHANG 1 AUSZÜGE WICHTIGER GESETZE, DURCHFÜHRUNGSVERORDNUNGEN UND RICHTLINIEN ... 171

I.	Auszug aus der Abgabenordnung 1977 (§§ 51 bis 68 AO)	171
II.	Auszug aus dem Anwendungserlass zur Abgabenordnung (AEAO zu §§ 51 bis 68)	178
III.	Auszug aus dem Körperschaftsteuergesetz (§§ 5 Abs. 1 Nr. 9 und 9 KStG)	201
IV.	Auszug aus dem Einkommensteuergesetz (§ 3 Nr. 26 EStG)	202
V.	Auszug aus der Einkommensteuer-Durchführungsverordnung (§§ 48 bis 50 EStDV)	203

		Seite
VI.	Auszug aus der Umsatzsteuer-Durchführungsverordnung (§§ 63, 65, 66a UStDV)	205
VII.	Auszug aus den Umsatzsteuer-Richtlinien 2000 (Abschn. 22, 115 bis 117, 119, 120, 192)	207
ANHANG 2	BMF-Schreiben im Abdruck	222
ANHANG 3	Rechtsprechung zur Vereinsbesteuerung	248
STICHWORTVERZEICHNIS		253

LITERATURVERZEICHNIS

Burhenne/Neuhoff	Recht der gemeinnützigen Organisationen und Einrichtungen, Ergänzbares Handbuch der Rechtsvorschriften und Materialien, Berlin, 2. Aufl. – 44. Lfg. Sept. 2000
Geckle	Der Verein, Planegg/München, 2000, Loseblatt
Hüttemann	Wirtschaftliche Betätigungen und steuerliche Gemeinnützigkeit, Köln 1991
Heyel/Luger/Schmidt	VEREIN – Vereinsbuchführung am PC unter Windows, München, 3. Aufl. 1997
Institut „Finanzen und Steuern" e.V.	Grüner Brief Nr. 330, Teilhabe gemeinnütziger Körperschaften an unternehmerischer Tätigkeit, Bonn, November 1994 Grüner Brief Nr. 332, Steuerentstrickung für gemeinnützige Zwecke (§ 13 Abs. 4 und 5 KStG), Bonn, Dezember 1994 Grüner Brief Nr. 338, Unentgeltliche Zuwendungen betrieblichen Vermögens an gemeinnützige Körperschaften, Bonn, September 1995
Kießling/Buchna	Gemeinnützigkeit im Steuerrecht, Achim, 7. Aufl. 2000
Märkle	Der Verein im Zivil- und Steuerrecht, Stuttgart, 10. Aufl. 2000
Meyer/Knorn	Recht und Steuern der Vereine, Berg, 4. Aufl. 2000
Ott	Vereine gründen und erfolgreich führen, München, 7. Aufl. 1998
Partikel	Formularbuch für Sportverträge, München 2000
Reuber	Die Besteuerung der Vereine, Stuttgart 2000, Loseblatt
Sauer/Luger	Vereine und Steuern, München, 4. Aufl. 1997
Schauhoff	Beck'sches Handbuch der Gemeinnützigkeit, München
Schleder	Steuerrecht der Vereine, Herne, 5. Aufl. 2000
Sparkassen Kunden-Service	Steuerratgeber für Vereine, Stuttgart, 1995
Thiel/Eversberg	Die neue Vereinsbesteuerung, Köln, 4. Aufl. 1998
Troll/Wallenhorst/Halaczinsky	Die Besteuerung gemeinnütziger Vereine und Stiftungen, München 2000

ABKÜRZUNGSVERZEICHNIS

Abs.	Absatz
AEAO	Anwendungserlass zur Abgabenordnung
AfA	Absetzung für Abnutzung
AO	Abgabenordnung
Art.	Artikel
Az.	Aktenzeichen
BayRS	Bayerische Rechtssammlung
BB	Betriebs-Berater (Zeitschrift)
BBK	Buchführung, Bilanz und Kostenrechnung (Zeitschrift)
BewG	Bewertungsgesetz
BFH	Bundesfinanzhof
BFH/NV	Sammlung nicht veröffentlichter Entscheidungen des Bundesfinanzhofs
BGB	Bürgerliches Gesetzbuch
BGBl.	Bundesgesetzblatt
BGH	Bundesgerichtshof
BMF	Bundesministerium der Finanzen
BPflV	Bundespflegesatzverordnung
BSHG	Bundessozialhilfegesetz
BStBl	Bundessteuerblatt
BVerfG	Bundesverfassungsgericht
DAeC	Deutscher Aeroclub e.V.
DB	Der Betrieb (Zeitschrift)
DBA	Doppelbesteuerungsabkommen
dgl.	dergleichen
d.h.	das heißt
DStR	Deutsches Steuerrecht (Zeitschrift)
DStZ	Deutsche Steuer-Zeitung (Zeitschrift)
EFG	Entscheidungen der Finanzgerichte (Zeitschrift)
EGAO	Einführungsgesetz zur Abgabenordnung
ErbStG	Erbschaftsteuer- und Schenkungsteuergesetz
EuGH	Gerichtshof der Europäischen Gemeinschaft
e.V.	eingetragener Verein
evtl.	eventuell
FG	Finanzgericht
FinMin	Finanzministerium
FR	Finanz-Rundschau (Zeitschrift)
GbR	Gesellschaft bürgerlichen Rechts
gem.	gemäß
GewStDV	Gewerbesteuer-Durchführungsverordnung
GewStG	Gewerbesteuergesetz
GewStR	Gewerbesteuer-Richtlinien
ggf.	gegebenenfalls
GmbH	Gesellschaft mit beschränkter Haftung
GmbHG	Gesetz betr. d. Gesellschaft mit beschränkter Haftung

Abkürzungsverzeichnis

GrEStG	Grunderwerbsteuergesetz
GrStG	Grundsteuergesetz
GrStR	Grundsteuer-Richtlinien
GStB	Gestaltende Steuerberatung (Zeitschrift)
h.M.	herrschende Meinung
HOAI	Honorarordnung für Architekten und Ingenieure
i.d.F.	in der Fassung
i.d.R.	in der Regel
i.H.v.	in Höhe von
INF	Die Information über Steuer und Wirtschaft (Zeitschrift)
InvZulG	Investitionszulagengesetz
i.S.	im Sinne
i.V.m.	in Verbindung mit
JbFfSt	Jahrbuch der Fachanwälte für Steuerrecht
JStG	Jahressteuergesetz
KFR	Kommentierte Finanzrechtsprechung
KG	Kommanditgesellschaft
KHG	Krankenhaus(finanzierungs)gesetz
KraftStG	Kraftfahrzeugsteuergesetz
KStDV	Körperschaftsteuer-Durchführungsverordnung
KStG	Körperschaftsteuergesetz
KVStG	Kapitalverkehrsteuergesetz
m.w.N.	mit weiteren Nachweisen
n.rkr.	nicht rechtskräftig
NV-Bescheinigung	Nichtveranlagungs-Bescheinigung
NWB	Neue Wirtschaftsbriefe für Steuer- und Wirtschaftsrecht (Zeitschrift)
NZB	Nichtzulassungsbeschwerde
OFD	Oberfinanzdirektion
o.g.	oben genannte
OHG	Offene Handelsgesellschaft
RennwLottG	Rennwett- und Lotteriegesetz
RGBl.	Reichsgesetzblatt
rkr.	rechtskräftig
Rs.	Rechtssache
Rz.	Randziffer/Randziffern
SGB	Sozialgesetzbuch
sog.	so genannt
SolZG	Solidaritätszuschlagsgesetz
StBereinG	Steuerbereinigungsgesetz
Stbg	Die Steuerberatung (Zeitschrift)
StBGebV	Steuerberatergebührenverordnung
StEntlG	Steuerentlastungsgesetz
SteuerStud	Steuer und Studium (Zeitschrift)
StLex	Steuer-Lexikon

Abkürzungsverzeichnis

StM	Staatsministerium
StMBG	Missbrauchsbekämpfungs- und Steuerbereinigungsgesetz
StuB	Steuern und Bilanzen (Zeitschrift)
StSenkG	Steuersenkungsgesetz
StW	Die Steuerwarte (Zeitschrift)
udgl.	und dergleichen
UmwStG	Umwandlungssteuergesetz
u.U.	unter Umständen
vgl.	vergleiche
v. H.	vom Hundert
v.T.	vom Tausend
VZ	Veranlagungszeitraum
z.B.	zum Beispiel
ZIP	Zeitschrift für Wirtschaftsrecht

A. VEREIN ALS GEMEINNÜTZIGE KÖRPERSCHAFT
I. RECHTSGRUNDLAGEN UND RECHTSFORMEN
1. GESETZE UND VERWALTUNGSANWEISUNGEN

- Maßgebend ist das Körperschaftsteuergesetz 1999 i.d.F. v. 22.4.1999 (BGBl. I 1999 S. 817, BStBl I 1999 S. 461), zuletzt geändert durch Art. 4 des Gesetzes zur Änderung des Investitionszulagengesetzes 1999 v. 20.12.2000 (BGBl. I 2000 S. 1850, BStBl I 2001 S. 28)   1
- Ergänzt wird das KStG durch die Körperschaftsteuer-Durchführungsverordnung 1994 (KStDV 1994) i.d.F. v. 22.2.1996 (BGBl. I 1996 S. 365, BStBl I 1996 S. 191), zuletzt geändert durch Art. 5 des Steuer-Euroglättungsgesetzes – StEuglG v. 19.12.2000 (BGBl. I 2000 S. 1790, BStBl I 2001 S. 3)
- Körperschaftsteuer-Richtlinien 1995 (KStR 1995) i.d.F. v. 15.12.1995 (BStBl I 1996 Sondernummer 1)

Zahlreiche Vorschriften, insbesondere im Rahmen der Einkommensermittlung und des Spendenabzugs, sind im Einkommensteuergesetz und in der Einkommensteuer-Durchführungsverordnung enthalten, die gem. § 8 Abs. 1 KStG für die Ermittlung des Einkommens einer Körperschaft anzuwenden sind.

Zu beachten sind außerdem die Verwaltungsanordnungen, wie die Körperschaftsteuer-Richtlinien 1995 und die Einkommensteuer-Richtlinien 1999, die im Interesse einer Verwaltungsvereinfachung mit ergänzenden Vorschriften jedoch nur für die Finanzämter verbindlich sind.

2. KÖRPERSCHAFTEN

Im Rahmen dieses Ratgebers werden nur die Körperschaften behandelt, welche auch den Status der Gemeinnützigkeit gem. den §§ 51 bis 68 AO erhalten können. Hierzu gehören auch die Kapitalgesellschaften, die in der Rechtsform einer Gesellschaft mit beschränkter Haftung (GmbH) und Aktiengesellschaften geführt werden. In der Praxis wird hierbei wegen der strengeren Vorschriften des Aktiengesetzes vielfach die Rechtsform einer GmbH bevorzugt.   2

3. SONSTIGE JURISTISCHE PERSONEN DES PRIVATEN RECHTS, RECHTSFÄHIGE UND NICHTRECHTSFÄHIGE VEREINE, STIFTUNGEN

Hierunter fallen die Personenvereinigungen, die dem Körperschaftsteuergesetz unterliegen, insbesondere die im Vereinsregister eingetragenen Vereine (e.V.), die mit der Eintragung eine eigene Rechtspersönlichkeit als juristische Person erhalten. Auch die nichtrechtsfähigen Vereine unterliegen dem Körperschaftsteuergesetz und können somit die Anerkennung als gemeinnütziger Verein erhalten.   3

Gesellschaften des bürgerlichen Rechts (GbR) und Handelsrechts (OHG, KG), die steuerlich als Mitunternehmerschaften behandelt werden und selbst keine Ertragsteuersubjekte sind, unterliegen nicht der Körperschaftsteuer und können deshalb den Status der Gemeinnützigkeit nicht erhalten.   4

Der Körperschaftsteuer unterliegen auch Anstalten, Stiftungen und andere Zweckvermögen des privaten Rechts (§ 1 Abs. 1 Nr. 5 KStG).   5

Die Ausführungen und Hinweise in diesem Ratgeber beziehen sich im Wesentlichen auf die eingetragenen Vereine und Gesellschaften mit beschränkter Haftung, die einerseits selbst als gemeinnützige Einrichtungen tätig sind oder   6 andererseits als ausgelagerte wirtschaftliche Geschäftsbetriebe eines gemeinnützigen Vereins unterhalten werden.

4. KÖRPERSCHAFTSTEUERPFLICHT

7   Die vorgenannten Körperschaften unterliegen der unbeschränkten Steuerpflicht i.S. des § 1 Abs. 1 KStG, wenn sich die Geschäftsleitung oder Sitz der Körperschaft im Inland befindet. Die unbeschränkte Steuerpflicht erstreckt sich grundsätzlich auf sämtliche Einkünfte.

II. STEUERBEFREIUNGEN NACH DEN EINZELSTEUERGESETZEN

8   Aus vielfachen gesellschaftspolitischen Gründen sind, auch zur Vermeidung einer steuerlichen Mehrbelastung, bestimmte Körperschaften gem. § 5 KStG von der Steuerpflicht befreit.

Im Ertragsteuerrecht (Körperschaftsteuer und Gewerbesteuer) hat die Steuerbefreiung für Vereine, Kapitalgesellschaften und Stiftungen, die nach der Satzung, dem Stiftungsrecht und der tatsächlichen Geschäftsführung ausschließlich und unmittelbar gemeinnützigen, mildtätigen oder kirchlichen Zwecken dienen, durch das Vereinsförderungsgesetz v. 18.12.1989 (BStBl I 1989 S. 499) an Bedeutung gewonnen.

9   Die Steuerbefreiung ist jedoch grundsätzlich ausgeschlossen, wenn eine gemeinnützige Institution einen wirtschaftlichen Geschäftsbetrieb (§§ 14, 65 AO) unterhält. Insoweit besteht eine „partielle" Steuerpflicht.

III. AUSSTELLUNG VON ZUWENDUNGSBESTÄTIGUNGEN

10 Auf Grund der Verordnung zur Änderung der EStDV (§§ 48 bis 50 EStDV) v. 10.12.1999, BStBl I 1999 S. 1132 zur grundlegenden Vereinfachung und Verbesserung der Regelungen zum Spendenrecht wurden neben den inländischen juristischen Personen des öffentlichen Rechts auch den in § 5 Abs. 1 Nr. 9 KStG steuerbefreiten Körperschaften, Personenvereinigungen oder Vermögensmassen erlaubt, ab dem 1.1.2000 „Zuwendungsbestätigungen" (bisher: Spendenbescheinigungen) auszustellen.

IV. STEUERBEFREIUNGEN UND -ERMÄSSIGUNGEN BEI DER UMSATZSTEUER

11 Die Anerkennung der Gemeinnützigkeit hat auch bei der Umsatzsteuer wesentliche Auswirkungen. Die Tätigkeiten einer gemeinnützigen Einrichtung im ideellen – nichtunternehmerischen – Bereich unterliegen nicht der Umsatzbesteuerung.

12 Besteuert wird bei gemeinnützigen Vereinen nur der Leistungsaustausch, der sich im Vermögensbereich, dem Zweckbetrieb und dem wirtschaftlichen Geschäftsbetrieb – unternehmerischer Bereich – abwickelt. Aus sozialen Gründen sind bei gemeinnützigen Einrichtungen auch die Befreiungsvorschriften des § 4 UStG anzuwenden. Ein Verzicht auf die Steuerbefreiung (§ 9 UStG) ist i.d.R. nur im Bereich einer Vermögensverwaltung oder bei Leistungen an Leistungsempfänger im Bereich eines wirtschaftlichen Geschäftsbetriebs möglich,

welche die Leistungen für ihr Unternehmen beziehen, die zum Vorsteuerabzug berechtigen.

Begünstigt sind die unternehmerischen Tätigkeiten im Bereich der Vermögens- **13** verwaltung und den Zweckbetrieben. Bei diesen steuerlichen Tatbeständen ist der ermäßigte Steuersatz nach § 12 Abs. 2 Nr. 8 UStG anzuwenden.

Für die Ermittlung der Steuerschuld der im wirtschaftlichen Geschäftsbetrieb **14** erbrachten Leistungen sind die nach § 12 Abs. 1 und 2 UStG geltenden Steuersätze anzuwenden.

B. GEMEINNÜTZIGKEIT

I. ANERKENNUNG DER GEMEINNÜTZIGKEIT FÜR KÖRPERSCHAFTEN

- Abgabenordnung (AO 1977) i.d.F. v. 16.3.1976 (BGBl. I 1976 S. 613, ber. BGBl. I 1977 S. 269), zuletzt geändert durch Art. 5 des Gesetzes zur Änderung des Investitionszulagengesetzes 1999 v. 20.12.2000 (BGBl. I 2000 S. 1850, BStBl I 2001 S. 28)
- Anwendungserlass zur Abgabenordnung (AEAO) v. 15.7.1998 (BStBl I 1998 S. 630), zuletzt geändert durch Art. 6 des Gesetzes zur Änderung des Investitionszulagengesetzes 1999 v. 20.12.2000 (BGBl. I 2000 S. 1850, BStBl I 2001 S. 28)

1 Der Gesetzgeber hat in den Vorschriften der §§ 51 bis 68 AO (→ Anhang 1) die Grenzen der an die Gemeinnützigkeit anknüpfenden Steuerbefreiungen und -begünstigungen in den Einzelsteuergesetzen gezogen.

Die begünstigenden Vorschriften ergeben sich aus den nachstehend genannten gesetzlichen Regelungen:

- § 5 Abs. 1 Nr. 9 KStG
- § 9 Abs. 1 Nr. 2 KStG
- § 3 Abs. 1 Nr. 12 VStG
- § 3 Nr. 6 GewStG
- § 3 Nr. 26 EStG
- § 3 Abs. 1 Nr. 3b GrEStG i.V.m. Abschn. 12 Abs. 4 GrStR
- §§ 4, 12 Abs. 2 Nr. 8 Buchst. a und b UStG
- § 18 Rennwett- und Lotteriesteuergesetz
- § 13 Abs. 1 Nr. 16 Buchst. b ErbStG.

2 Die Steuerbefreiungen bzw. -ermäßigungen setzen voraus, dass die Tatbestände der abstrakten Steuervergünstigungen für gemeinnützige, mildtätige und kirchliche Zwecke i.S. der §§ 51 bis 68 AO vorliegen.

1. ALLGEMEINE VORAUSSETZUNGEN NACH DER ABGABENORDNUNG

3 Eine Körperschaft, die ihren Sitz oder ihre Betriebsstätte im Inland hat und somit unbeschränkt steuerpflichtig ist, hat die Möglichkeit, Steuerbegünstigungen in Anspruch zu nehmen, wenn sie folgende Zwecke selbstlos fördert:

Gemeinnützige Zwecke (§§ 51 Satz 1, 52 AO)	= Förderung der Allgemeinheit auf materiellem, geistigem und sittlichem Gebiet,
Mildtätige Zwecke (§§ 51 Satz 1, 53 AO)	= Unterstützung von Personen wegen persönlicher oder wirtschaftlicher Bedürftigkeit
Kirchliche Zwecke (§§ 51 Satz 1, 54 AO)	= Förderung einer Religionsgemeinschaft des öffentlichen Rechts.

a) GEMEINNÜTZIGE ZWECKE (§ 52 AO)

4 Eine Förderung der Allgemeinheit kann nur vorliegen, wenn der Kreis der Personen, dem die Förderung zugute kommen soll, nicht abgeschlossen ist und eine Aufnahme in den Verein nicht durch andere Kriterien, wie z.B. hohe Aufnahmegebühren, Umlagen und dgl., praktisch verhindert wird.

I. Anerkennung der Gemeinnützigkeit für Körperschaften

Dies schließt jedoch nicht aus, dass u.U. eine zeitlich begrenzte Aufnahmesperre erfolgt, wenn die Ausstattung eines Vereins eine Beschränkung der Mitgliederzahl bedingt. Dies ist z.B. der Fall, wenn ein neu gegründeter Tennisclub nur über einen Tennisplatz verfügt.

Für Vereine, deren Tätigkeit in erster Linie den Mitgliedern zugute kommt, wurden von der Finanzverwaltung bestimmte Höchstgrenzen für Mitgliedsbeiträge, Aufnahmegebühren und Investitionsumlagen festgelegt (BMF v. 20.10.1998, BStBl I 1998 S. 1424, stv-Veranlagungs-HA 2000 H 9/21 zu § 5 KStG).

Danach gilt folgende Regelung:

Die Mitgliedsbeiträge und Mitgliederumlagen dürfen je Mitglied und Jahr im Durchschnitt den Betrag von 2 000 DM und die Aufnahmegebühren für die im Jahr aufgenommenen Mitglieder dürfen im Durchschnitt den Betrag von 3 000 DM nicht überschreiten.

Die Investitionsumlage darf höchstens 10 000 DM innerhalb von zehn Jahren je Mitglied betragen. Die Mitglieder müssen aber die Möglichkeit haben, die Zahlung der Umlage auf zehn Jahresraten zu verteilen. Die Umlage darf nur zur Finanzierung konkreter Investitionsvorhaben verlangt werden.

Die Investitionsumlage kann auch im Rahmen der Ansparung für die beschlossene Investition in eine Rücklage nach § 58 Nr. 6 AO eingestellt werden.

> **PRAXISTIPP:**
>
> Die Umlage kann auch zur Tilgung von Darlehen, die für die Finanzierung von Investitionen aufgenommen worden sind, verwendet werden.
>
> Der Verein darf an Stelle von Investitionsumlagen auch Investitionsdarlehen in gleicher Höhe und unter den gleichen Bedingungen verlangen.
>
> Die Erhebung von Investitionsumlagen oder -darlehen kann auf neu eintretende Mitglieder (und ggf. zur Nachzahlung verpflichteter Jugendlicher) beschränkt werden.

Investitionsumlagen sind keine steuerlich abziehbaren Spenden.

Durchschnittsberechnung:

Der durchschnittliche Mitgliedsbeitrag und die durchschnittliche Aufnahmegebühr sind aus dem Verhältnis der zu berücksichtigenden Leistungen der Mitglieder zu der Zahl der zu berücksichtigenden Mitglieder zu errechnen. Zu den maßgeblichen durchschnittlichen Aufnahmegebühren und Mitgliedsbeiträgen gehören alle Geld- und geldeswerten Leistungen, die ein Bürger aufwenden muss, um in den Verein aufgenommen bzw. in ihm verbleiben zu können.

Hierzu gehören neben den in der Satzung oder Beitragsordnung festgelegten üblichen Aufnahmegebühren und Mitgliedsbeiträgen auch die

– sog. Spielgeldvorauszahlungen oder
– Jahresplatzbenutzungsgebühren.

Als zusätzliche Aufnahmegebühren sind auch Darlehen – verzinslich oder unverzinslich – zu erfassen, die Mitglieder im Zusammenhang mit ihrer Aufnahme dem Verein gewähren. Das Gleiche gilt, wenn für die Aufnahme in den Verein die Verpflichtung besteht, dass das Mitglied Anteile an Gesellschaften erwirbt, die von dem Verein gegründet wurden, um die notwendigen Sportanlagen zu errichten und zu betreiben, damit der Spielbetrieb des Vereins durchgeführt werden kann.

B. Gemeinnützigkeit

Bei der Ermittlung der durchschnittlichen Aufnahmegebühren sind auch als Spenden bezeichnete Sonderzahlungen einzubeziehen, auch wenn keine Satzungsbestimmungen oder Beschlussfassung der Mitgliederversammlung vorliegen, aber die Aufnahme in den Verein faktisch von der Leistung der Sonderzahlung abhängt. Es besteht hier eine widerlegbare Vermutung für das Vorliegen einer Pflichtzahlung, wenn 75 v. H. der neu eintretenden Mitglieder – ausgenommen passive oder fördernde, jugendliche und auswärtige Mitglieder – neben der üblichen Aufnahmegebühr innerhalb von drei Jahren nach dem Aufnahmeantrag eine gleich oder ähnlich hohe Sonderzahlung leisten müssen. Unter der Eingruppierung „auswärtige Mitglieder" fallen regelmäßig Mitglieder, die ihren Wohnsitz außerhalb des Einzugsgebiets des Vereins haben und/oder bereits ordentliches Mitglied in einem gleichartigen anderen Sportverein sind und die deshalb keine oder geringere Mitgliedsbeiträge ohne Aufnahmegebühren zu zahlen haben.

12 Bei der Berechnung des durchschnittlichen Mitgliedsbeitrags ist als Divisor die Zahl der Personen anzusetzen, die im Veranlagungszeitraum (Kalenderjahr) Mitglieder des Vereins waren. Dabei sind auch die Mitglieder zu berücksichtigen, die im Laufe des Jahres aus dem Verein ausgetreten oder in ihn aufgenommen worden sind. Voraussetzung ist, dass eine Dauermitgliedschaft bestanden hat bzw. die Mitgliedschaft auf Dauer angelegt ist. Bei der Berechnung der durchschnittlichen Aufnahmegebühren ist als Divisor die Zahl der Personen anzusetzen, die in dem VZ auf Dauer neu in den Verein aufgenommen worden sind.

Grundsätzlich sind auch die fördernden oder passiven, jugendlichen und auswärtigen Mitglieder zu berücksichtigen. Die nicht aktiven Mitglieder sind jedoch nicht zu berücksichtigen, wenn der Verein ihre Einbeziehung in die Durchschnittsberechnung missbräuchlich ausnutzt. Dies ist z.B. anzunehmen, wenn die Zahl der nicht aktiven Mitglieder ungewöhnlich hoch ist oder festgestellt wird, dass im Hinblick auf die Durchschnittsberechnung gezielt nicht aktive Mitglieder oder auswärtige Mitglieder beitragsfrei oder gegen geringe Beiträge aufgenommen worden sind.

b) MILDTÄTIGE ZWECKE (§ 53 AO)

13 Eine Körperschaft verfolgt mildtätige Zwecke, wenn ihre Tätigkeit darauf gerichtet ist, in Not geratene Personen mit dem Ziel zu unterstützen, die Notlage zu beseitigen oder zu lindern. Hierbei ist zwischen einer persönlichen und einer wirtschaftlichen Hilfsbedürftigkeit zu unterscheiden.
  – Eine persönliche Hilfsbedürftigkeit liegt vor, wenn Personen infolge ihres körperlichen, geistigen oder seelischen Zustands auf die Hilfe anderer angewiesen sind. Dies kann ohne Nachprüfung bei Personen angenommen werden, die das 75. Lebensjahr vollendet haben.

14 – Für das Vorliegen einer wirtschaftlichen Hilfsbedürftigkeit sind in der Abgabenordnung gem. § 53 Abs. 2 AO die Grenzen festgelegt:
    – Die Bezüge der zu unterstützenden Personen dürfen nicht höher sein als das Vierfache der von den zuständigen Landesbehörden festgesetzten Regelsätze i.S. des § 22 BSHG.
    – Beim Alleinstehenden oder Haushaltsvorstand erhöht sich dieser Betrag auf das Fünffache des Regelsatzes.
    – Die hilfsbedürftige Person darf nicht über Vermögen verfügen, das zur nachhaltigen Verbesserung des Unterhalts ausreicht. Hierbei ist im Einzelfall zu prüfen, ob eine Verwertung dieses Vermögens zugemutet werden kann.

I. Anerkennung der Gemeinnützigkeit für Körperschaften

Mildtätige Zwecke stehen i.V.m.: **15**
- Wohltätigkeitsvereinen
- Krankenpflege
- Blindenfürsorge
- Altenheimen
- Hilfe bei Erdbeben und Überschwemmungen.

Mildtätige Körperschaften können auch gemeinnützig sein.

Eine Unterscheidung ergibt sich insbesondere beim Spendenabzug: **16**
- In der Verordnung zur Änderung der EStDV v. 10.12.1999, BStBl I 1999 S. 1132 wurde das Spendenrecht grundlegend vereinfacht. Danach dürfen nunmehr alle Körperschaften, die nach § 5 Abs. 1 Nr. 9 KStG von der Körperschaftsteuer befreit sind, ab dem 1.1.2000 für Zuwendungen Bestätigungen ausstellen, die einen Abzug der Zuwendung als Sonderausgabe i.S. des § 10b EStG ermöglichen.
- Die Verordnung teilt die Leistungsempfänger in der Anlage 1 zu § 48 Abs. 2 **17** EStDV in zwei Gruppen ein, die beide als besonders förderungswürdig i.S. des § 10b Abs. 1 EStG anerkannt sind:

Anlage A: **18**
Hierunter fallen alle gemeinnützigen Vereine, die „Zuwendungsbestätigungen" (bisher: Spendenbestätigungen) sowohl für die Mitgliedsbeiträge als auch für die anderen Geld- und Sachspenden ausstellen dürfen.

Hierzu gehören auch die Vereine, die mildtätige Zwecke verfolgen. Für diese Zwecke ist nach § 10b Abs. 1 Satz 2 EStG ein erhöhter Spendenabzug von 10 v. H. möglich.

Anlage B: **19**
Bei den unter die Anlage B fallenden gemeinnützigen Vereinen, es sind dies u.a.
- Sportvereine
- kulturelle Vereine, die in erster Linie der Freizeitgestaltung dienen
- Vereine zur Förderung der Heimatpflege und Heimatkunde
  und
- solche Vereine, die in § 52 Abs. 2 Nr. 4 AO genannt sind,

können nur die Spendenbeiträge, nicht jedoch die Mitgliedsbeiträge steuerlich als Sonderausgaben berücksichtigt werden.

Wenn eine Körperschaft sowohl gemeinnützige als auch mildtätige Zwecke verfolgt, gilt der erhöhte Abzug von weiteren 5 v. H. jedoch nur, wenn der Empfänger die Zuwendung auch zur Förderung mildtätiger Zwecke verwendet. **20**

Hinsichtlich der Zuordnung der Zuwendung ist ein entsprechender Nachweis zu führen.

c) KIRCHLICHE ZWECKE (§ 54 AO)

Eine Körperschaft verfolgt kirchliche Zwecke, wenn ihre Tätigkeit darauf gerichtet ist, eine Religionsgemeinschaft, die Körperschaft des öffentlichen Rechts ist, selbstlos zu fördern. **21**

Kirchliche Zwecke sind gleichzeitig religiöse und gemeinnützige Zwecke.

Die Befreiungsvorschrift bezieht sich im Wesentlichen auf die Betriebe gewerblicher Art (§§ 1 Abs. 1 Nr. 4, 4 KStG), da Religionsgemeinschaften des öffentlichen Rechts selbst nicht steuerpflichtig sind. **22**

23 Religiöse Zwecke sind u.a. auch
   - die Herausgabe und Verbreitung religiöser Bücher und Schriften
   - die Förderung der Mission
   - die Abhaltung von Exerzitien und Einkehrtagen.

   Ebenso gehört hierzu die Verwaltung des Kirchenvermögens.

24 Kirchliche Zwecke verfolgen u.a.
   - Dombauvereine
   - von kirchlichen Behörden verwaltete Stiftungen
   - Priesterseminare
   - Konvikte.

25 Verschiedene Institutionen verfolgen i.d.R. sowohl religiöse, kirchliche, mildtätige und auch gemeinnützige Zwecke, wie z.B. kirchliche Orden, Genossenschaften und andere Gemeinschaften.

2. GEMEINNÜTZIGKEIT DURCH FÖRDERUNG DER ALLGEMEINHEIT

26 Unter die Förderung der Allgemeinheit auf materiellem, geistigem oder sittlichem Gebiet können folgende Sachverhalte fallen:
   - die Förderung von Wissenschaft und Forschung, Bildung und Erziehung, Kunst und Kultur, der Religion, der Völkerverständigung, der Entwicklungshilfe, des Umwelt-, Landschaft- und Denkmalschutzes, des Heimatgedankens;
   - die Förderung der Jugendhilfe, der Altenhilfe, des öffentlichen Gesundheitswesens, des Wohlfahrtswesens und des Sports; Schach gilt als Sport;
   - die allgemeine Förderung des demokratischen Staatswesens;
   - die Förderung der Tierzucht, der Pflanzenzucht, der Kleingärtnerei, des traditionellen Brauchtums einschließlich des Karnevals, der Fastnacht und des Faschings, der Soldaten- und Reservistenbetreuung, des Amateurfunkens, des Modellflugs und des Hundesports.

27 Die Erweiterung des Gemeinnützigkeitsbereichs in § 52 Abs. 2 Nr. 4 AO durch das Vereinsförderungsgesetz wurde heftig kritisiert. Die Vorschrift wurde von der Finanzverwaltung zunächst sehr eng ausgelegt, weil sie die Auffassung vertrat, dass die Aufzählung abschließend sei. Der BFH hat am 14.9.1994 (BStBl II 1995 S. 499) jedoch entschieden, dass dies nicht der Fall ist. Allerdings dürfen als Förderung der Allgemeinheit nur solche Freizeitaktivitäten außerhalb des Sports anerkannt werden, die hinsichtlich der Merkmale mit denen im Katalog des § 52 Abs. 2 Nr. 4 AO genannten Freizeitaktivitäten identisch sind. Hierzu gehören der Modellbau und der Modellsport.

28 Nach einem Erlass des FinMin Thüringen v. 11.11.1996 – S – 0170 – A – 33 – 205.2 – sind folgende Freizeitaktivitäten als gemeinnützige Zwecke im o.g. Sinne anzusehen:
   - CB-Funken
   - Drachenflug mit Modellen, wenn sich die Tätigkeit des Vereins auf die Förderung des Baus der Drachenmodelle erstreckt
   - die Tätigkeit der Eisenbahnvereine auch dann, wenn über den Bau und Betrieb von Eisenbahnmodellen hinaus satzungsmäßig und tatsächlich auch das Verständnis für die Belange der Eisenbahn (Bundesbahn) gefördert wird.

Als nicht mit einem der in § 52 Abs. 2 Nr. 4 AO genannten Zweck identisch ist 29
die Förderung folgender Betätigungen zu beurteilen:
- Sammeltätigkeit (z.B. Sammeln von Briefmarken, Münzen, Steinen, Autogrammen)
- Karten- und Brettspiele (z.B. Skat, Bridge, Go)
- Amateurfilmen und -fotografieren (Film- und Fotovereine können aber unter bestimmten Voraussetzungen wegen der Förderung der Kultur als gemeinnützig behandelt werden)
- Kochen
- Bier brauen
- Zaubern
- die Tätigkeit der Reise- und Touristikvereine (z.B. Förderung der Motorradtouristik)
- die Tätigkeit der Saunavereine
- die Tätigkeit der Geselligkeitsvereine
- die Tätigkeit der Oldtimer-Vereine (z.B. Pflege der Tradition eines bestimmten Automobilwerks und Erhaltung der Fahrzeuge aus diesem Werk), bei Oldtimer-Vereinen kann aber eine Anerkennung der Gemeinnützigkeit wegen Förderung der (technischen) Kultur nach § 52 Abs. 2 Nr. 1 AO in Betracht kommen.

Die Förderung der nachfolgenden Zwecke ist gemeinnützigkeitsrechtlich wie 30
folgt zu beurteilen:
- Aquarien- und Terrarienkunde: die entsprechenden Vereine fördern unmittelbar die in § 52 Abs. 2 Nr. 4 AO genannte Tierzucht
- Bonsaikunst: dieser Zweck ist als unmittelbare Förderung der in § 52 Abs. 2 Nr. 4 AO genannten Pflanzenzucht anzusehen
- Ballonfahren: die Förderung des wettkampfmäßig betriebenen Ballonfahrens ist gemeinnütziger Sport i.S. des § 52 Abs. 2 Nr. 2 AO.

Keine Gemeinnützigkeit i.S. von § 52 AO liegt demnach vor, 31
- wenn die Tätigkeiten in erster Linie eigenwirtschaftlichen Zwecken der Körperschaft dienen
- bei Förderung der Industrieansiedlung und Wirtschaftsförderung
- bei Förderung arbeitender Personen
- bei Förderung des Berufssports
- bei Vermittlung und Bereitstellung zinsgünstiger oder zinsloser Darlehen, es sei denn, die Gewährung von Darlehen wird als Mittel zur Verwirklichung des steuerbegünstigten Zwecks eingesetzt (BMF v. 14.12.1994, BStBl I 1995 S. 40)
- wenn in erster Linie die wirtschaftlichen Interessen der Mitglieder gefördert werden
- wenn die Körperschaft vorrangig der Geselligkeit und Pflege freundschaftlicher Beziehungen unter den Mitgliedern dient
- wenn lediglich eine sinnvolle Freizeitbeschäftigung gepflegt werden soll
- wenn in Vereinigungen mit religiöser Zweckrichtung deren Lehren nur im Kreis der Mitglieder verbreitet und bezeugt werden.

B. Gemeinnützigkeit

a) SELBSTLOSIGKEIT (§ 55 AO)

32 Die Förderung der Allgemeinheit geschieht selbstlos, wenn nicht in erster Linie eigenwirtschaftliche Zwecke verfolgt werden. Daraus ergibt sich, dass

- Mittel grundsätzlich nur zeitnah verwendet werden dürfen
- Mittel nur für satzungsmäßige Zwecke verwendet werden dürfen
- die Vermögensverwendung nur für satzungsmäßige Zwecke zu erfolgen hat
- keine Person durch Ausgaben, die dem Zweck der Körperschaft fremd sind, oder durch unverhältnismäßig hohe Vergütungen begünstigt wird
- bei Auflösung der Körperschaft der Grundsatz der Vermögensbindung beachtet wird.

Gegen das Gebot der Selbstlosigkeit wird auch dann verstoßen, wenn die Spendeneinnahmen nicht überwiegend für die steuerbegünstigten satzungsmäßigen Zwecke verwendet werden. Dies ist nach Auffassung des Bundesfinanzhofs (BFH-Beschluss v. 23.9.1998, BStBl II 2000 S. 320) der Fall, wenn die Ausgaben für die allgemeine Verwaltung einschließlich der Werbung um Spenden einen angemessenen Rahmen übersteigen. Die Finanzverwaltung legt in ihrem BMF-Schreiben v. 15.5.2000 – IV C 6 – S 0170 – 35/00 – (BStBl I 2000 S. 814) den Beschluss des BFH dahingehend aus, dass die Verwaltungsausgaben einschließlich Spendenwerbung ins Verhältnis zu den gesamten vereinnahmten Mitteln (Spenden, Mitgliedsbeiträge, Zuschüsse, Gewinne aus wirtschaftlichen Geschäftsbetrieben usw.) zu setzen sind. Während einer vierjährigen Gründungs- und Aufbauphase des gemeinnützigen Vereins hat der BFH eine Obergrenze der Verwendung von Mitteln in Höhe von 50 v. H. nicht beanstandet. Die Finanzverwaltung geht in der Regel jedoch von einer kürzeren Aufbauphase aus. Sie beanstandet eine Verwendung von Mitteln für die Werbung neuer Mitglieder nicht, wenn der Verein hierfür im Jahr nicht mehr als 10 v. H. der gesamten Mitgliedsbeiträge des Jahres aufwendet. Auch ist die Finanzverwaltung der Meinung, dass die Gemeinnützigkeit zu versagen ist, wenn das Verhältnis der Verwaltungsausgaben zu den Ausgaben für die steuerbegünstigten Zwecke zwar insgesamt nicht zu beanstanden ist, aber eine einzelne Verwaltungsausgabe (z.B. das Gehalt des Geschäftsführers oder der Aufwand für die Mitglieder- und Spendenwerbung) nicht angemessen ist (§ 55 Abs. 1 Nr. 3 AO).

aa) MITTEL DES VEREINS

33 Hierzu gehören sämtliche Vermögenswerte, die zur Erfüllung des Satzungszwecks geeignet sind, wie Mitgliedsbeiträge, Aufnahmegebühren, Umlagen, Zuschüsse, Spenden, Einkünfte aus dem Vermögensbereich, Einkünfte aus Zweckbetrieben, Einkünfte aus wirtschaftlichen Geschäftsbetrieben.

bb) ZEITNAHE MITTELVERWENDUNG

34 Nach § 55 Abs. 1 Nr. 5 AO muss die Körperschaft ihre Mittel grundsätzlich zeitnah für ihre steuerbegünstigten satzungsmäßigen Zwecke verwenden. Verwendung in diesem Sinne ist auch die Verwendung der Mittel für die Anschaffung oder Herstellung von Vermögensgegenständen, die satzungsmäßigen Zwecken dienen. Eine zeitnahe Mittelverwendung ist gegeben, wenn die Mittel spätestens in dem auf den Zufluss folgenden Kalender- oder Wirtschaftsjahr für die steuerbegünstigten satzungsmäßigen Zwecke verwendet werden (Art. 1 Nr. 1 des Gesetzes zur weiteren steuerlichen Förderung von Stiftungen).

I. Anerkennung der Gemeinnützigkeit für Körperschaften

PRAXISTIPP: 35

Um keine steuerlichen Nachteile zu erleiden, sollte die Mittelverwendung, insbesondere bei möglichen Mittelvorträgen oder etwaigen Verwendungsrückständen, stets nachgewiesen werden können.

cc) AUSNAHMEN VON DER ZEITNAHEN MITTELVERWENDUNG

Bei den nachgenannten Sachverhalten ist keine zeitnahe Mittelverwendung erforderlich und somit sind diese auch nicht gemeinnützigkeitsschädlich: 36

- Altspenden und Mitgliedsbeiträge, die vor dem 1.1.1977 angesammelt wurden
- Ausstattungskapital: Stiftungskapital, Grund- oder Stammkapital oder dem Verein zugeführtes Kapital mit der Auflage, dieses auf Dauer zur Verfügung zu halten
- Vermögenswerte, die vor Eintritt der Steuerbegünstigung angesammelt wurden
- Zuwendungen, die bereits der Vermögensbindung dienen; Übertragung von Grundstücken, Übertragung von Gesellschaftsanteilen und Beteiligungen, Spenden, die mit der Auflage gegeben werden, diese zur Erhöhung des Vereinsvermögens einzusetzen, Zuwendungen von Todes wegen, wenn vom Erblasser keine Anweisung vorliegt, die Mittel für den laufenden Aufwand zu verwenden.

dd) SCHÄDLICHE MITTELVERWENDUNG

In den nachfolgenden Beispielen liegt eine schädliche Mittelverwendung vor, welche die Anerkennung der Gemeinnützigkeit gefährdet: 37

- Mittel dürfen nicht für satzungsfremde Zwecke verwendet werden. Dies wäre der Fall, wenn eine steuerbegünstigte Spende nicht dem ideellen Bereich oder Zweckbetrieb, sondern dem steuerpflichtigen wirtschaftlichen Geschäftsbetrieb zugeführt wird; deshalb dürfen Mittel des Vereins grundsätzlich auch nicht zum Ausgleich von Verlusten im wirtschaftlichen Geschäftsbetrieb verwendet werden, es sei denn, wenn dem ideellen Bereich in den sechs vorangegangenen Jahren Gewinne aus dem einheitlichen steuerpflichtigen wirtschaftlichen Geschäftsbetrieb in mindestens gleicher Höhe zugeführt worden sind.
- Die (erstmalige) Finanzierung eines neuen steuerpflichtigen wirtschaftlichen Geschäftsbetriebs, wenn zum Ausgleich von vorhersehbaren Anlaufverlusten Mittel des ideellen Bereichs verwendet werden. Gemeinnützigkeitsrechtlich ist dies unschädlich, wenn die Körperschaft i.d.R. innerhalb von drei Jahren nach dem Ende des Entstehungsjahres des Verlustes dem ideellen Bereich wieder Mittel zur Verfügung stellt, die gemeinnützigkeitsunschädlich dafür verwendet werden dürfen. 38
- Für die Mitgliederwerbung dürfen keine unangemessenen Ausgaben getätigt werden. Die Finanzverwaltung akzeptiert nicht, dass an Provisionen mehr als 10 v. H. des Mitgliedsbeitrags gezahlt werden. 39
- Keinem Mitglied darf ein wirtschaftlicher Vorteil bewusst unentgeltlich oder durch ein zu niedriges Entgelt zugewendet werden. 40
- Die Körperschaft darf keine Person durch Ausgaben, die dem Zweck der Körperschaft fremd sind, oder durch unverhältnismäßig hohe Vergütungen begünstigen. Es ist also nur erlaubt, dass eine berufliche Leistung eines Mit- 41

B. Gemeinnützigkeit

glieds für den Verein angemessen honoriert wird, z.B. wenn ein Architekt für eine Überwachung einer Baumaßnahme die Gebühr nach der HOAI oder ein Steuerberater für die Führung der Vereinsbücher eine Gebühr nach der StBGebV erhält. Eine unangemessene Vergütung liegt nur dann vor, wenn eine verdeckte Gewinnausschüttung i.S. des Körperschaftsteuergesetzes anzunehmen wäre.

ee) VERMÖGENSBINDUNG

42 Eine weitere Voraussetzung für die Anerkennung und den Erhalt der Gemeinnützigkeit ist gem. § 61 AO der Grundsatz der Vermögensbindung.

Danach muss bei Auflösung des Vereins bzw. Wegfall der Steuerbegünstigung das vorhandene Vermögen entweder an eine juristische Person oder andere Person des öffentlichen Rechts oder an eine andere steuerbegünstigte Körperschaft zur unmittelbaren und ausschließlichen Verwendung für gemeinnützige, mildtätige oder kirchliche Zwecke fallen.

b) AUSSCHLIESSLICHKEIT (§ 56 AO)

43 Steuerlich begünstigt sind grundsätzlich nur die satzungsmäßigen Zwecke. Einer Körperschaft ist es zwar nicht verwehrt, mehrere steuerbegünstigte Zwecke zu verfolgen, doch müssen diese stets dem Satzungszweck entsprechen. Will ein Verein eine weitere steuerbegünstigte Tätigkeit aufnehmen, die bisher nicht in der Satzung enthalten ist, muss, um die Gemeinnützigkeit nicht zu gefährden, eine Satzungsänderung erfolgen.

Eine steuerbegünstigte Tätigkeit, die nicht in der Satzung benannt ist, verletzt den Grundsatz der Ausschließlichkeit, es sei denn, dass die AO bereits eine Ausnahme zulässt, wie z.B.
– steuerlich unschädliche Betätigungen i.S. des § 58 AO und
– bei Zweckbetrieben gem. §§ 65 ff. AO.

44 Eine vermögensverwaltende Tätigkeit verstößt nicht gegen das Ausschließlichkeitsgebot (BFH v. 29.10.1991, BStBl II 1992 S. 62).

c) UNMITTELBARKEIT (§ 57 AO)

45 Der Grundsatz der Unmittelbarkeit verlangt, dass der Verein die satzungsmäßigen Zwecke selbst verwirklicht. Ausnahmeregelungen hierzu ergeben sich nur im Rahmen der steuerlich unschädlichen Betätigungen, wenn steuerbegünstigte Zwecke durch Hilfspersonen ausgeführt werden. Dabei wird vorausgesetzt, dass zwischen der Körperschaft und der Hilfsperson solche rechtlichen und tatsächlichen Beziehungen bestehen, die das Wirken der Hilfsperson wie eigenes Wirken der Körperschaft erscheinen lassen.

46 Der Verein ist verpflichtet, die Tätigkeit der Hilfsperson zu überwachen.

47 Dachverbände (z.B. Deutscher Aeroclub e.V.), in dem steuerbegünstigte Vereine (Landesverbände e.V. im DAeC) zusammengefasst sind, sind den gemeinnützigen Vereinen gleichgestellt. Jede der zusammengefassten Körperschaften muss jedoch sämtliche Voraussetzungen für die Steuervergünstigung erfüllen (§ 57 Abs. 2 AO i.V.m. AEAO zu § 57 Nr. 2 AO).

48 Wenn die Dachorganisation selbst steuerbegünstigte Tätigkeiten verwirklicht, ist es unschädlich, wenn auch nicht begünstigte Vereine Mitglied sind. In diesem Fall darf den nicht steuerbegünstigten Vereinen keine Unterstützung (z.B.

Zuweisung von Mitteln, Rechtsberatung) gewährt werden. Die Finanzverwaltung toleriert jedoch eine Beratung des Dachverbandes, wenn es das nicht (mehr) gemeinnützige Mitglied bei der Wiederzuerkennung der Gemeinnützigkeit unterstützt.

Der Grundsatz der Unmittelbarkeit ist auch bei den sog. Fördervereinen (§ 58 Nr. 1 AO) gegeben.

Bei Anerkennung der Gemeinnützigkeit ergeben sich im Ertragsteuerbereich die in dem Schaubild aufgeführten Tätigkeitsbereiche:

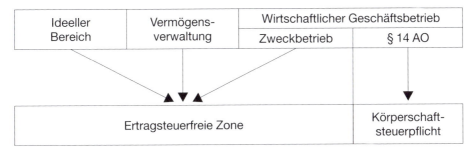

II. SATZUNGSMÄSSIGE VORAUSSETZUNGEN

1. ANFORDERUNG AN DIE SATZUNG

Die Finanzverwaltung erkennt die Gemeinnützigkeit für eine Körperschaft nur an, wenn die Satzung der Körperschaft den Anforderungen der §§ 52 bis 55 AO entspricht. Die vorgenannten Anforderungen müssen sich aus der Satzung ergeben, wobei die Art der Verwirklichung der Satzungszwecke so genau bestimmt sein muss, dass sie auch nachprüfbar ist. Eine förderungswürdige Betätigung, die nicht in der Satzung als Zweck enthalten ist, wird nicht begünstigt.

Die satzungsmäßigen Voraussetzungen müssen bei der Körperschaft- und der Gewerbesteuer vom Beginn bis zum Ende des Veranlagungs- bzw. Erhebungszeitraums vorliegen.

Bei der Grundsteuer müssen die Voraussetzungen zum Beginn des Kalenderjahres, für das über die Steuerpflicht zu entscheiden ist, gegeben sein; bei der Umsatzsteuer (§ 13 Abs. 1 UStG) und der Erbschaftsteuer (§ 9 ErbStG) gelten die entsprechenden Zeitpunkte.

2. MUSTERSATZUNG

Im Anwendungserlass zur AO (AEAO) ist als Anlage 1 zu § 60 AO eine Mustersatzung (→ Anhang 1) enthalten, die zweckmäßigerweise hinsichtlich der steuerlich notwendigen Bestimmungen verwendet werden sollte, um die Anerkennung der Gemeinnützigkeit durch das Finanzamt zu erhalten.

B. Gemeinnützigkeit

PRAXISTIPP:

55 Bei einer Neugründung oder Satzungsänderung ist es sinnvoll, vor einer notariellen Beurkundung die Satzung mit dem Finanzamt abzustimmen. Insbesondere bei einer Neugründung könnte die Finanzverwaltung mit dem zu begünstigenden Satzungszweck nicht einverstanden sein und die „vorläufige Bescheinigung", die für die Inanspruchnahme der Steuerbegünstigungen vorliegen muss, versagen. Auf die „vorläufige Bescheinigung" besteht grundsätzlich kein durchsetzbarer Rechtsanspruch. Der BFH hat jedoch entschieden, dass die Finanzverwaltung verpflichtet ist, eine „vorläufige Bescheinigung" auszustellen, wenn der Verein ohne diese Bescheinigung seinen Vereinszweck nicht erfüllen kann.

56 Bei einer erforderlichen Änderung des Satzungszwecks und nochmaligen Beurkundung und Eintragung in das Vereinsregister entstehen sodann beim Notar und Vereinsregister doppelte Kosten.

III. STEUERLICH UNSCHÄDLICHE BETÄTIGUNGEN

In § 58 AO sind verschiedene Betätigungen aufgeführt, welche die Steuervergünstigung nicht ausschließen.

1. FÖRDERVEREINE/SPENDENSAMMELVEREINE (§ 58 Nr. 1 AO)

57 Steuerbegünstigt ist auch die Betätigung eines Vereins, der für einen anderen steuerbegünstigten Verein finanzielle Mittel beschafft, damit dieser die steuerlich begünstigten satzungsmäßigen Zwecke verwirklichen kann. Es sind hierbei folgende Voraussetzungen zu beachten:
– Ein Nachweis für die Mittelverwendung muss erbracht werden; sofern sich die Tätigkeit des Fördervereins ausschließlich auf die Mittelverwendung beschränkt, muss dies in der Satzung festgelegt sein;
– die Beschaffung der Mittel kann auch durch einen wirtschaftlichen Geschäftsbetrieb erfolgen. Dieser darf jedoch nicht der Hauptzweck des Fördervereins sein;
– die Mittelbeschaffung kann auch über die Verzinsung von Vermögensanlagen erfolgen, die nicht der zeitnahen Mittelverwendung unterliegen. Deshalb ist es dem Förderverein auch erlaubt, Rücklagen i.S. von §§ 58 Nr. 6 und 7a AO zu bilden, soweit dies erforderlich ist, um die satzungsmäßigen Zwecke erfüllen zu können;
– die mittelempfangende Körperschaft selbst muss nicht steuerbegünstigt sein; die Verwendung der Mittel für die steuerbegünstigten Zwecke muss jedoch ausreichend nachgewiesen werden. Es wird deshalb auch als zulässig angesehen, wenn Mittel einer ausländischen Körperschaft überlassen werden, welche die Zuwendung für Zwecke verwendet, die ihrer Art nach steuerbegünstigt, mildtätig oder kirchlich sind (AEAO zu § 58 Nr. 1, dort unter Ziffer 1 Satz 3).

2. ÜBERLASSUNG VON MITTELN AN ANDERE KÖRPERSCHAFTEN (§ 58 Nr. 2 AO)

58 Eine Körperschaft, die selbst steuerbegünstigte Zwecke verfolgt, kann ihre Mittel teilweise auch einer anderen steuerbegünstigten Körperschaft überlassen. Die Weitergabe eigener Mittel darf jedoch nicht überwiegend sein, d.h. nicht mehr als 50 v. H. (AEAO zu § 58 Nr. 2) betragen, und die Mittel müssen bei der empfangenden Körperschaft für steuerbegünstigte Zwecke verwendet werden.

Die steuerbegünstigten Zwecke beider Körperschaften müssen nicht gleichartig sein.

III. Steuerlich unschädliche Betätigungen

3. ÜBERLASSUNG VON ARBEITSKRÄFTEN UND ARBEITSMITTELN (§ 58 Nr. 3 AO)

Unschädlich für die Gemeinnützigkeit ist die Überlassung von Arbeitskräften (z.B. Helfer des DRK) und Arbeitsmitteln, z.B. Krankenwagen (AEAO zu § 58 Nr. 3) an andere „Personen und Einrichtungen". Diese müssen nicht steuerbegünstigt sein, doch dürfen Arbeitskräfte und Arbeitsmittel nur für steuerbegünstigte Zwecke eingesetzt bzw. verwendet werden. Der Einsatz muss bereits bei der Zurverfügungstellung festgelegt sein. 59

Ein Einsatz von Personal und Arbeitsmitteln im Verwaltungsbereich oder in einem wirtschaftlichen Geschäftsbetrieb ist gemeinnützigkeitsschädlich. 60

Zulässig ist sowohl eine unentgeltliche als auch eine verbilligte Überlassung. Eine entgeltliche Überlassung wird i.d.R. als „steuerpflichtiger wirtschaftlicher Geschäftsbetrieb" zu beurteilen sein.

4. ÜBERLASSUNG VON RÄUMEN (§ 58 Nr. 4 AO)

Eine steuerbegünstigte Körperschaft darf die ihr gehörenden Räume einer anderen steuerbegünstigten Körperschaft zur Benutzung für deren steuerbegünstigten Zwecke unentgeltlich überlassen. 61

Unzulässig ist jedoch eine Überlassung zur Durchführung von Berufssportveranstaltungen oder auch Unterhaltungsveranstaltungen.

Zu den Räumen i.S. des § 58 Nr. 4 AO gehören beispielsweise auch Sportstätten, Sportanlagen und Freibäder (AEAO zu § 58 Nr. 4).

Bei einer entgeltlichen Überlassung ist zu prüfen, ob dies im Rahmen der „Vermögensverwaltung" oder im Rahmen eines „steuerpflichtigen wirtschaftlichen Geschäftsbetriebs" erfolgt. Wenn zur Kapazitätsausnutzung Räume und Sportstätten von einem Verein, der selbst steuerbegünstigte Zwecke verfolgt, vermietet werden, kann sowohl eine steuerfreie Vermögensverwaltung als auch ein steuerpflichtiger wirtschaftlicher Geschäftsbetrieb vorliegen. 62

Sog. Hallenbauvereine, deren Tätigkeit allein darin besteht, eine Halle (z.B. Tennishalle) zu errichten und an steuerbegünstigte Körperschaften zu vermieten, werden von der Finanzverwaltung nicht als gemeinnützig anerkannt. 63

5. TEILWEISE VERWENDUNG DES EINKOMMENS VON STIFTUNGEN FÜR DEN STIFTER UND SEINE NÄCHSTEN ANGEHÖRIGEN (§ 58 Nr. 5 AO)

Die Steuervergünstigung einer Stiftung ist nicht gefährdet, wenn sie einen Teil ihres Einkommens – jedoch höchstens ein Drittel – dafür verwendet, in angemessener Weise den Stifter und seine nächsten Angehörigen zu unterhalten, ihre Gräber zu pflegen und ihr Andenken zu ehren. 64

Unter Einkommen ist die Summe der Einkünfte aus den einzelnen Einkunftsarten des § 2 Abs. 1 EStG zu verstehen, unabhängig davon, ob die Einkünfte steuerpflichtig sind oder nicht. 65

Zu den Angehörigen i.S. dieser Vorschrift gehören 66
– Ehegatten
– Eltern, Großeltern, Kinder, Enkel (auch falls durch Adoption verbunden)
– Geschwister
– Pflegeeltern und Pflegekinder.

B. Gemeinnützigkeit

67 Hinsichtlich der Zahlungen hat das FG München am 12.1.1995, EFG 1995 S. 650, entschieden, dass Unterhaltszahlungen einer Stiftung an den Stifter bzw. dessen Angehörige zum Verlust der Gemeinnützigkeit führen, wenn die Stiftung dafür einen Betrag in Höhe von mehr als einem Drittel ihres Einkommens verwendet. Dies gilt auch, wenn der Stiftung die Verpflichtung zur Unterhaltsleistung von Anfang an auferlegt war.

68 Die maßgebliche Einkommensgrenze ist auf den jeweiligen Veranlagungszeitraum zu beziehen.

6. BILDUNG VON RÜCKLAGEN (§ 58 Nr. 6 AO)

69 Das Gebot der zeitnahen Mittelverwendung (§ 55 Abs. 1 Nr. 1 AO) wird in der Abgabenordnung insoweit durchbrochen, als es unschädlich ist, wenn eine Körperschaft ihre Mittel ganz oder teilweise einer erforderlichen Rücklage zuführt, um ihre steuerbegünstigten satzungsmäßigen Zwecke erfüllen zu können.

70 Es ist hier jedoch der Hinweis angebracht, dass der in § 58 AO gebrauchte Begriff der „Rücklage" nicht identisch ist mit dem Begriff der Rücklage im Ertragsteuerrecht (§ 272 Abs. 2 bis 4 HGB), die als zusätzliches Eigenkapital (Kapitalrücklagen, Gewinnrücklagen) dem Unternehmen dienen.

71 Die Rücklagen nach § 58 Nr. 6 AO müssen für bestimmte Zweckverwirklichungsmaßnahmen angesammelt werden. Dies sind insbesondere Anschaffungen oder die Herstellung von Vermögensgegenständen, die satzungsmäßigen Zwecken dienen (z.B. Kauf von Sportgeräten, Bau einer Tennishalle).

72 Für die Durchführung müssen konkrete Zeitvorstellungen bestehen; zumindest muss die Durchführung glaubhaft und bei den finanziellen Verhältnissen des Vereins in einem angemessenen Zeitraum möglich sein.

73 Zu den zulässigen Rücklagen (§ 58 Nr. 6 AO) gehört auch die sog. Betriebsmittelrücklage für periodisch wiederkehrende Ausgaben in Höhe des Mittelbedarfs für eine angemessene Zeitspanne. Diese richtet sich nach den Verhältnissen des jeweiligen Einzelfalles, jedoch höchstens für ein Geschäftsjahr.

74 Soweit die Voraussetzungen des § 58 Nr. 6 AO erfüllt sind, stehen sämtliche Mittel des Vereins für die Rücklagenbildung zur Verfügung. Auf die Herkunft der Mittel kommt es nicht an.

75 Wenn der Verein beabsichtigt, gleichzeitig mehrere Vorhaben durchzuführen, sind nebeneinander mehrere Rücklagen nach § 58 Nr. 6 AO zulässig. Zum Nachweis sind entsprechende Beschlüsse des Vorstandes oder der Mitgliederversammlung zu protokollieren und Aufzeichnungen, auch über die spätere Verwendung, zu führen.

76 Sofern die beabsichtigten Vorhaben nicht durchgeführt werden können, sind die Rücklagen aufzulösen und die frei werdenden Mittel zeitnah für andere begünstigte Zwecke zu verwenden.

77 Von der Rücklagenbildung nach § 58 AO bleiben Rücklagen in einem steuerpflichtigen wirtschaftlichen Geschäftsbetrieb, soweit sie bei vernünftiger kaufmännischer Beurteilung wirtschaftlich begründet sind, und Rücklagen im Bereich der Vermögensverwaltung, z.B. für die Erhaltung und Pflege des vorhandenen Vermögens, unberührt (BMF v. 14.12.1994, BStBl I 1995 S. 40).

> **Gestaltungshinweis:**
>
> In der Bildung von Rücklagen i.S. von § 58 Nr. 6 AO bestehen für gemeinnützige Körperschaften viele Gestaltungsmöglichkeiten, die im Geschäftsjahr vereinnahmten und nicht verbrauchten Mitgliedsbeiträge und Spenden dennoch dem Gebot der zeitnahen Mittelverwendung zu unterwerfen. Hierbei müssen zur Vermeidung steuerlicher Nachteile die formellen Voraussetzungen
>
> – Zweckbestimmung für die Rücklagenbildung
>
> – angemessene Zeitvorstellung
>
> – entsprechende Beschlüsse der Organe des Vereins
>
> eingehalten werden.

78

7. BEGRENZTE BILDUNG VON RÜCKLAGEN AUS ÜBERSCHÜSSEN DER VERMÖGENSVERWALTUNG (§ 58 Nr. 7a AO)

Wenn der Verein Einnahmen aus der Vermögensverwaltung bezieht, hat er nach § 58 Nr. 7a AO eine weitere Möglichkeit der Rücklagenbildung. Von dem Überschuss der Einnahmen über die Kosten kann er ab 1.1.2000 höchstens ein Drittel und darüber hinaus höchstens 10 v. H. ihrer sonstigen nach § 55 Abs. 1 Nr. 5 AO zeitnah zu verwendenden Mittel einer freien, also nicht zweckgebundenen Rücklage zuführen (Gesetz zur weiteren steuerlichen Förderung von Stiftungen vom 14.7.2000, BGBl. I 2000 S. 1034, Art. 2 Änderung des EGAO).

79

Die Gesamthöhe der freien Rücklage i.S. von § 58 Nr. 7a AO ist unbegrenzt. Die Mittel können im Rahmen der Vermögensverwaltung angelegt werden und stehen für Vermögensumschichtungen zur Verfügung. Erst bei Auflösung des Vereins oder Wegfall der Steuerbegünstigung sind diese Rücklagen einem steuerbegünstigten Zweck zuzuführen, um eine Nachversteuerung zu vermeiden.

80

Eine Verwendung dieser Mittel im Rahmen eines wirtschaftlichen Geschäftsbetriebs ist jedoch grundsätzlich nicht möglich. Unschädlich für die Gemeinnützigkeit ist nur, wenn bei Inbetriebnahme eines neuen wirtschaftlichen Geschäftsbetriebs mit Anlaufverlusten zu rechnen war und zum Ausgleich von Verlusten eine freie Rücklage nach § 58 Nr. 7a AO verwendet wird. In diesem Fall muss die Körperschaft aber i.d.R. innerhalb von drei Jahren nach dem Ende des Verlustentstehungsjahres die dem wirtschaftlichen Geschäftsbetrieb zur Verfügung gestellten Beträge aus gemeinnützigkeitsunschädlichen Mitteln wieder zurückführen (BMF v. 19.10.1998, BStBl I 1998 S. 1423, stv-Veranlagungs-HA 2000 H 9/20 zu § 5 KStG).

81

Eine Ermächtigung zur Rücklagenbildung durch die Satzung des Vereins ist nicht erforderlich.

82

Die Voraussetzungen für die Bildung der Rücklagen ist dem zuständigen Finanzamt darzulegen. Ebenso muss ein entsprechender Nachweis geführt werden, damit eine Kontrolle jederzeit ohne besonderen Aufwand möglich ist.

83

> **Gestaltungshinweis:**
>
> Wenn eine Möglichkeit besteht, Rücklagen i.S. von § 58 Nr. 7a AO zu bilden, sollte diese Gestaltung in jedem Fall ausgenutzt werden. Diese Rücklagen sind für den Verein bis zur Beendigung der Vereinstätigkeit verfügbar und stehen nicht unter dem Druck einer zeitnahen Mittelverwendung.

84

8. BILDUNG VON RÜCKLAGEN ZUR ERHALTUNG DER PROZENTUALEN BETEILIGUNG AN EINER KAPITALGESELLSCHAFT (§ 58 Nr. 7b AO)

85 Wenn ein gemeinnütziger Verein bereits an einer Kapitalgesellschaft beteiligt ist und diese beabsichtigt, eine Kapitalerhöhung vorzunehmen, so ist es für den Verein gemeinnützigkeitsunschädlich, wenn er für den Erwerb von weiteren Gesellschaftsrechten zur Erhaltung der prozentualen Beteiligung eine Rücklage ansammelt oder hierfür im Jahr des Zuflusses Mittel des Vereins verwendet. Die Herkunft der Mittel ist dabei ohne Bedeutung.

86 Hierbei ist jedoch zu beachten, dass sich die Zuführung zur zulässigen freien Rücklage aus den Vermögensüberschüssen nach § 58 Nr. 7a AO um den Betrag mindert, den die Körperschaft zum Erwerb der weiteren Gesellschaftsrechte ausgibt oder bereitstellt. Siehe auch Beispiel im AEAO zu § 58 Nr. 7, dort unter Ziffer 14.

9. GESELLIGE VERANSTALTUNGEN VON UNTERGEORDNETER BEDEUTUNG (§ 58 Nr. 8 AO)

87 Gesellige Veranstaltungen sind seit Einführung des Vereinsförderungsgesetzes stets einem steuerpflichtigen wirtschaftlichen Geschäftsbetrieb zuzuordnen. Dies gilt auch für jeglichen Verkauf von Speisen und Getränken, sowohl im Rahmen von sportlichen Veranstaltungen als auch bei kulturellen Veranstaltungen. Wenn bei einem gemeinnützigen Verein gesellige Veranstaltungen im Vergleich zur steuerbegünstigten Tätigkeit nicht nur von untergeordneter Bedeutung, sondern dessen Haupttätigkeit sind, schließt dies die Steuerbefreiung für die Körperschaft insgesamt aus (§ 58 Nr. 8 AO).

10. FÖRDERUNG DES BEZAHLTEN SPORTS NEBEN DEM UNBEZAHLTEN SPORT (§ 58 Nr. 9 AO)

88 Nach dem Gebot der Selbstlosigkeit gem. § 55 AO darf das Mitglied eines gemeinnützigen Vereins in dieser Eigenschaft keine wirtschaftlichen Vorteile erlangen.

Seit Einführung des Vereinsförderungsgesetzes ist die teilweise Förderung des bezahlten Sports jedoch unschädlich für die Beibehaltung der Gemeinnützigkeit. Seit 1.1.1990 ist es deshalb auch zulässig, dass Amateursportler im Rahmen der Gemeinnützigkeit für eine sportliche Betätigung eine in der Höhe begrenzte Aufwandsentschädigung erhalten können.

11. ZUSCHÜSSE VON GEBIETSKÖRPERSCHAFTEN ERRICHTETER STIFTUNGEN AN WIRTSCHAFTSUNTERNEHMEN (§ 58 Nr. 10 AO)

89 Voraussetzung für die Anerkennung der Gemeinnützigkeit der Stiftungen ist, dass die Forschungsergebnisse der Wirtschaftsunternehmen der Allgemeinheit unter den üblichen Bedingungen zugänglich gemacht werden.

90 Diese Vorschrift enthält eine Ausnahme von dem Merkmal der Unmittelbarkeit (§ 57 AO) und ermöglicht, dass Zuschüsse der Stiftung an Wirtschaftsunternehmen für die Forschung, Entwicklung und Innovation einschließlich Pilotprojekten, die zur Erfüllung der gemeinnützigen Satzungszwecke vergeben werden, auch dann unschädlich für die Gemeinnützigkeit sind, wenn die geförderten Unternehmen nicht Hilfsperson der Stiftung sind (AEAO zu § 58 Nr. 10).

Die Beschränkung dieser unschädlichen Betätigung auf von Gebietskörperschaften errichteten Stiftungen wird von der Finanzverwaltung damit begründet, dass die Gebietskörperschaften einer besonderen Kontrolle durch den Bundesrechnungshof oder einem Landesrechnungshof unterliegen.

12. WEITERE STEUERLICH UNSCHÄDLICHE ZUFÜHRUNGEN VON MITTELN (§ 58 Nr. 11 AO)

Eine steuerlich unschädliche Betätigung liegt nach § 58 Nr. 11 AO auch vor, wenn eine Körperschaft folgende Mittel ihrem Vermögen zuführt:

– Zuwendungen von Todes wegen, wenn der Erblasser keine Verwendung für den laufenden Aufwand der Körperschaft vorgeschrieben hat,
– Zuwendungen, bei denen der Zuwendende ausdrücklich erklärt, dass sie zur Ausstattung der Körperschaft mit Vermögen oder zur Erhöhung des Vermögens bestimmt sind,
– Zuwendungen auf Grund eines Spendenaufrufs der Körperschaft, wenn aus dem Spendenaufruf ersichtlich ist, dass Beträge zur Aufstockung des Vermögens erbeten werden,
– Sachzuwendungen, die ihrer Natur nach zum Vermögen gehören.

13. ZUFÜHRUNG VON VERMÖGEN BEI EINER STIFTUNG (§ 58 Nr. 12 AO)

Einer Stiftung ist es steuerunschädlich erlaubt, im Jahr ihrer Errichtung und in den zwei folgenden Kalenderjahren Überschüsse aus der Vermögensverwaltung und die Gewinne aus wirtschaftlichen Geschäftsbetrieben (§ 14 AO) ganz oder teilweise ihrem Vermögen zuzuführen (§ 58 Nr. 12 AO).

Die neuen steuerlich unschädlichen Zuführungen zum Vermögen nach den Rz. 92 und 93 wurden mit Wirkung vom 1.1.2000 durch Art. 2 – Änderung des Einführungsgesetzes zur Abgabenordnung – des Gesetzes zur weiteren steuerlichen Förderung von Stiftungen vom 14.7.2000 (BGBl. I 2000 S. 1034) in die Abgabenordnung aufgenommen.

IV. PARTIELLE STEUERPFLICHT DES WIRTSCHAFTLICHEN GESCHÄFTSBETRIEBS

Für die Gemeinnützigkeit von Vereinen ist es unschädlich, wenn sie wirtschaftliche Geschäftsbetriebe unterhalten. Diese dürfen jedoch dem Verein nicht das Gepräge geben, sondern müssen von untergeordneter Bedeutung sein.

Nachdem die Zuschüsse an die gemeinnützigen Institutionen von der öffentlichen Hand immer spärlicher fließen, unterhalten gemeinnützige Vereine i.d.R. wirtschaftliche Geschäftsbetriebe, um sich zusätzliche Mittel zur Verwirklichung der steuerbegünstigten Zwecke zu beschaffen.

Die Vereine können die Mitgliedsbeiträge nicht beliebig erhöhen; Einnahmen von Spenden werden trotz der steuerlichen Abzugsmöglichkeiten ebenfalls immer weniger.

1. BEGRIFF DES WIRTSCHAFTLICHEN GESCHÄFTSBETRIEBS

Ein wirtschaftlicher Geschäftsbetrieb ist eine selbständige nachhaltige Tätigkeit, durch die Einnahmen oder andere wirtschaftliche Vorteile erzielt werden

B. Gemeinnützigkeit

und die über den Rahmen einer Vermögensverwaltung hinausgeht (§ 14 Satz 1 AO). Eine Absicht, Gewinn zu erzielen, ist nicht erforderlich. Die Begriffsbestimmung gilt für alle Steuerarten. Die Selbständigkeit ist gegeben, wenn sich der wirtschaftliche Geschäftsbetrieb vom begünstigten Zweck des Vereins abhebt und mit ihm keine Einheit bildet. Die Tätigkeit ist nachhaltig, wenn sie planmäßig und nicht nur zufällig ausgeübt wird. Eine ununterbrochen andauernde Tätigkeit ist nicht erforderlich. Es muss sich aber um eine Beteiligung am allgemeinen wirtschaftlichen Verkehr handeln. Eine Verselbstständigung ist nicht vorausgesetzt.

97 Ein wirtschaftlicher Geschäftsbetrieb ist demnach auch gegeben, wenn der Verein nur einmal jährlich anlässlich eines Volksfestes einen Weinausschank unterhält.

> **Gestaltungshinweis:**
>
> 98 Wenn mehrere Vereine anlässlich von Volksfesten einen Ausschank (Festzelt) betreiben wollen, ist es aus steuerlichen Gründen ratsam, dies in einem eigens gegründeten rechtsfähigen, ggf. nichtrechtsfähigen, Verein durchzuführen. Da in diesem Fall ein eigenständiger Gewerbebetrieb vorliegt, ist die Gemeinnützigkeit der Vereine nicht gefährdet; auch wird bei den einzelnen Vereinen, sofern sie gewerbliche Einnahmen haben, u.U. die Besteuerungsgrenze nicht überschritten.

99 Eine Abgrenzung des wirtschaftlichen Geschäftsbetriebs zur Vermögensverwaltung liegt darin, dass hierbei das Vereinsvermögen von Dritten gegen Entgelt genutzt wird. Eine Tätigkeit, die sich äußerlich als eine reine Vermögensverwaltung darstellt, ist jedoch als eine steuerpflichtige wirtschaftliche Betätigung anzusehen, wenn sie im Wege der Betriebsaufspaltung auf eine selbständige Kapitalgesellschaft ausgegliedert (AEAO zu § 14 Nr. 5) wurde.

100 Steuerpflichtige Einnahmen in einem wirtschaftlichen Geschäftsbetrieb liegen i.d.R. vor bei
- Verkauf von Speisen und Getränken
- anteiligen Einnahmen als Gesellschafter einer GbR, die steuerpflichtige wirtschaftliche Tätigkeiten ausführt
- Zuflüssen auf Grund einer Betriebsaufspaltung
- Einnahmen bei Basaren, Flohmärkten
- Eintrittsgeldern und Bewirtungserlösen bei Vereinsveranstaltungen, soweit es sich nicht um sportliche Veranstaltungen oder kulturelle Veranstaltungen handelt. Wird für den Besuch vorgenannter Veranstaltungen ein einheitlicher Einheitspreis verlangt, ist dieser – ggf. im Wege der Schätzung – in einen Entgeltsanteil für den Besuch der Veranstaltung und für die Bewirtungsleistungen aufzuteilen
- Verkauf des Sammelguts aus Altmaterial
- Werbeeinnahmen, soweit keine Vermögensverwaltung vorliegt, insbesondere die entgeltliche Übertragung des Rechts zur Nutzung von Werbeflächen auf der Sportkleidung und auf Sportgeräten
- Einnahmen aus Sponsoring, wenn der Verein an den Werbemaßnahmen mitwirkt (BMF v. 18.2.1998, BStBl I 1998 S. 212, stv-Veranlagungs-HA 2000 H 27/13 zu § 8 KStG)

IV. Partielle Steuerpflicht des wirtschaftlichen Geschäftsbetriebs

- Provisionseinnahmen auf Grund von Vermittlung und/oder Verwaltung von Gruppenversicherungsverträgen (OFD Münster v. 26.9.1989 – S 2729 – 125 – St 13 – 31 –, stv-Veranlagungs-HA 2000 H 9/11 zu § 5 KStG)
- Einnahmen aus steuerpflichtigen sportlichen Veranstaltungen nach § 67a Abs. 1 und 3 AO
- Einnahmen bei einer kurzfristigen Vermietung von Sportstätten oder Sportgeräten an Nichtmitglieder des Vereins
- Ablösesummen, die dem Verein für die Freigabe von Sportlern zufließen, wenn der den Verein wechselnde Sportler in den letzten zwölf Monaten vor seiner Freigabe bezahlter Sportler war
- Vermarktung kultureller Veranstaltungen.

Eine Körperschaft- und Gewerbesteuer wird jedoch nur erhoben, wenn die Besteuerungsgrenze (§ 64 Abs. 3 AO) überschritten wird. 101

2. UNTERHALT MEHRERER WIRTSCHAFTLICHER GESCHÄFTSBETRIEBE

Wenn ein gemeinnütziger Verein mehrere wirtschaftliche Geschäftsbetriebe unterhält (Gastwirtschaft, Werbung, steuerpflichtige sportliche Veranstaltungen), werden sämtliche Betätigungen als **ein** wirtschaftlicher Geschäftsbetrieb behandelt (§ 64 Abs. 3 AO). Diese Regelung bewirkt, dass der Verein für seine steuerpflichtigen gewerblichen Einnahmen nicht mehrfach die Besteuerungsgrenze des § 64 Abs. 3 AO in Anspruch nehmen und sich dadurch ungerechtfertigte Steuervorteile verschaffen kann. 102

> **PRAXISTIPP:**
> Die Zusammenfassung verschiedener gewerblicher Betätigungen in einem wirtschaftlichen Geschäftsbetrieb hat den steuerlichen Vorteil, dass Überschüsse und Verluste der einzelnen wirtschaftlichen Geschäftsbetriebe gegenseitig verrechnet werden können. So ist es möglich, Überschüsse aus dem Gaststättenbetrieb mit Verlusten aus steuerpflichtigen sportlichen Veranstaltungen, die im Regelfall entstehen, zu verrechnen (Verlustausgleich). 103

Die Vereine haben jedoch darauf zu achten, dass im Bereich des wirtschaftlichen Geschäftsbetriebs keine Verluste erwirtschaftet werden. Ein Ausgleich mit Mitteln aus dem ertragsteuerfreien Bereich (Mitgliedsbeiträge, Spendeneinnahmen und Überschüssen aus der Vermögensverwaltung und Zweckbetrieben) führt grundsätzlich zum Verlust der Gemeinnützigkeit. 104

Der BFH sieht jedoch in seinem Urteil v. 13.11.1996 (BFH/NV 1997 S. R 105) keinen Verstoß gegen das Mittelverwendungsgebot des § 55 Abs. 1 Nr. 1 AO 1977, wenn der Verlust auf einer Fehlkalkulation beruht und die Körperschaft bis zum Ende des dem Verlustentstehungsjahrs folgenden Wirtschaftsjahres dem ideellen Bereich wieder Mittel in entsprechender Höhe zuführt. Der erkennende Senat hat in diesem Urteil nicht mehr an seiner früheren Ansicht (v. 2.10.1968, BStBl II 1969 S. 43) uneingeschränkt festgehalten (Änderung der Rechtsprechung). 105

Das Niedersächsische FinMin hat in einem Erlass v. 28.6.2000 – S 0174 – 17 – 31 – verfügt, dass eine für die Gemeinnützigkeit schädliche Verwendung von Mitteln des ideellen Bereichs nicht vorliegt, wenn dem wirtschaftlichen Geschäftsbetrieb die erforderlichen Mittel durch Aufnahme eines betrieblichen Darlehens zugeführt werden bzw. bereits in dem Betrieb verwendete ideelle Mittel mittels eines Darlehens, das dem Betrieb zugeordnet wird, innerhalb der Frist von zwölf 106

Monaten nach dem Ende des Verlustentstehungsjahres an den ideellen Bereich der Körperschaft zurückgegeben werden. Voraussetzung für die Unschädlichkeit ist, dass Tilgung und Zinsen für das Darlehen ausschließlich aus Mitteln des steuerpflichtigen wirtschaftlichen Geschäftsbetriebs geleistet werden.

Die Belastung von Vermögen des ideellen Bereichs mit einer Sicherheit für ein betriebliches Darlehen (z.B. Grundschuld auf eine Sporthalle) führt grundsätzlich zu keiner anderen Beurteilung. Die Eintragung einer Grundschuld bedeutet noch keine Verwendung des belasteten Vermögens für den steuerpflichtigen wirtschaftlichen Geschäftsbetrieb. Die steuerrechtliche Zuordnung einer Schuld zum wirtschaftlichen Geschäftsbetrieb ändert nichts daran, dass die Körperschaft mit ihrem gesamten Vermögen für alle Schulden haftet.

107 Auf Grund der Änderung der Rechtsprechung geht die Finanzverwaltung nunmehr auch davon aus, dass eine Verwendung von Mitteln aus dem steuerfreien Bereich zum Ausgleich von Verlusten im wirtschaftlichen Geschäftsbetrieb nicht mehr anzunehmen ist, wenn dem ideellen Bereich in den sechs vorangegangenen Jahren Gewinne aus dem einheitlichen steuerpflichtigen wirtschaftlichen Geschäftsbetrieb in mindestens gleicher Höhe zugeführt worden sind (BMF v. 19.10.1998, BStBl I S. 1423, stv-Veranlagungs-HA 2000 H 9/20 zu § 5 KStG).

a) UNTERHALT EINER GASTSTÄTTE

108 Die meisten Vereine (Sportvereine, Gesangvereine u.ä.) unterhalten in ihren Vereinsheimen eine Gaststätte, um das Zusammengehörigkeitsgefühl der Mitglieder zu stärken.

Die Führung der Gaststätte kann einerseits in der Weise erfolgen, dass die Mitglieder die Gaststätte in eigener Regie betreiben, andererseits ist die Verpachtung der Gaststätte an einen selbständigen gewerblichen Gastwirt möglich.

Achtung: Steuerfalle

109 Bei Bewirtschaftung der Gaststätte in eigener Regie (durch evtl. sich ständig abwechselnde Mitglieder) wird bewirkt, dass der Verein einen wirtschaftlichen Geschäftsbetrieb unterhält und somit steuerpflichtig tätig wird. Dies hat auch zur Folge, dass die entsprechenden Räume, die der Gaststätte zuzuordnen sind, nunmehr (steuerpflichtiges) Betriebsvermögen werden. Bei einer Aufgabe der gewerblichen Tätigkeit oder Verkauf der Immobilie sind die vorhandenen stillen Reserven (Mehrbetrag zwischen dem gemeinen Wert bzw. Verkaufserlös und Buchwert) aufzulösen und zu versteuern.

110 Bei einer sofortigen Verpachtung der Räumlichkeiten „Gaststätte" an einen Gastwirt liegt bei dem Verein „Vermögensverwaltung" vor, die keinerlei nachteilige ertragsteuerliche Folgen hat, wenn der Verein als gemeinnützig anerkannt ist.

> **Gestaltungshinweis:**
>
> **111** Die Mitglieder eines gemeinnützigen Vereins sollten sich bei Anschaffung oder Herstellung eines Vereinsheims mit Gaststätte wegen der steuerlichen Folgen sofort entscheiden, ob der Gaststättenbetrieb in eigener Regie oder durch Verpachtung an einen selbständigen Gastwirt betrieben werden soll. Bei einem Gaststättenbetrieb in eigener Regie entsteht hinsichtlich der genutzten Räume und Wirtschaftsgüter steuerlich verhaftetes Betriebsvermögen.

Entscheidet sich der Verein für den wirtschaftlichen Geschäftsbetrieb, können Gewinne und Verluste mit anderen gewerblichen Tätigkeitsbereichen des Vereins gegenseitig verrechnet werden.

112

Verluste im wirtschaftlichen Geschäftsbetrieb dürfen grundsätzlich nicht mit Mitteln des Vereins aus dem ideellen Bereich und ertragsteuerfreien Bereich ausgeglichen werden, es sei denn, dass in den vorangegangenen sechs Jahren Gewinne aus dem einheitlichen steuerpflichtigen wirtschaftlichen Geschäftsbetrieb Überschüsse in mindestens gleicher Höhe dem ideellen Bereich zugeführt worden sind.

b) WERBEEINNAHMEN

Den steuerpflichtigen Einnahmen aus wirtschaftlichem Geschäftsbetrieb sind auch die Werbeeinnahmen zuzurechnen. Dies ist stets der Fall, wenn der Verein die Werbeverträge selbst abschließt, z.B. für die Bandenwerbung. Das Gleiche gilt für Werbeanzeigen in Festschriften oder die Werbung auf der Sportkleidung.

113

Strittig ist noch die Frage, wie die Überlassung von Werberechten an Dritte zu beurteilen ist. Die Überlassung von Werberechten liegt zwar im Regelfall noch innerhalb der Vermögensverwaltung, es sei denn, die Verpachtungstätigkeit des Vereins stellt sich in Anwendung der Grundsätze über die **Betriebsaufspaltung** als gewerbliche Tätigkeit dar.

114

Der BFH hat bereits in seinem Beschluss v. 5.6.1985 (BFH/NV 1986 S. 433) entschieden, dass ein gemeinnütziger Verein, der mit einer von ihm beherrschten GmbH wirtschaftlich verflochten ist, einen steuerpflichtigen wirtschaftlichen Geschäftsbetrieb unterhält, wenn er eine wesentliche Grundlage des Betriebs der GmbH besitzt und sie der GmbH zur Verfügung stellt. In dieser Entscheidung hat der BFH abschließend aufgeführt, dass es dabei nicht um die Abgrenzung zwischen einem wirtschaftlichen Geschäftsbetrieb und einem Zweckbetrieb i.S. des § 65 AO gehe.

115

Auch das FG Köln ist der Auffassung, dass bei einem gemeinnützigen Verein eine Betriebsaufspaltung möglich ist. Gegen das Urteil v. 9.9.1994 (EFG 1995 S. 360) wurde Revision eingelegt (BFH – I R 164/94 –). Der BFH hat mit Urteil v. 21.5.1997 bestätigt, dass eine gemeinnützige Körperschaft einen wirtschaftlichen Geschäftsbetrieb unterhält, wenn sie an einer Kapitalgesellschaft mehrheitlich beteiligt ist und dieser wesentliche Betriebsgrundlagen zur Nutzung überlässt.

116

Eine Betriebsaufspaltung liegt vor, wenn eine ihrer Art nach vermögensverwaltende und damit nicht gewerbliche Betätigung durch eine personelle und sachliche Verflechtung zweier rechtlich selbständiger Unternehmen (Besitz- und Betriebsunternehmen) zum Gewerbebetrieb wird.

117

Im zu beurteilenden Sachverhalt hatte ein eingetragener Verein, dessen Satzungszweck die Förderung des Sports und die Ausrichtung von Turnieren ist, die Verwertung von Werbemöglichkeiten einer GmbH überlassen, deren alleinige Gesellschafterin der Verein war. Die GmbH zahlte dem Verein für die Überlassung der Werberechte einen Pachtzins.

Die Finanzverwaltung hat eine Betriebsaufspaltung beim gemeinnützigen Verein ebenfalls bejaht (FinMin Niedersachsen v. 29.12.1981 – S 2729 – 35 – 312a –, stv-Veranlagungs-HA 2000 H 9/7 zu § 5 KStG).

118

Eine Betriebsaufspaltung wurde vom FG Köln deshalb bejaht, weil
– mit der Überlassung der Werberechte an die GmbH ein Wirtschaftsgut zur Verfügung gestellt wurde, das für deren Unternehmen die wesentliche, nämlich die einzige Betriebsgrundlage bildete und

B. Gemeinnützigkeit

– der Verein mit der GmbH auch personell verflochten ist, obwohl der Vorstand des Vereins nicht identisch mit der Geschäftsführung der GmbH war.

119 Das FG Köln führte weiter aus, dass nach ständiger höchstrichterlicher Rechtsprechung ein Besitzunternehmen auch dann das Betriebsunternehmen beherrscht, wenn es seinen Willen dort durchsetzen kann. Diese Voraussetzung sei bereits dann erfüllt, wenn das Besitzunternehmern kraft seiner gesellschaftsrechtlichen Beteiligung über die Stimmenmehrheit bei dem Betriebsunternehmen verfügt (BFH v. 26.7.1984, BStBl II 1984 S. 714).

120 Diese Rechtsprechung wird von dem Institut „Finanzen und Steuern" in seinem Gutachten Nr. 330 nicht geteilt.

Der Senat des FG Köln hat die Revision wegen grundsätzlicher Bedeutung gem. § 155 Abs. 1 Nr. 1 FGO zugelassen. Hierzu hat der BFH in seinem Urteil v. 21.5.1997 ausgeführt, dass eine Betriebsaufspaltung eine Personenidentität zwischen den Organen der Besitzgesellschaft und der Betriebsgesellschaft voraussetzt. Die Anwendung der Rechtsgrundsätze der Betriebsaufspaltung sei nicht auf die Besitzkapitalgesellschaft beschränkt. Da die Betriebsaufspaltung eine originäre Gewerbesteuerpflicht des Besitzunternehmens nicht voraussetzt, können auch Vereine Besitzunternehmen i.S. der Betriebsaufspaltung sein. Für die personelle Verflechtung genügt es, wenn der Verein in der Gesellschafterversammlung der Betriebs-GmbH in Form von Beschlüssen mit einfacher Stimmenmehrheit grundsätzlich dem oder den Geschäftsführern Einzelweisungen in allen Fragen der laufenden Geschäftsführung erteilen kann.

c) STEUERPFLICHTIGE SPORTLICHE VERANSTALTUNGEN

121 Die Ausübung des Sports dient nach § 52 Abs. 2 Nr. 2 AO gemeinnützigen Zwecken. Eine steuerlich unschädliche Betätigung liegt auch dann vor, wenn entgegen dem Grundsatz der Selbstlosigkeit ein Sportverein neben dem unbezahlten Sport auch den bezahlten Sport fördert (§ 58 Nr. 9 AO).

122 Sportliche Veranstaltungen sind grundsätzlich jedoch nur dann steuerlich begünstigt, wenn die Einnahmen einschließlich Umsatzsteuer im Veranstaltungszeitraum die Zweckbetriebsgrenze von 60 000 DM nicht übersteigen. Weil bei einem Überschreiten der Zweckbetriebsgrenze ein steuerpflichtiger wirtschaftlicher Geschäftsbetrieb vorliegt, hat der Verein die Möglichkeit, auf die Anwendung der Zweckbetriebsgrenze zu verzichten (§ 67a Abs. 3 AO). Bei einem Verzicht bleibt die Steuervergünstigung aber nur dann erhalten, wenn an den einzelnen sportlichen Veranstaltungen kein bezahlter Sportler teilnimmt.

Nähere Einzelheiten → B 207 ff.

3. BETEILIGUNG AN EINER KAPITALGESELLSCHAFT

123 Nach § 20 UmwStG ist es grundsätzlich möglich, dass ein gemeinnütziger Verein seinen wirtschaftlichen Geschäftsbetrieb in eine Kapitalgesellschaft (z.B. GmbH) ausgliedert.

124 Beteiligungen an einer Kapitalgesellschaft sind grundsätzlich der steuerfreien Vermögensverwaltung zuzurechnen (OFD Münster v. 29.9.1982 – S 2729 – 82 – St 13 – 31 –, stv-Veranlagungs-HA 2000 H 9/8 zu § 5 KStG).

Dies ist aber nur der Fall, wenn der Verein tatsächlich keinen entscheidenden Einfluss auf die Geschäftsführung der Kapitalgesellschaft nimmt.

IV. Partielle Steuerpflicht des wirtschaftlichen Geschäftsbetriebs

Die Grenzen zwischen einem wirtschaftlichen Geschäftsbetrieb und einer Vermögensverwaltung sind nicht immer leicht zu bestimmen. Nach Auffassung des Instituts „Finanzen und Steuern" kommt dem Wettbewerbsgedanken hierbei eine wesentliche Bedeutung zu. **125**

Wegen der Vermögensbindung im steuerfreien gemeinnützigen Bereich kann jedoch gemeinnützigkeitsunschädlich nur das bisherige „steuerpflichtige Betriebsvermögen" des wirtschaftlichen Geschäftsbetriebs für eine Ausgliederung in eine Kapitalgesellschaft in Frage kommen. Es handelt sich sodann um einbringungsgeborene Gesellschaftsanteile, die nach wie vor dem wirtschaftlichen Geschäftsbetrieb zuzuordnen sind. **126**

Gemeinnützigkeitsunschädlich ist stets die Ausgliederung eines Betriebsteils einer gemeinnützigen Körperschaft in eine andere gemeinnützige Körperschaft, wie dies bei Trägern von Krankenhäusern oftmals der Fall ist. **127**

Problematisch ist stets der Erwerb einer Beteiligung: **128**

Bei einem entgeltlichen Erwerb einer Beteiligung kann eine unzulässige Mittelverwendung vorliegen, die zum Verlust der Gemeinnützigkeit des Vereins insgesamt führt.

Unschädlich dürfte nur sein, wenn die erforderlichen Mittel aus einer Vermögensrücklage gem. § 58 Nr. 7a AO entnommen werden können. Dies ist aber dann ausgeschlossen, wenn die Beteiligung als „steuerpflichtiger wirtschaftlicher Geschäftsbetrieb" zu behandeln ist.

Ein unentgeltlicher Erwerb einer Beteiligung durch Schenkung oder von Todes wegen ist gemeinnützigkeitsrechtlich unproblematisch, wenn mit diesem Erwerb keine Auflagen verbunden sind, die zu einer unzulässigen Mittelverwendung führen. **129**

> **Gestaltungshinweis:**
> Für die Ausgliederung eines wirtschaftlichen Geschäftsbetriebs in eine Kapitalgesellschaft dürfen keine Mittel aus dem steuerbegünstigten Bereich (ideeller Bereich, Vermögensverwaltung, Zweckvermögen) verwendet werden. Die Finanzausstattung muss nach h.M. durch steuerlich nicht begünstigte Umlagen, Zahlungen Dritter oder durch eine Darlehensaufnahme erfolgen. **130**

Die Ausgliederung eines wirtschaftlichen Geschäftsbetriebs bringt regelmäßig für den gemeinnützigen Verein keine ertragsteuerlichen Vorteile. Die Beteiligung an einer Kapitalgesellschaft fällt nicht in den Bereich der „Vermögensverwaltung", sondern ist ein „steuerpflichtiger wirtschaftlicher Geschäftsbetrieb", wenn der Vorstand des Vereins auf die tatsächliche Geschäftsführung der Kapitalgesellschaft einen entscheidenden Einfluss nimmt. **131**

Eine Ausgliederung kann jedoch aus haftungsrechtlichen Gründen sinnvoll sein, wenn mit der steuerpflichtigen wirtschaftlichen Betätigung zivilrechtliche Risiken verbunden sind. **132**

4. BETEILIGUNG AN EINER PERSONENGESELLSCHAFT

Die Beteiligung eines gemeinnützigen Vereins an einer Personengesellschaft oder Gemeinschaft ist ebenfalls zulässig. **133**

B. Gemeinnützigkeit

Wenn sich mehrere gemeinnützige Vereine zusammenschließen, um gemeinsam eine Altkleidersammlung oder eine Faschingsveranstaltung durchzuführen, erfolgt diese Tätigkeit im Rahmen einer Gesellschaft nach § 705 BGB.

134 Die Zuordnung der anteiligen Einkünfte der an einer Personengesellschaft oder Gemeinschaft beteiligten steuerbegünstigten Körperschaften wird im einheitlichen und gesonderten Gewinnfeststellungsbescheid der Personengesellschaft bindend festgestellt (AEAO zu § 64 Abs. 1 Nr. 3; BFH v. 27.7.1989, BStBl II 1989 S. 134).

Ob in diesem Fall ein steuerpflichtiger wirtschaftlicher Geschäftsbetrieb oder ein steuerbefreiter Zweckbetrieb vorliegt, wird erst bei der Körperschaftsteuerveranlagung der steuerbegünstigten Körperschaften entschieden.

135 Nach h.M. wird die Beteiligung an einer Personengesellschaft als Mitunternehmerschaft angesehen und ist deshalb dem partiell steuerpflichtigen wirtschaftlichen Geschäftsbetrieb zuzurechnen.

136 Das Institut „Finanzen und Steuern e.V." ist der Auffassung, dass bei einer Beteiligung an einer Personengesellschaft eine „Vermögensverwaltung" vorliegt, wenn

– die Beteiligung keinen laufenden Einfluss auf die Geschäftsführung vermittelt;
– die bloße Ausübung von Kontrollrechten keinen laufenden Einfluss auf die Geschäftsführung hat und
– die Beteiligung kein unternehmerisches Risiko, z.B. durch Ausgleich von Verlusten der Personengesellschaft, zur Folge haben kann (Finanzen und Steuern Nr. 330 S. 45).

V. BESTEUERUNGSGRENZE

137 Mit Wirkung vom 1.1.1990 wurde durch das Vereinsförderungsgesetz für nach § 5 Abs. 1 Nr. 9 KStG steuerbefreite Körperschaften eine Besteuerungsgrenze neu eingeführt. Sie ist eine Vereinfachungsregelung für kleinere Vereine, die einen steuerpflichtigen wirtschaftlichen Geschäftsbetrieb unterhalten, dessen Einnahmen einschließlich Umsatzsteuer im Jahr insgesamt den Betrag von 60 000 DM nicht übersteigen (§ 64 Abs. 3 AO). Den Vereinen, insbesondere den Vorständen, sollen die komplizierten ertragsteuerlichen Vorschriften des Besteuerungsverfahrens erspart werden.

Die Besteuerungsgrenze hat jedoch nur Einfluss auf die Körperschaft- und Gewerbesteuer, nicht auf die Grundsteuer und die Umsatzsteuer.

138 Wenn die Besteuerungsgrenze nicht überschritten wird, liegt beim Verein zwar grundsätzlich ein steuerpflichtiger wirtschaftlicher Geschäftsbetrieb vor, doch wird eine Körperschaft- und Gewerbesteuer nicht erhoben.

Nach Auffassung der Finanzverwaltung brauchen rund 90 v. H. der gemeinnützigen Körperschaften für Besteuerungszwecke die Überschüsse aus den wirtschaftlichen Geschäftsbetrieben nicht mehr zu ermitteln und zu versteuern.

1. ERMITTLUNG DER BESTEUERUNGSGRENZE

139 Die Höhe der Einnahmen aus den wirtschaftlichen Geschäftsbetrieben bestimmt sich nach den Grundsätzen der steuerlichen Gewinnermittlung (AEAO zu § 64

Abs. 3). Diese können sowohl im Rahmen eines Betriebsvermögensvergleichs (§§ 4 Abs. 1, 5 EStG) als auch durch eine Einnahme-Überschuss-Rechnung (§ 4 Abs. 3 EStG) ermittelt werden.

Maßgeblich sind die Einnahmen zzgl. Umsatzsteuer eines jeden Besteuerungszeitraums.

Wenn eine steuerbegünstigte Körperschaft an einer Personengesellschaft beteiligt ist, sind für die Ermittlung der Besteuerungsgrenze die anteiligen Einnahmen bei der Personengesellschaft zu berücksichtigen und nicht nur die anteiligen Gewinnanteile. **140**

Des Weiteren sind den Einnahmen zuzurechnen: **141**

- Einnahmen aus der Verwertung unentgeltlich erworbenen Altmaterials, auch dann, wenn der Überschuss in Höhe des branchenüblichen Reingewinns (§ 64 Abs. 5 AO) geschätzt wird;
- Einnahmen aus steuerpflichtigen sportlichen Veranstaltungen (§ 67a AO);
- Zuschüsse für die Anschaffung oder Herstellung von Wirtschaftsgütern des steuerpflichtigen wirtschaftlichen Geschäftsbetriebs;
- der gesamte Erlös aus der Veräußerung von Wirtschaftsgütern des steuerpflichtigen wirtschaftlichen Geschäftsbetriebs. Dies gilt auch dann, wenn Teile des Verkaufserlöses nach § 6b EStG auf ein Ersatzwirtschaftsgut übertragen werden;
- Ausschüttungen einschließlich des Anrechnungsguthabens für Beteiligungen an Kapitalgesellschaften, wenn die Beteiligung einen steuerpflichtigen wirtschaftlichen Geschäftsbetrieb darstellt oder in einem steuerpflichtigen wirtschaftlichen Geschäftsbetrieb gehalten wird;
- dies gilt grundsätzlich nur für Gewinnausschüttungen, bei denen noch das sog. Anrechnungsverfahren (bis 21.12.2000) anzuwenden ist.

Nicht zu den Einnahmen i.S. des § 64 Abs. 3 AO gehören gem. AEAO zu § 64 Abs. 3 Nr. 12: **142**

- Investitionszulagen
- Zufluss von Darlehen
- Entnahmen i.S. von § 4 Abs. 1 EStG
- die Auflösung von Rücklagen.

Bei Ermittlung des Gewinns in einem abweichenden Wirtschaftsjahr ist für die Ermittlung der Besteuerungsgrenze nach dem 31.12.1989 das Kalenderjahr maßgebend, in dem das abweichende Wirtschaftsjahr endet (AEAO zu § 64 Nr. 14). **143**

2. STEUERLICHE AUSWIRKUNGEN BEI UNTERSCHREITEN DER BESTEUERUNGSGRENZE

a) ERHALT DES CHARAKTERS DES WIRTSCHAFTLICHEN GESCHÄFTSBETRIEBS

Auch bei einem Unterschreiten der Besteuerungsgrenze bleibt der Charakter des wirtschaftlichen Geschäftsbetriebs erhalten. Es liegt in diesem Fall deshalb auch bei einem Unterschreiten kein Erlöschen der Steuerpflicht und bei nachfolgendem Überschreiten der Besteuerungsgrenze kein Beginn einer Steuerpflicht vor. Es ist also weder eine Schlussbilanz noch eine Anfangsbilanz gem. § 13 KStG aufzustellen. **144**

B. Gemeinnützigkeit

b) VERWENDUNG DER FÜR STEUERBEGÜNSTIGTE ZWECKE GEBUNDENEN MITTEL

145 Der allgemeine Grundsatz, dass für steuerbegünstigte Zwecke gebundene Mittel nicht zum Ausgleich von Verlusten in einem wirtschaftlichen Geschäftsbetrieb verwendet werden dürfen, gilt auch bei Unterschreiten der Besteuerungsgrenze. Der Frage der Mittelverwendung muss in diesem Fall jedoch nicht nachgegangen werden, wenn bei überschlägiger Prüfung der Aufzeichnungen erkennbar ist, dass in den steuerpflichtigen wirtschaftlichen Geschäftsbetrieben keine Dauerverluste entstanden sind (AEAO zu § 64 Nr. 16).

c) BEHANDLUNG DES VERLUSTABZUGS GEM. § 10d EStG

146 Verluste, die in Veranlagungszeiträumen entstehen, in denen wegen Unterschreitens der Besteuerungsgrenze die Ertragsteuern nicht erhoben werden, können wegen der Besteuerungsgrenze des § 64 Abs. 3 AO nicht nach § 10d Abs. 1 und 2 EStG abgezogen werden.

Ein verbleibender Verlustabzug gem. § 10d Abs. 3 EStG wird auch nicht gesondert festgestellt.

147 Die Einführung der Besteuerungsgrenze gilt sowohl für positive wie negative Einkünfte. Die Regelung dient der Vereinfachung der Besteuerung, die nach dem rechtskräftigen Urteil des FG Rheinland-Pfalz v. 3.7.1996, EFG 1997 S. 306, ohne Rücksicht auf die tatsächlich erzielten Einkünfte unterbleiben soll.

3. VERMEIDUNG VON MISSBRÄUCHLICHER AUSNUTZUNG DER BESTEUERUNGSGRENZE

148 Um einen Missbrauch durch mehrfaches Ausnutzen der Besteuerungsgrenze auszuschließen, ist bei einem gemeinnützigen Verein die Ausgliederung von Abteilungen in mehrere selbständige Körperschaften gem. § 64 Abs. 4 AO nicht zulässig.

a) FUNKTIONALE UNTERGLIEDERUNGEN

149 Funktionale Untergliederungen (Abteilungen: Fußballabteilung, Schwimmabteilung, Leichtathletik) gelten gem. § 51 Satz 3 AO nicht als selbständige Steuersubjekte und können deshalb die Besteuerungsgrenze nicht in Anspruch nehmen. Durch diese Vorschrift wird verhindert, dass größere Körperschaften sich formal in kleinere Körperschaften aufgliedern, um die Besteuerungsgrenze mehrfach in Anspruch nehmen zu können.

b) REGIONALE UNTERGLIEDERUNGEN

150 Regionale Untergliederungen steuerbegünstigter Körperschaften (Landes-, Bezirks-, Ortsvereine) sind neben dem Hauptverein selbständige Steuersubjekte (Pfälzer Waldverein mit den Ortsgruppen, Deutsches Rotes Kreuz), wenn sie über eigene satzungsmäßige Organe (Vorstand, Mitgliederversammlung) verfügen und über diese auf Dauer auch nach außen im eigenen Namen auftreten sowie eine eigene Kassenführung haben. Eine eigene Satzung neben der Satzung des Hauptvereins ist nicht erforderlich (BMF v. 18.10.1988, BStBl I 1988 S. 443; Abschn. 17 Abs. 5 UStR 2000). Zweck, Aufgabe und Organisation der Untergliederung können sich aus der Satzung des Hauptvereins ergeben.

VI. ERTRAGSTEUERLICH BEFREITE ZWECKBETRIEBE

1. ALLGEMEINE BEGRIFFSBESTIMMUNG

Zweckbetriebe sind grundsätzlich den wirtschaftlichen Geschäftsbetrieben i.S. des § 14 AO zuzurechnen, jedoch ertragsteuerlich begünstigt, wenn die nachgenannten Voraussetzungen vorliegen (§ 65 AO): **151**

- Der wirtschaftliche Geschäftsbetrieb dient in seiner Gesamtrichtung dazu, die steuerbegünstigten satzungsmäßigen Zwecke der Körperschaft zu verwirklichen;
- die Zwecke des steuerbegünstigten Vereins können nur durch einen solchen Geschäftsbetrieb erreicht werden und
- der wirtschaftliche Geschäftsbetrieb tritt zu nicht begünstigten Betrieben derselben oder ähnlicher Art nicht in größerem Umfang in Wettbewerb, als es bei Erfüllung der steuerbegünstigten Zwecke unvermeidbar ist.

Ein Zweckbetrieb ist nur gegeben, wenn alle vorgenannten Voraussetzungen vorliegen. **152**

Als Zweckbetriebe werden von der Finanzverwaltung u.a. anerkannt: **153**

- Beschäftigungsgesellschaften, wenn sie aus arbeitstherapeutischen Gründen Lohnaufträge ausführen, um den von ihr geförderten Personen eine sinnvolle Arbeitstherapie anbieten zu können;
- Arbeitnehmerüberlassungsgesellschaften, die schwer vermittelbare Arbeitslose einstellen, sozial betreuen, schulen und an gewerbliche Unternehmen verleihen. Schwervermittelbar sind nach bundeseinheitlichen Regelungen der Arbeitsverwaltung Personen, die seit mindestens 12 Monaten arbeitslos oder über 50 Jahre alt oder behindert sind;
- Beschäftigungsgesellschaften, die schwer vermittelbare oder zuvor längere Zeit arbeitslose Personen, insbesondere Suchtkranke, Arbeitsentwöhnte oder Behinderte arbeitstherapeutisch beschäftigen und berufs- und sozialpädagogisch betreuen, um dadurch deren Eingliederung in den normalen Arbeitsprozess selbstlos zu fördern (OFD Hannover v. 8.3.1999 – S 0170 – 18 – StO 214 –/– S 2729 – 537 – StH 233 –, stv-Veranlagungs-HA 2000 H 9/25 zu § 5 KStG);
- Vereine zur Betreuung von Schülern in Grund- und Sonderschulen vor und nach dem Unterricht, sofern hierfür keine Entgelte erhoben werden;
- Vereine, welche nach ihrer Satzung in ihrer Gesamtrichtung dazu dienen, die Betreuung und Versorgung von Dialyse-Patienten zu verwirklichen;
- Unterhaltung von Ledigenheime für Minderbemittelte;
- Erteilung von Sportunterricht durch einen gemeinnützigen Verein;
- sportliche Veranstaltungen, insbesondere die nach § 67a AO begünstigten Sportveranstaltungen, bei denen die Voraussetzungen des § 65 AO nicht vorliegen. Liegen die Voraussetzungen für sportliche Veranstaltungen nach § 67a AO nicht vor, kann dennoch ein Zweckbetrieb gegeben sein, wenn für die sportliche Betätigung die Voraussetzungen des § 65 AO gegeben sind;
- entgeltlicher Musikunterricht durch gemeinnützige Musikschulen;
- Altmaterialsammlungen (z.B. Kleider und Schuhe), wenn das Material selbst unmittelbar für steuerbegünstigte Zwecke verwendet und dabei anfallende unbrauchbare Stücke verkauft werden.

Der Einzelverkauf gesammelter Kleidungsstücke in einer Kleiderkammer oder ähnlichen Einrichtung kann ein Zweckbetrieb i.S. des § 66 AO (Einrichtung der Wohlfahrtspflege) sein. Dies setzt voraus, dass mindestens zwei Drittel der

Leistungen der Einrichtung hilfsbedürftigen Personen i.S. des § 53 AO zugute kommen (BMF v. 25.9.1995 – IV B 7 – S 0183 – 27/95 –, BStBl II 1995 S. 630).

154 Keine Zweckbetriebe i.S. des § 65 AO liegen dagegen vor:
– bei einem zentralen Einkauf von Ausrüstungsmaterial und Hilfsmitteln durch einen als gemeinnützig anerkannten Dachverband der Wohlfahrtspflege und deren Weiterverkauf an die steuerbegünstigten Landes- und Ortsverbände;
– beim Betrieb eines Müllheizkraftwerks, das der umweltfreundlichen Beseitigung von Müll dient;
– bei einer Krankenhauswäscherei;
– bei Unterhaltung einer Sonderabfalldeponie. Im Erlass vom 17.7.1995 (DStR 1995 S. 1271) hat das FinMin Baden-Württemberg ausgeführt, dass die Unterhaltung von Sonderabfalldeponien nicht als Zweckbetrieb und deshalb die Abfallverwertungsgesellschaften auch nicht als gemeinnützig behandelt werden können;
– bei der Sammlung von Altmaterial, wenn das Altmaterial nachhaltig und von vornherein mit dem Ziel gesammelt wird, es zu veräußern (BFH v. 10.6.1992, BFH/NV 1992 S. 892, und v. 10.6.1992 – I R 76/90 –, BFH/NV 1992 S. 839).

155 Der potentielle Wettbewerb ist durch § 65 Nr. 3 AO geschützt (BFH v. 19.7.1995, BStBl II 1996 S. 28).

2. GESETZLICH FESTGELEGTE ZWECKBETRIEBE

156 In § 68 AO sind Einrichtungen benannt, deren wirtschaftliche Betätigungen stets als Zweckbetrieb gelten. Die beispielhafte Aufzählung von steuerbegünstigten Körperschaften in dieser Vorschrift enthält auch wesentliche Anhaltspunkte für die Auslegung der Begriffe „Zweckbetriebe (§ 65 AO)" im Allgemeinen und „Einrichtungen der Wohlfahrtspflege (§ 66 AO)" im Besonderen.

In einem koordinierten Ländererlass v. 27.11.2000 hat das BMF zu § 65 Abs. 3 AO nochmals darauf hingewiesen, dass kein steuerfreier Zweckbetrieb vorliegt, wenn ein Wettbewerb mit steuerpflichtigen Unternehmen lediglich möglich wäre, ohne dass es auf die tatsächliche Wettbewerbssituation vor Ort ankommt (BMF – IV C 6 – S 0183 – 22/00 –, BStBl I 2000 S. 1548).

157 Die Vorschrift des § 68 AO hat Vorrang vor dem § 65 AO. Bei den nachfolgend genannten Einrichtungen sind somit die Voraussetzungen, wie sie nach § 65 AO für die Inanspruchnahme der Steuerbegünstigung gefordert werden, nicht mehr zu prüfen:

158 – Alten-, Altenwohn- und Pflegeheime, Erholungsheime, Mahlzeitendienste (§ 68 Nr. 1a AO), wenn mindestens zwei Drittel ihrer Leistungen den hilfsbedürftigen Personen i.S. des § 53 AO zugute kommen; sie gelten dann als Einrichtungen der Wohlfahrtspflege i.S. des § 66 Abs. 3 AO;

159 – Kindergärten, Kinder-, Jugend- und Studentenheime, Schullandheime und Jugendherbergen (§ 68 Nr. 1b AO); die Steuervergünstigung für diese Einrichtungen setzt keine Hilfsbedürftigkeit i.S. des § 53 AO voraus;

160 – Einrichtungen, die der Selbstversorgung von begünstigten Körperschaften dienen (§ 68 Nr. 2 AO), hierunter fallen landwirtschaftliche Betriebe, Gärtnereien, aber auch handwerkliche Betriebe wie Tischlereien und Schlossereien. Ein Zweckbetrieb liegt vor, wenn durch diese Betätigung die begünstigten Körperschaften ausreichend versorgt werden. Die Zweckbetriebseigenschaft ist auch nicht gefährdet, wenn nicht mehr als 20 v.H. der insgesamt erbrachten betrieblichen Leistungen an Dritte erfolgen;

VI. Ertragsteuerlich befreite Zweckbetriebe

- Werkstätten für Behinderte (§ 68 Nr. 3 AO); es handelt sich um Fürsorgeeinrichtungen für Personen, die nach den Vorschriften des Dritten Buches des Sozialgesetzbuches förderungswürdig sind und den Personen Arbeitsplätze bieten, die wegen ihrer Behinderung nicht auf dem allgemeinen Arbeitsmarkt tätig werden können. Hierunter fallen auch die Einrichtungen für Beschäftigungs- und Arbeitstherapie, die der Eingliederung von Behinderten dienen. Das Gleiche gilt für die von den Trägern der Behindertenwerkstätten betriebenen Kantinen, weil die besondere Situation der Behinderten auch während der Mahlzeiten eine Betreuung erfordert (AEAO zu § 68 Nr. 3 Abs. 5); 161

- Fürsorgeeinrichtungen für Blinde und Körperbehinderte (§ 68 Nr. 4 und 5 AO); diesen Einrichtungen, die zur Durchführung der Blindenfürsorge und zur Durchführung der Fürsorge für Körperbehinderte unterhalten werden, ist es gestattet, ihre Produkte auch an Dritte zu verkaufen. Eine Beschränkung wie bei den Selbstversorgungseinrichtungen (→ B 160) ist hier nicht gegeben. Die Einrichtungen sollen nach Art und Umfang so beschaffen sein, dass die steuerbegünstigten Zwecke erfüllt werden können. 162

  Bei den Einrichtungen der Fürsorgeerziehung und Fürsorgehilfe ist es auch nicht gemeinnützigkeitsschädlich, wenn betreute Personen privaten land- und forstwirtschaftlichen, gärtnerischen und handwerklichen Betrieben zur Arbeitsleistung zur Verfügung gestellt werden;

- Lotterien und Ausspielungen (§ 68 Nr. 6 AO); Lotterien und Ausspielungen sind grundsätzlich dem wirtschaftlichen Geschäftsbetrieb einer steuerbegünstigten Körperschaft zuzurechnen. Sie können nur dann als steuerbegünstigter Zweckbetrieb nach § 68 Nr. 6 AO behandelt werden, wenn sie von den zuständigen Behörden genehmigt sind und höchstens zweimal im Jahr zu ausschließlich gemeinnützigen, mildtätigen oder kirchlichen Zwecken veranstaltet werden. 163

  Der Genehmigungsbescheid ist eine Voraussetzung für die Zweckbetriebseigenschaft. Wenn eine Genehmigung erteilt ist, gilt dies auch, wenn die Lotterie im Rahmen eines steuerpflichtigen wirtschaftlichen Geschäftsbetriebs (z.B. Festveranstaltung, Ball) abgehalten wird (FinMin Bayern v. 8.3.1994, DB 1994 S. 914).

  Auch wenn die Lotterie im Rahmen eines Zweckbetriebs durchgeführt wird, ist sie grundsätzlich getrennt zu beurteilen.

  Aus Vereinfachungsgründen ist die Lotterie als ein Teil des Zweckbetriebs anzusehen, wenn sie nur von untergeordneter Bedeutung ist, d.h., wenn der Losverkauf nicht mehr als 20 v. H. der Gesamterlöse des Zweckbetriebs erbringt;

- Kulturelle Einrichtungen (§ 68 Nr. 7 AO); hierzu zählen Museen, Theater, Bibliotheken, künstlerische Sammlungen aller Art sowie kulturelle Veranstaltungen, wie Konzerte von Orchestern, Chören und Musikkapellen. Begünstigt sind ebenso Kunstausstellungen, Führungen und Vorträge. Voraussetzung ist jedoch, dass die begünstigte Tätigkeit als Zweck des Vereins in der Satzung enthalten ist. Auf die Höhe der bei den Veranstaltungen erzielten Überschüsse kommt es seit Einführung des Vereinsförderungsgesetzes nicht mehr an. 164

  Eine steuerbegünstigte kulturelle Veranstaltung liegt auch dann vor, wenn ein Musikverein gegen Entgelt im Rahmen eines Stadtfestes eine Musikdarbietung erbringt oder eine Betriebseröffnung musikalisch umrahmt (BMF v. 10.7.1995, DStR 1995 S. 1228).

  Der Verkauf von Speisen und Getränken im Rahmen einer kulturellen Veranstaltung ist stets ein steuerpflichtiger wirtschaftlicher Geschäftsbetrieb. 165

166 Ist bei einer kulturellen Veranstaltung im Eintrittspreis auch die Bewirtung eingeschlossen, so muss der gezahlte Betrag in einen Entgeltanteil für den Besuch der Veranstaltung und für die Bewirtungsleistungen aufgeteilt werden.

167 Die Werbung im Rahmen einer kulturellen Veranstaltung ist stets ein steuerpflichtiger wirtschaftlicher Geschäftsbetrieb;

168 – Volkshochschulen und andere Einrichtungen (§ 68 Nr. 8 AO); Vorträge, Kurse und andere Veranstaltungen wissenschaftlicher oder belehrender Art, die von Volkshochschulen und anderen Einrichtungen durchgeführt werden, gelten ebenfalls als Zweckbetrieb. Die Begünstigung gilt auch für die Beherbergung und Beköstigung der Veranstaltungsteilnehmer;

169 – Ein gastronomischer Betrieb, der auch anderen Besuchern gegenüber Leistungen erbringt, ist stets ein steuerpflichtiger wirtschaftlicher Geschäftsbetrieb (BFH v. 11.4.1990, BStBl II 1990 S. 724);

170 – Wissenschafts- und Forschungseinrichtungen (§ 68 Nr. 9 AO); mit Wirkung vom 1.1.1997 wurde durch das JStG diese Vorschrift neu in das Gesetz aufgenommen.

Diese gesetzliche Regelung begünstigt als Zweckbetrieb alle Wissenschafts- und Forschungseinrichtungen, deren Träger sich überwiegend aus Zuwendungen der öffentlichen Hand oder Dritter oder aus der Vermögensverwaltung finanzieren. Die Zweckbetriebseigenschaft für Forschungseinrichtungen gilt für alle gemeinnützigen Körperschaften i.S. des KStG und hat insbesondere für Forschungseinrichtungen „an Hochschulen" Bedeutung, wenn diese als gemeinnützige Kapitalgesellschaften geführt werden.

VII. EINRICHTUNGEN DER WOHLFAHRTSPFLEGE

1. BEGRIFFSBESTIMMUNG

171 Wohlfahrtspflege ist die planmäßige, zum Wohle der Allgemeinheit und nicht des Erwerbs wegen ausgeübte Sorge für notleidende Personen oder gefährdete Mitmenschen, die infolge ihres körperlichen, geistigen oder seelischen Zustandes auf die Hilfe anderer angewiesen sind (§ 66 AO).

Hierunter fallen Personen, bei denen eine persönliche und/oder wirtschaftliche Hilfsbedürftigkeit vorliegt (→ B 14). Die Steuervergünstigung wird nur dann gewährt, wenn die Leistungen unmittelbar den vorgenannten Personen zugute kommen.

172 Die Sorge kann sich auf das gesundheitliche, sittliche, erzieherische oder wirtschaftliche Wohl erstrecken und Vorbeugung oder Abhilfe bezwecken. Sie dient insbesondere Personen, die aus mildtätigen Zwecken (§ 53 AO) eine Unterstützung erhalten.

173 Mit der Wohlfahrtspflege dürfen keine eigenwirtschaftlichen Interessen verfolgt werden.

174 Amtlich anerkannte Verbände der Wohlfahrtspflege sind (§ 23 UStDV):
  – Diakonisches Werk der Evangelischen Kirche in Deutschland e.V.
  – Deutscher Caritasverband e.V.
  – Deutscher Paritätischer Wohlfahrtsverband e.V.
  – Deutsches Rotes Kreuz
  – Arbeiterwohlfahrt – Bundesverband e.V. –
  – Zentralwohlfahrtsstelle der Juden in Deutschland e.V.
  – Deutscher Blindenverband e.V.

- Bund der Kriegsblinden Deutschlands e.V.
- Verband Deutscher Wohltätigkeitsstiftungen e.V.
- Bundesarbeitsgemeinschaft „Hilfe für Behinderte" e.V.
- Verband der Kriegs- und Wehrdienstopfer, Behinderten und Sozialrentner Deutschlands e.V.

2. EINZELBEISPIELE

Zu den Wohlfahrtseinrichtungen gehören: 175
- Altenheime, Pflegeheime, Obdachlosenheime;
- Beförderung von Behinderten durch Spezialfahrzeuge;
- Flugrettungsdienste;
- Mensa- und Cafeteriabetriebe der Studentenwerke, Kneipen und ähnliche Versorgungseinrichtungen in Jugendzentren oder soziokulturelle Zentren, die in organisatorischem und räumlichem Zusammenhang mit Jugendzentren betrieben werden, können Zweckbetriebe sein, wenn der Verkauf von alkoholischen Getränken, Tabak- und Schreibwaren nicht mehr als 5 v. H. des Jahresumsatzes beträgt (Finanzbehörde Hamburg – Steuerverwaltung, Erlass [koordinierter Ländererlass] v. 22.2.1995 – 53 – S – 08187 – 3/91 –);
- Pflegedienstleistungen (FinMin Sachsen-Anhalt v. 11.4.1996, DB 1996 S. 1703;
- Altentagesstätten von Einrichtungen der Wohlfahrtspflege, nicht jedoch zugängliche Cafeterien eines Altenstiftes;
- Die von gemeinnützigen Körperschaften unterhaltenen Fahrdienste für den ärztlichen Notfalldienst stellen jedoch einen steuerpflichtigen wirtschaftlichen Geschäftsbetrieb i.S. des § 14 AO dar. Der Betrieb erfüllt weder die Voraussetzungen des § 66 AO noch die des § 65 AO für die Annahme eines Zweckbetriebs (OFD Frankfurt v. 17.3.1995 – S 0184 A – 13 – St II 12 –, FR 1995 S. 486);
- Über die Zweckbetriebseigenschaft einer Pilgerreise kann im Einzelfall entschieden werden. Dabei ist ein strenger Maßstab anzulegen. Wenn die Reise nicht nur unwesentlich auch den touristischen Interessen der Teilnehmer dient, kann kein Zweckbetrieb angenommen werden. Eine Abgrenzung nur anhand des Reiseziels ist nicht sachgerecht. Es ist auch nicht zulässig, eine Reise in einen Zweckbetrieb (religiöser Teil) und einen steuerpflichtigen wirtschaftlichen Geschäftsbetrieb (touristischer Teil) aufzuteilen (Senat für Finanzen Berlin v. 29.12.1992, siehe auch FinMin Saarland v. 6.1.1993 – B/III – 1/93 – S 0170 –). 176

VIII. KRANKENHÄUSER

1. BEGRIFFSBESTIMMUNG

Krankenhäuser i.S. des § 2 Nr. 1 KHG sind Einrichtungen, in denen durch ärztliche und pflegerische Hilfeleistungen Krankheiten, Leiden oder Körperschaden festgestellt, geheilt oder gelindert werden sollen oder Geburtshilfe geleistet wird und in denen die zu versorgenden Personen untergebracht und verpflegt werden können (H 82 [Krankenhaus] EStH 2000). 177

2. ZWECKBETRIEBSEIGENSCHAFT

Die Zweckbetriebseigenschaft für Krankenhäuser ist speziell in § 67 AO geregelt. Es ist zu unterscheiden, ob ein Krankenhaus in den Anwendungsbereich der Bundespflegesatzverordnung (BPflV) fällt oder nicht. 178

B. Gemeinnützigkeit

179 Das Krankenhaus, das unter die BPflV fällt, ist ein Zweckbetrieb, wenn an mindestens 40 v. H. der jährlichen Pflegetage für Patienten die Entgelte für die allgemeinen Krankenhausleistungen nur nach der BPlfV berechnet werden.

180 Fällt das Krankenhaus nicht unter die Anwendung der BPflV, ist die Zweckbetriebseigenschaft nur gegeben, wenn mindestens 40 v. H. der jährlichen Pflegetage auf Patienten entfallen, bei denen für die Krankenhausleistungen ebenfalls kein höheres Entgelt berechnet wird, als nach der BPflV zu zahlen sind.

3. KRANKENHAUSWÄSCHEREI

181 Der Betrieb einer Krankenhauswäscherei ist nicht gemeinnützig und deshalb auch kein Zweckbetrieb i.S. des § 65 AO, weil eine solche Wäscherei zu nicht begünstigten Betrieben derselben oder ähnlichen Art in einen vermeidbaren Wettbewerb tritt. Unerheblich ist, ob im örtlichen Wirkungsbereich entsprechende Einrichtungen zur Desinfektion u.ä. vorhanden sind.

IX. VERMÖGENSVERWALTUNG
1. BEGRIFFSBESTIMMUNG

182 Eine Vermögensverwaltung liegt i.d.R. vor, wenn Vermögen genutzt, z.B. Kapitalvermögen verzinslich angelegt oder unbewegliches Vermögen vermietet oder verpachtet wird (§ 14 Satz 3 AO). Die Abgrenzung zum wirtschaftlichen Geschäftsbetrieb erfolgt nach allgemeinen ertragsteuerlichen Kriterien.

183 Demnach liegen bei der Vermögensverwaltung i.d.R. Einkünfte aus Kapitalvermögen und Vermietung und Verpachtung vor.

184 Die Einkünfte im Rahmen der Vermögensverwaltung fallen in den ertragsteuerfreien Bereich.

185 Eine steuerfreie Vermögensverwaltung kann auch gegeben sein, wenn die gemeinnützige Körperschaft ein mit Werbeaufschriften versehenes Fahrzeug einsetzt (OFD Frankfurt/M. v. 13.5.1998 – S 0183 A – 15 – St II 12 –, stv-Veranlagungs-HA 2000 H 9/19 zu § 5 KStG).

2. EINKÜNFTE AUS KAPITALVERMÖGEN

Hierunter fallen folgende Einnahmen:

186 – Zinseinnahmen für Spargutahben:

Die Zinsen unterliegen grundsätzlich der Zinsabschlagsteuer. Damit von den Banken und Sparkassen nicht automatisch ein Abzug von 30 v. H. vorgenommen wird, müssen die gemeinnützigen Vereine besorgt sein, dass dem entsprechenden Kreditinstitut ein Freistellungsbescheid vorgelegt wird.

187 – Gewinnausschüttungen aus Beteiligungen an einer Kapitalgesellschaft:

Die Beteiligung an einer Kapitalgesellschaft ist grundsätzlich Vermögensverwaltung (Abschn. 8 Abs. 4 KStR 1995), es sei denn, im Rahmen der Beteiligung wird tatsächlich ein entscheidender Einfluss auf die laufende Geschäftsführung genommen, so dass die Beteiligung dem wirtschaftlichen Geschäftsbetrieb zugerechnet werden muss (BFH v. 30.6.1971, BStBl II 1971 S. 753).

Auf die Höhe der Beteiligungsquote kommt es nach h.M. nicht an. Demnach ist sowohl eine Sperrminorität von mehr als 25 v. H. als auch eine qualifizierte

IX. Vermögensverwaltung

Mehrheit von mehr als 75 v. H. nicht steuerschädlich (Finanzen und Steuern Nr. 330 S. 31).

Die Grenzen zwischen einem wirtschaftlichen Geschäftsbetrieb und einer Vermögensverwaltung sind nicht immer leicht zu bestimmen. Nach Auffassung des Instituts „Finanzen und Steuern" kommt dem Wettbewerbsgedanken hierbei eine wesentliche Bedeutung zu (Finanzen und Steuern Nr. 330 S. 15, 17). 188

Zur Bestandserhaltung und Pflege des Vermögens können von den Überschüssen im Rahmen der Vermögensverwaltung notwendige Rücklagen gebildet werden, ohne gegen den Grundsatz der zeitnahen Mittelverwendung zu verstoßen. 189

– Beteiligung an einer Personengesellschaft: 190

Die Beteiligung an einer gewerblich tätigen Personengesellschaft, bei welcher der Verein Mitunternehmerinitiative entwickelt oder ein unternehmerisches Risiko eingehen muss, ist stets als steuerpflichtiger wirtschaftlicher Geschäftsbetrieb zu beurteilen.

Dem Zusammenschluss von steuerbegünstigten Körperschaften zu einer GbR zur Durchführung steuerbegünstigter Zwecke, wie z.B. bei wissenschaftlichen Kongressen, müsste die Zweckbetriebseigenschaft zuerkannt werden.

Echte stille Beteiligungen dürften stets der Vermögensverwaltung zuzurechnen sein. 191

– Überlassung von Werberechten: 192

Die Überlassung von Werberechten ist nur dann Vermögensverwaltung, wenn diese Rechte an Dritte abgetreten werden. Sofern eine Werbung durch den gemeinnützigen Verein in eigener Regie durchgeführt wird, liegt eine Beteiligung am wirtschaftlichen Verkehr und somit ein steuerpflichtiger wirtschaftlicher Geschäftsbetrieb vor. Auf die Problematik der Betriebsaufspaltung wurde bereits hingewiesen.

Die Vereine übertragen im Rahmen ihrer Gestaltungsmöglichkeiten die Werberechte teilweise an Mitglieder, die dann als selbständige Gewerbetreibende die Werbung durchführen. 193

Die Finanzverwaltung sieht hierin aber einen Gestaltungsmissbrauch i.S. des § 42 AO, wenn den Werbetreibenden nicht mindestens ein Gewinn von 10 v. H. des Überschusses vor Pachtzahlung verbleibt.

– Eine Vermögensverwaltung liegt auch vor, wenn ein gemeinnütziger Verein einer Werbefirma Werbeflächen auf einem Kleinbus zur Verfügung stellt. Voraussetzung ist jedoch, dass der Verein nicht aktiv an der Werbung beteiligt ist, den Kleinbus über den zu eigenen Zwecken notwendigen Umfang hinaus nicht einsetzt. 194

3. EINKÜNFTE AUS VERMIETUNG UND VERPACHTUNG

Die Vermietung und Verpachtung von Grundbesitz fällt grundsätzlich ebenfalls unter die ertragsteuerfreie Vermögensverwaltung. Dies gilt für Vermietungen und Verpachtungen aller Art, insbesondere bei langfristigen Vermietungen, bei denen die Nutzungsüberlassung im Vordergrund steht. 195

a) VERPACHTUNG DER VEREINSGASTSTÄTTE

Eine ertragsteuerfreie Vermögensverwaltung liegt nur vor, wenn die Gaststätte von Anfang an an einen selbständigen Gastwirt verpachtet wird, also bisher nicht in eigener Regie des Vereins betrieben wurde. 196

> **PRAXISTIPP:**
>
> 197 Wenn die Vereinsgaststätte zunächst in eigener Regie betrieben wird, ist bei einer späteren Verpachtung an einen Dritten darauf zu achten, dass nicht ungewollt die im wirtschaftlichen Geschäftsbetrieb (Betriebsvermögen) ruhenden stillen Reserven infolge einer ggf. unbeabsichtigten Betriebsaufgabe realisiert werden und hierbei eine ertragsteuerliche Belastung entsteht.

Der sog. Verpachtungserlass lässt es auch bei gemeinnützigen Körperschaften zu, dass ein „ruhender Gewerbebetrieb" steuerlich weitergeführt wird.

Bei dem „ruhenden Gewerbebetrieb" werden weiterhin zwar Einkünfte aus Gewerbebetrieb erzielt, die jedoch nicht gewerbesteuerpflichtig sind.

Ein Nachteil könnte aber darin bestehen, dass die Einnahmen aus dem „ruhenden Gewerbebetrieb" sich negativ auf die Besteuerungsgrenze nach § 64 Abs. 3 AO auswirken, weil sie weiterhin dem ertragsteuerpflichtigen wirtschaftlichen Geschäftsbetrieb zuzurechnen sind.

Achtung: Steuerfalle

198 Bei einer „Betriebsaufgabe" und Überführung des bisherigen Betriebsvermögens in den Bereich der Vermögensverwaltung ist der Aufgabegewinn zu versteuern. Eine steuerliche Entlastung des Aufgabegewinns ist nicht möglich.

Wenn jedoch eine Betriebsaufgabe erfolgt, kann die Besteuerungsgrenze nach § 64 Abs. 3 AO sodann für andere gewerbliche Betätigungen voll ausgenutzt werden.

Die sich nach einer Überführung des Grundstücks in den Vermögensbereich ergebenden Überschüsse werden den steuerfreien Einkünften aus Vermietung und Verpachtung zugerechnet.

199 Diese Gestaltung hätte andererseits aber den Vorteil, dass der Verein von den erzielten Überschüssen aus der Vermögensverwaltung nach § 58 Nr. 7a AO höchstens ein Drittel und darüber hinaus höchstens 10 v. H. der sonstigen nach § 55 Abs. 1 Nr. 5 AO zeitnah zu verwendenden Mittel steuerunschädlich einer freien Rücklage zuführen kann.

b) VERPACHTUNG VON BEWIRTSCHAFTUNGS- UND VERANSTALTUNGSRECHTEN

200 Für die Verpachtung von Bewirtschaftungs- und Veranstaltungsrechten bei Festveranstaltungen des Vereins gilt die gleiche Aussage wie bei einer Überlassung von Werberechten (→ B 192). Wenn eine zu diesem Zweck gegründete GbR aus Mitgliedern des Vereins die Bewirtschaftung durchführt, oder ggf. ein Förderverein, fallen die Pachteinnahmen unter die steuerfreie Vermögensverwaltung. Hierbei muss jedoch wiederum gewährleistet sein, dass der Pächter eine angemessene Gewinnmarge bezieht.

c) NUTZUNG VON WERBEFLÄCHEN

201 Die entgeltliche Übertragung des Rechts zur Nutzung von Werbeflächen in vereinseigenen oder gemieteten Sportstätten sowie von Lautsprecheranlagen an andere selbständige Werbeunternehmer fällt unter die steuerfreie Vermögensverwaltung. Voraussetzung ist ebenfalls, dass der selbständige Werbeunternehmer eine angemessene Gewinnmarge hat.

Ein wirtschaftlicher Geschäftsbetrieb liegt jedoch vor, wenn die Verpachtung 202
der Werbeflächen an eine vom Verein ausgelagerte GmbH erfolgt, weil nach
der Rechtsprechung hier eine Betriebsaufspaltung gegeben ist.

d) VERMIETUNG VON SPORTSTÄTTEN

Bei einer Vermietung von Sportstätten einschl. der Betriebsvorrichtungen für 203
sportliche Zwecke ist zwischen einer Vermietung auf längere oder kürzere
Dauer (z.B. auch stundenweise Vermietung, selbst wenn die Stunden für einen
längeren Zeitraum im Voraus festgelegt werden) zu unterscheiden:

– Bei einer Vermietung auf **längere** Dauer liegt eine steuerfreie Vermögensver- 204
  waltung vor.
– Bei einer Vermietung auf **kurze** Dauer muss unterschieden werden, ob die 205
  Mieter Mitglied oder Nichtmitglied des gemeinnützigen Vereins sind:
    – Sind die Mieter Mitglieder des Vereins, liegt i.d.R. ein steuerbegünstigter
      Zweckbetrieb i.S. des § 65 AO vor;
    – bei einer Vermietung an Nichtmitglieder ist stets ein steuerpflichtiger wirt-
      schaftlicher Geschäftsbetrieb gegeben.
– Wenn jedoch Sportanlagen sowohl an Vereinsmitglieder als auch an Nichtmit- 206
  glieder zu **gleichen** Bedingungen vermietet werden, liegt stets ein (einheit-
  licher) steuerpflichtiger wirtschaftlicher Geschäftsbetrieb vor (BFH v. 2.3.1990,
  BStBl II 1990 S. 1012; v. 10.1.1992, BStBl II 1992 S. 684).

X. SPORTLICHE VERANSTALTUNGEN (§ 67a AO)

1. BEGRIFFSBESTIMMUNG

Der BFH hat den Begriff „sportliche Veranstaltung" in seiner Entscheidung v. 207
25.7.1996, BStBl II 1997 S. 154, wie folgt erläutert:

Unter einer sportlichen Veranstaltung ist eine organisatorische Maßnahme
eines Sportvereins zu verstehen, die es aktiven Sportlern (nicht nur Mitgliedern
des Vereins) ermöglicht, Sport zu treiben.

Eine bestimmte Organisationsform oder -struktur schreibt das Gesetz nicht vor.
An das Vorliegen einer organisatorischen Maßnahme dürfen nur geringe Anforderungen gestellt werden, denn auch ein bloßes Training ist als sportliche Veranstaltung anzuerkennen.

Die untere Grenze der sportlichen Veranstaltung ist erst unterschritten, wenn 208
sich die organisatorische Maßnahme auf Sonderleistungen für einzelne Personen beschränkt. Dies liegt vor, wenn die Maßnahme nur eine Nutzungsüberlassung von Sportgegenständen bzw. -anlagen oder bloß eine konkrete Dienst-
leistung, wie z.B. die Beförderung zum Ort der sportlichen Betätigung oder ein
spezielles Training für einzelne Sportler, zum Gegenstand hat.

In dem Urteil v. 25.7.1996 unterscheidet der BFH insbesondere zwischen einer 209
„sportlichen Veranstaltung", die im § 67a AO geregelt ist, und einer sportlichen
„Betätigung", die als Zweckbetrieb i.S. des § 65 AO ebenfalls steuerlich begünstigt ist, wenn die entsprechenden Voraussetzungen dieser gesetzlichen Bestimmung vorliegen.

B. Gemeinnützigkeit

2. NEUREGELUNG DES § 67a AO

210 Diese Vorschrift wurde durch das Vereinsförderungsgesetz mit Wirkung v. 1.1.1990 in die Abgabenordnung wegen der Förderung des bezahlten, neben dem unbezahlten, Sports eingefügt und regelt speziell die steuerliche Behandlung der „sportlichen Veranstaltungen" von Sportvereinen.

211 Unter Sportvereinen i.S. dieser Vorschrift sind alle gemeinnützigen Körperschaften zu verstehen, bei denen die Förderung des Sports Satzungszweck ist.

Die Vorschrift des § 67a AO ist somit auch für Sportverbände und Sportvereine anzuwenden, die Fußballveranstaltungen unter Einsatz ihrer Lizenzspieler nach dem Lizenzspielerstatut des Deutschen Fußballbundes e.V. durchführen.

212 Sportliche Veranstaltungen eines Sportvereins sind grundsätzlich ein Zweckbetrieb, wenn die Einnahmen einschließlich Umsatzsteuer aus allen sportlichen Veranstaltungen des Vereins die Zweckbetriebsgrenze von 60 000 DM (30 678 Euro) (§ 67a Abs. 1 AO) im Jahr nicht übersteigen. Sofern die Einnahmen höher sind, liegt grundsätzlich ein steuerpflichtiger wirtschaftlicher Geschäftsbetrieb vor.

Sportliche Veranstaltungen sind auch:

213 – Sportkurse und Sportlehrgänge sowohl für Mitglieder als auch für Nichtmitglieder, gleichgültig, ob für den Unterricht nur Beiträge oder aber Sonderentgelte erhoben werden;

214 – Sportreisen jedoch nur dann, wenn die sportliche Betätigung wesentlicher und notwendiger Bestandteil der Reise ist (z.B. Reise zum Wettkampfort). Reisen, bei denen die Erholung der Teilnehmer im Vordergrund steht (Touristikreisen), sind keine sportlichen Veranstaltungen, selbst wenn anlässlich der Reise auch Sport betrieben wird;

215 – Eine steuerbegünstigte sportliche Veranstaltung (dies gilt auch für kulturelle Veranstaltungen i.S. des § 68 Nr. 7 AO) kann auch dann vorliegen, wenn ein Sportverein in Erfüllung seines Satzungszweckes im Rahmen einer Veranstaltung einer anderen Person oder Körperschaft eine sportliche Darbietung erbringt. Dies ist z.B. der Fall, wenn ein steuerbegünstigter Tanzsportverein im Rahmen einer geselligen Veranstaltung eines Berufsverbandes mit Tanzsporteinlagen gegen Entgelt auftritt. Diese Tätigkeit gehört als sportliche Veranstaltung zum Zweckbetrieb (§ 67a AO) des Tanzsportvereins (BMF v. 10.7.1995, DB 1995 S. 1589).

216 Für die Ermittlung der Zweckbetriebsgrenze sind die Einnahmen aller sportlichen Veranstaltungen zusammen zu rechnen.

Hierzu gehören

– Eintrittsgelder

– Startgelder/Teilnehmergebühren

– Zahlungen für die Übertragungen sportlicher Veranstaltungen in Rundfunk und Fernsehen

– Lehrgangsgebühren

– Ablösezahlungen.

217 Die Bezahlung von Sportlern in einem Zweckbetrieb i.S. des § 67a Abs. 1 Satz 1 AO ist gem. § 58 Nr. 9 AO zulässig. Dabei ist die Herkunft der Mittel, mit denen die Sportler bezahlt werden, ohne Bedeutung. Auch die Zahlung von Ablösesummen in einem Zweckbetrieb i.S. des § 67a Abs. 1 AO ist uneingeschränkt zulässig.

X. Sportliche Veranstaltungen (§ 67a AO)

Bei Spielgemeinschaften von Sportvereinen ist für die Frage, ob die Zweckbetriebsgrenze überschritten wird, die Höhe der **anteiligen Einnahmen,** nicht des anteiligen Gewinns, maßgebend. 218

3. EINNAHMEN AUSSERHALB SPORTLICHER VERANSTALTUNGEN

In den nachgenannten Beispielen liegen keine sportlichen Veranstaltungen, sondern Einnahmen in einem steuerpflichtigen wirtschaftlichen Geschäftsbetrieb vor:

– Der Verkauf von Speisen und Getränken im Rahmen von sportlichen Veranstaltungen ist stets dem wirtschaftlichen Geschäftsbetrieb zuzurechnen, selbst wenn der Verkauf nur an Wettkampfteilnehmer, Schiedsrichter, Sanitäter oder sonstige Helfer erfolgt. Sofern für den Besuch einer sportlichen Veranstaltung mit Bewirtung ein einheitlicher Eintrittspreis erhoben wird, ist dieser – ggf. im Wege der Schätzung – in ein Teilentgelt für die sportliche Veranstaltung und in ein Teilentgelt für die Bewirtung aufzuteilen. 219

– Auch die Bandenwerbung anlässlich eines Sportfestes gehört nicht zu den sportlichen Veranstaltungen. 220

– Für Werbemaßnahmen bei einer sportlichen Veranstaltung gilt eine Sonderregelung (OFD Münster v. 28.4.1992 – S 2729 – 16 – St 13 – 31 –, stv-Veranlagungs-HA 2000 H 9/14 zu § 5 KStG). 221
  – Von den Werbeeinnahmen – ohne Umsatzsteuer – können pauschal 25 v. H. für Veranstaltungskosten abgezogen werden;
  – mit der Pauschale sind alle verursachten Kosten abgedeckt;
  – bei der Überschussermittlung nach § 4 Abs. 3 EStG ist die Umsatzsteuer als Betriebseinnahme anzusetzen und neben der Pauschale als Betriebsausgabe abzuziehen.

– Die Kostenpauschale von 25 v. H. der Werbeeinnahmen kann aus Vereinfachungsgründen aber weiter abgezogen werden (s. BMF-Anmerkung zum BFH-Urteil v. 27.3.1991 in BStBl II 1992 S. 103).

4. ÜBERSCHREITEN DER ZWECKBETRIEBSGRENZE

Wenn die Einnahmen aus sportlichen Veranstaltungen den Betrag von 60 000 DM übersteigen, sind in diesem Wirtschaftsjahr die Einnahmen im wirtschaftlichen Geschäftsbetrieb zu erfassen. Hierbei ist dann die Möglichkeit geboten, die i.d.R. im steuerpflichtigen sportlichen Geschäftsbetrieb entstehenden Verluste mit Überschüssen aus anderen wirtschaftlichen Geschäftsbetrieben des Vereins (z.B. Vereinsgaststätten, Werbeeinnahmen) auszugleichen (§ 64 Abs. 2 AO). 222

5. VERZICHT AUF DIE ANWENDUNG DER ZWECKBETRIEBSGRENZE

Bis zur Unanfechtbarkeit des Körperschaftsteuerbescheids kann der Sportverein auf die Behandlung als Zweckbetrieb i.S. des § 67a Abs. 1 AO verzichten (§ 67a Abs. 2 AO). An die Verzichtserklärung ist der Sportverein für mindestens fünf Veranlagungszeiträume gebunden. Die Option nach § 67a Abs. 2 AO kann bis zur Unanfechtbarkeit des Körperschaftsteuerbescheids widerrufen werden. Ein Widerruf ist – auch nach Ablauf der Bindungsfrist – nur mit Wirkung ab dem Beginn eines Kalender- oder Wirtschaftsjahres zulässig (AOAE zu § 67a, dort unter III. Zu § 67a Abs. 2 Nr. 2). 223

B. Gemeinnützigkeit

224 Die Verzichtserklärung ist auch möglich, wenn die Einnahmen die Zweckbetriebsgrenze nicht übersteigen. Eine solche Verzichtserklärung ist dann sinnvoll, wenn für sportliche Veranstaltungen der Status des „steuerpflichtigen wirtschaftlichen Geschäftsbetriebs" angestrebt wird, um mit den Überschüssen aus anderen wirtschaftlichen Geschäftsbetrieben in Anlehnung an § 64 Abs. 2 AO einen Verlustausgleich durchführen zu können.

XI. ERTRAGSTEUERLICHE BEHANDLUNG VON SPORTLICHEN VERANSTALTUNGEN BEI VERZICHT AUF DIE ANWENDUNG DER ZWECKBETRIEBSGRENZE

225 Wenn ein Sportverein auf die Anwendung der Zweckbetriebsgrenze verzichtet, können sportliche Veranstaltungen unter bestimmten Voraussetzungen auch weiterhin von der Ertragsteuer (Körperschaft- und Gewerbesteuer) befreit sein.

1. SPORTLICHE VERANSTALTUNGEN OHNE TEILNAHME BEZAHLTER SPORTLER

226 Eine sportliche Veranstaltung ist stets ein Zweckbetrieb, wenn an ihr kein bezahlter Sportler teilnimmt.

An einer sportlichen Veranstaltung teilnehmende Sportler sind dann keine bezahlten Sportler (§ 67a Abs. 3), wenn

227 – ein Mitglied des Vereins für seine sportliche Betätigung oder für die Benutzung seiner Person, seines Namens, seines Bildes oder seiner sportlichen Betätigung zu Werbezwecken von dem Verein oder einem Dritten über eine Aufwandsentschädigung hinaus keine Vergütungen oder andere Vorteile erhält und

228 – kein anderer Sportler teilnimmt, der für seine Teilnahme an der Veranstaltung von dem Verein oder einem Dritten im Zusammenwirken mit dem Verein über eine Aufwandsentschädigung hinaus Vergütungen oder andere Vorteile erhält.

229 Auf die Höhe der Einnahmen oder Überschüsse dieser sportlichen Veranstaltungen kommt es hier nicht an.

230 Auch Sportkurse und Sportlehrgänge für Mitglieder und Nichtmitglieder sind bei der Anwendung des § 67a Abs. 3 AO als Zweckbetrieb zu behandeln, wenn kein bezahlter Sportler daran teilnimmt.

a) PAUSCHALE VERGÜTUNG AN AMATEUR-SPORTLER

231 Pauschale Aufwandsentschädigungen an Sportler, die Mitglied des Vereins sind, sind bis zu insgesamt 700 DM je Monat im Jahresdurchschnitt für die Anwendung der Zweckbetriebsgrenze nicht schädlich. Höhere Aufwendungen der Sportler, die dem Grunde nach Werbungskosten oder Betriebsausgaben sein müssen, können steuerunschädlich ersetzt werden, wenn sie im Einzelnen nachgewiesen werden.

232 Die Zahlung der begünstigten pauschalen Aufwandsentschädigungen gilt jedoch nur für Sportler des Vereins. Diese Regelung gilt für alle Sportarten.

233 Soweit Sportler Zuwendungen der Stiftung Deutsche Sporthilfe, Frankfurt, oder der Sporthilfe Berlin erhalten, sind diese nicht auf die zulässige Aufwandspauschale anzurechnen. Weisen Sportler für eine höhere Erstattung jedoch die tatsächlichen Aufwendungen nach, so muss sich der Nachweis auch auf die Auf-

wendungen erstrecken, die den Zuwendungen der Stiftung Deutsche Sporthilfe und der Sporthilfe Berlin gegenüberstehen (AOAE zu § 67a, dort unter III. Zu § 67a Abs. 3 Nr. 10).

Erhält ein Sportler anlässlich einer sportlichen Veranstaltung ein Preisgeld, das über eine Aufwandsentschädigung hinausgeht, ist diese Veranstaltung als ein steuerpflichtiger wirtschaftlicher Geschäftsbetrieb zu behandeln. 234

b) VERGÜTUNGEN AN BEZAHLTE SPORTLER UND NICHTMITGLIEDER

Die Zahlung der begünstigten pauschalen Aufwandsentschädigungen für Sportler gilt nur für Mitglieder des Vereins. Ein Sportler des Vereins, der eine Vergütung von mehr als 700 DM je Monat im Jahresdurchschnitt erhält, gilt als bezahlter Sportler. Wenn ein Sportler in einem Kalenderjahr als bezahlter Sportler anzusehen ist, müssen alle sportlichen Veranstaltungen, an denen er teilnimmt, als steuerpflichtiger wirtschaftlicher Geschäftsbetrieb behandelt werden. 235

Es ist steuerlich nicht zulässig, dass Vergütungen an bezahlte Sportler bis zu 700 DM im Monat im Jahresdurchschnitt als Ausgaben des steuerbegünstigten Bereichs und nur die 700 DM übersteigende Vergütung als Ausgaben des steuerpflichtigen wirtschaftlichen Geschäftsbetriebs „Sportveranstaltungen" behandelt werden. 236

Auch alle anderen Kosten aus dem jeweiligen steuerpflichtigen wirtschaftlichen Geschäftsbetrieb „sportliche Veranstaltung" müssen, wenn die Einnahmen zur Deckung nicht ausreichen, aus Überschüssen anderer steuerpflichtiger Geschäftsbetriebe oder von Dritten aus steuerunschädlichen Mitteln getragen werden. Das gilt grundsätzlich auch für einen etwaigen Ersatz der Aufwendungen von „unbezahlten Sportlern", die an einer Veranstaltung mit bezahlten Sportlern teilnehmen. 237

Aus Vereinfachungsgründen ist es aber nicht zu beanstanden, wenn die steuerlich zulässigen Aufwandspauschalen bis zu insgesamt 700 DM je Monat im Jahresdurchschnitt an unbezahlte Sportler nicht als Betriebsausgaben des steuerpflichtigen sportlichen wirtschaftlichen Geschäftsbetriebs, sondern aus Mitteln des ideellen Bereichs bezahlt werden. 238

Bezahlte Sportler sind nicht nur aktive Sportler des eigenen Vereins, sondern alle Sportler i.S. des § 67a Abs. 3 Satz 1 Nr. 2 AO, die für den Verein auftreten. Einem „anderen Sportler" i.S. dieser Vorschrift kann deshalb der pauschale Aufwandsersatz bis zu 8 400 DM im Jahr nicht gezahlt werden. 239

Kein bezahlter Sport, sondern „Liebhaberei" i.S. des Einkommensteuerrechts liegt jedoch vor, wenn der Sport nicht um des Entgelts willen ausgeübt wird und der Sportler für seine Betätigung lediglich Aufwendungsersatz erhält (BFH v. 23.10.1992, BStBl II 1993 S. 303). 240

Sportler, die einem bestimmten Sportverein angehören und nicht selbst unmittelbar Mitglieder des Sportverbandes sind, werden bei der Beurteilung der Zweckbetriebseigenschaft von Veranstaltungen des Verbandes als „andere Sportler i.S. des § 67a Abs. 3 Satz 1 Nr. 2 AO" angesehen; diesen Sportlern dürfen demnach nur die tatsächlich entstandenen Kosten erstattet werden. Jede Zahlung, die über eine Erstattung des tatsächlichen Aufwands hinausgeht, führt zum Verlust der Zweckbetriebseigenschaft. 241

Zahlungen der Vereine an Sportler im Zusammenhang mit sportlichen Veranstaltungen von Verbänden sind in diesen Fällen als „Zahlungen von Dritten im Zusammenhang mit dem Verein" (hier: Verband) zu behandeln. 242

B. Gemeinnützigkeit

c) VERGÜTUNGEN AN TRAINER/SPIELERTRAINER

243 Vergütungen an Trainer, die sowohl unbezahlte als auch bezahlte Sportler betreuen, sind entsprechend aufzuteilen.

244 Werden jedoch bezahlte und unbezahlte Sportler gemeinsam für eine Veranstaltung trainiert, die als steuerpflichtiger wirtschaftlicher Geschäftsbetrieb zu beurteilen ist, sind die gesamten Trainingskosten diesem zuzurechnen.

245 Bei einem sog. Spielertrainer ist zu unterscheiden, ob er die Vergütung für die Trainertätigkeit oder für die Ausübung des Sports erhält. Sofern er nur für seine Trainertätigkeit bezahlt wird und für die Tätigkeit als Spieler nur den Ersatz seiner Aufwendungen erhält, ist seine Teilnahme an sportlichen Veranstaltungen für die Zweckbetriebseigenschaft unschädlich.

d) ZAHLUNGEN VON ABLÖSESUMMEN

246 Ablösesummen, die einem gemeinnützigen Sportverein für die Freigabe von Sportlern zufließen, beeinträchtigen seine Gemeinnützigkeit nicht. Die Einnahmen sind dem Zweckbetrieb „sportliche Veranstaltungen" zuzurechnen.

247 Wenn jedoch der den Verein wechselnde Sportler in den letzten zwölf Monaten vor seiner Freigabe ein bezahlter Sportler i.S. des § 67a Abs. 3 Satz 1 Nr. 1 AO war, sind die erhaltenen Beträge bei den Einnahmen des steuerpflichtigen wirtschaftlichen Geschäftsbetriebs „sportliche Veranstaltungen" zu erfassen.

Zahlungen eines gemeinnützigen Sportvereins an einen anderen (abgebenden) Verein für die Übernahme eines Sportlers sind wie folgt zu behandeln:

248 – Der wechselnde Sportler ist kein bezahlter Sportler
 – Zahlungen des übernehmenden Vereins sind für die Gemeinnützigkeit unschädlich, wenn lediglich die Ausbildungskosten erstattet werden.

 Kostenerstattungen bis zur Höhe von 5 000 DM je Sportler sind ohne Nachweis zulässig. Bei höheren Kostenerstattungen sind sämtliche Ausbildungskosten im Einzelfall nachzuweisen. Die Zahlungen dürfen den Überschuss des steuerpflichtigen wirtschaftlichen Geschäftsbetriebs „sportliche Veranstaltungen" nicht mindern.

249 – Der wechselnde Sportler ist ein bezahlter Sportler
 – Der wechselnde Sportler ist in den ersten zwölf Monaten nach dem Vereinswechsel als bezahlter Sportler gem. § 67a Abs. 3 Satz 1 Nr. 1 AO anzusehen. Die Gemeinnützigkeit des Vereins ist nicht gefährdet, wenn die Zahlungen aus Mitteln des steuerpflichtigen wirtschaftlichen Geschäftsbetriebs gezahlt werden.

250 – Sofern die Zweckbetriebsgrenze gem. § 67a Abs. 1 Satz 1 AO nicht überschritten wird, sind Ablösezahlungen bei den Einnahmen mit einzubeziehen. Zahlungen sind in diesem Fall uneingeschränkt zulässig.

2. DIE STEUERLICHE BEHANDLUNG NEUER GESTALTUNGEN IM BEZAHLTEN SPORT

251 Hierzu gibt es eine Verfügung der OFD Kiel v. 12.8.1996 – S 0171 A – St 142 – und ein Erlass des FinMin Brandenburg v. 7.3.1996 – 35 – S 0171 – 6/96 –, FR 1996 S. 503, die sich mit der Eishockey-Profi-Liga befassen, aber auch für andere Sportarten entsprechend gelten:

(1) In der Eishockey-Profi-Liga (DEL) wurde vom Deutschen Eishockeybund e.V., München, die DEL-GmbH gegründet. Dieser wurde das Recht auf Austragung der Spiele übertragen. Die DEL-GmbH vergibt Spielberechtigungen an

XI. Ertragsteuerliche Behandlung von sportlichen Veranstaltungen bei Verzicht auf die Anwendung der ...

Vereine oder an von diesen gegründeten Gesellschaften (üblicherweise GmbHs) weiter. Die Vereine halten an diesen Gesellschaften i.d.R. 35 bis 40 v. H. der Gesellschaftsanteile; die Aufnahme atypischer Gesellschafter ist möglich.

(2) Die von Vereinen gegründeten Gesellschaften führen den Spielbetrieb der Profi-Liga durch; der Amateursportbereich verbleibt bei den Vereinen.

(3) Zur Frage der ertragsteuer- und gemeinnützigkeitsrechtlichen Behandlung dieser Fälle wird folgende Auffassung vertreten:

(3.1) Steuerpflichtiger wirtschaftlicher Geschäftsbetrieb:

Die vertraglichen Beziehungen gestatten es dem jeweiligen Verein, zusammen mit der Beteiligung einen entscheidenden Einfluss auf die Geschäftsführung der jeweiligen GmbH auszuüben. Durch die in diesem Fall gebotene Gesamtbetrachtung liegt auf Grund der engen vertraglichen und tatsächlichen Verflechtung insgesamt ein steuerpflichtiger wirtschaftlicher Geschäftsbetrieb vor. Die Anteile des Vereins an der GmbH sind notwendiges Betriebsvermögen dieses wirtschaftlichen Geschäftsbetriebs. Dieser umfasst u.a. die folgenden Bereiche:

– Übertragung der Verwertungsrechte für den Vereinsnamen, für Spielarchiv, für Werbemöglichkeiten und dgl. gegen Lizenzzahlungen;

– Ablöse für Profispieler des Vereins oder deren zeitweise Überlassung;

– Vermietung (Untervermietung) des Stadions für Training und Spiele der Profi-Mannschaft;

– entgeltliche Zurverfügungstellung von EDV-Anlagen, Büroräumen und Personal durch den Verein, wobei das Entgelt in der Übernahme von Verbindlichkeiten des Vereins oder Buchführungsarbeiten usw. durch die GmbH liegen kann.

(3.2) Gemeinnützigkeitsrechtliche Beurteilung:

Die Verlagerung des Profi-Spielbetriebs auf die jeweilige GmbH ist grundsätzlich unschädlich für die Gemeinnützigkeit des übertragenden Vereins. Es ist aber sowohl bei den Vereinen als auch beim Dachverband darauf zu achten, dass die Förderung des bezahlten Sports die gemeinnützige Tätigkeit der Vereine nicht überwiegen darf (§ 55 Abs. 1 Satz 1 AO). Der jeweilige Verein kann nur dann als gemeinnützig behandelt werden, wenn die Entgelte für die Überlassung von Wirtschaftsgütern und Nutzungsrechten angemessen sind und wenn die wirtschaftlichen Geschäftsbetriebe des Vereins insgesamt nicht auf Dauer Verluste erwirtschaften.

(3.3) Atypisch stille Gesellschaft:

Die Frage der Gewinnerzielungsabsicht der von den Eishockey-Vereinen gegründeten Gesellschaften (i.d.R. GmbH und atypisch Still) als Grundlage für die Annahme eines Gewerbebetriebs und damit die Berücksichtigung der Verlustzuweisungen an die atypisch stillen Gesellschafter kann wegen der unterschiedlichen Betriebsführung der Gesellschaft nicht generell, sondern nur im Einzelfall entschieden werden. Dies gilt in besonderem Maße, wenn sich die jeweilige Gesellschaft noch in der Anlaufphase befindet. In Zweifelsfällen sind die Veranlagungen nach § 165 AO vorläufig durchzuführen.

B. Gemeinnützigkeit

XII. ANERKENNUNGSVERFAHREN FÜR DIE GEMEINNÜTZIGKEIT

1. ALLGEMEINES

252 Die Abgabenordnung kennt keine besonderen Anerkennungsvorschriften. Über die Gewährung der Gemeinnützigkeit und für den Umfang der Steuerbegünstigung wird jeweils im Veranlagungsverfahren entschieden. Im KSt-Vorauszahlungsverfahren ist eine Entscheidung über die Gemeinnützigkeit nicht zulässig (FG Baden-Württemberg, Außensenate Freiburg, v. 7.9.1995, EFG 1996 S. 196). Die Revision wurde vom BFH (Beschluss v. 18.3.1996 – I R 103/95 –) nach § 126 Abs. 1 FGO verworfen, weil sie nicht fristgemäß begründet worden ist (BFH/NV 1996 S. 630).

Eine Versagung der Gemeinnützigkeit im Verfahren wegen Körperschaftsteuer hat keine Bindungswirkung für die Umsatzsteuer.

2. VORLÄUFIGE BESCHEINIGUNG

253 Um eine sofortige Inanspruchnahme der Steuervergünstigungen im Rahmen der Gemeinnützigkeit zu ermöglichen, erteilt das Finanzamt nach Überprüfung der Satzung eine „Vorläufige Bescheinigung", die eine Gültigkeit von 18 Monaten hat. Ein Rechtsanspruch auf die Ausstellung der vorläufigen Bescheinigung hat die Finanzverwaltung bisher versagt. Der BFH hat jedoch mit Beschluss v. 23.9.1998 – I B 82/98 –, BStBl II 2000 S. 320, entschieden, dass die Finanzverwaltung verpflichtet ist, unter bestimmten Voraussetzungen eine „Vorläufige Bescheinigung" auszustellen, wenn der Verein ohne diese Bescheinigung seinen Vereinszweck nicht erfüllen kann (BMF v. 15.5.2000 – IV C – S 0170 – 35/00 –). Dies ist insbesondere bei Wohlfahrtsverbänden der Fall, die ohne den Zufluss von Spendengeldern i.d.R. nicht tätig werden können.

254 Das Ausstellungsdatum der „Vorläufigen Bescheinigung" darf nicht länger als drei Jahre zurückliegen, wenn der Verein einem Spender eine Zuwendungsbestätigung (bisher: Spendenbescheinigung) ausstellt.

3. ERSTMALIGE ÜBERPRÜFUNG NACH 18 MONATEN

255 Nach Ablauf von 18 Monaten erfolgt erstmals eine Überprüfung durch das Finanzamt, ob die tatsächliche Geschäftsführung des Vereins dem Satzungszweck entspricht. Wenn keine Beanstandungen vorliegen, wird vom Finanzamt ein Freistellungsbescheid erteilt.

256 Wenn der Verein neben dem Satzungszweck einen wirtschaftlichen Geschäftsbetrieb von untergeordneter Bedeutung unterhält, ist der Verein wie jeder Gewerbetreibende verpflichtet, für die laufenden Geschäfte im steuerpflichtigen wirtschaftlichen Geschäftsbetrieb die entsprechenden Steuererklärungen (Körperschaftsteuer, Gewerbesteuer, Umsatzsteuer) dem Finanzamt einzureichen.

Aus dem vom Finanzamt erteilten Körperschaftsteuerbescheid ist auch die Anerkennung der Gemeinnützigkeit des Vereins ersichtlich.

4. REGELMÄSSIGE ÜBERPRÜFUNG JEWEILS NACH DREI JAHREN

257 Eine turnusmäßige Überprüfung der Gemeinnützigkeit erfolgt dann jeweils nach drei Jahren.

Schwierigkeiten ergeben sich, wenn der Verein Zuwendungsbestätigungen ausstellt und das Datum des Körperschaftsteuerfreistellungsbescheids länger als fünf Jahre zurückliegt. Diese Zuwendungsbestätigungen werden i.d.R. nicht mehr als ausreichender Nachweis für einen Spendenabzug anerkannt.

Sofern das Finanzamt aufgrund der Überprüfung die Gemeinnützigkeit versagt, erhält der Verein entsprechende Steuerbescheide (Körperschaftsteuer und Gewerbesteuer), gegen die dann ein Rechtsbehelf eingelegt werden kann.

5. AUSSENPRÜFUNG BEI GEMEINNÜTZIGEN VEREINEN

Wenn konkrete Anhaltspunkte dafür bestehen, dass ein als gemeinnützig anerkannter Verein einen wirtschaftlichen Geschäftsbetrieb (Gewerbebetrieb) unterhält, kann das Finanzamt auch eine Außenprüfung nach § 193 Abs. 1 AO anordnen (FG Köln v. 23.3.2000, EFG 2000 S. 910).

XIII. STEUERLICHE PFLICHTEN DER GESETZLICHEN VERTRETER DES VEREINS

1. RECHTSGRUNDLAGEN

Ein nicht wirtschaftlicher Verein (§ 21 BGB) erlangt seine Rechtsfähigkeit durch Eintragung in das Vereinsregister des zuständigen Amtsgerichts.

Der Verein muss einen Vorstand haben. Dieser vertritt den Verein gem. § 26 Abs. 2 BGB gerichtlich und außergerichtlich; er hat die Stellung eines gesetzlichen Vertreters. Somit steht der Vorstand in einem unmittelbaren Pflichtenverhältnis zur Finanzbehörde.

2. GESETZLICHE PFLICHTEN

a) HAFTUNG DES VORSTANDS AUS ANSPRÜCHEN AUS DEM STEUERSCHULDVERHÄLTNIS

Der Vorstand hat nach § 34 AO alle Pflichten zu erfüllen, die ihm als gesetzlicher Vertreter von den Finanzbehörden auferlegt sind.

Hierzu gehören
- Buchführungspflicht
- Erklärungs-, Mitwirkungs- oder Auskunftspflichten
- die Verpflichtung, Steuern zu zahlen
- die Vollstreckung in das Vermögen des Vereins zu dulden.

Aus diesen Verpflichtungen heraus haftet der Vorstand, soweit Ansprüche aus dem Steuerschuldverhältnis infolge vorsätzlicher oder grob fahrlässiger Verletzung der dem Vorstand auferlegten Pflichten nicht oder nicht rechtzeitig festgesetzt werden.

Nach einer Entscheidung des Finanzgerichts des Landes Brandenburg gilt die Haftung auch für die als Vorstand vertretungsberechtigten Schatzmeister von Vereinen.

b) HAFTUNG BEI STEUERVERKÜRZUNG ODER STEUERHINTERZIEHUNG

Wenn der Vorstand bei Ausübung seiner Obliegenheiten eine Steuerhinterziehung oder eine leichtfertige Steuerverkürzung begeht oder an einer Steuerhinterziehung teilnimmt und hierdurch Steuerschuldner oder Haftender wird, so haftet daneben auch der vertretene Verein.

C. BUCHFÜHRUNG DER VEREINE
GESETZLICHE GRUNDLAGEN
1. AUSKUNFTS- UND RECHENSCHAFTSPFLICHT NACH DEM BÜRGERLICHEN GESETZBUCH

1   Die Aufzeichnungspflichten stehen im Zusammenhang mit der Auskunfts- und Rechenschaftspflicht des Vorstandes gegenüber seinen Mitgliedern (§§ 27 Abs. 3, 664 bis 670 BGB). Da nach dem BGB die Verpflichtung besteht, Bücher zu führen, gilt dies auch für Zwecke der Besteuerung (§ 140 AO).

2   Der Nachweis über die tatsächliche Geschäftsführung nach § 63 Abs. 3 AO erfordert ebenfalls, dass die Körperschaft ihre Einnahmen und Ausgaben ordnungsgemäß aufzeichnet. Die tatsächliche Geschäftsführung umfasst auch die Ausstellung steuerlicher Bescheinigungen wie z.B. die Ausstellung der Zuwendungsbescheinigungen für Spendenzahlungen.

3   Für die einzelnen Tätigkeitsbereiche des Vereins (Ideeller Bereich, Vermögensverwaltung, Zweckbetrieb, steuerpflichtiger wirtschaftlicher Geschäftsbetrieb) sind auch stets getrennte Aufzeichnungen erforderlich. Bei verschiedenen Zweckbetrieben sind für eine zulässige Steuerbegünstigung für jeden stets getrennt die Voraussetzungen nach § 65 Abs. 1 bis 3 AO zu prüfen.

4   Bei einem Verstoß gegen die Anforderungen an die tatsächliche Geschäftsführung gelten sie von Anfang an als steuerlich nicht ausreichend (§ 63 Abs. 2 i.V.m. § 61 Abs. 3 AO). Steuerbescheide können für einen Zeitraum der letzten zehn Jahre erlassen, aufgehoben oder geändert werden, da ein rückwirkendes Ereignis i.S. des § 175 Abs. 1 Satz 1 Nr. 2 AO vorliegt.

2. BUCHFÜHRUNGSPFLICHT BEI EINEM WIRTSCHAFTLICHEN GESCHÄFTSBETRIEB

5   Bei einer gemeinnützigen Kapitalgesellschaft (i.d.R. GmbH) ergibt sich die Buchführungspflicht bereits aus dem Handelsgesetzbuch und den entsprechenden Spezialgesetzen (§§ 91, 238 ff. AktG, § 42 GmbHG).

6   Für die gemeinnützigen Vereine gelten, soweit ein steuerpflichtiger wirtschaftlicher Geschäftsbetrieb unterhalten wird, die Vorschriften der Abgabenordnung.

7   Nach § 141 Abs. 1 AO ist der Verein verpflichtet, für den steuerpflichtigen Geschäftsbetrieb Bücher zu führen und auf Grund jährlicher Bestandsaufnahmen Abschlüsse zu machen, wenn folgende Voraussetzungen vorliegen:
   – Die Umsätze einschließlich der steuerfreien Umsätze, ausgenommen die Umsätze nach § 4 Nr. 8 bis 10 UStG, betragen im Kalenderjahr mehr als 500 000 DM (260 000 Euro) oder
   – der Gewinn aus Gewerbebetrieb beträgt im Wirtschaftsjahr mehr als 48 000 DM (25 000 Euro).

8   In den maßgebenden Umsatz sind auch die nichtsteuerbaren Auslandsumsätze einzubeziehen; ggf. sind diese zu schätzen (AEAO zu § 141 Nr. 4).

9   Wenn eine steuerbegünstigte Körperschaft mehrere steuerpflichtige Tätigkeiten ausübt, so sind diese, entgegen der allgemeinen Regelung bei den Einkünften aus Gewerbebetrieb gem. § 64 Abs. 2 AO, als ein Gewerbebetrieb zu behandeln.

10 Solange die vorgenannten Grenzwerte nicht überschritten werden, kann der Verein für die Ermittlung des Gewinns eine einfache Einnahme-Überschuss-Rechnung nach dem Zufluss- und Abflussprinzip vornehmen.

Bei einem Überschreiten der Grenzwerte hat die Finanzbehörde den Verein auf den Beginn der Buchführungspflicht hinzuweisen. Die Mitteilung soll dem Verein mindestens einen Monat vor Beginn des Wirtschaftsjahres bekannt gegeben werden (AEAO zu § 141 Nr. 5), ab dem ein Betriebsvermögensvergleich durchzuführen ist. Die Anordnung zur Buchführungspflicht i.S. des § 141 Abs. 2 Satz 1 AO ist zwingendes Recht; insoweit ist dem Finanzamt kein Ermessensspielraum eröffnet (FG Saarland v. 18.12.1996, EFG 1997 S. 587).

Im Rahmen der Führung von Büchern und Aufzeichnungen sind die allgemeinen Anforderungen und Ordnungsvorschriften der §§ 143 bis 148 AO zu beachten.

3. GEWINNERMITTLUNG BEI ERSTELLUNG EINES BETRIEBSVERMÖGENSVERGLEICHS

Einer Gewinnermittlung durch Betriebsvermögensvergleich liegt i.d.R. eine doppelte Buchführung zu Grunde. Größere Vereine werden sich, ggf. im Zusammenhang mit der Mitgliederverwaltung, der Datenverarbeitung bedienen.

Im Hinblick der bei gemeinnützigen Vereinen möglichen Tätigkeitsbereiche
- ideeller Bereich (z.B. Mitgliederverwaltung)
- Vermögensverwaltung
- Zweckbetriebe (z.B. kulturelle sportliche Veranstaltungen, Unterstützung hilfsbedürftiger Personen)
- steuerpflichtiger wirtschaftlicher Geschäftsbetrieb (Werbeeinnahmen, Unterhalt einer Gaststätte, Altmaterialsammlungen, Vermarktung kultureller und sportlicher Veranstaltungen)

ist eine umfangreiche und komplizierte Buchführung erforderlich.

Im Bedarfsfall müssen, wenn dies aus der Buchführung nicht hervorgeht, die Verwendung der empfangenen Spendengelder und auch die Verwendung der vom Verein zulässigerweise gebildeten Rücklagen nach § 58 Nr. 6 und 7 AO durch besondere Aufzeichnungen nachgewiesen werden können.

Eine Kontenklassen-Übersicht bieten z.B. der Kontenrahmen von STOTAX und der DATEV-Kontenrahmen zur Branchenlösung von Vereinen. Selbstverständlich kann auch jeder andere Kontenplan Anwendung finden. Es ist nur darauf zu achten, dass die jeweiligen Tätigkeitsbereiche gesondert erfasst werden und eine jederzeitige leichte Nachprüfung ermöglicht.

> **PRAXISTIPP:**
>
> Kleineren Vereinen, deren Tätigkeitsbereiche nicht sehr umfangreich sind und die dennoch des Überblicks wegen eine doppelte Buchführung mit Betriebsvermögensvergleich bevorzugen, steht immer noch das einfach zu handhabende amerikanische Journal zur Verfügung. Es ist in der Praxis sinnvoller, den vereinsspezifischen Verhältnissen entsprechend, den Mitgliedern und der Finanzbehörde eine einfache, aber übersichtliche Jahresabrechnung vorzulegen. Eine komplizierte PC-Buchführung ist nur zu empfehlen, wenn entsprechend geschulte Kräfte im Verein bereit sind, die Buchführung ehrenamtlich zu übernehmen, oder ein Steuerberater mit der Buchführung und Erstellung des Jahresabschlusses beauftragt wird.

4. GEWINNERMITTLUNG DURCH ERSTELLUNG EINER EINNAHME-ÜBERSCHUSS-RECHNUNG

17 Wenn bei gemeinnützigen Vereinen die Einnahmen in einem wirtschaftlichen Geschäftsbetrieb die Grenzen des § 141 AO nicht überschreiten, insbesondere, wenn die Einnahmen einschließlich Umsatzsteuer

– die Besteuerungsgrenze nach § 64 Abs. 3 AO von 60 000 DM (30 678 Euro) und evtl. auch

– die „Nichterhebungsgrenze" nach § 19 UStG im vorangegangenen Kalenderjahr von 32 500 DM (16 620 Euro) nicht überstiegen hat und die Einnahmen im laufenden Kalenderjahr den Betrag von 100 000 DM (50 000 Euro)

nicht überschreiten werden, ist es zweckmäßig und kostengünstiger, nur eine Einnahme-Überschuss-Rechnung zu erstellen.

Die gleiche Regelung gilt auch für alle anderen Vereinsbereiche.

18 Nachstehend ein Beispiel für eine Einnahme-Überschuss-Rechnung eines Flugsport-Vereins:

Überschussermittlung der einzelnen Tätigkeitsbereiche

- **Ideeller Bereich**

  Einnahmen   Mitgliedsbeiträge
  Aufnahmegebühren
  Umlagen/Investitionsumlagen
  Spenden/Schenkungen
  Summe der Einnahmen

  abzüglich

  Ausgaben   Allgemeine Verwaltungskosten
  Personalkosten (Verwaltung)
  Mitgliederwerbung
  An den Dachverband abzuführende Beiträge
  Summe der Ausgaben

  = **Überschuss aus dem ideellen Bereich**

- **Vermögensverwaltung**

  Einnahmen   Miet- und Pachteinnahmen
  Zinseinnahmen
  Ausschüttungen aus Beteiligungen, soweit nicht im wirtschaftlichen Geschäftsbetrieb

  abzüglich

  Ausgaben   Werbungskosten

  = **Überschuss aus der Vermögensverwaltung**

- **Zweckbetrieb sportliche Veranstaltungen**

  Einnahmen   Fluggebühren
  Erteilung von Flugunterricht
  Teilnahme an Wettbewerben (Flugrallye, Deutschlandflug)
  Vereinnahmte Umsatzsteuer
  Eintrittsgelder bei Flugtagen

Gesetzliche Grundlagen

abzüglich

Ausgaben　　　Personalkosten (Fluglehrer, Flugzeugwarte)
　　　　　　　　Kosten für Flugzeugwartung/Instandhaltungen
　　　　　　　　Beiträge, Versicherungen
　　　　　　　　Benzin, Öl
　　　　　　　　Telekomgebühren

= Überschuss/Verlust

- **Steuerpflichtiger wirtschaftlicher Geschäftsbetrieb**

Betriebseinnahmen　Gästeflüge
　　　　　　　　　　Überlassung von Flugzeugen an Nichtmitglieder
　　　　　　　　　　Überlassung von Flugzeugen an Mitglieder für
　　　　　　　　　　geschäftliche Zwecke
　　　　　　　　　　Landegebühren von vereinsfremden Piloten
　　　　　　　　　　Verkauf von Flugbenzin, Öl usw.
　　　　　　　　　　Einnahmen bei Flugtagen (Speisen und Getränke)
　　　　　　　　　　Einnahmen im Kantinenbetrieb des Vereins, soweit
　　　　　　　　　　dieser in eigener Regie betrieben wird
　　　　　　　　　　Vereinnahmte Umsatzsteuer

abzüglich

Betriebsausgaben　Personalkosten
　　　　　　　　　　Anteilige Betriebskosten für Benzin, Öl,
　　　　　　　　　　Flugzeugwartung
　　　　　　　　　　Abschreibung auf Anlagegüter
　　　　　　　　　　Geringwertige Wirtschaftsgüter
　　　　　　　　　　Sonstige Ausgaben

= Überschuss/Verlust

PRAXISHINWEIS:

1. Für die Anerkennung der Gemeinnützigkeit ist gem. § 63 AO die tatsächliche Geschäftsführung von ausschlaggebender Bedeutung.

2. Für den Nachweis sind ordnungsgemäße Aufzeichnungen über die Einnahmen und Ausgaben zu führen.

3. Eine bestimmte Buchführungsart ist nicht vorgeschrieben. Eine PC-Buchführung mit einem speziellen Kontenplan für Vereine ist nur dann zweckmäßig, wenn der Sachbearbeiter auch Kenntnisse vom Gemeinnützigkeitsrecht hat, da Fehlbuchungen bei einer steuerlichen Außenprüfung durch das Finanzamt zu Schwierigkeiten führen können.
Einen formellen Jahresabschluss (Bilanz und Gewinn- und Verlustrechnung, Lagebericht) nach handelsrechtlichen Grundsätzen haben nur gemeinnützige Kapitalgesellschaften zu erstellen.
Einen Betriebsvermögensvergleich nach § 5 EStG haben Vereine für steuerpflichtige wirtschaftliche Geschäftsbetriebe nur durchzuführen, wenn eine der Grenzen nach § 141 AO überschritten wurde und eine Aufforderung durch die Finanzbehörde erfolgte.

4. Die Verwendung der Spendengelder und der nach § 58 Nr. 6 und 7 AO zulässigen Rücklagen muss durch entsprechende Aufzeichnungen nachgewiesen werden.

5. Bei Anschaffung hochwertiger Sportgeräte entsteht vielfach ein größerer Vorsteuererstattungsanspruch. Die Finanzverwaltung wird vor einer Auszahlung i.d.R. eine Umsatzsteuer-Sonderprüfung ansetzen. Das für die Finanzen zuständige Vorstandsmitglied des Vereins sollte deshalb dafür besorgt sein, dass die steuerbaren (steuerpflichtigen und steuerfreien) Umsätze sowie die Vorsteuern ordnungsgemäß aufgezeichnet und ohne besonderen Aufwand aus der Buchführung entnommen werden können.

D. KÖRPERSCHAFTSTEUER
I. KÖRPERSCHAFTSTEUERPFLICHT DER VEREINE
1. GESETZLICHE GRUNDLAGEN

1 – Körperschaftsteuergesetz 1999 i.d.F. v. 22.4.1999 (BGBl. I 1999 S. 817, BStBl I 1999 S. 461), zuletzt geändert durch Art. 4 des Gesetzes zur Änderung des Investitionszulagengesetzes 1999 v. 20.12.2000 (BGBl. I 2000 S. 1850, BStBl I 2001 S. 28)
– Körperschaftsteuer-Durchführungsverordnung 1994 (KStDV 1994) i.d.F. v. 22.2.1996 (BGBl. I 1996 S. 365, BStBl I 1996 S. 191), zuletzt geändert durch Art. 5 des Steuer-Euroglättungsgesetzes – StEuglG v. 19.12.2000 (BGBl. I 2000 S. 1790, BStBl I 2001 S. 3)
– Körperschaftsteuer-Richtlinien 1995 (KStR 1995) i.d.F. v. 15.12.1995 (BStBl I Sondernummer 1/1996 S. 2)

2. UMFANG DER STEUERPFLICHT

2 Vereine werden wie alle anderen Körperschaften gem. § 1 Abs. 1 KStG mit ihren steuerpflichtigen Einkünften der Körperschaftsteuer unterworfen, wenn sie ihren Sitz oder ihre Geschäftsleitung im Inland haben.

3 Die unbeschränkte Steuerpflicht erstreckt sich, soweit eine Steuerbefreiung auf Grund einer zuerkannten Gemeinnützigkeit nicht gegeben ist, grundsätzlich auf dieselben Einkunftsarten, wie sie bei natürlichen Personen der Einkommensteuer unterliegen. Es handelt sich insbesondere um die

– Einkünfte aus Land- und Forstwirtschaft
– Einkünfte aus Gewerbebetrieb (steuerpflichtige wirtschaftliche Geschäftsbetriebe)
– Einkünfte aus Kapitalvermögen und
– Einkünfte aus Vermietung und Verpachtung.

4 Einkünfte aus nichtselbständiger Arbeit ergeben sich naturgemäß nicht. Gemeinnützige Kapitalgesellschaften haben stets Einkünfte aus Gewerbebetrieb, sofern sie einen wirtschaftlichen Geschäftsbetrieb unterhalten.

3. STEUERBEFREIUNG FÜR GEMEINNÜTZIGE VEREINE

5 Körperschaften, Personenvereinigungen und Vermögensmassen, die nach der Satzung, dem Stiftungsgeschäft oder der sonstigen Verfassung und nach der tatsächlichen Geschäftsführung ausschließlich und unmittelbar gemeinnützigen, mildtätigen oder kirchlichen Zwecken dienen, sind von der Körperschaftsteuer befreit (§ 5 Abs. 1 Nr. 9 KStG).

6 Eine Steuerbefreiung ist jedoch nicht möglich, soweit ein steuerpflichtiger wirtschaftlicher Geschäftsbetrieb unterhalten wird. Hierbei ist zu beachten, dass verschiedene steuerpflichtige wirtschaftliche Betätigungen, wie z.B. Sportveranstaltungen, an denen bezahlte Sportler teilnehmen, der Unterhalt einer Gaststätte, gesellige Veranstaltungen, Werbung udgl. gem. § 64 Abs. 2 AO als ein wirtschaftlicher Geschäftsbetrieb behandelt werden und somit Gewinne und Verluste aus den verschiedenen Betätigungen (Verlustausgleich) gegenseitig verrechnet werden können (OFD Frankfurt/M. v. 12.2.1998 – S 0183 A – 16 – St II 12 –, stv-Veranlagungs-HA 2000 H 9/17 zu § 5 KStG).

In den einzelnen wirtschaftlichen Betätigungen dürfen jedoch keine Verluste oder Gewinnminderungen durch Zuwendungen an Mitglieder oder unverhältnismäßige Vergütungen entstehen.

Die Finanzverwaltung vertritt die Auffassung, dass eine Körperschaft rechtlich auch dann als gemeinnützig behandelt werden muss, wenn sie die dafür erforderlichen Voraussetzungen erfüllt, aber auf die Behandlung als gemeinnützige Körperschaft ausdrücklich verzichtet (FinMin Niedersachsen v. 22.1.1962 – S 2512 – 46 – 31 3 –, stv-Veranlagungs-HA 2000 H 9/1 zu § 5 KStG).

7

Durch den Verzicht auf eine Steuerbefreiung will die Körperschaft erreichen, dass sie Gewinne aus steuerpflichtigen wirtschaftlichen Geschäftsbetrieben mit Verlusten aus der im Übrigen gemeinnützigen Tätigkeit verrechnen kann, um eine Ertragsbesteuerung zu umgehen.

II. TÄTIGKEITSBEREICHE DER STEUERBEFREITEN VEREINE

1. VON DER KÖRPERSCHAFTSTEUER BEFREITE TÄTIGKEITSBEREICHE

Die Steuerbefreiung gemeinnütziger Vereine umfasst die Überschüsse

8

im ideellen Tätigkeitsbereich

– echte Mitgliedsbeiträge
– Aufnahmegebühren
– Umlagen/Investitionsumlagen
– Spenden
– Zuschüsse der öffentlichen Hand (z.B. Toto- und Lottomittel)
– Einnahmen aus ABM
– Schenkungen, Erbschaften, Vermächtnisse
– Erlöse aus dem Verkauf von Wirtschaftsgütern, die ausschließlich im ideellen Bereich verwendet wurden;

aus der Vermögensverwaltung

– Zinsen aus Bank- und Sparkassenguthaben
– Erträge aus Wertpapieren
– Erträge aus Beteiligungen an einer Kapitalgesellschaft
– Mieten aus Grundbesitz
– Pachteinnahmen
– Erlöse aus der Veräußerung wesentlicher Beteiligungen an einer Kapitalgesellschaft (OFD Münster v. 29.9.1982 – S 2729 – 82 – St 13–31 –, stv-Veranlagungs-HA 2000 H 9/8 zu § 5 KStG)
– Erlöse aus der Übertragung von Werberechten
– Erlöse aus dem Verkauf von Wertpapieren
– Erlöse aus dem Verkauf von Grundbesitz und anderen Vermögensgegenständen, soweit diese nicht in einem wirtschaftlichen Geschäftsbetrieb anfallen;

beim Zweckbetrieb

– Eintrittsgelder bei Amateursportveranstaltungen
– Eintrittsgelder für kulturelle Veranstaltungen
– Einnahmen für die Einräumung von Werberechten
– Erteilung von Sportunterricht

D. Körperschaftsteuer

- Durchführung von Sportreisen
- Teilnahme an begünstigten sportlichen Wettkämpfen
- Überlassung von Sportgeräten, die zur Ausübung des Sports unentbehrlich sind und unmittelbar diese satzungsmäßigen Zwecke verwirklichen
- Verkauf von Sportgeräten, die dem Zweckbetrieb zuzurechnen sind
- Einnahmen aus genehmigten Lotterien.

2. VON DER KÖRPERSCHAFTSTEUER NICHT BEFREITE TÄTIGKEITEN

9   Von der Körperschaftsteuer sind gem. § 5 Abs. 1 Nr. 9 Satz 3 KStG nicht befreit die Einnahmen aus wirtschaftlichen Geschäftsbetrieben:
- Vereinsgaststätten
- gesellige Veranstaltungen mit Verkauf von Speisen und Getränken
- Anzeigenwerbung
- Sponsoring, wenn der Verein hierbei aktiv tätig wird
- Vermittlungsprovisionen (z.B. beim Abschluss für Gruppenversicherungen)
- sämtliche Einnahmen bei Sportveranstaltungen mit bezahlten Sportlern
- Verkauf von Gegenständen (z.B. Sportartikel, Literatur, Anlagegegenstände des wirtschaftlichen Geschäftsbetriebs)
- Beteiligung an einer Kapitalgesellschaft, wenn der Verein auf die tatsächliche Geschäftsführung einen entscheidenden Einfluss nimmt.

III. STEUERPFLICHTIGER WIRTSCHAFTLICHER GESCHÄFTSBETRIEB

1. BEGRIFFSBESTIMMUNG

10   Ein wirtschaftlicher Geschäftsbetrieb i.S. des § 14 AO ist eine nachhaltige Tätigkeit, durch die Einnahmen oder andere wirtschaftliche Vorteile erzielt werden. Eine Gewinnerzielungsabsicht ist nicht erforderlich.

2. BETEILIGUNG AN EINER KAPITALGESELLSCHAFT

11   Die Beteiligung an einer Kapitalgesellschaft ist grundsätzlich der Vermögensverwaltung zuzurechnen, es sei denn, im Rahmen der Beteiligung wird tatsächlich ein entscheidender Einfluss auf die laufende Geschäftsführung genommen (BFH v. 30.6.1971, BStBl II 1971 S. 753).

> **PRAXISHINWEISE:**
>
> **a) AUSGLIEDERUNG DES WIRTSCHAFTLICHEN GESCHÄFTSBETRIEBS**
>
> 12   Bei den gemeinnützigen Vereinen wurde – im Hinblick auf eine Körperschaftsteuerminderung – oftmals erwogen, den wirtschaftlichen Geschäftsbetrieb in eine GmbH auszugliedern. Mit dieser Gestaltung sollte nach dem bis zum 31.12.2000 geltenden Körperschaftsteuergesetz erreicht werden, dass der Verein im Rahmen der „wirtschaftlichen Betätigung" nur eine Beteiligung an einer GmbH hält, welche dem steuerfreien Bereich „Vermögensverwaltung" zuzurechnen ist. Nach den bis zu diesem Zeitpunkt geltenden Körperschaftsteuersätzen waren die an den Verein ausgeschütteten Gewinnanteile beim Zufluss in der Vermögensverwaltung nur mit der 30 v. H.-Ausschüttungsbelastung (§ 27 Abs. 1 KStG 1999) belastet, da die gemeinnützige Körperschaft in diesem Bereich ertrag-

steuerfrei ist, und nicht mit dem für Körperschaften geltenden Regelsteuersatz von 40 v. H. (§ 23 Abs. 1 KStG 1999).

Nach der bis 31.12.2000 geltenden Regelung waren bei Ausgliederung des bisherigen „wirtschaftlichen Geschäftsbetriebs" in eine Kapitalgesellschaft (i.d.R. GmbH) die entsprechenden Geschäftsanteile an der Kapitalgesellschaft als „einbringungsgeborene Anteile" zu behandeln, die nach wie vor zum „wirtschaftlichen Geschäftsbetrieb" gehörten. Die Ausschüttungen der Kapitalgesellschaft waren deshalb auch weiterhin beim steuerpflichtigen wirtschaftlichen Geschäftsbetrieb zu erfassen und mit 40 v. H. der Körperschaftsteuer zu unterwerfen. Die bei der ausgegliederten Kapitalgesellschaft einbehaltene Ausschüttungsbelastung wurde bei der Ermittlung der Einnahmen im „wirtschaftlichen Geschäftsbetrieb" als Anrechnungsguthaben mit 3/7 des im Veranlagungszeitraum ausgeschütteten Gewinns erfasst und bei der Festsetzung der Körperschaftsteuer wieder angerechnet.

Steuerliche Risiken waren des Weiteren insoweit noch gegeben, dass bei Leistungen der ausgegliederten Kapitalgesellschaft für die steuerbegünstigten Bereiche des Vereins u.U. bei der Kapitalgesellschaft (i.d.R. eine GmbH) verdeckte Gewinnausschüttungen vorliegen.

Mit dem Steuersenkungsgesetz wurde das bisherige Anrechnungsverfahren aufgehoben. Bei gemeinnützigen Körperschaften unterliegt das bei den steuerpflichtigen wirtschaftlichen Geschäftsbetrieben (§§ 64, 14 AO) zu ermittelnde zu versteuernde Einkommen ab dem 1.1.2001, wie bei allen anderen steuerpflichtigen Körperschaften, dem Steuersatz von 25 v. H. (§ 23 Abs. 1 KStG gem. dem StSenkG vom 23.10.2000, BGBl. I 2000 S. 1433, BStBl I 2000 S. 1428).

Ausführungen zur körperschaftsteuerlichen Behandlung nach dem StSenkG von Gewinnausschüttungen bei der Beteiligung eines gemeinnützigen Vereins an einer GmbH (→ Tz. 45 ff.).

b) BETRIEBSAUFSPALTUNG

Der den §§ 14, 64 und 65 AO zu Grunde liegende Konkurrenzgedanke erfordert, dass die Grundsätze der Betriebsaufspaltung auch bei gemeinnützigen Vereinen Anwendung finden.

Eine Tätigkeit, die sich äußerlich als rein steuerfreie Vermögensverwaltung darstellt, ist demnach gleichwohl als eine steuerpflichtige wirtschaftliche Betätigung anzusehen, wenn die eigentliche wirtschaftliche Tätigkeit im Wege der Betriebsaufspaltung auf eine selbständige Kapitalgesellschaft ausgegliedert worden ist (Hinweis zu § 5 Abs. 1 Nr. 9 KStG, stv-Veranlagungs-HA 2000 H 9/7 zu § 5 KStG).

3. BETEILIGUNG AN EINER PERSONENGESELLSCHAFT

Die Beteiligung eines gemeinnützigen Vereins an einer Personengesellschaft oder Gemeinschaft ist zulässig. Ob in diesem Fall ein steuerpflichtiger wirtschaftlicher Geschäftsbetrieb oder ein steuerfreier Zweckbetrieb vorliegt, wird erst bei der Körperschaftsteuerveranlagung der steuerbegünstigten Körperschaft entschieden.

4. EINZELFÄLLE

Krankenhausapotheken

Soweit Krankenhausapotheken eines gemeinnützigen Krankenhauses auch andere Krankenhäuser versorgen, besteht eine Wettbewerbssituation zwischen der Krankenhausapotheke und gewerblichen Apotheken. Die Krankenhausapotheke erfüllt insoweit nicht die Merkmale des § 65 AO und ist infolgedessen als steuerpflichtiger wirtschaftlicher Geschäftsbetrieb zu behandeln (OFD Münster v. 1.10.1982 – S 2729 – 84 – St 13 – 31 –, stv-Veranlagungs-HA 2000 H 9/9 zu § 5 KStG).

D. Körperschaftsteuer

Steuerliche Behandlung von Wandervereinen

19 Wandervereine unterhalten teilweise bewirtschaftete Vereinshütten (steuerpflichtige wirtschaftliche Geschäftsbetriebe). Für die Beschaffung der Mittel zur Instandsetzung und Erneuerung dieser über öffentliche Straßen oft nicht erreichbaren Hütten gilt Folgendes:

- Mittel des gemeinnützigen Bereichs der Wandervereine dürfen grundsätzlich nicht für bewirtschaftete Hütten verwendet werden.
- In dem wirtschaftlichen Geschäftsbetrieb dürfen wirtschaftlich begründete Rücklagen gebildet werden (AEAO i.d.F. der Bek. v. 24.9.1987, BStBl I 1987 S. 664, zuletzt geändert durch BMF-Schreiben v. 8.1.1996, BStBl I 1996 S. 74, zu § 55 Rdn. 2, stv-Veranlagungs-HA 2000 H 9/10 zu § 5 KStG).
- Eine Aufteilung der Hütte selbst in einen zum wirtschaftlichen Geschäftsbetrieb und einen zum ideellen Bereich gehörenden Teil ist nicht zulässig. Soweit die Hütte jedoch für ideelle Zwecke genutzt wird, ist die AfA bei der Ermittlung des Überschusses aus dem wirtschaftlichen Geschäftsbetrieb nicht abzuziehen.
- Nicht steuerbare Zuschüsse der Mitglieder des Vereins für den wirtschaftlichen Geschäftsbetrieb sind zulässig. Dies gilt auch dann, wenn Mittel aus Lohnzahlungen des Vereins an die Mitglieder stammen und wenn ein Teil der Mitglieder Zuschüsse für den wirtschaftlichen Geschäftsbetrieb und ein anderer Teil der Mitglieder Spenden für die steuerbegünstigten Zwecke des Vereins leistet (OFD Koblenz v. 2.12.1987 – S 0171 A – St 341 –, stv-Veranlagungs-HA 2000 H 9/10 zu § 5 KStG).

Ertragsteuerliche Behandlung des Verkaufs von Wohlfahrtsbriefmarken

20 Die Finanzverwaltung vertritt die Auffassung, dass der Verkauf von Wohlfahrtsbriefmarken durch Wohlfahrtsvereine aus sachlichen Billigkeitsgründen kein steuerpflichtiger wirtschaftlicher Geschäftsbetrieb ist. Es liegt hier eine besondere Situation vor, bei der die konsequente Anwendung der gesetzlichen Vorschriften zu einem unangemessenen Ergebnis führt. Nach dem System des Gemeinnützigkeitsrechts werden bestimmte wirtschaftliche Betätigungen gemeinnütziger Körperschaften der normalen Besteuerung unterworfen, um konkurrierende Gewerbetreibende vor Wettbewerbsverzerrung zu schützen. Bei dem Verkauf von Wohlfahrtsbriefmarken durch Wohlfahrtsvereine sind Wettbewerbsgesichtspunkte ohne Bedeutung (FinMin Brandenburg v. 9.1.1992 – III/5 – S 2729 – 12/91 –, stv-Veranlagungs-HA 2000 H 9/13 zu § 5 KStG).

Steuerliche Behandlung von Altkleidersammlungen mittels Containern

21 Durch die Vermittlung von Standplätzen für Container auf fremdem Grund und Boden, Vergabe von Namensrechten, Betreuungstätigkeit, Werbung für die Sammlung usw. begründet die gemeinnützige Organisation vielmehr einen steuerpflichtigen wirtschaftlichen Geschäftsbetrieb eigener Art, für den sie weder die Regelung des § 65 Abs. 5 AO noch einen pauschalen Betriebsausgabenabzug entsprechend Tz. I.8 zu § 67a AEAO in Anspruch nehmen kann (OFD Düsseldorf v. 21.7.1992 – S 2729 A – St 13 H –, stv-Veranlagungs-HA 2000 H 9/15 zu § 5 KStG).

Steuerliche Behandlung von Kleidersammlungen gemeinnütziger Körperschaften

22 – Der Einzelverkauf gesammelter Kleidungsstücke in einer Kleiderkammer oder einer ähnlichen Einrichtung kann ein Zweckbetrieb i.S. des § 66 AO

III. Steuerpflichtiger wirtschaftlicher Geschäftsbetrieb

(Einrichtung der Wohlfahrtspflege) sein, wenn mindestens zwei Drittel der Leistungen der Einrichtung hilfsbedürftigen Personen i.S. des § 53 AO zugute kommen.

- Die Verwertung gesammelter Kleidungsstücke durch Verkäufe, die nicht unmittelbar der Verwirklichung der steuerbegünstigten Zwecke dienen, ist als steuerpflichtiger wirtschaftlicher Geschäftsbetrieb zu behandeln. Der Überschuss kann unter den Voraussetzungen des § 64 Abs. 5 AO in Höhe des branchenüblichen Reingewinns (20 v. H. der Einnahmen ohne die Umsatzsteuer) angesetzt werden (BMF v. 25.9.1995, BStBl I 1995 S. 630 = stv-Veranlagungs-HA 2000 H 9/16 zu § 5 KStG).

Zuwendung eines Fahrzeugs mit Werbeaufschriften („Werbebus")

Bei einer Zuwendung eines Fahrzeugs mit Werbeaufschriften liegt bei einem gemeinnützigen Verein ein steuerpflichtiger wirtschaftlicher Geschäftsbetrieb vor, wenn der Verein verpflichtet ist, das Fahrzeug über den zu eigenen Zwecken notwendigen Umfang hinaus einzusetzen oder es werbewirksam abzustellen (OFD Frankfurt/M. v. 13.5.1998 – S 0183 A – 15 – St II 12 –, stv-Veranlagungs-HA 2000 H 9/19 zu § 5 KStG). 23

Blutspendedienste der Landesverbände des Deutschen Roten Kreuzes (DRK)

Der Gewinn des steuerpflichtigen wirtschaftlichen Geschäftsbetriebs aus den Blutspendediensten des DRK bei der Ertragsbesteuerung kann vorerst (bis zu einer geplanten Gesetzesänderung) weiter mit 3 v. H. des Umsatzes angesetzt werden (FinMin Niedersachsen v. 21.10.1998 – S 01813 – 2 – 31 –, stv-Veranlagungs-HA 2000 H 9/22 zu § 5 KStG). 24

Betriebsausgabenabzug gemischt veranlasster Aufwendungen im wirtschaftlichen Geschäftsbetrieb gemeinnütziger Körperschaften (hier: Musikvereine)

Bei gemeinnützigen Musikvereinen entstehen Aufwendungen, die einerseits mit Auftritten ihrer Musikgruppen bei eigenen steuerpflichtigen Festveranstaltungen zusammenhängen, andererseits aber auch mit Auftritten, die unentgeltlich erfolgen oder Zweckbetrieb sind. Derartige Aufwendungen sind z.B. Notenmaterial, Uniformen, Verstärkeranlagen. Ebenso gehören hierzu Kosten für die Errichtung und Unterhaltung von Vereinsheimen und für die allgemeine Verwaltung. 25

Hinsichtlich einer Berücksichtigung der entstehenden Kosten als Betriebsausgaben im wirtschaftlichen Geschäftsbetrieb vertritt die Finanzverwaltung folgende Auffassung:

- Ein anteiliger Abzug der Aufwendungen (ggf. der anteiligen AfA) als Betriebsausgaben des steuerpflichtigen wirtschaftlichen Geschäftsbetriebs ist immer dann möglich, wenn ein objektiver Maßstab für die Aufteilung der Aufwendungen auf den ideellen Bereich einschließlich Zweckbetrieb und den steuerpflichtigen wirtschaftlichen Geschäftsbetrieb besteht.
- Als Maßstab für die Aufteilung bei Aufwendungen für Notenmaterial, Uniformen und Verstärkeranlagen kommt die Zahl der Stunden, die einschließlich der Proben auf die jeweiligen Bereiche entfallen, in Betracht.
- Auch die Personal- und Sachkosten für die allgemeine Verwaltung können grundsätzlich im wirtschaftlichen Geschäftsbetrieb abgezogen werden, soweit sie bei einer Aufteilung nach objektiven Maßstäben teilweise darauf entfallen.
- Bei Kosten der Errichtung und Unterhaltung von Vereinsheimen gibt es i.d.R. aber keinen objektiven Aufteilungsmaßstab (FinMin Baden-Württemberg v. 8.12.1998 – S 2729/17 –, stv-Veranlagungs-HA 2000 H 9/24 zu § 5 KStG).

D. Körperschaftsteuer

Beschäftigungsgesellschaften und ähnliche Körperschaften

Beschäftigungsgesellschaften (OFD Hannover v. 8.3.1999 – S 0170 – 17 – 312 –, stv-Veranlagungs-HA 2000 H 9/25 zu § 5 KStG)

26 Beschäftigungsgesellschaften sind Körperschaften, die – ggf. unter Nutzung arbeitsförderungsrechtlicher Instrumente und sonstiger Förderungsmöglichkeiten – die Hilfe für früher arbeitslose und von Arbeitslosigkeit bedrohte Menschen, insbesondere durch Arbeitsbeschaffungsmaßnahmen, berufliche Qualifikationsmaßnahmen und Umschulungen, zum Ziele haben.

– Beschäftigungsgesellschaften, die Arbeitsbeschaffungsmaßnahmen durchführen oder fördern, können i.d.R. nicht als gemeinnützig behandelt werden.

– Eine Beschäftigungsgesellschaft kann aber dann als gemeinnützig anerkannt werden, wenn das Schwergewicht ihrer Tätigkeit auf der beruflichen Qualifizierung, der Umschulung oder der sozialen Betreuung liegt. Werden dabei Waren hergestellt und vertrieben (z.B. im Rahmen einer Ausbildung angefertigte Sachen) oder Leistungen gegenüber Dritten erbracht, liegt insoweit ein wirtschaftlicher Geschäftsbetrieb (§ 14 Sätze 1 und 2 AO) vor. Ob der wirtschaftliche Geschäftsbetrieb steuerpflichtig oder ein steuerbegünstigter Zweckbetrieb ist, richtet sich nach den §§ 65 und 68 AO.

– Ein steuerbegünstigter Zweck liegt insbesondere vor, wenn die Voraussetzungen des § 68 Nr. 3 AO erfüllt sind. Danach sind Werkstätten für Behinderte, die nach den Vorschriften des SGB III förderungsfähig sind und Personen Arbeitsplätze bieten, die wegen der Behinderung nicht auf dem allgemeinen Arbeitsmarkt tätig sein können, sowie Einrichtungen für Beschäftigungs- und Arbeitstherapie, die der Eingliederung von Behinderten dienen, als Zweckbetriebe zu behandeln.

– Die Voraussetzungen für die Zweckbetriebseigenschaft (§ 65 AO) sind regelmäßig erfüllt, wenn sich der wirtschaftliche Geschäftsbetrieb in einer aus- oder weiterbildenden Tätigkeit gegen Teilnehmergebühren erschöpft oder als Ausfluss der beruflichen Qualifizierungs- und Umschulungsmaßnahmen Waren hergestellt und veräußert oder Dienstleistungen gegenüber Dritten gegen Entgelt erbracht werden.

– Ein steuerpflichtiger wirtschaftlicher Geschäftsbetrieb (§ 64 AO) wird jedoch begründet, wenn die Herstellung und Veräußerung von Waren oder die entgeltlichen Dienstleistungen den Umfang überschreiten, der zur Erfüllung der beruflichen Qualifizierungs- und Umschulungsmaßnahmen notwendig ist.

Ähnliche Körperschaften

27 Bei der gemeinnützigkeitsrechtlichen Behandlung von Körperschaften, die ähnliche Zwecke wie die Beschäftigungsgesellschaften fördern, ist nach den gleichen Grundsätzen – wie vorstehend – zu verfahren.

– Ein Verstoß gegen das Gebot der Selbstlosigkeit nach § 55 AO liegt vor, wenn Körperschaften unentgeltlich oder teilweise unentgeltlich Grundstücke von Altlasten befreien und der Sanierungserfolg nicht ausschließlich und unmittelbar der Allgemeinheit, sondern auch einzelnen privaten Grundstückseigentümern zugute kommt (BMF v. 11.3.1992 – IV B 4 – S 0170 – 32/92 –, BStBl I 1993 S. 214 = stv-Veranlagungs-HA 2000 H 9/25 zu § 5 KStG).

– Forschungseinrichtungen des privaten Rechts

Nach § 68 Nr. 9 AO sind Wissenschafts- und Forschungseinrichtungen, deren Träger sich überwiegend aus Zuwendungen der öffentlichen Hand oder Dritter oder aus der Vermögensverwaltung finanziert, einschließlich ihrer Auftragsforschung als Zweckbetrieb anzusehen. Es bestehen keine Unterschiede zwischen Wissenschafts- und Forschungseinrichtungen.

- Ein steuerpflichtiger wirtschaftlicher Geschäftsbetrieb liegt jedoch vor, wenn die Körperschaft in erster Linie eigenwirtschaftliche Interessen verfolgt.
- Auf die Abgrenzung zwischen Forschungstätigkeit und nicht begünstigte Tätigkeiten wird im BMF-Schreiben v. 22.9.1999, BStBl I 1999 S. 944, hingewiesen (stv-Veranlagungs-HA 2000 H 9/26 zu § 5 KStG).

IV. BESTEUERUNGSGRUNDLAGEN

1. GRUNDLAGEN DER BESTEUERUNG

Die gesetzliche Grundlage für die Besteuerung ergibt sich aus § 7 KStG. Die Körperschaftsteuer ist eine Jahressteuer. Die Grundlagen für die Festsetzung der partiellen Besteuerung des wirtschaftlichen Geschäftsbetriebs eines gemeinnützigen Vereins bemisst sich nach dem zu versteuernden Einkommen eines Kalenderjahres. 28

Was als Einkommen gilt und wie das Einkommen zu ermitteln ist, bestimmt sich jedoch nach den Vorschriften des Einkommensteuergesetzes (§ 8 Abs. 1 KStG). Hierbei ist besonders die Verwaltungsanweisung des Abschn. 27 KStR 1995 zu beachten, welche die einkommensteuerrechtlichen Vorschriften enthält, die bei der Ermittlung des zu versteuernden Einkommens zu berücksichtigen sind. 29

Gemeinnützige Körperschaften, die ein vom Kalenderjahr abweichendes Geschäftsjahr haben und die ohne Verpflichtung nach den Vorschriften des Handelsgesetzbuchs ordnungsgemäß Büchern führen und regelmäßig Abschlüsse machen, können in entsprechender Anwendung des § 7 Abs. 4 KStG auf Antrag das Wirtschaftsjahr der Besteuerung des wirtschaftlichen Geschäftsbetriebs zu Grunde legen (Abschn. 26 Abs. 2 KStR). 30

Mitgliedsbeiträge, die aufgrund der Satzung erhoben werden, bleiben bei der Ermittlung des Einkommens außer Ansatz (§ 8 Abs. 6 KStG). Es genügt hierbei, dass eine der folgenden Voraussetzungen erfüllt ist: 31

1. Die Satzung bestimmt Art und Höhe der Mitgliederbeiträge.
2. Die Satzung sieht einen bestimmten Berechnungsmaßstab vor.
3. Die Satzung bezeichnet ein Organ, das die Beiträge der Höhe nach erkennbar festsetzt (Abschn. 38 Abs. 2 KStR).

Dies gilt sowohl für gemeinnützige Vereine, die von den Ertragsteuern (Körperschaft- und Gewerbesteuer) befreit sind, als auch für steuerpflichtige Vereine.

Bei den Mitgliedsbeiträgen muss es sich um „echte Mitgliedsbeiträge" handeln. Dient der gemeinnützige Verein auch der wirtschaftlichen Förderung der Einzelmitglieder, so sind die Beiträge an diese Vereinigung keine Mitgliedsbeiträge i.S. des § 8 Abs. 6 KStG, sondern pauschalierte Gegenleistungen für die Förderung durch die Vereinigung, und zwar auch dann, wenn die Vereinigung keinen wirtschaftlichen Geschäftsbetrieb ausübt. In diesem Fall sind die Mitgliedsbeiträge durch Schätzung in einen steuerfreien Teil (reine Mitgliedsbeiträge) und in einen steuerpflichtigen Teil (pauschalierte Gegenleistung) aufzuteilen (Abschn. 38 Abs. 3 KStG). 32

D. Körperschaftsteuer

2. ERMITTLUNG DES ZU VERSTEUERNDEN EINKOMMENS

a) EINNAHME-ÜBERSCHUSS-RECHNUNG

33 Für die Ermittlung des Gewinns des (einheitlichen) steuerpflichtigen wirtschaftlichen Geschäftsbetriebs kleiner Vereine, die u.U. mit ihren Einnahmen noch unter der Besteuerungsgrenze des § 64 Abs. 3 AO von 60 000 DM liegen, genügt i.d.R. eine Einnahme-Überschuss-Rechnung i.S. des § 4 Abs. 3 EStG.

Bei der Ermittlung des Gesamtbetrags der Einkünfte sind zuvor die abziehbaren Aufwendungen (§ 9 KStG) und die nichtabziehbaren Aufwendungen (§ 10 KStG) zu berücksichtigen. Sie erhöhen oder verringern einen evtl. steuerlichen Verlust (Abschn. 37 Abs. 1 KStR).

b) GEWINNERMITTLUNG DURCH BETRIEBSVERMÖGENSVERGLEICH

34 Gemeinnützige Kapitalgesellschaften müssen bereits auf Grund der handelsrechtlichen Vorschriften einen Jahresabschluss mit Bilanz und Gewinn- und Verlustrechnung aufstellen. Den Gewinn durch Betriebsvermögensvergleich müssen aber auch alle anderen gemeinnützigen Vereine für den wirtschaftlichen Geschäftsbetrieb ermitteln, wenn nur eine Grenze der Vorgaben in § 141 Abs. 1 AO überschritten ist und das Finanzamt eine entsprechende Aufforderung dem Verein mitgeteilt hat.

– Siehe auch die Ausführungen in Teil C (→ C 7, 11).

Wie bei der Ermittlung des Gewinns durch eine Einnahme-Überschuss-Rechnung sind auch bei einem Betriebsvermögensvergleich für die Ermittlung des zu versteuernden Einkommens außerhalb der Bilanz die abziehbaren und nichtabziehbaren Aufwendungen zu berücksichtigen.

3. VERLUSTABZUG

a) MÖGLICHKEIT EINES VERLUSTABZUGS

35 Bei der Ermittlung des Gewinns im wirtschaftlichen Geschäftsbetrieb können Vereine grundsätzlich auch einen Verlustabzug i.S. des § 10 EStG geltend machen. Ab dem Veranlagungszeitraum 1999 können negative Einkünfte, die bei der Ermittlung des Gesamtbetrags der Einkünfte nicht ausgeglichen werden, bis zu einem Betrag von zwei Millionen DM vom Gesamtbetrag der Einkünfte des unmittelbar vorangegangenen Veranlagungszeitraums vorrangig vor den abziehbaren Aufwendungen (§ 9 KStG) abgezogen werden (Verlustrücktrag).

36 Ab dem Veranlagungszeitraum 2001 ist der Verlustabzug auf eine Million DM (511 500 Euro) begrenzt.

37 Der Verein hat jedoch bis zur Bestandskraft des auf Grund des Verlustrücktrags geänderten Steuerbescheids ein Wahlrecht, an das nach § 19 AO zuständige Finanzamt einen Antrag zu stellen, dass er ganz oder teilweise von dem Verlustrücktrag absieht.

Hinsichtlich eines verbleibenden Verlustvortrags wird in einem Feststellungsverfahren von dem zuständigen Finanzamt bindend entschieden. Der Feststellungsbescheid nach § 10d Abs. 4 EStG ist Grundlagenbescheid für die Steuerfestsetzung des Folgejahres und für den auf den nachfolgenden Feststellungszeitpunkt zu erlassenden Feststellungsbescheid (Abschn. 115 Abs. 11 KStR).

IV. Besteuerungsgrundlagen

b) VERLUSTABZUG UND -VORTRAG BEI VEREINEN OHNE ERTRAGSTEUERERHEBUNG

Bei Vereinen, die unter die Besteuerungsgrenze gem. § 64 Abs. 3 AO fallen und bei denen in diesen Jahren eine Körperschaftsteuer und Gewerbesteuer nicht erhoben wird, bleiben Gewinne und Verluste dieser Jahre unberücksichtigt. 38

4. GESCHÄFTSAUFGABE

Bei einer „Betriebsaufgabe" und Überführung des bisherigen Betriebsvermögens in den Bereich der Vermögensverwaltung ist der Aufgabegewinn zu versteuern. Eine steuerliche Entlastung des Aufgabegewinns ist nicht möglich. 39

5. SPENDENABZUG

Ein gemeinnütziger Verein ist grundsätzlich verpflichtet, die Überschüsse aus dem steuerpflichtigen wirtschaftlichen Geschäftsbetrieb unter Berücksichtigung einer nach kaufmännischen Grundsätzen zulässigen Rücklage (im gemeinnützigkeitsrechtlichen Sinn) dem Zweck des Vereins zeitnah zur Verfügung zu stellen. Deshalb können die Zuführungen zum ideellen Bereich oder zu Zweckbetrieben nicht als Spenden den Gewinn des steuerpflichtigen wirtschaftlichen Geschäftsbetriebs mindern. 40

Es ist jedoch zulässig, dass der Verein einer anderen steuerbegünstigten Körperschaft aus den Überschüssen des wirtschaftlichen Geschäftsbetriebs eine Spende zukommen lässt. Er kann nach § 9 Abs. 1 Nr. 2 KStG Ausgaben zur Förderung mildtätiger, kirchlicher, religiöser und wissenschaftlicher Zwecke und der als besonders förderungswürdig anerkannten gemeinnützigen Zwecke bis zur Höhe von insgesamt 5 v. H. des Einkommens oder 2 v. T. der Summe der gesamten Umsätze und der im Kalenderjahr aufgewendeten Löhne und Gehälter bei der Ermittlung des Einkommens abziehen. Für wissenschaftliche, mildtätige und als besonders förderungswürdig anerkannte kulturelle Zwecke erhöht sich der Vomhundertsatz von 5 um weitere 5 v. H. (§ 9 Abs. 1 Nr. 2 Satz 2 KStG). 41

Nach Art. 4 des Gesetzes zur weiteren steuerlichen Förderung von Stiftungen vom 14.7.2000 (BGBl. I 2000 S. 1034, BStBl I 2000 S. 1192) hat der Verein des Weiteren auch die Möglichkeit, Zuwendungen an **Stiftungen** des öffentlichen Rechts und an nach § 5 Abs. 1 KStG steuerbefreite Stiftungen des privaten Rechts zur Förderung steuerbegünstigter Zwecke i.S. der §§ 52 bis 54 AO mit Ausnahme der Zwecke, die nach § 52 Abs. 2 Nr. 4 AO (Förderung der Tierzucht, der Pflanzenzucht, der Kleingärtnerei, des traditionellen Brauchtums einschließlich des Karnevals, der Fastnacht und des Faschings, der Soldaten- und Reservistenbetreuung, des Amateurfunkens, des Modellflugs und des Hundesports) gemeinnützig sind, abzuziehen, die darüber hinaus bis zur Höhe von 40 000 DM, ab 1.1.2002 20 450 Euro, geleistet werden (§ 9 Abs. 1 Nr. 2 Satz 3 KStG). 42

Überschreitet eine Einzelzuwendung von mindestens 50 000 DM (25 565 Euro) zur Förderung wissenschaftlicher, mildtätiger und besonders förderungswürdig anerkannter kultureller Zwecke die Höchstsätze, ist sie im Rahmen der Höchstsätze im Jahr der Zuwendung und in den folgenden sechs Veranlagungszeiträumen abzuziehen (§ 9 Abs. 1 Nr. 2 Satz 4 KStG). 43

Der Verein darf aus ihrem der Besteuerung unterliegenden Einkommen aus wirtschaftlichem Geschäftsbetrieb auch Empfängern, welche die Voraussetzungen des § 49 Nr. 2 EStDV (ab VZ 2000 – Verordnung zur Änderung der EStDV vom 10.12.1999) erfüllen, Zuwendungen machen. Diese sind auch absetzbar, 44 wenn die Empfänger der Spenden gleichartige gemeinnützige Zwecke wie die Spenderin verfolgen. Das zu versteuernde Einkommen einer teilweise von der Körperschaftsteuer befreiten Körperschaft darf jedoch nicht durch Spenden gemindert werden, die aus dem steuerfreien Bereich der Körperschaft stammen (Abschn. 42 Abs. 9 KStR).

6. BEHANDLUNG VON ERTRÄGEN AUS DER BETEILIGUNG EINES GEMEINNÜTZIGEN VEREINS AN EINER KAPITALGESELLSCHAFT NACH DEM STEUERSENKUNGSGESETZ

45 6.1 Der gemeinnützige Verein ist unbeschränkt körperschaftsteuerpflichtig, jedoch nach § 5 Abs. 1 Nr. 9 KStG von der Körperschaftsteuer befreit. Die Steuerbefreiung ist nach § 5 Abs. 1 Nr. 9 Satz 2 KStG ausgeschlossen, wenn der Verein im „Nebenzweck" einen wirtschaftlichen Geschäftsbetrieb unterhält. Der Gewinn des wirtschaftlichen Geschäftsbetriebs wird ab dem VZ 2001 nach § 23 Abs. 1 KStG definitiv nur noch mit 25 v. H. besteuert.

46 6.2 Wenn der Verein seinen/einen wirtschaftlichen Geschäftsbetrieb in eine Kapitalgesellschaft (i.d.R. GmbH) ausgliedert, bei der er ggf. alleiniger Gesellschafter ist, sind die von der GmbH ausgeschütteten Gewinne zwar bei den Einkünften des wirtschaftlichen Geschäftsbetriebs zu erfassen, bleiben jedoch im Rahmen des Halbeinkünfteverfahrens nach § 8b Abs. 1 KStG bei der Einkommensermittlung außer Ansatz. Das Gesetz sieht vor, dass Beteiligungserträge an anderen Körperschaften nicht mehrfach erfasst werden.

47 6.3 Die Ertragsbesteuerung erfolgt somit bei der ausgegliederten GmbH mit dem Steuersatz von 25 v. H.

48 6.4 Wenn diese Kapitalgesellschaft bereits vor dem 1.1.2001 bestanden hat, galt für die erwirtschafteten Gewinne die Besteuerung nach dem KStG 1996 bzw. 1999. Die nicht ausgeschütteten Gewinne der nicht steuerbefreiten GmbH waren in der Gliederungsrechnung des verwendbaren Eigenkapitals gem. § 30 KStG 1999 nach Abzug der Tarifbelastung von 45 v. H. (bis zum Veranlagungszeitraum 1998) im EK 45 (§ 30 Abs. 1 Nr. 1 KStG 1996) und ab dem Veranlagungszeitraum 1999 bei einer Tarifbelastung von 40 v. H. im EK 40 (§ 30 Abs. 1 Nr. 1 KStG 1999) zu erfassen.

49 6.5 Bei dem vorstehenden Sachverhalt sind nunmehr infolge des Übergangs vom Anrechnungsverfahren zum Halbeinkünfteverfahren die Sondervorschriften des Sechsten Teils des KStG nach dem StSenkG – §§ 36 bis 40 KStG n.F. – zu beachten.

7. SONDERVORSCHRIFTEN FÜR DEN ÜBERGANG VOM ANRECHNUNGSVERFAHREN ZUM HALBEINKÜNFTEVERFAHREN

50 7.1 Wie in den Vorjahren sind gem. § 36 Abs. 1 KStG n.F. – bezogen auf § 47 Abs. 1 Satz 1 KStG 1999 – die Endbestände des verwendbaren Eigenkapitals (vEK) der ausgegliederten, nicht steuerbefreiten Körperschaft vom 31.12.2000 (EK 45, EK 30, EK 01, EK 02, EK 03, EK 04) zu ermitteln.

EK 45 = ungemildert mit 45 v. H. KSt belasteter Teilbetrag von vEK	§ 30 Abs. 1 Nr. 1 KStG 1999
EK 40 = ungemildert mit 40 v. H KSt belasteter Teilbetrag von vEK	

EK 01 =	Teilbetrag aus ausländischen Einkünften, die nach dem 31.12.1976 entstanden sind, sowie die nach § 8b Abs. 1 und 2 KStG 1999 bei der Ermittlung der Einkünfte außer Ansatz bleibenden Beträge	§ 30 Abs. 1 Nr. 1 KStG 1999
EK 02 =	sonstige steuerfreie Vermögensmehrungen, die der KSt nicht unterliegen und nicht unter Nr. 3 und 4 fallen	§ 30 Abs. 2 Nr. 2 KStG 1999
EK 03 =	vor dem Systemwechsel entstandenes Eigenkapital, Altkapital, das vor dem 1.1.1977 entstanden ist	§ 30 Abs. 2 Nr. 3 KStG 1999
EK 04 =	Einlagen der Anteilseigner nach dem 31.12.1976, soweit kein Nennkapital vorliegt	§ 30 Abs. 2 Nr. 4 KStG 1999

7.2 Diese Endbestände (Teilbeträge) sind zu berichtigen, wenn nach dem 31.12.2000 aufgrund eines auf gesellschaftsrechtlichen Vorschriften beruhenden Gewinnverteilungsbeschlusses entsprechende Gewinnausschüttungen für ein abgelaufenes Wirtschaftsjahr vor dem 1.1.2001 oder um andere Ausschüttungen und sonstige Leistungen vorgenommen werden und dadurch sich die Teilbeträge verringern (§ 36 Abs. 2 KStG n.F.).

7.3 Ist am 31.12.2000 noch EK 45 vorhanden, muss dieser Teilbetrag umgegliedert werden auf den Teilbetrag EK 40. Die Umgliederung erfolgt in der Weise, dass von dem Teilbetrag des EK 45

$^{27}/_{22}$ dem Teilbetrag EK 40 zugerechnet

werden und

$^{5}/_{22}$ den Teilbetrag EK 02 verringern

(§ 36 Abs. 3 KStG n.F.).

Hierbei kann ein Negativbetrag von EK 02 entstehen.

7.4 Wenn die Summe der Teilbeträge i.S. von EK 01 bis EK 03 negativ ist, wird sie mit den mit Körperschaftsteuer belasteten Teilbeträgen in der Reihenfolge verrechnet, in der ihre Belastung zunimmt (§ 36 Abs. 4 KStG n.F.).

7.5 Ist die Summe der unbelasteten Teilbeträge i.S. von EK 01 bis EK 03 positiv, sind zunächst die Teilbeträge EK 01 und EK 03 zusammenzufassen. Ein sich daraus ergebender Negativbetrag ist vorrangig mit einem positiven Teilbetrag des EK 02 zu verrechnen. Ein negativer Teilbetrag von EK 02 ist mit dem positiven zusammengefassten Teilbetrag von EK 01 und EK 03 zu verrechnen (§ 36 Abs. 5 KStG n.F.).

7.6 Ein negativer Teilbetrag von EK 40 mindert vorrangig den nach Anwendung des § 36 Abs. 5 KStG verbleibenden positiven Teilbetrag des EK 02; ein darüber hinausgehender Negativbetrag mindert den positiven zusammengefassten Teilbetrag des EK 01 bis EK 03 (§ 36 Abs. 6 KStG n.F.).

7.7 Zum 31.12.2000 sind die Endbestände des EK 01, EK 02 und EK 03 des KStG 1999 getrennt auszuweisen und gesondert festzustellen; das EK 01 und EK 03 sind in einer Summe auszuweisen (§ 36 Abs. 7 KStG n.F.).

7.8 Soweit die Gliederungsrechnung des KStG 1999 einen Bestand im EK 30 ausweist, ist in Bezug auf diesen Teilbetrag des verwendbaren Eigenkapitals die 30 v. H.-Ausschüttungsbelastung bereits hergestellt, so dass sich dessen

Umgliederung in EK 40 zwecks Ermittlung des Körperschaftsteuerguthabens erübrigt.

58   7.9 Unter die vorstehenden Regelungen fällt nicht die Besteuerung des steuerpflichtigen Gewinns im wirtschaftlichen Geschäftsbetrieb des Vereins, weil der gemeinnützige Verein als solcher nicht in das Anrechnungsverfahren des Körperschaftsteuergesetzes seit 1977 einbezogen war.

8. KÖRPERSCHAFTSTEUERGUTHABEN UND KÖRPERSCHAFTSTEUERMINDERUNG (§ 37 KStG)

59   8.1 Da zum 31.12.2000 das Anrechnungsverfahren aufgehoben wurde und somit ab dem 1.1.2001 den Anteilseignern kein Steuerguthaben mehr gutgeschrieben wird, soll die körperschaftsteuerliche Belastung der erwirtschafteten Gewinne, die in der Kapitalgesellschaft als Rücklagen (vEK) noch vorhanden sind, ab der Einführung des Halbeinkünfteverfahrens auch nur in Höhe der bisherigen Ausschüttungsbelastung 30 v. H. betragen.

Deshalb ist zum 31.12.2000 nach § 37 Abs. 1 KStG n.F. das Körperschaftsteuerguthaben zu ermitteln. Dieses beträgt 1/6 des Endbestandes des mit einer Körperschaftsteuer von 40 v. H. belasteten Teilbetrags.

60   8.2 Das Körperschaftsteuerguthaben mindert sich um jeweils 1/6 der Gewinnausschüttungen, die in den folgenden Wirtschaftsjahren auf Grund von handelsrechtlichen Gesellschafterbeschlüssen erfolgen (§ 37 Abs. 2 Satz 1 KStG n.F.). Verdeckte Gewinnausschüttungen werden hierbei jedoch nicht berücksichtigt.

61   8.3 Die Körperschaftsteuer des Veranlagungszeitraums, in dem das Wirtschaftsjahr endet, in dem die Gewinnausschüttung erfolgt, mindert sich bis zum Verbrauch des Körperschaftsteuerguthabens jeweils um 1/6 des ausgeschütteten Gewinns, letztmalig in dem Veranlagungszeitraum, in dem das 15. Wirtschaftsjahr endet (§ 37 Abs. 2 Satz 2 KStG n.F.).

62   8.4 Das verbleibende Körperschaftsteuerguthaben ist auf den Schluss der jeweiligen Wirtschaftsjahre fortzuschreiben und gesondert festzustellen (§ 37 Abs. 2 Satz 3 KStG n.F.).

63   8.5 Der Bescheid über die gesonderte Feststellung ist Grundlagenbescheid für den Bescheid über die gesonderte Feststellung zum folgenden Feststellungszeitpunkt (§ 37 Abs. 2 Satz 4 KStG n.F.).

64   8.6 Nach Ablauf des Übergangszeitraums von 15 Jahren, zum Schluss des letzten vor dem 1.1.2016 endenden Wirtschaftsjahrs, kann ein bis dahin nicht verbrauchtes Körperschaftsteuerguthaben nicht mehr in Anspruch genommen werden.

65   8.7 Erhält eine Körperschaft ab dem 1.1.2001 Bezüge, die nach § 8b Abs. 1 KStG n.F. bei der Einkommensermittlung außer Ansatz bleiben (Bezüge aus der Beteiligung an anderen Körperschaften und Personenvereinigungen), die bei der leistenden Körperschaft zu einer Minderung der Körperschaftsteuer geführt haben, erhöht sich bei ihr die Körperschaftsteuer und das Körperschaftsteuerguthaben um den Betrag der Minderung. Die leistende Körperschaft (GmbH) hat der Empfängerin (Verein) die folgenden Angaben nach amtlich vorgeschriebenem Muster zu bescheinigen:

1. den Namen und die Anschrift des Anteilseigners,
2. die Höhe der Leistungen,
3. die Höhe des in Anspruch genommenen Körperschaftsteuerminderungsbetrags,
4. den Zahlungstag.

IV. Besteuerungsgrundlagen

Die Vorschriften des § 27 Abs. 2 bis 5 KStG, welche sich auf die Ausstellung der Bescheinigung bezüglich des steuerlichen Einlagekontos beziehen, sind entsprechend anzuwenden (§ 37 Abs. 3 KStG n.F.). 66

9. KÖRPERSCHAFTSTEUERERHÖHUNG (§ 38 KStG)

9.1 Ein positiver Endbetrag i.S. des § 36 Abs. 7 (→ Tz. 7.7) aus dem Teilbetrag EK 02 ist zum Schluss der folgenden Wirtschaftsjahre fortzuschreiben und gesondert festzustellen. Dieser Betrag verringert sich jeweils, soweit er als für Ausschüttungen verwendet gilt. Dies ist der Fall, wenn die Ausschüttungen des Wirtschaftsjahrs den Unterschiedsbetrag des zum Schluss der vorangegangenen Wirtschaftsjahrs ermittelten verwendbaren Eigenkapitals die Summe des Bestands des steuerlichen Einlagekontos (§ 27 Abs. 1 KStG n.F.) und des Bestands an verwendbarem Eigenkapital von EK 02 (KStG 1999) übersteigt (§ 38 Abs. 1 KStG n.F.). 67

9.2 Für den jeweiligen Teilbetrag des Endbetrags, der als verwendet gilt, erhöht sich die Körperschaftsteuer nach § 38 Abs. 2 KStG n.F. um $3/7$ des Betrags einer Gewinnausschüttung, letztmalig in dem Veranlagungszeitraum, in dem das 15. Wirtschaftsjahr endet (i.d.R. 31.12.2015). 68

9.3 Die Erhöhung der Körperschaftsteuer erfolgt auch dann, wenn eine gemeinnützige Körperschaft Gewinnausschüttungen erhält und die entsprechenden Anteile zum Betriebsvermögen des wirtschaftlichen Geschäftsbetriebs gehören (§ 38 Abs. 3 Satz 3 KStG n.F.). 69

9.4 Keine Erhöhung der Körperschaftsteuer um $3/7$ erfolgt, wenn eine gemeinnützige Körperschaft Gewinnausschüttungen an einen anderen unbeschränkt steuerpflichtigen, von der Körperschaftsteuer befreiten Anteilseigner oder an eine juristische Person des öffentlichen Rechts vornimmt (§ 38 Abs. 3 Satz 1 KStG n.F.). 70

9.5 Der Anteilseigner muss jedoch der ausschüttenden Körperschaft durch eine Bescheinigung des Finanzamtes nachweisen, dass er von der Körperschaftsteuer befreit ist. 71

10. EINLAGEN DER ANTEILSEIGNER (§ 39 KStG)

Wenn in einer vom gemeinnützigen Verein ausgelagerten GmbH zum 31.12.2000 ein positiver Endbetrag im verwendbaren Eigenkapital EK 04 des KStG 1999 zu erfassen ist, wird dieser Teilbetrag als Anfangsbestand dem steuerlichen Einlagekonto i.S. des § 27 zugerechnet. 72

11. UMWANDLUNG (§ 40 KStG)

11.1 Geht das Vermögen einer unbeschränkt steuerpflichtigen Körperschaft durch Gesamtrechtsnachfolge auf eine unbeschränkt steuerpflichtige, aber steuerbefreite Körperschaft (gemeinnütziger Verein), Personenvereinigung oder Vermögensmasse über, so mindert oder erhöht sich die Körperschaftsteuer um den Betrag, der sich nach § 37 und § 38 KStG n.F. (→ D 59 bis 71) ergeben würde, wenn das verwendbare Eigenkapital als im Zeitpunkt des Vermögensübergangs für eine Ausschüttung verwendet gelten würde (§ 40 Abs. 3 Satz 1 KStG n.F.). 73

11.2 Eine Körperschaftsteuererhöhung erfolgt jedoch nicht, wenn das Vermögen einer steuerbefreiten Körperschaft auf eine andere steuerbefreite Körper- 74 schaft in den Fällen des § 38 Abs. 3 KStG n.F. (→ Tz. 9.4) übergeht (§ 40 Abs. 3 Satz 2 KStG n.F.).

12. BEHANDLUNG DER KAPITALERTRAGSTEUER

75 12.1 Eine Kapitalgesellschaft ist verpflichtet, bei Gewinnausschüttungen von den Kapitalerträgen einen Steuerabzug (Kapitalertragsteuer) vorzunehmen. Hierzu gehört bei einem steuerbefreiten gemeinnützigen Verein auch der im wirtschaftlichen Geschäftsbetrieb durch Betriebsvermögen ermittelte Gewinn, soweit er nicht den Rücklagen zugeführt wird, und der Gewinn, der bei Auflösung von Rücklagen zu Zwecken außerhalb des wirtschaftlichen Geschäftsbetriebs führt (§ 43 Abs. 1 Nr. 7c i.V.m. § 20 Abs. 1 Nr. 10b EStG).

76 12.2 Der Steuerabzug ist auch dann vorzunehmen, wenn die Kapitalerträge beim Gläubiger (gemeinnütziger Verein) zu den Einkünften aus Gewerbebetrieb (wirtschaftlicher Geschäftsbetrieb) gehören (§ 43 Abs. 4 EStG).

77 12.3 Nach § 44 Abs. 6 EStG gilt die von der Körperschaftsteuer befreite Körperschaft als Gläubiger und der wirtschaftliche Geschäftsbetrieb als Schuldner der Kapitalerträge. Die Kapitalertragsteuer entsteht im Zeitpunkt der Bilanzerstellung; sie entsteht spätestens acht Monate nach Ablauf des Wirtschaftsjahrs; bei Auflösung von Rücklagen zu Zwecken außerhalb des wirtschaftlichen Geschäftsbetriebs am Tag nach der Beschlussfassung über die Verwendung. Die Absätze 1 bis 4 des § 44 EStG (Entrichtung der Kapitalertragsteuer) sind entsprechend anzuwenden.

78 12.4 Die Kapitalertragsteuer beträgt bei Kapitalerträgen i.S. des § 20 Abs. 1 Nr. 1 und 2 EStG 20 v. H., wenn der Gläubiger die Kapitalertragsteuer trägt, 25 v. H. des tatsächlich ausgezahlten Betrags, wenn der Schuldner die Kapitalertragsteuer übernimmt. In den Fällen des § 43 Abs. 1 Nr. 7c EStG beträgt die Kapitalertragsteuer 10 v. H. des Kapitalertrags (§ 43a Abs. 1 Nr. 6 EStG).

79 12.5 Bei einem gemeinnützigen Verein ist ein Steuerabzug von den Kapitalerträgen i.S des § 43 Abs. 1 Satz 1 Nr. 7a bis 7c EStG nicht vorzunehmen (§ 44a Abs. 7 EStG). Es wird hierbei jedoch vorausgesetzt, dass der gemeinnützige Verein dem Schuldner die Steuerbefreiung durch eine Bescheinigung des zuständigen Finanzamts nachweist (§ 44a Abs. 4 Satz 3 EStG).

80 12.6 Der gemeinnützige Verein als Gläubiger der Kapitalerträge muss dem zum Steuerabzug Verpflichteten einen Freistellungsauftrag nach amtlich vorgeschriebenem Vordruck oder eine Nichtveranlagungs-Bescheinigung des zuständigen Finanzamts vorlegen (§ 44a Abs. 4 Satz 4 i.V.m. Abs. 2 EStG).

81 12.7 Eine Abstandnahme vom Steuerabzug ist jedoch nicht möglich, wenn die Kapitalerträge in einem steuerpflichtigen wirtschaftlichen Geschäftsbetrieb des gemeinnützigen Vereins anfallen (§ 44a Abs. 4 Satz 5 EStG).

82 12.8 Eine Erstattung der Kapitalertragsteuer durch das Bundesamt der Finanzen kann auf Antrag des gemeinnützigen Vereins nach § 44c Abs. 1 EStG erfolgen, wenn die Kapitalertragsteuer vom Schuldner einbehalten und abgeführt worden ist. Die Voraussetzung der Steuerbefreiung nach § 5 Abs. 1 Nr. 9 KStG muss der Verein durch eine Bescheinigung des zuständigen Finanzamts dem Bundesamt der Finanzen nachweisen. Ebenso muss dem Antrag eine Bescheinigung des Schuldners der Kapitalerträge entsprechend dem amtlich vorgeschriebenen Muster gem. § 45a Abs. 2 EStG beiliegen.

E. SOLIDARITÄTSZUSCHLAG

I. GESETZLICHE GRUNDLAGEN

- Solidaritätszuschlagsgesetz 1995 (SolZG) vom 23.6.1993 (BGBl. I 1993 S. 944, 975, BStBl I 1993 S. 510, 519), zuletzt geändert durch Art. 2 des Gesetzes zur Regelung der Bemessungsgrundlage für Zuschlagsteuern v. 21.12.2000 (BGBl. I 2000 S. 1978, BStBl I 2001 S. 38)
- Für die im Solidaritätszuschlagsgesetz festgesetzten DM-Beträge sind die entsprechenden Euro-Beträge in Art. 6 des Steuer-Euroglättungsgesetzes (StEuglG) (BGBl. I 2000 S. 1790, BStBl I 2001 S. 3) enthalten
- Bekanntmachung neuer Tabellen für die Erhebung des Solidaritätszuschlags im LSt-Abzugsverfahren ab 2001 (BStBl I 2000 S. 1392)

1

II. ABGABEPFLICHT UND BEMESSUNGSGRUNDLAGE

Der Solidaritätszuschlag wird als Ergänzungsabgabe zur Körperschaftsteuer erhoben. **2**

Für gemeinnützige und mildtätige Vereine kommt der SolZ nur insoweit in Betracht, als die steuerbegünstigten Vereine einen wirtschaftlichen Geschäftsbetrieb unterhalten und insoweit partiell körperschaftsteuerpflichtig sind oder im Rahmen der Vermögensverwaltung Kapitalerträge vereinnahmen (§ 2 Nr. 3 SolZG). **3**

Haben die steuerpflichtigen Einkünfte des Vereins dem Steuerabzug unterlegen oder werden solche Einkünfte nicht zur Körperschaftsteuer veranlagt, so gilt dies für den Solidaritätszuschlag entsprechend (§ 1 Abs. 3 des Gesetzes zur Regelung der Bemessungsgrundlage für Zuschlagsteuern v. 21.12.2000, BGBl. I 2000 S. 1978, BStBl I 2001 S. 38). **4**

Bemessungsgrundlage für den Solidaritätszuschlag ist die festgesetzte Körperschaftsteuer oder sie richtet sich nach den entsprechenden Vorauszahlungen (§ 3 Abs. 1 Nr. 2 SolZG). **5**

III. ZUSCHLAGSATZ

Der Solidaritätszuschlag betrug bis einschließlich dem VZ 1997 7,5 v. H. und ist ab 1.1.1998 auf 5,5 v. H. der Bemessungsgrundlage gesenkt worden. **6**

Das Solidaritätszuschlagsgesetz i.d.F. des Gesetzes v. 21.12.2000 (BGBl. I 2000 S. 1978) ist erstmals für den Veranlagungszeitraum 2001 anzuwenden.

F. SPENDENRECHT
I. SPENDENABZUG BEI EINKOMMENSTEUERPFLICHTIGEN PERSONEN
1. RECHTSGRUNDLAGEN

1 – Körperschaftsteuergesetz 1999 (KStG 1999) i.d.F. v. 22.4.1999) (BGBl. I 1999 S. 817, BStBl I 1999 S. 461), zuletzt geändert durch Art. 4 des Gesetzes zur Änderung des Investitionszulagengesetzes 1999 v. 20.12.2000 (BGBl. I 2000 S. 1850, BStBl I 2001 S. 28)
 – § 9 Abs. 1 Nr. 2 und 3 KStG
 – § 10b Abs. 1 und 1a EStG
 – §§ 48 bis 50 EStDV v. 10.12.1999 (BStBl I 1999 S. 1132)

2. BEGRIFF DER STEUERBEGÜNSTIGTEN ZUWENDUNGEN
a) ALLGEMEINES

2 Steuerbegünstigte Zuwendungen sind freiwillige und unentgeltliche Ausgaben für spendenbegünstigte Zwecke zu Gunsten einer spendenbegünstigten Körperschaft. Ausgaben können Geld- oder Sachspenden sein.

3 Zuwendungen i.S. der §§ 48 bis 50 EStDV sind Spenden und Mitgliedsbeiträge, Umlagen (insbesondere Investitionsumlagen), Aufnahmegebühren und Ablösebeträge für vom Verein beschlossene und nicht geleistete Arbeitsstunden. Die Ablösebeträge werden wie Mitgliedsbeiträge behandelt.

4 Aufwendungen zur Erfüllung von Vermächtniszuwendungen an gemeinnützige Einrichtungen sind weder beim Erben (BFH v. 22.9.1993, BStBl II 1993 S. 874) noch beim Erblasser (BFH v. 23.10.1996, BStBl II 1997 S. 239) als Spenden nach § 10b Abs. 1 EStG abziehbar.

5 Eine Spende an eine Kirchengemeinde mit der Zweckbestimmung, damit ein Kunstwerk zur Erinnerung an eine Heilige zu schaffen, ist als Spende zur Förderung der Kultur mit dem erhöhten Spendenabzugssatz berücksichtigungsfähig (FG Köln v. 8.10.1996, EFG 1997 S. 474), Rev. eingelegt.

6 Ausgaben zur Förderung mildtätiger, kirchlicher, religiöser und wissenschaftlicher und der als besonders förderungswürdig anerkannten gemeinnützigen Zwecke können vom Zuwendenden (§ 10b Abs. 1 Satz 1 EStG, § 9 Abs. 1 Nr. 2 KStG) bis zur Höhe von insgesamt 5 v. H. des Einkommens oder 2 v. T. der Summe der gesamten Umsätze und der im Kalenderjahr aufgewendeten Löhne und Gehälter steuermindernd geltend gemacht werden.

7 Für wissenschaftliche, mildtätige und als besonders förderungswürdig anerkannte kulturelle Zwecke erhöht sich der Vomhundertsatz von 5 um weitere 5 v. H. (§ 10b Abs. 1 Satz 2 EStG).

8 Nach dem Gesetz zur weiteren steuerlichen Förderung von **Stiftungen** vom 14.7.2000 (BGBl. I 2000 S. 1034, BStBl I 2000 S. 1192) sind Zuwendungen an Stiftungen des öffentlichen Rechts und an nach § 5 Abs. 1 Nr. 9 KStG steuerbefreite Stiftungen des privaten Rechts zur Förderung steuerbegünstigter Zwecke i.S. der §§ 52 bis 54 AO mit Ausnahme der Zwecke, die nach § 52 Abs. 2 Nr. 4 AO gemeinnützig sind (Förderung der Tierzucht, der Pflanzenzucht, der Kleingärtnerei, des traditionellen Brauchtums einschließlich des Karnevals, der Fastnacht und des Faschings, der Soldaten- und Reservistenbetreuung, des Amateurfunkens, des Modellflugs und des Hundesports), darüber hinaus bis zur Höhe von 40 000 DM, ab dem 1.1.2002 20 450 €, abziehbar (§ 10b Abs. 1 Satz 3 EStG).

I. Spendenabzug bei einkommensteuerpflichtigen Personen

Nach § 10b Abs. 1a EStG können Zuwendungen, die anlässlich der Neugründung in den Vermögensstock einer Stiftung des öffentlichen Rechts oder einer nach § 5 Abs. 1 Nr. 9 KStG steuerbefreiten Stiftung des privaten Rechts geleistet werden, im Jahr der Zuwendung und in den folgenden neun Veranlagungszeiträumen nach Antrag des Steuerpflichtigen bis zu einem Betrag von 600 000 DM, ab dem 1.1.2002 307 000 €, neben den als Sonderausgaben nach § 10b Abs. 1 EStG zu berücksichtigenden Zuwendungen und über den nach Abs. 1 zulässigen Umfang hinaus abgezogen werden. Als anlässlich der Neugründung einer Stiftung gelten Zuwendungen bis zum Ablauf eines Kalenderjahres nach Gründung der Stiftung. **9**

Der besondere Abzugsbetrag von 600 000 DM (ab 1.1.2002 307 000 €) kann der Höhe nach innerhalb des Zehnjahreszeitraums nur einmal in Anspruch genommen werden. Die Regelung im Rahmen eines Verlustabzugs nach § 10d Abs. 4 EStG gilt entsprechend (§ 10b Abs. 1a EStG gem. Art. 3 des Gesetzes v. 14.7.2000). **10**

b) AUFWANDSSPENDEN

Aufwandsspenden liegen vor, wenn ein Mitglied (Förderer) auf einen ihm zustehenden Aufwendungsersatz verzichtet. Hierzu ist Voraussetzung, dass ein satzungsgemäßer oder ein schriftlich vereinbarter vertraglicher Aufwendungsersatzanspruch (§ 10b Abs. 3 Satz 4 u. § 9 Abs. 2 Satz 4 KStG) besteht oder dass ein solcher Anspruch durch einen rechtsgültigen Vorstandsbeschluß eingeräumt worden ist, der den Mitgliedern in geeigneter Weise bekannt gemacht wurde. Der Anspruch muss von der zum Aufwand führenden bzw. zu vergütenden Tätigkeit eingeräumt werden. Er muss ernsthaft und rechtswirksam (einklagbar) eingeräumt werden und darf nicht unter der Bedingung des Verzichts stehen. Dem Begünstigten muss es also freistehen, ob der ihn der Körperschaft als Spende zur Verfügung stellt. Wesentliche Anhaltspunkte für die Ernsthaftigkeit von Aufwendungsersatzansprüchen ist die wirtschaftliche Leistungsfähigkeit der Körperschaft. Diese muss ungeachtet des Verzichts in der Lage sein, den geschuldeten Aufwendungsersatz zu leisten (Merkblatt OFD Koblenz, Ziff. 13). **11**

Der BFH hat in einem Urteil v. 3.12.1996 (BStBl II 1997 S. 474) entschieden, dass ein Gestaltungsmissbrauch nicht vorliegt und auch die Gemeinnützigkeit nicht gefährdet ist, wenn bei einem Sportverein Vorstandsmitglieder Geldspenden tätigen, die als Aufwendungsersatz wieder zurückfließen. **12**

Für unentgeltliche Dienst- und Arbeitsleistungen, auch unter Einsatz privater Fahrzeuge oder Geräte (z.B. Fahrdienste für eine Fußball-Jugendmannschaft zum Spielort), oder für die unentgeltliche Überlassung von Räumen dürfen vom Verein keine Zuwendungsbestätigungen (früher: Spendenbescheinigungen) ausgestellt werden. **13**

c) SACHSPENDEN

Als Sachspenden können Wirtschaftsgüter aller Art in Betracht kommen. Die Sachspende ist grundsätzlich mit dem gemeinen Wert (Marktwert) des gespendeten Gegenstandes zu bewerten. Wird jedoch ein Wirtschaftsgut unmittelbar nach seiner Entnahme einer nach § 5 Abs. 1 Nr. 9 KStG steuerbegünstigten Körperschaft für steuerbegünstigte Zwecke i.S. des § 10b Abs. 1 Satz 1 EStG unentgeltlich überlassen, kann die Entnahme mit dem Buchwert zzgl. Umsatzsteuer angesetzt werden (§ 6 Abs. 1 Nr. 4 Satz 4 EStG). **14**

Kostenlose Blutspenden an das Deutsche Rote Kreuz sind keine Sachspenden und daher auch keine steuerbegünstigten Zuwendungen i.S. des § 10b Abs. 1 **15**

F. Spendenrecht

EStG (OFD Frankfurt v. 15.12.1994, FR 1995 S. 287; s.a. FinMin Niedersachsen, FR 1996 S. 42).

16 Eine Sachspende in Form von Briefmarken und Münzen kommt nicht unmittelbar satzungsmäßigen Zwecken zugute, wenn erst der durch den Verkauf erzielte Erlös für satzungsmäßige Zwecke Verwendung findet (FG Düsseldorf v. 5.2.1997, EFG 1997 S. 473).

d) DURCHLAUFSPENDEN

17 Durchlaufspenden liegen vor, wenn eine Spende zunächst an eine juristische Person des öffentlichen Rechts (i.d.R. Stadt- und Gemeindeverwaltungen) überwiesen wird, welche dann nach Überprüfung der Spendenempfangsberechtigung eines Vereins die Spende an den betreffenden Verein weiterleitet. Die Spendenbescheinigung wurde sodann von der Gemeinde ausgestellt. Das Durchlaufspendenverfahren war bis zur Änderung des Spendenrechts zwingende Voraussetzung für den Abzug von Spenden.

18 Ab dem 1.1.2000 ist das Durchlaufspendenverfahren nicht mehr alleinige Voraussetzung für den Spendenabzug. Für die Ausstellung von „Zuwendungsbestätigungen" sind nun alle gemeinnützigen Körperschaften, die spendenbegünstigte Zwecke fördern, berechtigt.

e) GROSSSPENDEN

19 Überschreitet eine Einzelzuwendung von mindestens 50 000 DM zur Förderung wissenschaftlicher, mildtätiger und als besonders förderungswürdig anerkannter kultureller Zwecke die in den Tz. 6 u. 7 genannten Höchstsätze, ist sie im Rahmen der Höchstsätze im Jahr der Zuwendung, im vorangegangenen und in den folgenden fünf Veranlagungszeiträumen abzuziehen (§ 10b Abs. 1 Satz 4 EStG).

II. SPENDENABZUG BEI STEUERPFLICHTIGEN KÖRPERSCHAFTEN

1. RECHTSGRUNDLAGEN

20 § 9 Abs. 2 und 3 KStG

2. HÖHE DES SPENDENABZUGS

21 Wenn gemeinnützige Körperschaften einen wirtschaftlichen Geschäftsbetrieb unterhalten, können sie bei der Ermittlung des zu versteuernden Einkommens, ebenso wie natürliche Personen, Ausgaben an andere Körperschaften, die der Förderung mildtätiger, kirchlicher, religiöser und wissenschaftlicher Zwecke und der als besonders förderungswürdig anerkannten gemeinnützigen Zwecke dienen, bis zur Höhe von insgesamt 5 v. H. des Einkommens oder 2 v. T. der Löhne und Gehälter steuermindernd geltend machen (§ 9 Abs. 1 Nr. 2).

22 Für wissenschaftliche, mildtätige und als besonders förderungswürdig anerkannte kulturelle Zwecke erhöht sich der Vomhundertsatz ebenfalls von 5 um weitere 5 v. H. (§ 9 Abs. 1 Nr. 2 Satz 2 KStG).

23 In Art. 4 des Gesetzes zur weiteren steuerlichen Förderung von Stiftungen v. 1.7.2000 wurde der Spendenabzug für Stiftungen durch § 9 Abs. 1 Nr. 2 Satz 3 KStG erweitert: Wenn der Verein nach dem 31.12.1999 Zuwendungen an **Stif-**

tungen des öffentlichen Rechts und an nach § 5 Abs. 1 Nr. 9 KStG steuerbefreiten **Stiftungen** des privaten Rechts i.S. der §§ 52 bis 54 AO leistet, sind darüber hinaus Zuwendungen bis zur Höhe von 40 000 DM, ab dem 1.1.2002 20 450 €, abziehbar.

Ausgenommen hiervon sind jedoch Zuwendungen, die an gemeinnützige Stiftungen i.S. des § 52 Abs. 2 Nr. 4 AO (→ Tz. 8) geleistet werden. 24

3. GROSSSPENDEN

Bei steuerpflichtigen Körperschaften besteht ebenfalls die Möglichkeit, Großspenden bei der Ermittlung des zu versteuernden Einkommens geltend zu machen. Die Regelung in § 9 Abs. 1 Nr. 2 Satz 4 KStG (neu) unterscheidet sich jedoch gegenüber der Regelung in § 10b Abs. 1 Satz 3 EStG dadurch, dass bei einem Überschreiten einer Einzelzuwendung von mindestens 50 000 DM (25 656 €) zur Förderung wissenschaftlicher, mildtätiger oder als besonders förderungswürdig anerkannter kultureller Zwecke die in den Tz. 21 u. 22 genannten Höchstsätze nur im Jahr der Zuwendung und in den folgenden sechs Veranlagungszeiträumen abgezogen werden dürfen. Ein Rücktrag auf den vorangegangenen Veranlagungszeitraum ist demnach nicht möglich. 25

III. BERECHTIGUNG ZUM EMPFANG VON ZUWENDUNGEN

Die gesetzliche Neuregelung findet sich nunmehr in den §§ 48 bis 50 EStDV. 26

In einer Anlage 1 zu § 48 Abs. 2 EStDV sind in zwei Abschnitten A und B die Institutionen aufgeführt, welche die Zwecke enthalten, die allgemein als besonders förderungswürdig i.S. des § 10b EStG anerkannt sind.

Bei den unter Abschnitt A fallenden Einrichtungen können von den gemeinnützigen Körperschaften sowohl die Spenden als auch die Mitgliedsbeiträge als Zuwendungen für steuerbegünstigte Zwecke bestätigt werden. 27

Gemeinnützige Körperschaften, die in Abschnitt B aufgeführt sind, dürfen nur die erhaltenen Spenden als Zuwendungen bescheinigen. 28

Wenn die förderungswürdigen Zwecke einer gemeinnützigen Körperschaft sowohl unter Abschnitt A als auch unter Abschnitt B fallen, so dürfen nur die Spenden, nicht jedoch die Mitgliedsbeiträge, steuermindernd geltend gemacht werden (§ 48 Abs. 4 Satz 2 EStDV). 29

In Anlage 1 ist ein Verzeichnis der Zwecke aufgeführt, die allgemein als besonders förderungswürdig i.S. des § 10b Abs. 1 EStG ab 1.1.2000 anerkannt sind: 30

Abschnitt A

1. Förderung der öffentlichen Gesundheitspflege, insbesondere die Bekämpfung von Seuchen und seuchenähnlichen Krankheiten, auch durch Krankenhäuser i.S. des § 67 der Abgabenordnung, und von Tierseuchen
2. Förderung der Jugend- und Altenhilfe
3. Förderung kultureller Zwecke; dies ist die ausschließliche und unmittelbare Förderung der Kunst, die Förderung der Pflege und Erhaltung von Kulturwerten sowie die Förderung der Denkmalpflege
    a) die Förderung der Kunst umfasst die Bereiche Musik, der Literatur, der darstellenden und bildenden Kunst und schließt die Förderung von kul-

turellen Einrichtungen, wie Theater und Museen, sowie von kulturellen Veranstaltungen, wie Konzerte und Kunstausstellungen, ein

b) Kulturwerte sind Gegenstände von künstlerischer und sonstiger kultureller Bedeutung, Kunstsammlungen und künstlerische Nachlässe, Bibliotheken, Archive sowie andere vergleichbare Einrichtungen

c) die Förderung der Denkmalpflege bezieht sich auf die Erhaltung und Wiederherstellung von Bau- und Bodendenkmälern, die nach den jeweiligen landesrechtlichen Vorschriften anerkannt sind; die Anerkennung ist durch eine Bescheinigung der zuständigen Stellen nachzuweisen

4. Förderung der Erziehung, Volks- und Berufsbildung einschließlich der Studentenhilfe

5. Förderung des Naturschutzes und der Landschaftspflege i.S. des Bundesnaturschutzgesetzes und der Naturschutzgesetze der Länder, des Umweltschutzes, des Küstenschutzes und des Hochwasserschutzes

6. Zwecke der amtlich anerkannten Verbände der freien Wohlfahrtspflege (→ siehe Abschnitt B – Gemeinnützigkeit – Tz. 174), ihrer Unterverbände und ihrer angeschlossenen Einrichtungen und Anstalten

7. Förderung der Hilfe für politische, rassisch oder religiös Verfolgte, für Flüchtlinge, Vertriebene, Aussiedler, Spätaussiedler, Kriegsopfer, Kriegshinterbliebene, Kriegsbeschädigte und Kriegsgefangene, Zivilbeschäftigte und Behinderte sowie Hilfe für Opfer von Straftaten; Förderung des Andenkens an Verfolgte, Kriegs- und Katastrophenopfer einschließlich der Errichtung von Ehrenmalen und Gedenkstätten; Förderung des Suchdienstes für Vermisste

8. Förderung der Rettung aus Lebensgefahr

9. Förderung des Feuer-, Arbeits-, Katastrophen- und Zivilschutzes sowie der Unfallverhütung

10. Förderung der Betreuung ausländischer Besucher in Deutschland, Förderung der Begegnungen zwischen Deutschen und Ausländern in Deutschland, Förderung des Austauschs von Informationen über Deutschland und das Ausland sowie Förderung von Einrichtungen, soweit diese Tätigkeit oder Einrichtungen dazu bestimmt und geeignet sind, der Völkerverständigung zu dienen

11. Förderung des Tierschutzes

12. Förderung der Entwicklungshilfe

13. Förderung von Verbraucherberatung und Verbraucherschutz

14. Förderung der Fürsorge für Strafgefangene und ehemalige Strafgefangene

15. Förderung der Gleichberechtigung von Männern und Frauen

16. Förderung des Schutzes von Ehe und Familie

17. Förderung der Kriminalprävention.

Abschnitt B

1. Förderung des Sports

2. Förderung kultureller Betätigungen, die in erster Linie der Freizeitgestaltung dienen

3. Förderung der Heimatpflege und Heimatkunde

4. Förderung der nach § 52 Abs. 2 Nr. 4 AO gemeinnützigen Zwecke.

IV. Erleichterungen für den Spendennachweis

Eine Zuwendung muss durch eine Zuwendungsbestätigung (§ 50 Abs. 1 EStDV) nachgewiesen werden. 31

Die gemeinnützigen Vereine haben die Zuwendungsbestätigungen nach den vorgeschriebenen Mustern selbst zu erstellen. Für die jeweilig nachgenannten Arten der Zuwendungen sind Muster vorgeschrieben: 32

- Mitgliedsbeiträge / Geldzuwendungen
- Sachzuwendungen
- Geldzuwendungen (Verzicht auf die Erstattung von Aufwendungen)
- Geldzuwendungen (Sportvereine).

Bei der Ausstellung der Bestätigung über eine Sachzuwendung hat der Verein nach Befragung des Zuwendenden Angaben zu machen über die genaue Bezeichnung der Sachzuwendung mit Alter, Zustand, Kaufpreis usw.; ob die Sachzuwendung aus einem Betriebsvermögen (der Entnahmewert ist anzugeben) oder dem Privatvermögen erfolgte. Geeignete Unterlagen, die zur Wertermittlung gedient haben, z.B. Rechnung, Gutachten, sind beizufügen. 33

Ein besonderer Hinweis ist notwendig, wenn der Zuwendende trotz Aufforderung keine Angaben zur Herkunft der Sachzuwendung macht. 34

> **PRAXISTIPP:** 35
>
> Die Vereinsvorstände sollten aus haftungsrechtlichen Gründen insbesondere den folgenden Hinweis beachten:
>
> Wer vorsätzlich oder grob fahrlässig eine unrichtige Zuwendungsbestätigung erstellt oder wer veranlasst, dass Zuwendungen nicht zu den in der Zuwendungsbestätigung angegebenen steuerbegünstigten Zwecken verwendet werden, haftet für die Steuer, die dem Fiskus durch einen etwaigen Abzug der Zuwendungen beim Zuwendenden entgeht (§ 10b Abs. 4 EStG, § 9 Abs. 3 KStG, § 9 Nr. 5 GewStG).
>
> Diese Bestätigung wird nicht als Nachweis für die steuerliche Berücksichtigung der Zuwendung anerkannt, wenn das Datum des Freistellungsbescheides länger als fünf Jahre zurückliegt (BMF v. 15.12.1994, BStBl I 1994 S. 884).

IV. ERLEICHTERUNGEN FÜR DEN SPENDENNACHWEIS

In bestimmten Fällen sieht das Gesetz als Nachweis für die Zuwendung Erleichterungen vor (§ 50 Abs. 2 EStDV): 36

Als Nachweis genügt der Bareinzahlungsbeleg oder die Buchungsbestätigung eines Kreditinstituts, wenn

1. die Zuwendung zur Linderung der Not in Katastrophenfällen innerhalb eines Zeitraums, den die obersten Finanzbehörden der Länder im Benehmen mit dem Bundesfinanzministerium der Finanzen bestimmen, auf ein für den Katastrophenfall eingerichtetes Sonderkonto einer inländischen juristischen Person des öffentlichen Rechts, einer inländischen öffentlichen Dienststelle oder eines inländischen amtlichen anerkannten Verbandes der freien Wohlfahrtspflege einschließlich seiner Mitgliedsorganisationen eingezahlt worden ist oder
2. die Zuwendung 100 DM nicht übersteigt und
   a) der Empfänger eine inländische juristische Person des öffentlichen Rechts oder eine inländische öffentliche Dienststelle ist oder

F. Spendenrecht

b) der Empfänger eine Körperschaft, Personenvereinigung oder Vermögensmasse i.S. des § 5 Abs. 1 Nr. 9 KStG ist, wenn der steuerbegünstigte Zweck, für den die Zuwendung verwendet wird, und die Angaben über die Freistellung des Empfängers von der Körperschaftsteuer auf einem von ihm hergestellten Beleg aufgedruckt sind und darauf angegeben ist, ob es sich bei der Zuwendung um eine Spende oder einen Mitgliedsbeitrag handelt oder

c) der Empfänger eine politische Partei i.S. des § 2 Parteiengesetzes ist und bei Spenden der Verwendungszweck auf dem vom Empfänger hergestellten Beleg aufgedruckt ist.

37 Aus der Buchungsbestätigung eines Kreditinstituts müssen folgende Angaben ersichtlich sein:
- Name und Kontonummer des Auftraggebers und des Empfängers
- der Betrag
- der Buchungstag.

38 Bei Zuwendungen an eine nach § 5 Abs. 1 Nr. 9 KStG befreite Körperschaft hat der Zuwendende zusätzlich den vom Zuwendungsempfänger hergestellten Beleg vorzulegen.

V. AUFBEWAHRUNGSPFLICHTEN DES VEREINS

39 Der Verein hat die Vereinnahmung der Zuwendung und ihre zweckentsprechende Verwendung ordnungsgemäß aufzuzeichnen und ein Doppel der Zuwendungsbestätigung aufzubewahren.

40 Bei Sachzuwendungen und bei Verzicht auf die Erstattung von Aufwand müssen sich aus den Aufzeichnungen auch die Grundlagen für den vom Empfänger bestätigten Wert der Zuwendung ergeben.

41 **PRAXISHINWEIS:**

Die vom Gesetzgeber angepriesene „Vereinfachung und Verbesserung der Regelungen zum Spendenrecht" mag für die kommunalen Verwaltungen eine Arbeitserleichterung sein. Ein kleiner Vorteil für die Vereine kann darin bestehen, dass sie den Spendenbetrag schneller erhalten als zu der Zeit, als alle Spendenbeträge über eine „Durchlaufstelle" gehen mussten. Die Verwaltungsarbeit und die damit verbundenen Risiken werden aber nunmehr auf die Vereine bzw. deren Vorstände übertragen.

Die ehrenamtlichen Tätigkeiten von Vereinsvorständen sind im Verwaltungsbereich wieder komplizierter und risikoreicher geworden. Neue Haftungsgefahren sind vorprogrammiert.

VI. VERTRAUENSSCHUTZ FÜR GUTGLÄUBIGE SPENDER

42 Ein gutgläubiger Spender darf auf die Richtigkeit der Zuwendungsbestätigung über Spenden und ggf. Mitgliedsbeiträge, soweit sie als Zuwendungen abzugsfähig sind, vertrauen. Der Vertrauensschutz gem. § 9 Abs. 3 KStG gilt ab dem VZ 1990. Diesen Vertrauensschutz genießt er jedoch nicht, wenn er die Zuwendungsbestätigung durch unlautere Mittel oder falsche Angaben erwirkt hat oder wenn ihm die Unrichtigkeit der Zuwendungsbestätigung bekannt war oder infolge grober Fahrlässigkeit nicht bekannt war.

Zu warnen ist deshalb vor Missbräuchen, die in der Praxis immer wieder festgestellt werden:
- das Ausstellen von Gefälligkeitsbestätigungen
- überhöhte oder unkontrollierte Wertangaben bei Sachspenden
- als Spenden getarnte Umlagen bei kostenaufwendigen Sportarten
- unzulässige Mittelverwendung durch einen Verein, von der der Spender als Mitglied Kenntnis hat oder bei zumutbarer Sorgfalt haben könnte.

Wenn von steuerbegünstigten Körperschaften missbräuchliche (vorsätzlich oder grob fahrlässig) Zuwendungsbestätigungen ausgestellt werden, ist die Gemeinnützigkeit zu versagen (OFD Frankfurt v. 12.8.1992, KSt-Kartei HE § 5 Karte H 67).

VII. HAFTUNGSTATBESTÄNDE

Alternativ sind zwei Haftungstatbestände zu beachten:

1. VERSCHULDUNGSHAFTUNG (AUSSTELLERHAFTUNG)

Der Aussteller (Verein) einer Zuwendungsbestätigung haftet für die entgangene Steuer, wenn die Zuwendungsbestätigung vorsätzlich oder grob fahrlässig unrichtig ausgestellt wurde, also ein Verschulden vorliegt.

2. GEFÄHRDUNGSHAFTUNG

Eine Gefährdungshaftung liegt vor, wenn eine Zuwendung zweckentfremdet nicht für steuerbegünstigte Zwecke verwendet wurde. Ein Verschulden wird in diesem Fall nicht vorausgesetzt.

Eine Gefährdungshaftung könnte z.B. dann in Betracht kommen, wenn ein gemeinnütziger Verein zweckgebundene steuerbegünstigte Spenden für den Aufbau oder die Anschaffung von Einrichtungsgegenständen für die Kantine (wirtschaftlicher Geschäftsbetrieb) verwenden würde.

Die Gefährdungshaftung kann jedoch gemildert werden, weil vor Erlass des Haftungsbescheids durch das Finanzamt geprüft werden muss, ob die Inanspruchnahme des Haftungsschuldners ermessensgerecht ist.

3. HAFTUNGSSCHULDNER

Haftungsschuldner ist regelmäßig die steuerbegünstigte Körperschaft, welche die Spende erhält.

Die Organe der Körperschaft, z.B. der Vorstand, haften grundsätzlich nicht, da sie nur für die begünstigte Körperschaft handeln, es sei denn, sie handeln vorsätzlich oder grob fahrlässig.

Nach einer Entscheidung des FG Brandenburg gilt die Haftung auch für die als Vorstand vertretungsberechtigten Schatzmeister von Vereinen.

Handelnde Personen, die keinem Organ des Vereins angehören, haften ausnahmsweise nur dann, wenn sie nicht in Ausführung der ihnen zustehenden Verrichtungen handeln. Mehrere Personen, die unzulässigerweise gehandelt haben, haften als Gesamtschuldner.

VIII. STEUERRECHTLICHE FOLGEN BEI VERLETZUNG DES VERTRAUENSSCHUTZES

53 Wenn ein gemeinnütziger Verein die ihm zugewendeten Spenden nicht den steuerbegünstigten Zwecken zuführt, haftet er für die entgangene Steuer. Diese wird gem. § 9 Abs. 3 Satz 3 KStG mit 40 v. H. des zugewendeten Betrags angesetzt.

G. SPONSORING

I. ALLGEMEINES

In dem BMF-Schreiben v. 18.2.1998, BStBl I 1998 S. 212, wurde die bisherige 1
Regelung des Sponsoring (BMF-Schreiben v. 9.7.1997, BStBl I 1997 S. 726; stv-
Veranlagungs-HA 2000 H 27/13 zu § 8 KStG) im Einvernehmen mit den obersten Finanzbehörden der Länder neu geregelt.

Die Regelung erfolgte – unabhängig von dem gesponserten Bereich (z.B. Sport-, 2
Kultur-, Sozio-, Öko- und Wissenschaftssponsoring) – nach folgenden Grundsätzen:

BEGRIFF DER SPONSORINGBESTIMMUNG

Unter Sponsoring wird üblicherweise die Gewährung von Geld oder geldwerten 3
Vorteilen durch Unternehmen zur Förderung von Personen, Gruppen und/oder Organisationen in sportlichen, kulturellen, kirchlichen, wissenschaftlichen, sozialen, ökologischen oder ähnlich bedeutsamen gesellschaftspolitischen Bereichen verstanden, mit der regelmäßig auch eigene unternehmensbezogene Ziele der Werbung oder Öffentlichkeitsarbeit verfolgt werden.

Das Sponsorentum beruht häufig auf dem Prinzip von vereinbarter Leistung 4
und Gegenleistung. I.d.R. handelt es sich um Werbeverträge. Die Gegenleistung besteht in der Überlassung von Rechten in der kommunikativen Nutzung von Person(en) bzw. Institutionen und/oder deren einzelne Aktivitäten. Für den Sponsor steht der Werbeeffekt an erster, die Förderung von Kultur, Sport und Wissenschaft nur an zweiter Stelle (Sächsisches StM der Finanzen v. 5.4.1995 – 34 – S – 3806 – 6/19 – 2015 –).

Für die Abgrenzung, ob das Sponsoring dem steuerfreien oder dem steuer- 5
pflichtigen Bereich des gemeinnützigen Vereins zuzurechnen ist, gelten die allgemeinen Grundsätze (vgl. insb. AEAO zu § 67a Tz. I/9).

1. Danach liegt ein wirtschaftlicher Geschäftsbetrieb vor, wenn die steuerbegünstigte Körperschaft nur die Nutzung ihres Namens zu Werbezwecken überlässt, also nur duldet, dass der Sponsor selbst zu Werbezwecken oder Imagepflege auf seine Leistungen an die Körperschaft hinweist. Die entgeltliche Übertragung des Rechts zur Nutzung von Werbeflächen in vereinseigenen oder gemieteten Räumen/Sportstätten (z.B. an der Bande) sowie von Lautsprecheranlagen an Werbeunternehmer ist als steuerfreie Vermögensverwaltung (§ 14 Satz 3 AO) zu beurteilen. Voraussetzung ist jedoch, dass dem Pächter (Werbeunternehmer) ein angemessener Gewinn verbleibt. Es ist ohne Bedeutung, ob die Veranstaltungen, bei denen der Werbeunternehmer das erworbene Recht nutzt, Zweckbetrieb oder wirtschaftlicher Geschäftsbetrieb sind.

2. Die entgeltliche Übertragung des Rechts zur Nutzung von Werbeflächen auf 6
der Sportkleidung ist stets als steuerpflichtiger wirtschaftlicher Geschäftsbetrieb zu behandeln.

3. Ein wirtschaftlicher Geschäftsbetrieb liegt auch stets vor, wenn die gemein- 7
nützige Körperschaft an den Werbemaßnahmen des Sponsors mitwirkt.

G. Sponsoring

II. ZUORDNUNG VON SPONSORING – AUFWENDUNGEN BEI SPENDERN

8 Die Regelung im BMF-Schreiben v. 18.2.1998, BStBl I 1998 S. 212, entspricht einer Verfügung der OFD Düsseldorf, die bereits am 7.6.1995 erlassen wurde:

Danach können die im Zusammenhang mit dem Sponsoring gemachten Aufwendungen

- Betriebsausgaben i.S. des § 4 Abs. 4 EStG
- Spenden, die unter den Voraussetzungen der § 10b EStG, § 9 Abs. 1 Nr. 2 KStG, § 9 Nr. 5 GewStG abgezogen werden dürfen
- steuerlich nicht abziehbare Kosten der Lebensführung i.S. des § 12 Nr. 1 EStG oder
- bei Kapitalgesellschaften verdeckte Gewinnausschüttungen (§ 8 Abs. 3 Satz 2 KStG)

sein.

1. BERÜCKSICHTIGUNG ALS BETRIEBSAUSGABEN

a) ERLANGUNG VON WIRTSCHAFTLICHEN VORTEILEN

9 Aufwendungen des Sponsors sind Betriebsausgaben, wenn der Sponsor wirtschaftliche Vorteile, die insbesondere in der Sicherung oder Erhöhung seines unternehmerischen Ansehens liegen können (BFH v. 3.2.1993, BStBl II 1993 S. 441, 445), für sein Unternehmen erstrebt oder für Produkte seines Unternehmens werben will. Das ist insbesondere der Fall, wenn der Empfänger der Leistungen auf Plakaten, Veranstaltungshinweisen, in Ausstellungskatalogen, auf den von ihm benutzten Fahrzeugen oder anderen Gegenständen auf das Unternehmen oder auf die Produkte des Sponsors werbewirksam hinweist. Die Berichterstattung z.B. in Zeitungen, Rundfunk oder Fernsehen kann einen wirtschaftlichen Vorteil, den der Sponsor für sich anstrebt, begründen, insbesondere wenn sie in seine Öffentlichkeitsarbeit eingebunden ist oder der Sponsor an Pressekonferenzen oder anderen öffentlichen Veranstaltungen des Empfängers mitwirken und eigene Erklärungen über sein Unternehmen oder seine Produkte abgeben kann.

10 Wirtschaftliche Vorteile für das Unternehmen des Sponsors können auch dadurch erreicht werden, dass der Empfänger die Verwendung seines Namensrechts durch den Sponsor duldet oder der Sponsor durch Verwendung von Emblemen oder Logos des Empfängers oder in anderer Weise öffentlichkeitswirksam auf seine Leistungen aufmerksam macht; der bloße Hinweis auf seine Zuwendungen begründet allerdings keine betriebliche Veranlassung.

b) KEINE GLEICHWERTIGKEIT DER GEGENSEITIGEN LEISTUNGEN ERFORDERLICH

11 Für die Berücksichtigung der Aufwendungen als Betriebsausgaben kommt es nicht darauf an, ob die Leistung notwendig, üblich oder zweckmäßig ist; die Aufwendungen dürfen auch dann als Betriebsausgaben abgezogen werden, wenn die Geld- oder Sachleistungen des Sponsors und die erstrebten Werbeziele für das Unternehmen nicht gleichwertig sind. Bei einem krassen Missverhältnis zwischen den Leistungen des Sponsors und dem erstrebten wirtschaftlichen Vorteil ist der Betriebsausgabenabzug allerdings zu versagen (§ 4 Abs. 5 Satz 1 Nr. 7 EStG).

c) KEINE GESCHENKE I.S. DES § 4 ABS. 5 SATZ 1 NR. 1 EStG

Leistungen des Sponsors im Rahmen des Sponsoring-Vertrags, welche die vorstehenden Voraussetzungen für den Betriebsausgabenabzug erfüllen, sind keine Geschenke.

12

2. BERÜCKSICHTIGUNG ALS SPENDE

Zuwendungen des Sponsors, die keine Betriebsausgaben sind, sind als Spenden (§ 10b EStG) zu behandeln, wenn sie zur Förderung steuerbegünstigter Zwecke freiwillig und auf Grund einer freiwillig eingegangenen Rechtspflicht erbracht werden, kein Entgelt für eine bestimmte Leistung des Empfängers sind und nicht in einem tatsächlichen wirtschaftlichen Zusammenhang mit dessen Leistungen stehen (BFH v. 15.11.1987, BStBl II 1988 S. 220; BFH v. 12.9.1990, BStBl II 1991 S. 258).

13

3. NICHTABZUGSFÄHIGE KOSTEN DER PRIVATEN LEBENSFÜHRUNG ODER VERDECKTE GEWINNAUSSCHÜTTUNGEN

Als Sponsorenaufwendungen bezeichnete Aufwendungen, die keine Betriebsausgaben und keine Spenden sind, sind nicht abzugsfähige Kosten der privaten Lebensführung (§ 12 Nr. 1 Satz 2 EStG). Bei entsprechenden Zuwendungen einer Kapitalgesellschaft können verdeckte Gewinnausschüttungen vorliegen, wenn der Gesellschafter durch die Zuwendung begünstigt wird, z.B. eigene Aufwendungen als Mäzen erspart (Abschn. 31 Abs. 2 Satz 4 KStR 1995).

14

4. STEUERLICHE BEHANDLUNG BEIM EMPFÄNGER

Die durch das Sponsoring erhaltenen Leistungen können, wenn der Empfänger eine steuerbegünstigte Körperschaft ist,

15

– steuerfreie Einnahmen im ideellen Bereich,
– steuerfreie Einnahmen in der Vermögensverwaltung oder
– steuerpflichtige Einnahmen im wirtschaftlichen Geschäftsbetrieb sein.

Die steuerliche Behandlung der Leistungen beim Empfänger ist grundsätzlich nicht davon abhängig, wie die entsprechenden Aufwendungen beim leistenden Unternehmen behandelt werden.

Für die Abgrenzung gelten die allgemeinen Grundsätze (vgl. insbesondere Anwendungserlass zur Abgabenordnung, zu § 67a, Tz. 1/9). Danach liegt kein wirtschaftlicher Geschäftsbetrieb vor, wenn die steuerbegünstigte Körperschaft dem Sponsor nur die Nutzung ihres Namens zu Werbezwecken in der Weise gestattet, dass der Sponsor selbst zu Werbezwecken oder zur Imagepflege auf seine Leistungen an die Körperschaft hinweist. **Ein wirtschaftlicher Geschäftsbetrieb liegt auch dann nicht vor, wenn der Empfänger der Leistungen z.B. auf Plakaten, Veranstaltungshinweisen, in Ausstellungskatalogen oder in anderer Weise auf die Unterstützung durch einen Sponsor lediglich hinweist. Dieser Hinweis kann unter Verwendung des Namens, Emblems oder Logos des Sponsors, jedoch ohne besondere Hervorhebungen erfolgen.** Ein wirtschaftlicher Geschäftsbetrieb liegt dagegen vor, wenn die Körperschaft an den Werbemaßnahmen mitwirkt. Der wirtschaftliche Geschäftsbetrieb kann kein Zweckbetrieb (§§ 65 bis 68 AO) sein.

G. Sponsoring

5. SOZIO-SPONSORING

16 Unter Sozio-Sponsoring versteht man die vertraglich vereinbarte und konkret definierte Unterstützung von sozialen Projekten gemeinnütziger Stiftungen und Vereine wie z.B. im Bereich der Behinderten-, Alten- und Krankenpflege, Unterstützung von Aids-Hilfen und Rehabilitierungsmaßnahmen durch Unternehmen, die imagefördernde Vorteile bei der Produktvermarktung gegenüber der Konkurrenz erlangen wollen.

Zur steuerlichen Behandlung ergibt sich Folgendes (Breuninger/Prinz, DStR 1994 S. 1401):
- Sozio-Sponsoringzahlungen sind keine Spenden
- Sozio-Sponsoringzahlungen stehen im wirtschaftlichen Zusammenhang mit dem Betrieb und sind daher Betriebsausgaben i.S. des § 4 Abs. 4 EStG
- Sozio-Sponsoringzahlungen sind dem ideellen Bereich des Vereins oder einem steuerfreien Zweckbetrieb zuzuordnen
- Sozio-Sponsoringzahlungen sind nicht schenkungsteuerpflichtig
- Sozio-Sponsoringzahlungen fallen nicht unter das Abzugsverbot des § 4 Abs. 5 Nr. 1 EStG.

III. MÄZENATENTUM

17 Ein Mäzen erwartet nicht unmittelbar einen Nutzen durch seine Zuwendung. Er hat vielmehr ein persönliches Interesse, bestimmte Personen, Institutionen oder Zwecke zu fördern.

IV. AUSSTELLUNG VON ZUWENDUNGSBESTÄTIGUNGEN

18 Im Hinblick auf eine grundlegende Vereinfachung und Verbesserung der Regelungen zum Spendenrecht hat der Gesetzgeber durch eine Änderung der §§ 48 bis 50 EStDV geschaffen, wonach die nach § 5 Abs. 1 Nr. 9 KStG von der Körperschaftsteuer befreiten Institutionen (Zuwendungsempfänger gem. § 49 Abs. 2 EStDV) nunmehr ab 1.1.2000 selbst Zuwendungsbestätigungen (bisher: Spendenbescheinigungen) ausstellen dürfen (Verordnung zur Änderung der EStDV v. 10.12.1999, BStBl I 1999 S. 1132). Das bisher bestandene „Durchlaufspenden-Verfahren" ist nicht mehr zwingend vorgeschrieben. Zuwendungen können nach wie vor auch über eine inländische juristische Person des öffentlichen Rechts („Durchlaufstelle") erfolgen.

19 Steuerlich begünstigt sind Zuwendungen zur Förderung mildtätiger, kirchlicher, religiöser, wissenschaftlicher und der als besonders förderungswürdig anerkannten gemeinnützigen Zwecke i.S. des § 10b EStG (§ 48 EStDV).

20 Zuwendungen i.S. des Einkommensteuerrechts (§ 48 Abs. 3 EStDV) sind sowohl Spenden als auch Mitgliedsbeiträge.

21 In einer Anlage 1 zu § 48 Abs. 2 EStDV sind in zwei Abschnitten – A und B – die Institutionen aufgeführt, welche die Zwecke enthalten, die allgemein als besonders förderungswürdig i.S. des § 10b EStG anerkannt sind.

H. LOHNSTEUER

I. RECHTSGRUNDLAGEN

- Einkommensteuergesetz 1997 (EStG 1997) i.d.F. v. 16.4.1997 (BGBl. I 1997 S. 821, BStBl I 1997 S. 415), zuletzt geändert durch Art. 1 des Gesetzes zur Regelung der Bemessungsgrundlage für Zuschlagsteuern v. 21.12.2000 (BGBl. I 2000 S. 1978, BStBl I 2001 S. 38)
- Einkommensteuer-Durchführungsverordnung 2000) (EStDV 2000) i.d.F. v. 10.5.2000 (BGBl. I 2000 S. 717, BStBl I 2000 S. 595), zuletzt geändert durch Art. 2 des Steuer-Euroglättungsgesetzes – StEuglG v. 19.12.2000 (BGBl. I 2000 S. 1790, BStBl I 2001 S. 3)
- Einkommensteuer-Richtlinien 1999 (EStR 1999) i.d.F. v. 14.12.1999, BStBl I Sondernummer 3/1999
- Lohnsteuer-Durchführungsverordnung 1990 (LStDV 1990) i.d.F. v. 10.10.1989 (BGBl. I 1989 S. 1848, BStBl I 1989 S. 405), zuletzt geändert durch Art. 3 des Steuer-Euroglättungsgesetzes – StEuglG v. 19.12.2000 (BGBl. I 2000 S. 1790, BStBl I 2001 S. 3)
- Lohnsteuer-Richtlinien 2000 (LStR 2000) i.d.F. v. 29.10.1999 (BStBl I Sondernummer 1/1999), zuletzt geändert durch die Allgemeine Verwaltungsvorschrift zur Änderung der Allgemeinen Verwaltungsvorschrift zum Steuerabzug vom Arbeitslohn 2000 (Lohnsteuer-Änderungsrichtlinien 2001 – LStÄR 2001) v. 18.10.2000 (BStBl I 2000 S. 1422)

1

II. BEGRIFFSBESTIMMUNG

Die Lohnsteuer ist eine Erhebungsform der Einkommensteuer und wird als Steuerabzug vom Arbeitslohn eines Arbeitnehmers erhoben (§§ 38 ff. EStG).

2

Arbeitnehmer ist, wer in den Betrieb eines Unternehmens (Verein) fest eingegliedert und somit den geschäftlichen Weisungen über Art, Ort und Zeit der Beschäftigung unterworfen ist.

3

Ein Sportverein kann auch Arbeitgeber der von ihm eingesetzten Amateursportler sein (Abschn. 66 LStR).

4

Wenn ein Arbeitsverhältnis vorliegt, ist der Verein verpflichtet, die von diesem Arbeitnehmer auf seinen Arbeitslohn geschuldete Lohnsteuer einzubehalten und an das Finanzamt abzuführen, dazu ab 1.1.1995 den Solidaritätszuschlag. Die Lohnsteuer ist für den Arbeitgeber ein Teil des dem Arbeitnehmer geschuldeten Arbeitslohns.

5

III. STEUERPFLICHT VON ARBEITNEHMERN

Für die lohnsteuerliche Behandlung von Arbeitnehmern eines gemeinnützigen Vereins ergeben sich grundsätzlich keine Besonderheiten gegenüber anderen Arbeitnehmern. Es gelten die gleichen gesetzlichen Vorschriften.

6

Der Arbeitnehmer hat seine Lohnsteuerkarte dem Verein als Arbeitgeber vorzulegen. Der Steuerabzug hat entsprechend den Besteuerungsmerkmalen, die auf der Lohnsteuerkarte vermerkt sind, zu erfolgen.

7

Steuerschuldner ist der Arbeitnehmer. Der Arbeitgeber ist verpflichtet, die Lohnsteuer einzubehalten (Abschn. 105 LStR 2000).

IV. ARBEITNEHMERTÄTIGKEIT BEI EHRENAMTLICHEN TÄTIGKEITEN VON VEREINSMITGLIEDERN

1. ABGRENZUNGSPROBLEME

8 In der Praxis gibt es oftmals Abgrenzungsschwierigkeiten, ob ein ehrenamtlicher Helfer – meist Mitglied des Vereins – als Arbeitnehmer (nichtselbständige Tätigkeit) zu behandeln ist oder aber eine selbständige Tätigkeit ausübt.

2. ÜBLICHE ARBEITNEHMERTÄTIGKEITEN BEI EINEM VEREIN

9 Als Arbeitnehmer gelten i.d.R.
- alle fest angestellten Personen
- Platzwarte, Kassierer von Beiträgen und Eintrittsgeldern
- entgeltlich tätige Sportler, sofern diese nicht im Rahmen einer Veranstaltung einmalig und gegen erfolgsabhängige Vergütung auftreten
- Ordner und andere Personen, die regelmäßig wiederkehrend arbeitnehmerähnliche Dienste leisten
- nebenberufliche Übungsleiter, Ausbilder, Erzieher, die durchschnittlich mehr als sechs Stunden wöchentlich für einen Verein arbeiten
- andere kurzfristig und/oder aushilfsweise beschäftigte Personen, die insbesondere bei Vereinsfesten als Bedienung tätig werden
- die von dem veranstaltenden Verein gegen eine feste Vergütung engagierten Boxer, Ringer, Rennfahrer, Leichtathleten u.a. Sportler, wenn sie nicht selbständig sind.

3. ARBEITNEHMEREIGENSCHAFT VON MANNSCHAFTSSPORTLERN

10 Einnahmen eines Sportlers aus der Werbetätigkeit sind als Arbeitslohn anzusehen, wenn die Werbemaßnahmen durch die nicht selbständige Sporttätigkeit veranlasst werden, also Ausfluss des Dienstverhältnisses sind. Dies ist stets dann der Fall, wenn der einzelne Sportler gegenüber einer Vermarktungsgesellschaft zur Teilnahme an verschiedenen Werbemaßnahmen verpflichtet ist; in solchen Fällen ist der Sportler organisatorisch in die Vermarktungsgesellschaft eingegliedert. Der Sportler schuldet auch insoweit als in einem Dienstverhältnis weisungsgebundene und organisatorisch eingegliederte Person seine Arbeitskraft, ist dabei vom Vermögensrisiko der Erwerbstätigkeit freigestellt und ist deshalb als Arbeitnehmer anzusehen. Dies gilt auch dann, wenn einem herausragenden Sportler aus den Verträgen mit der Vermarktungsgesellschaft und dem Arbeitgeber höhere Einnahmen zufließen als anderen Sportlern.

11 Die Sportler erzielen mit ihren Werbeeinnahmen auch bei einer Ausgliederung der Werbetätigkeit auf eine rechtlich selbständige Vermarktungsgesellschaft Einkünfte aus nichtselbständiger Arbeit, die dem Lohnsteuerabzug zu unterwerfen sind. Arbeitgeber ist der Verein oder die Spielbetriebs-GmbH; bei den Zahlungen der Vermarktungsgesellschaft handelt es sich um Lohnzahlungen durch einen Dritten, die grundsätzlich vom Arbeitgeber dem Lohnsteuerabzug zu unterwerfen sind (Abschn. 106 LStR).

12 Demgegenüber führen Einnahmen aus der Werbetätigkeit eines Sportlers regelmäßig zu Einnahmen aus Gewerbebetrieb, wenn der Sportler die Werbetätigkeit selbständig und nachhaltig mit Gewinnabsicht ausübt und sich die Werbetätigkeit als Beteiligung am wirtschaftlichen Verkehr darstellt (BFH v.

19.11.1985, BStBl II 1986 S. 424). Dies ist bei Spitzensportlern anzunehmen, die ohne Eingliederung in eine Vermarktungsgesellschaft oder eine andere Werbeorganisation nach freier Entscheidung bestimmte Werbeleistungen erbringen; insofern handeln die Sportler selbständig. Unter den vorstehenden Voraussetzungen können grundsätzlich auch herausragende Sportler, die Mannschaftssport betreiben, mit Werbeleistungen, die außerhalb der nichtselbständigen Tätigkeit für den Verein vermarktet werden, Einkünfte aus Gewerbebetrieb erzielen. Dabei kann die für eine selbständige Tätigkeit erforderliche Entscheidungsfreiheit jedoch nur dann angenommen werden, wenn dem Mannschaftsspieler ein eigener persönlicher Werbewert zukommt.

4. AUSNAHMEN VON LOHNSTEUERPFLICHTIGEN ARBEITNEHMERTÄTIGKEITEN

Nicht zu den Arbeitnehmern gehören die Vereinsmitglieder, die auf Grund der Satzung oder der Beschlüsse der Mitgliederversammlung für kurze Zeit im Verein aushelfen und eine derart bescheidene Vergütung erhalten, dass die entstehenden Auslagen und ein Verpflegungsmehraufwand nicht überschritten werden. **13**

Eine selbständige Tätigkeit – somit keine Arbeitnehmertätigkeit – liegt u.a. vor bei: **14**

– Berufstrainern von Sportvereinen, die für mehrere Vereine tätig sind und sich ihre Tätigkeit in der Art eines Freiberuflers einrichten können,
– Chorleiter eines Gesangvereins oder Dirigenten einer Musikkapelle – bei gleichen Voraussetzungen wie zuvor,
– nebenberufliche Übungsleiter, Ausbilder, Erzieher, die durchschnittlich nicht mehr als sechs Stunden wöchentlich für einen Verein arbeiten, nicht organisatorisch in einen Betrieb eingebunden sind und nicht im Rahmen eines Arbeitsvertrages tätig werden.

V. STEUERLICHE BEHANDLUNG DER VERGÜTUNGEN BEI KURZFRISTIG ODER GERINGFÜGIG BESCHÄFTIGTEN VEREINSMITGLIEDERN

Gemeinnützige Vereine sind i.d.R. darauf angewiesen, zur Bewältigung ihrer satzungsmäßigen Aufgaben kurzfristig oder in geringem Umfang und gegen geringen Arbeitslohn Vereinsmitglieder oder Dritte als Arbeitnehmer zu beschäftigen. **15**

Im Hinblick auf die Finanzierung der Sozialversicherung wurde mit Wirkung vom 1.4.1999 das Gesetz zur Neuregelung der geringfügigen Beschäftigungsverhältnisse vom 24.3.1999 (BGBl. I 1999 S. 388) erlassen. Dieses Gesetz hat auch Auswirkungen auf die steuerliche Beurteilung.

1. KURZFRISTIG BESCHÄFTIGTE ARBEITNEHMER (AUSHILFSKRÄFTE)

Eine kurzfristige Beschäftigung gem. § 40a Abs. 1 Satz 2 EStG liegt vor, wenn der Arbeitnehmer bei dem Arbeitgeber gelegentlich, nicht regelmäßig wiederkehrend beschäftigt wird, die Dauer der Beschäftigung 18 zusammenhängende Arbeitstage nicht übersteigt und **16**

– der Arbeitslohn während der Beschäftigungsdauer 120 DM (62 €) durchschnittlich je Arbeitstag nicht übersteigt oder

– die Beschäftigung zu einem unvorhergesehenen Zeitpunkt sofort erforderlich wird.

17 Bei einer kurzfristigen Beschäftigung kann die Lohnsteuer mit einem Pauschsteuersatz von 25 v. H., die vom Arbeitgeber zu tragen ist, an das Finanzamt abgeführt werden.

18 Bei einem sofortigen Einsatz von kurzfristig beschäftigten Arbeitnehmern (z.B. für die Räumung der Straße von Schnee und Eis) ist ebenfalls ein Pauschsteuersatz von 25 v. H. anzuwenden, doch kommt es hier auf die Höhe des Arbeitslohns nicht an.

2. TEILZEITBESCHÄFTIGTE

19 Eine Beschäftigung in geringem Umfang und gegen geringen Arbeitslohn liegt vor, wenn der Betrag bei monatlicher Lohnzahlung 630 DM (325 €) oder bei kürzeren Lohnzahlungszeiträumen wöchentlich 147 DM nicht übersteigt und die Tätigkeit voraussichtlich nicht mehr als 20 Stunden beträgt.

In diesem Fall ist für die Berechnung der Lohnsteuer ein Pauschsteuersatz von 20 v. H. anzuwenden.

3. AUSNAHME VON DER PAUSCHALIERUNG DER LOHNSTEUER

20 Eine Pauschalierung ist sowohl bei einer kurzfristigen Beschäftigung als auch bei einer geringfügigen Beschäftigung nicht zulässig, wenn ab 1.4.1999 der Arbeitslohn während der Beschäftigungsdauer durchschnittlich je Stundenlohn 22 DM übersteigt.

4. KEINE ANRECHNUNG DES ARBEITSLOHNS BEI EINER VERANLAGUNG DES ARBEITNEHMERS

21 Im Falle der Pauschalierung der Lohnsteuer bleiben bei einer Veranlagung des Arbeitnehmers die an ihn gezahlten Löhne außer Betracht.

5. FREISTELLUNG VON DER BESTEUERUNG

22 Seit dem 1.4.1999 besteht auch die Möglichkeit der Freistellung von der Besteuerung. Voraussetzung hierfür ist,
– dass bei einem versicherungsfreien 630 DM-Beschäftigungsverhältnis der Arbeitgeber pauschalierte Rentenversicherungsbeiträge von 12 v. H. und zur Krankenversicherung von 10 v. H. entrichtet und
– der Beschäftigte keine anderen in der Summe positiven Einkünfte hat.

23 Für eine steuerfreie Auszahlung des Arbeitslohns ist auch erforderlich, dass der Arbeitnehmer beim Wohnsitzfinanzamt eine Freistellungsbescheinigung beantragt und diese dem Arbeitgeber vorlegt. Die Vorlage einer Lohnsteuerkarte ist nicht erforderlich.

6. WEITERE PAUSCHSTEUERSÄTZE BEI BEZÜGEN AN ARBEITNEHMER

24 Der Arbeitgeber (Verein) kann für die nachgenannten Bezüge ohne besonderen Antrag an das Finanzamt das Lohnsteuerpauschalierungsverfahren anwenden:

Ein Pauschsteuersatz von 25 v. H. gilt 25
- für den durch Abgabe unentgeltlicher oder verbilligter Mahlzeiten entstehenden geldwerten Vorteil
- für steuerpflichtige Zuwendungen bei Betriebsveranstaltungen
- für steuerpflichtige Reisekostenvergütungen für Verpflegungsmehraufwand
- für Erholungsbeihilfen, wenn diese zusammen mit im gleichen Kalenderjahr bereits gewährten Erholungsbeihilfen 300 DM für den Arbeitnehmer, 200 DM für den Ehegatten und 100 DM für jedes Kind, das auf der Lohnsteuerkarte eingetragen ist, nicht übersteigen und der Arbeitgeber sicherstellt, dass die Beihilfen zu Erholungszwecken dienen.

Ein Pauschsteuersatz von 15 v. H. gilt 26
- für Sachbezüge in der Form einer unentgeltlichen oder verbilligten PKW-Gestellung für Fahrten zwischen Wohnung und Arbeitsstätte und
- für einen Ersatz der Aufwendungen des Arbeitnehmers für Fahrten zwischen Wohnung und Arbeitsstätte mit einem privaten Kraftfahrzeug.

Erfolgen die obigen Besteuerungen nach den vorgenannten Pauschsteuersätzen 27
(§ 40 Abs. 2 EStG), so gehört dieser Arbeitslohn nach der ausdrücklichen Sonderregelung in § 2 Abs. 1 Nr. 2 der Arbeitsentgeltverordnung nicht zum sozialversicherungspflichtigen Arbeitslohn.

7. PAUSCHALIERUNG DER KIRCHENSTEUER

Wenn eine Pauschalierung der Lohnsteuer erfolgt, ist der Verein auch verpflich- 28
tet, eine pauschale Kirchensteuer abzuführen. Bemessungsgrundlage ist die pauschale Lohnsteuer. Da das Kirchensteuerrecht in den einzelnen Ländern nicht einheitlich geregelt ist, ist die Höhe der Kirchensteuer verschieden; die Kirchensteuersätze betragen 8 bzw. 9 v. H. und werden ebenfalls nach verschiedenen Prozentsätzen auf die rk. und die ev. Kirche aufgeteilt.

Der Arbeitgeber (Verein) haftet für die zutreffende Einbehaltung und Abfüh- 29
rung der Kirchensteuer.

8. SOLIDARITÄTSZUSCHLAG

Mit der Pauschalierung der Lohnsteuer ist auch die Erhebung des Solidaritäts- 30
zuschlags verbunden.

Der Solidaritätszuschlag beträgt seit 1.1.1998 5,5 v. H. der Lohnsteuer und ist an das Finanzamt abzuführen.

VI. VERGÜTUNGEN FÜR SELBSTÄNDIG TÄTIGE VEREINSMITGLIEDER

Vereinsmitglieder, die hauptberuflich eine selbständige oder gewerbliche Tätig- 31
keit ausüben, können im Rahmen eines Leistungsaustauschs für den Verein tätig werden, ohne dass dadurch die Gemeinnützigkeit gefährdet ist. Bei einem solchen Leistungsaustausch sind sie keine Arbeitnehmer des Vereins. Die Vergütungen unterliegen daher auch nicht der Lohnbesteuerung.

VII. VERGÜTUNGEN AN VORSTANDSMITGLIEDER UND SONSTIGE EHRENAMTLICH TÄTIGE VEREINSMITGLIEDER

32 Ehrenamtliche Vorstandsmitglieder und unentgeltlich für den Verein arbeitende Mitglieder sind ebenfalls keine Arbeitnehmer des Vereins, auch wenn ihnen die tatsächlich entstandenen Kosten wie Telefongebühren, Reisekosten usw. ersetzt werden.

33 Vergütungen für Tätigkeiten oder Zeitverlust, die über einen Kostenersatz hinausgehen, sind von diesen Mitgliedern als sonstige Einkünfte i.S. des § 22 Nr. 1a EStG oder ggf. als regulärer Arbeitslohn zu versteuern.

34 Die sonstigen Einkünfte nach § 22 Nr. 1a EStG sind jedoch nicht steuerpflichtig, wenn sie weniger als 500 DM im Kalenderjahr betragen haben (§ 22 Abs. 3 EStG).

35 Wenn bei den Tätigkeiten der ehrenamtlichen Mitglieder die Ausgaben die Einnahmen überstiegen haben, kann eine Verrechnung mit anderen positiven Einkünften nicht erfolgen; die Verluste mindern jedoch nach Maßgabe des § 10d EStG die Einkünfte, die der Steuerpflichtige in dem unmittelbar vorangegangenen Veranlagungszeitraum oder in den folgenden Veranlagungszeiträumen aus Leistungen der gleichen Art erzielt hat oder erzielt.

VIII. ÜBUNGSLEITERPAUSCHALE

1. STEUERLICHE VERGÜNSTIGUNG

36 Personen, die Einnahmen (Aufwandsentschädigungen) für nebenberufliche Tätigkeiten als Übungsleiter, Ausbilder, Erzieher, Betreuer oder vergleichbare nebenberufliche Tätigkeiten erzielen, steht gem. § 3 Nr. 26 EStG ab dem Jahr 2000 ein Steuerfreibetrag bis zur Höhe von insgesamt 3 600 DM zu (Art. 1 Nr. 2 StBereinG 1999 v. 22.12.1999, BStBl I 2000 S. 13).

37 Die gleiche Steuervergünstigung erhalten auch Personen, die nebenberuflich künstlerische Tätigkeiten ausüben.

38 Begünstigt werden in gleicher Weise auch die Personen, die nebenberuflich die Pflege alter, kranker oder behinderter Menschen im Dienst oder im Auftrag einer inländischen juristischen Person des öffentlichen Rechts oder einer unter § 5 Abs. 1 Nr. 9 KStG fallenden Einrichtung zur Förderung gemeinnütziger, mildtätiger und kirchlicher Zwecke übernehmen.

39 Unter die Begünstigung fallen somit nicht nur die Tätigkeiten in Krankenhäusern, Alten- und Pflegeheimen, sondern auch Einnahmen aus einer Hauspflegetätigkeit.

40 Zu den begünstigten Tätigkeiten gehören z.B. die eines Sporttrainers, eines Chor- oder Orchesterdirigenten, die Lehr- und Vortragstätigkeit im Rahmen der allgemeinen Bildung, Ausbildung, Mütterberatung, Erste-Hilfe-Kurse usw.

41 Eine nebenberufliche Tätigkeit i.S des § 3 Nr. 26 EStG liegt nur vor, wenn diese Tätigkeit sich auf höchstens ein Drittel der Normalarbeitszeit beschränkt (Abschn. 17 Abs. 2 LStR).

2. ABZUG VON WERBUNGSKOSTEN

42 Die Betriebsausgaben/Werbungskosten, die bei der nebenberuflichen Tätigkeit anfallen, sind mit der steuerfreien Aufwandsentschädigung grundsätzlich abgegolten.

IX. Steuerliche Behandlung der Vergütung für ausländische Sportler und Künstler

Übersteigen die Einnahmen für die vorgenannten Tätigkeiten den steuerfreien Betrag, dürfen ab dem Veranlagungszeitraum 2000 die mit den nebenberuflichen Tätigkeiten in unmittelbarem wirtschaftlichen Zusammenhang stehenden Ausgaben abweichend von § 3c EStG nur insoweit als Betriebsausgaben oder Werbungskosten abgezogen werden, als sie den Betrag der steuerfreien Einnahmen übersteigen (§ 3 Nr. 26 EStG).

> **PRAXISHINWEIS:**
> Im Rahmen von Lohnsteueraußenprüfungen werden i.d.R. Kontrollmitteilungen gefertigt, wenn die Vergütung an einen Übungsleiter mehr als 3 600 DM beträgt.

IX. STEUERLICHE BEHANDLUNG DER VERGÜTUNG FÜR AUSLÄNDISCHE SPORTLER UND KÜNSTLER

1. GESETZLICHE GRUNDLAGE

Nach § 50a Abs. 4 EStG ist ein Verein verpflichtet, bei einem beschränkt Steuerpflichtigen, der nicht als Arbeitnehmer der Lohnsteuer unterliegt, die Einkommensteuer im Wege des Steuerabzugs zu erheben und an das Finanzamt abzuführen.

Hierunter fallen insbesondere auch Künstler und Berufssportler, die für den Verein tätig sind und Einkünfte aus der Ausübung oder Verwertung ihrer Tätigkeit erzielen.

Zur Abzugsteuer bei künstlerischen, sportlichen, artistischen oder ähnlichen Darbietungen gem. § 50a Abs. 4 EStG wurde das BMF-Schreiben vom 23.1.1996, BStBl I 1996 S. 89 ff. (→ Anhang 2), veröffentlicht.

2. VORAUSSETZUNG FÜR DEN ABZUG STEUERPFLICHTIGER EINKÜNFTE

Die Steuerpflicht für die Abzugssteuer im Rahmen der beschränkten Steuerpflicht nach § 49 EStG ist gegeben, wenn natürliche Personen im Inland weder einen Wohnsitz noch einen gewöhnlichen Aufenthalt oder Körperschaften im Inland weder ihre Geschäftsleitung noch ihren Sitz haben (§ 50a Abs. 4 Satz 1 i.V.m. § 49 Abs. 1 EStG).

Bei einem beschränkt steuerpflichtigen Künstler oder Sportler ist der Steuerabzug nach § 50a EStG auch dann vorzunehmen, wenn er einen Antrag zur unbeschränkten Steuerpflicht nach § 1 Abs. 3 EStG stellt.

Der Besteuerung unterliegen die Darbietungen im Inland. Hierunter fallen u.a. Turniere, Wettkämpfe, Konzerte, Theateraufführungen und vieles mehr. Einzelheiten siehe BMF-Schreiben v. 23.1.1996, BStBl I 1996 S. 89.

Das Gleiche gilt auch für die Verwertung der Darbietungen im Inland einschl. der Nebenleistungen.

Im Rahmen der Besteuerung ist auch stets zu prüfen, ob die Tätigkeit des Sportlers oder Künstlers selbständig oder nichtselbständig ausgeübt wird.

3. STEUERABZUG

51 Der Steuerabzug beträgt 25 v. H. der vollen Einnahmen. Ein Abzug von Betriebsausgaben, Werbungskosten, Sonderausgaben und Steuern ist nicht zulässig (§ 50a Abs. 4 Sätze 3 und 4 EStG).

4. ZUSTÄNDIGKEIT, VERFAHREN

52 Der Veranstalter (Verein) ist als Vergütungsschuldner verpflichtet, die einbehaltene Steuer beim zuständigen Finanzamt anzumelden und abzuführen (§ 73e EStDV).

53 Die Anmeldung für die innerhalb eines Kalendervierteljahres angefallene Steuer hat bis zum 10. des dem Kalendervierteljahr folgenden Monats zu erfolgen. Die Steueranmeldung hat die Wirkung einer Steuerfestsetzung (§ 168 AO).

5. DOPPELBESTEUERUNGSABKOMMEN

54 Besondere Entlastungen ergeben sich u.U. auf Grund von Doppelbesteuerungsabkommen – siehe Ziff. 5 des vorgenannten BMF-Schreibens.

6. AUSLÄNDISCHE KULTURVEREINE

55 Bei ausländischen Kulturvereinen kann aus Billigkeitsgründen eine Befreiung vom Steuerabzug nach § 50a EStG erfolgen. Die Bescheinigung über die Freistellung vom Steuerabzug wird von dem Finanzamt ausgestellt, das für den ersten Vergütungsschuldner (erster Veranstalter) gem. § 50a Abs. 5 EStG, § 73e EStDV zuständig ist; soweit die Freistellung auf Grund von Vorschriften eines Abkommens zur Vermeidung der Doppelbesteuerung vorzunehmen ist, wird die Bescheinigung vom Bundesamt für Finanzen ausgestellt (BMF-Schreiben v. 30.5.1995, BStBl I 1995 S. 336).

Hinweis: Das umfangreiche BMF-Schreiben ist in der Anlage abgedruckt.

I. KAPITALERTRAG- UND ZINSABSCHLAGSTEUER

I. RECHTSGRUNDLAGEN

- Einkommensteuergesetz 1997 (EStG 1997) i.d.F. v. 16.4.1997 (BGBl. I 1997 S. 821, BStBl I 1997 S. 415), zuletzt geändert durch Art. 1 des Gesetzes zur Regelung der Bemessungsgrundlage für Zuschlagsteuern v. 21.12.2000 (BGBl. I 2000, S. 1978, BStBl I 2001 S. 38) **1**
- BMF-Schreiben v. 27.11.1992 (BStBl I 1992 S. 772)

II. BEGRIFFSBESTIMMUNG

1. KAPITALERTRAGSTEUER

Der Kapitalertragsteuer unterliegen nach § 43 Abs. 1 Nr. 7 EStG alle Kapitalerträge i.S. des § 20 Abs. 1 Nr. 7 EStG. Es sind dies Kapitalerträge jeder Art, wenn die Rückzahlung des Kapitalvermögens oder ein Entgelt über die Überlassung des Kapitalvermögens zur Nutzung zugesagt oder gewährt worden ist, auch wenn die Höhe des Entgelts von einem ungewissen Ereignis abhängt. Es handelt sich i.d.R. um Zinsen aus Sparguthaben, Festgeld- und Termineinlagen sowie vermögenswirksamen Sparverträgen, ebenso aus Wertpapieren. **2**

Kapitalertragsteuer wird auch erhoben bei Gewinnausschüttungen einer Gesellschaft mit beschränkter Haftung. **3**

Kapitalertrag ist ebenfalls der durch Betriebsvermögensvergleich ermittelte Gewinn eines wirtschaftlichen Geschäftsbetriebs einer ansonsten steuerbefreiten (gemeinnützigen) Körperschaft, zzgl. der Auflösung von Rücklagen zu Zwecken außerhalb des wirtschaftlichen Geschäftsbetriebs (§ 20 Abs. 1 Nr. 10b EStG). Diese Kapitalerträge unterliegen nach § 43 Abs. 1 Nr. 7c EStG ebenfalls dem Steuerabzug. **4**

2. ZINSABSCHLAG

Der Zinsabschlag ist eine besondere Form der Kapitalertragsteuer und wird ab dem 1.1.1993 erhoben. **5**

Der Zinsabschlag wird einbehalten bei Kapitalerträgen i.S. des § 20 Abs. 1 Nr. 7 und 8 EStG, wenn der Schuldner ein Kreditinstitut ist (§ 43a Abs. 1 Nr. 3 EStG). **6**

Von einer Steuererhebung wird jedoch abgesehen, wenn die Kapitalerträge bei den einzelnen Guthaben im Kalenderjahr nur einmal gutgeschrieben werden und 20 DM nicht übersteigen (§ 43 Abs. 1 Nr. 7b Unterbuchst. dd EStG). **7**

III. BEMESSUNG DER KAPITALERTRAGSTEUER

Die Kapitalertragsteuer beträgt nach § 43a EStG **8**

– Gewinnanteile (Dividenden) und Bezüge auf Grund einer Kapitalherabsetzung udgl.	§ 20 Abs. 1 und 2 EStG	20 v. H.
– Zinsen aus Teilschuldverschreibungen udgl., bei Einnahmen aus der Beteiligung an einem Handelsgewerbe als stiller Gesellschafter und Zinsen aus partiarischen Darlehen	§ 20 Abs. 1 Nr. 4 EStG	25 v. H.

– Erträge aus sonstigen Kapitalforderungen jeder Art	§ 20 Abs. 1 Nr. 7 EStG	30 v. H.
– Einnahmen aus Leistungen einer nicht von der Körperschaftsteuer befreiten Körperschaft i.S. des § 1 Abs. 1 Nr. 3 bis 5 KStG	§ 20 Abs. 1 Nr. 9 EStG	20 v. H.
– Kapitalerträge bei einem wirtschaftlichen Geschäftsbetrieb einer ansonsten steuerbefreiten Körperschaft	§ 20 Abs. 1 Nr. 10 EStG	10 v. H.

IV. ABSTANDNAHME VOM STEUERABZUG

1. FREISTELLUNGSAUFTRAG

9   Gemeinnützige Vereine haben die Möglichkeit, dem Kreditinstitut einen Freistellungsauftrag nach amtlichem Muster zur Verfügung zu stellen, damit ein Steuerabzug nicht vorzunehmen ist (§ 44a Abs. 2 Nr. 1 EStG).

2. NICHTVERANLAGUNGS(NV)-BESCHEINIGUNG

10   Sofern der Verein keine weiteren steuerpflichtigen Einkünfte hat, kann er beim Finanzamt eine NV-Bescheinigung beantragen und diese dem Kreditinstitut überlassen.

11   Die Nichtveranlagungsbescheinigung wird unter dem Vorbehalt des Widerrufs ausgestellt (§ 44a Abs. 2 Sätze 2 bis 4 EStG). Die Geltungsdauer darf höchstens drei Jahre betragen und muss am Schluss eines Kalenderjahres enden. Fordert das Finanzamt die Bescheinigung zurück oder erkennt der Gläubiger, dass die Voraussetzungen für ihre Erteilung weggefallen sind, so hat er dem Finanzamt die Bescheinigung zurückzugeben.

Der nach § 44 Abs. 1 EStG zum Steuerabzug Verpflichtete hat in seinen Unterlagen das Finanzamt, das die Bescheinigung ausgestellt hat, den Tag der Ausstellung der Bescheinigung und die in der Bescheinigung angegebenen Steuer- und Listennummer zu vermerken sowie die Freistellungsaufträge aufzubewahren (§ 44a Abs. 3 EStG).

V. STEUERBEFREIUNG FÜR GEMEINNÜTZIGE VEREINE

KAPITALERTRÄGE IM VERMÖGENSBEREICH

12   Die Zinserträge und Gewinnausschüttungen, die bei einer im Inland ansässigen steuerbefreiten gemeinnützigen Körperschaft, Personenvereinigung und Vermögensmasse (§ 44a Abs. 4 Nr. 1 EStG) im Rahmen der Vermögensverwaltung anfallen, sind grundsätzlich körperschaftsteuerfrei.

13   Nach § 44a Abs. 7 EStG i.d.F. des StSenkG ist ein Steuerabzug i.S. des § 43 Abs. 1 Satz 1 Nr. 7a bis 7c EStG bei Kapitalerträgen nach § 20 Abs. 1 Nr. 9, Nr. 10a und 10b EStG nicht vorzunehmen, wenn der Gläubiger eine inländische
   – gemeinnützige Körperschaft i.S. des § 5 Abs. 1 Nr. 9 KStG oder
   – eine Stiftung des öffentlichen Rechts, die ausschließlich und unmittelbar gemeinnützigen oder mildtätigen Zwecken dient, oder
   – eine juristische Person des öffentlichen Rechts, die ausschließlich und unmittelbar kirchlichen Zwecken dient,
ist.

VI. ERSTATTUNG DER KAPITALERTRAGSTEUER

Es ist darauf hinzuweisen, dass die Kapitalertragsteuer und der Zinsabschlag ein Steuerabzug sind und somit nach § 32 Abs. 1 Nr. 1 KStG die Körperschaftsteuer für diese Einkünfte durch den Steuerabzug abgegolten wird. 14

Nach § 5 Abs. 2 KStG gilt die Steuerbefreiung wegen Förderung gemeinnütziger Zwecke nicht für inländische Einkünfte, die dem Steuerabzug unterliegen. 15

Wenn bei gemeinnützigen Vereinen i.S. des § 5 Abs. 1 Nr. 9 EStG dennoch eine Kapitalertragsteuer einbehalten wurde, so erstattet das Bundesamt für Finanzen auf Antrag des Vereins die einbehaltene und abgeführte Kapitalertragsteuer (§ 44c EStG). 16

Voraussetzung ist jedoch, dass der Verein dem Bundesamt für Finanzen durch eine Bescheinigung des für seine Geschäftsleitung oder seinen Sitz zuständigen Finanzamts nachweist, dass er eine gemeinnützige Körperschaft ist (§ 44c Abs. 1 Satz 2 EStG). 17

VII. BESTEUERUNG DER ZINSEN BEI UNTERGLIEDERUNGEN DES VEREINS

1. FUNKTIONALE UNTERGLIEDERUNGEN

Funktionale Untergliederungen (§ 51 Satz 3 AO) sind keine selbständigen Steuersubjekte. Wenn eine solche Abteilung ein eigenes Sparkonto unterhält, kann ein Zinsabschlag nur vermieden werden, wenn auf der NV-Bescheinigung des Hauptvereins das Konto der Unterabteilung vermerkt ist. 18

2. REGIONALE UNTERGLIEDERUNGEN

Regionale Untergliederungen werden als selbständige Steuersubjekte behandelt. In diesem Fall kann eine NV-Bescheinigung auf die Untergliederung ausgestellt sein. 19

VIII. STEUERPFLICHT BEI WIRTSCHAFTLICHEN GESCHÄFTSBETRIEBEN STEUERBEGÜNSTIGTER KÖRPERSCHAFTEN

1. STEUERPFLICHT DER KAPITALEINKÜNFTE

Hinsichtlich der Kapitalertragsteuer und der Zinsabschlagsteuer besteht bei den steuerbefreiten Körperschaften stets eine partielle Steuerpflicht, wenn die Kapitaleinkünfte im Rahmen eines steuerpflichtigen wirtschaftlichen Geschäftsbetriebs zu erfassen sind. 20

Von einem Steuerabzug kann Abstand genommen werden, soweit die Kapitalerträge zusammen mit den Kapitalerträgen, für die die Kapitalertragsteuer nach § 44b EStG zu erstatten ist, den Sparerfreibetrag und den Werbungskostenpauschbetrag nicht übersteigen. 21

Die Voraussetzungen hierfür sind durch eine Bescheinigung des für den Gläubiger zuständigen Finanzamts dem Kreditinstitut nachzuweisen. 22

I. Kapitalertrag- und Zinsabschlagsteuer

2. ERMITTLUNG DER EINKÜNFTE AUS KAPITALVERMÖGEN

23 Vereine, die nicht von der Körperschaftsteuer befreit sind und somit Einkünfte aus Kapitalvermögen haben oder die Kapitalerträge im steuerpflichtigen wirtschaftlichen Geschäftsbetrieb vereinnahmen, können von den tatsächlichen Einnahmen

– einen Werbungskostenpauschbetrag (§ 9a Satz 1 Nr. 2 EStG) i.H.v. 100 DM und

– ab dem Jahr 2000 einen Sparerfreibetrag (§ 20 Abs. 4 EStG) i.H.v. 3 000 DM (bis 1999 = 6 000 DM)

in Abzug bringen.

3. ANRECHNUNG DER STEUERABZUGSBETRÄGE BEI EINER KÖRPERSCHAFTSTEUER-VERANLAGUNG

24 Bei einem Überschreiten der Besteuerungsgrenze und der Erzielung von körperschaftsteuerlichen Einkünften erfolgt eine Körperschaftsteuer-Veranlagung, bei der die einbehaltene Kapitalertragsteuer und ein evtl. Zinsabschlag wie eine Vorauszahlung auf die Körperschaftsteuer angerechnet werden.

4. DIE STEUERPFLICHTIGEN EINKÜNFTE ÜBERSCHREITEN NICHT DIE BESTEUERUNGSGRENZE

25 Wird die Besteuerungsgrenze im wirtschaftlichen Geschäftsbetrieb nach § 64 Abs. 3 AO nicht überschritten, sollte sich der Verein ebenfalls eine NV-Bescheinigung besorgen und dem Kreditinstitut vorlegen.

J. INVESTITIONSZULAGENGESETZ

I. RECHTSGRUNDLAGE

– Investitionszulagengesetz 1999 (InvZulG 1999) i.d.F. v. 18.8.1997 (BGBl. I 1997 S. 2070, BStBl I 1997 S. 790), zuletzt geändert durch das Gesetz zur Änderung des Investitionszulagengesetzes 1999 v. 20.12.2000 (BGBl. I 2000 S. 1850, BStBl I 2001 S. 28)

II. ANSPRUCHSBERECHTIGTE

Eine nach § 5 Abs. 1 Nr. 9 KStG steuerbefreite gemeinnützige Körperschaft ist nur insoweit für eine Investitionszulage anspruchsberechtigt, als sie einen steuerpflichtigen wirtschaftlichen Geschäftsbetrieb in einem Fördergebiet unterhält (§ 1 Abs. 1 Satz 1 InvZulG 1999).

III. FÖRDERGEBIETE

Fördergebiete sind die Länder Berlin, Brandenburg, Mecklenburg-Vorpommern, Sachsen, Sachsen-Anhalt und Thüringen nach dem Gebietsstand v. 3.10.1990 (§ 1 Abs. 2 Satz 1 InvZulG 1999).

Dem Investitionszulagengesetz 1999 wurde durch das Gesetz zur Änderung des Investitionszulagengesetzes 1999 v. 20.12.2000 eine Anlage 2 angefügt, in der die begünstigten Randgebiete in den Landkreisen und kreisfreien Städten der neuen Bundesländer aufgeführt sind.

In einer Anlage 3 zum Investitionszulagengesetz 1999 sind die begünstigten Gebiete der Arbeitsmarktregion des Landes Berlin und der Gemeinden und Städte des Landes Brandenburg verzeichnet.

IV. BEGÜNSTIGTE INVESTITIONEN

Voraussetzung für den Erhalt einer Investitionszulage ist nach § 2 Abs. 2 InvZulG ab dem 1.1.1999, dass die Wirtschaftsgüter während eines Fünfjahreszeitraums in einem wirtschaftlichen Geschäftsbetrieb des Vereins verbleiben, welcher sich in einem verarbeitenden Gewerbe oder in einem produktionsnahen Dienstleistungsbetrieb betätigt.

Zulagefähige Betriebe der produktionsnahen Dienstleistungen sind die folgenden Betriebe (§ 2 Abs. 2 Satz 2 InvZulG 1999):
– Betriebe der Datenverarbeitung und Datenbanken
– Betriebe der Forschung und Entwicklung
– Betriebe der Markt- und Meinungsforschung
– Ingenieurbüros für bautechnische Fachplanung
– Ingenieurbüros für technische Fachplanung
– Büros für Industrie-Design
– Betriebe für technische, physikalische und chemische Untersuchung
– Betriebe der Werbung und
– Betriebe des fotografischen Gewerbes.

8 Begünstigt können deshalb auch nur die betrieblichen Investitionen von neuen abnutzbaren beweglichen Wirtschaftsgütern des Anlagevermögens im wirtschaftlichen Geschäftsbetrieb eines Vereins sein.

9 Die Investitionen müssen vor dem 1.1.2005 abgeschlossen sein (§ 2 Abs. 4 Satz 1 Nr. 1 InvZulG).

10 Investitionen in steuerbefreite Zweckbetriebe i.S. der §§ 65, 68 AO des Vereins sind demnach nicht anspruchsberechtigt (BFH v. 10.1.1992, BStBl II 1992 S. 684).

V. AUSSCHLUSS VON DER INVESTITIONSZULAGE

11 Von der Investitionszulage ausgeschlossen sind geringwertige Wirtschaftsgüter (§ 6 Abs. 2 EStG), Luftfahrzeuge und Personenkraftwagen (§ 2 Abs. 1 Satz 2 InvZulG 1999).

VI. ERTRAGSTEUERLICHE BEHANDLUNG DER INVESTITIONSZULAGE

12 Die Investitionszulage gehört nicht zu den steuerpflichtigen Einkünften. Sie mindert nicht die steuerlichen Anschaffungs- und Herstellungskosten und nicht die Erhaltungsaufwendungen (§ 9 InvZulG 1999).

VII. HÖHE DER INVESTITIONSZULAGE

13 Die Investitionszulage beträgt
   – 10 v. H. der Bemessungsgrundlage für Erstinvestitionen, die der Anspruchsberechtigte vor dem 1.1.2000 begonnen hat
   – 12,5 v. H. der Bemessungsgrundlage für Erstinvestitionen, die der Anspruchsberechtigte nach dem 31.12.2000 begonnen hat
   – 15 v. H. der Bemessungsgrundlage für Erstinvestitionen, die der Anspruchsberechtigte nach dem 31.12.2000 begonnen hat, wenn es sich um Investitionen in Betriebsstätten im Randgebiet nach Anlage 2 handelt
   – 5 v. H. der Bemessungsgrundlage für andere Investitionen, wenn sie der Anspruchsberechtigte vor dem 1.1.2002 abschließt.

14 Höhere Investitionszulagen (20, 25 und 27,5 v. H. für Erstinvestitionen) werden kleinen und mittleren Betrieben des Handwerks gewährt, wenn die Wirtschaftsgüter während eines Fünfjahreszeitraums im Betrieb verbleiben (§ 2 Abs. 7 InvZulG 1999).

K. GEWERBESTEUER
I. STEUERBARKEIT EINES GEMEINNÜTZIGEN VEREINS
1. RECHTSGRUNDLAGEN

– Gewerbesteuergesetz 1999 (GewStG 1999) i.d.F. v. 19.5.1999 (BGBl. I 1999 S. 1010, ber. S. 1491; BStBl I 1999 S. 496, ber S. 682, zuletzt geändert durch Art. 7 des Steuer-Euroglättungsgesetzes – StEuglG v. 19.12.2000 (BGBl. I 2000 S. 1790, BStBl I 2001 S. 3)   **1**

– Gewerbesteuer-Durchführungsverordnung 1991 (GewStDV) i.d.F. v. 21.3.1991 (BGBl. I 1991 S. 831, BStBl I 1991 S. 469), zuletzt geändert durch Art. 8 des Steuer-Euroglättungsgesetzes – StEuglG v. 19.12.2000 (BGBl. I 2000 S. 1790, BStBl I 2001 S. 3)

– Gewerbesteuer-Richtlinien 1998 (GewStR 1998) v. 21.12.1998 (BStBl I Sondernummer 2/1998 S. 91)

2. BEGRIFFSBESTIMMUNG

Als Gewerbebetriebe gelten gem. § 2 Abs. 3 GewStG auch die Tätigkeiten der sonstigen juristischen Personen des privaten Rechts (eingetragene Vereine) und die nichtrechtsfähigen Vereine, soweit sie einen wirtschaftlichen Geschäftsbetrieb unterhalten, nicht jedoch nichtrechtsfähige Stiftungen und Zweckvermögen (Abschn. 18 Abs. 6 GewStR).   **2**

Der Begriff wirtschaftlicher Geschäftsbetrieb ist in § 14 AO bestimmt. Er unterscheidet sich gegenüber dem allgemeinen Begriff des Gewerbebetriebs i.S. des § 2 Abs. 1 GewStG dadurch, dass weder eine Gewinnerzielungsabsicht noch eine Beteiligung am allgemeinen wirtschaftlichen Verkehr vorausgesetzt wird (Abschn. 10 i.V.m. Abschn. 8 GewStR).   **3**

3. STEUERBEFREIUNG

Körperschaften, Personenvereinigungen und Vermögensmassen, die nach der Satzung, dem Stiftungsgeschäft oder der sonstigen Verfassung und nach der tatsächlichen Geschäftsführung ausschließlich und unmittelbar gemeinnützigen, mildtätigen oder kirchlichen Zwecken dienen, sind gem. § 3 Nr. 6 Satz 1 GewStG von der Gewerbesteuer befreit.   **4**

Die Steuerbefreiung erstreckt sich neben dem ideellen Bereich einer steuerbegünstigten Körperschaft (gemeinnütziger Verein) auf den Vermögensbereich und insbesondere auf die Zweckbetriebe eines Vereins.   **5**

Bis Ende 1997 ist auch das Gewerbekapital der einzelnen wirtschaftlichen Geschäftsbetriebe zusammengerechnet worden.   **6**

4. STEUERPFLICHT DES WIRTSCHAFTLICHEN GESCHÄFTSBETRIEBS

Der wirtschaftliche Geschäftsbetrieb ist von der Steuerbefreiung ausgeschlossen. Mehrere wirtschaftliche Betätigungen (Vermarktung von Sportartikeln, Werbeeinnahmen, Gaststätte udgl.) werden als ein wirtschaftlicher Geschäftsbetrieb behandelt (§ 8 GewStDV).   **7**

Die Erträge der verschiedenen wirtschaftlichen Betätigungen werden zusammengerechnet, wobei die Möglichkeit besteht, Gewinne und Verluste zu saldieren.

K. Gewerbesteuer

II. BESTEUERUNGSGRUNDLAGE

8   Ab dem Veranlagungszeitraum 1998 ist Besteuerungsgrundlage für die Gewerbesteuer nur noch der Gewerbeertrag.

III. ERMITTLUNG DER GEWERBESTEUER NACH DEM GEWERBEERTRAG

1. ERMITTLUNG DES GEWERBEERTRAGS

9   Grundlage für die Ermittlung des Gewerbeertrags bei gemeinnützigen Vereinen ist der Gewinn/Überschuss aus dem steuerpflichtigen wirtschaftlichen Geschäftsbetrieb, der nach den Vorschriften des Körperschaftsteuergesetzes (§§ 7 bis 10 KStG) für den jeweiligen Veranlagungszeitraum anzusetzen ist, dabei sind bestimmte Hinzurechnungen und Kürzungen zu berücksichtigen (§§ 7 bis 9 GewStG).

10 Wirtschaftliche Geschäftsbetriebe i.S. des Abschn. 15 Abs. 3 GewStR können bei gemeinnützigen Körperschaften u.a. sein
    – der Betrieb einer Kantine oder
    – einer Druckerei
    – Einnahmen durch Werbung in eigener Regie, insbesondere durch Werbung auf Sportkleidung
    – die Herausgabe einer Zeitschrift oder
    – die Erhebung von Eintrittsgeldern bei Veranstaltung einer Festlichkeit.

11 Die vorstehenden Betätigungen gehen über den Rahmen einer Vermögensverwaltung hinaus (Abschn. 15 Abs. 3 Satz 1 GewStR).

12 Der Überschuss im wirtschaftlichen Geschäftsbetrieb wird i.d.R. durch eine Einnahme-Überschuss-Rechnung nach § 4 Abs. 3 EStG ermittelt, sofern nicht infolge Überschreitens der Besteuerungsgrenzen nach § 141 AO ein Vermögensvergleich durchzuführen ist.

13 Bei gemeinnützigen Kapitalgesellschaften oder Genossenschaften ist der Gewinn nach den einschlägigen Vorschriften des Handelsrechts (GmbHG, Genossenschaftsgesetz) zu ermitteln. Sie sind kraft Rechtsform Gewerbebetriebe und unterliegen mit allen Tätigkeiten der Gewerbesteuerpflicht.

14 Eine Festsetzung von Steuern kann bei kleineren Vereinen nach § 156 Abs. 2 AO unterbleiben, wenn feststeht, dass die Kosten der Einziehung einschließlich der Festsetzung außer Verhältnis zu dem festzusetzenden Betrag stehen. Ein solches Missverhältnis kann vorliegen, wenn der Gewinn im Einzelfall offensichtlich 1 000 DM nicht übersteigt (Abschn. 43 GewStR).

2. HINZURECHNUNGEN

Als Hinzurechnungen gem. § 8 GewStG können u.a. in Frage kommen

15 – die Hälfte der Entgelte für Dauerschulden, die wirtschaftlich mit der Gründung oder dem Erwerb des wirtschaftlichen Geschäftsbetriebs oder Verbesserung des Betriebs zusammenhängen und nicht nur der vorübergehenden Verstärkung des Betriebskapitals dienen (§ 8 Nr. 1 GewStG).

16 – Dauerschulden, die nicht zum laufenden Geschäftsverkehr gehören, sind grundsätzlich Dauerschulden, wenn sie nicht binnen zwölf Monaten getilgt werden (Abschn. 45 Abs. 6 GewStR). Hierzu gehören z.B. langfristige Darle-

hen für den Bau einer Vereinsgaststätte, die vom Verein in eigener Regie betrieben wird und somit nicht in den Bereich der Vermögensverwaltung fällt.
– die Hälfte der Miet- und Pachtzinsen für die Benutzung der nicht im Grundbesitz stehenden Wirtschaftsgüter des Anlagevermögens, die im Eigentum eines anderen stehen und beim Vermieter oder Verpächter nicht zur Gewerbesteuer nach dem Gewerbeertrag herangezogen werden (§ 8 Nr. 7 GewStG). 17
– Spenden i.S. des § 9 Abs. 1 Nr. 2 KStG (§ 8 Nr. 9 GewStG). Die Hinzurechnung ist mit dem Betrag vorzunehmen, mit dem die Spenden bei der Ermittlung des körperschaftsteuerlichen Einkommens abgezogen worden sind (Abschn. 55 GewStR). 18

3. KÜRZUNGEN

Als Kürzungen können in Betracht kommen 19

– 1,2 v. H. des Einheitswerts des gewerblich genutzten Grundstücksteils, z.B. Vereinsgaststätte (§ 9 Nr. 1 GewStG)
– die aus Mitteln des Gewerbebetriebs geleisteten Ausgaben zur Förderung mildtätiger, kirchlicher, religiöser, wissenschaftlicher und der als besonders förderungwürdig anerkannten gemeinnützigen Zwecke i.S. des § 9 Abs. 1 Nr. 2 KStG bis zur Höhe von insgesamt 5 v. H. des um die Hinzurechnungen nach § 8 Nr. 9 GewStG erhöhten Gewinns aus Gewerbetrieb oder 2 v. T. der Summe der gesamten Umsätze und der im Wirtschaftsjahr aufgewendeten Löhne und Gehälter. Für wissenschaftliche, mildtätige und als besonders förderungswürdig anerkannte kulturelle Zwecke erhöht sich der Vomhundertsatz von 5 v. H. um weitere 5 v. H. Zuwendungen an Stiftungen des öffentlichen Rechts und an nach § 5 Abs. 1 Nr. 9 KStG steuerbefreite Stiftungen des privaten Rechts zur Förderung steuerbegünstigter Zwecke i.S. der §§ 52 bis 54 AO mit Ausnahme der Zwecke, die nach § 52 Abs. 2 Nr. 4 AO gemeinnützig sind, sind darüber hinaus bis zur Höhe von 40 000 DM (ab 1.1.2002 20 450 €) abziehbar. Überschreitet eine Einzelzuwendung von mindestens 50 000 DM (25 565 €) zur Förderung wissenschaftlicher, mildtätiger oder als besonders förderungswürdig anerkannter kultureller Zwecke diese Höchstsätze, ist die Kürzung im Rahmen der Höchstsätze im Erhebungszeitraum der Zuwendung und in den folgenden sechs Erhebungszeiträumen vorzunehmen (§ 9 Nr. 5 GewStG). Die Sätze 3 und 4 sind auf Zuwendungen anzuwenden, die nach dem 31.12.1999 geleistet werden (GewStG i.d.F. v. 14.7.2000, BStBl I 2000 S. 1193)

4. GEWERBEVERLUSTE VORANGEGANGENER ERHEBUNGSZEITRÄUME

Der sich nach den Hinzurechnungen und Kürzungen ergebende Betrag ist um die noch nicht ausgeglichenen Verluste zu kürzen (§ 10a GewStG). 20

Die Höhe der vortragsfähigen Fehlbeträge wird gesondert festgestellt. Bei der Gewerbesteuer ist nur ein Verlustvortrag möglich (§ 10a Satz 2 GewStG). 21

Verluste, die in den Jahren entstehen, in denen Ertragsteuern (Körperschaftsteuer, Gewerbesteuer) nicht erhoben werden, weil die maßgeblichen Einnahmen im wirtschaftlichen Geschäftsbetrieb die Besteuerungsgrenze gem. § 64 Abs. 3 AO von 60 000 DM nicht überschritten haben, bleiben unberücksichtigt. In diesen Jahren erfolgt aber auch kein Verbrauch des bisher festgestellten Verlustvortrags. 22

K. Gewerbesteuer

5. STEUERMESSZAHL UND STEUERMESSBETRAG

23 Der Gewerbeertrag wird auf volle 100 DM (50 €) abgerundet (§ 11 Abs. 1 Satz 3 GewStG). Vereine, bei denen das Anrechnungsverfahren nicht in Betracht kommt, erhalten seit 1990 einen Freibetrag in Höhe von 7 500 DM (3 835 €) (§ 11 Abs. 1 Nr. 2 GewStG).

IV. STEUERMESSBETRAG

FESTSETZUNG DES STEUERMESSBETRAGES

24 Der Verein ist als Steuerschuldner (§ 5 GewStG) verpflichtet, jährlich eine Erklärung zur Festsetzung des Steuermessbetrages abzugeben. Besteht die Gewerbesteuerpflicht nicht während eines ganzen Kalenderjahres, so tritt an Stelle des Kalenderjahres der Zeitraum der Steuerpflicht – abgekürzter Erhebungszeitraum – (§ 14 GewStG).

25 Der Steuermessbetrag wird für den Erhebungszeitraum nach dessen Ablauf vom Finanzamt festgesetzt.

26 Für Körperschaften beträgt der Steuermessbetrag 5 v. H. des abgerundeten Gewerbeertrags (§ 11 Abs. 2 Nr. 2 GewStG).

V. ERHEBUNG DER GEWERBESTEUER DURCH DIE GEMEINDEN

27 Die hebeberechtigten Gemeinden beschließen einen Hebesatz, der i.d.R. zwischen 350 und 450 v. H. beträgt. Der Hebesatz kann für ein Kalenderjahr oder mehrere Kalenderjahre festgesetzt werden (§ 16 Abs. 1 und 2 GewStG).

28 Die Gemeinde erlässt zur Erhebung der Gewerbesteuer einen gesonderten Gewerbesteuerbescheid.

VI. ABGABE EINER GEWERBESTEUERERKLÄRUNG

29 Ein gemeinnütziger Verein ist zur Abgabe einer Gewerbesteuererklärung nur verpflichtet, soweit ein steuerpflichtiger wirtschaftlicher Geschäftsbetrieb vorliegt und der steuerpflichtige Gewerbeertrag im Erhebungszeitraum den Betrag von 7 500 DM (3 835 €) überstiegen hat.

L. UMSATZSTEUER

I. RECHTSGRUNDLAGEN

- Umsatzsteuergesetz 1999 (UStG 1999) i.d.F. v. 9.6.1999 (BGBl. I 1999 S. 1270, BStBl I 1999 S. 595), zuletzt geändert durch Art. 14 des Steuer-Euroglättungsgesetzes – StEuglG v. 19.12.2000 (BGBl. I 2000 S. 1790, BStBl 2001 S. 3)
- Umsatzsteuer-Durchführungsverordnung 1999 (UStDV 1999) i.d.F. v. 9.6.1999 (BGBl. I 1999 S. 1308, BStBl I 1999 S. 633), geändert durch Art. 15 des Steuer-Euroglättungsgesetzes – StEuglG v. 19.12.2000 (BGBl. I 2000 S. 1790, BStBl I 2001 S. 3)
- Umsatzsteuer-Richtlinien 2000 (UStR 2000) i.d.F. v. 10.12.1999 (BStBl I Sondernummer 2/1999, BAnz. Nummer 241a)
- EG-Umsatzsteuer-Richtlinien; die EG-Richtlinien und die Rechtsprechung des Europäischen Gerichtshofes (EuGH) haben Anwendungsvorrang gegenüber entgegenstehendem innerstaatlichen Gesetzesrecht (BVerfG v. 8.4.1987, UR 1987 S. 355; v. 8.11.1987, UR 1988 S. 25)

1

II. UNTERNEHMEREIGENSCHAFT

1. BEGRIFFSBESTIMMUNG

Unternehmer können sowohl natürliche und juristische Personen als auch Personenzusammenschlüsse sein, die sich selbständig und nachhaltig am wirtschaftlichen Verkehr zur Erzielung von Einnahmen beteiligen (Abschn. 16 UStR). Dies ist selbst dann der Fall, wenn eine Personenvereinigung (Verein) im Rahmen eines Leistungsaustauschs nur gegenüber seinen Mitgliedern tätig wird (§ 2 Abs. 1 Satz 3 UStG).

2

Nach Auffassung der Rechtsprechung des BFH (BFH v. 18.7.1991, BStBl II 1991 S. 776) und der Finanzverwaltung setzt eine nachhaltige Tätigkeit jedoch bestimmte Kriterien voraus (Abschn. 18 Abs. 2 Satz 3 UStR), so u.a.

3

- mehrjährige Tätigkeit
- planmäßiges Handeln
- auf Wiederholung angelegte Tätigkeit
- die Ausführung mehr als nur eines Umsatzes
- Vornahme mehrerer gleichartiger Handlungen unter Ausnutzung derselben Gelegenheit oder desselben dauernden Verhältnisses
- langfristige Duldung eines Eingriffs in den eigenen Rechtskreis
- Intensität des Tätigwerdens
- Beteiligung am Markt
- Auftreten wie ein Händler
- Unterhalten eines Geschäftslokals
- Auftreten nach außen, z.B. gegenüber Behörden.

2. UNTERNEHMEREIGENSCHAFT BEI VEREINEN

Der Status der Gemeinnützigkeit eines Vereins wirkt sich im unternehmerischen Bereich nur im Zweckbetrieb und in der Vermögensverwaltung bei bestimmten Steuerbefreiungen und dem ermäßigten Steuersatz aus.

4

L. Umsatzsteuer

5 Die Voraussetzungen für das Vorliegen einer Unternehmereigenschaft können auch bei Vereinen vorliegen. Gemeinnützige Vereine sind i.d.R. jedoch in besonderem Maße zur Förderung der Allgemeinheit auf materiellem, geistigem oder sittlichem Gebiet selbstlos und gegenüber Mitgliedern und Dritten unentgeltlich tätig und deshalb insoweit auch keine Unternehmer (Abschn. 22 Abs. 1 UStR). Dies ist insbesondere dann der Fall, wenn ein Verein seinem Satzungszweck entsprechende Leistungen gegenüber Mitgliedern erbringt und diese Leistungen mit dem Mitgliedsbeitrag abgegolten sind.

3. ABGRENZUNG DES NICHTUNTERNEHMERISCHEN VOM UNTERNEHMERISCHEN BEREICH

6 Für Zwecke der Umsatzbesteuerung ist eine Abgrenzung zwischen dem nichtunternehmerischen (nichtsteuerbaren) und dem unternehmerischen Bereich vorzunehmen.

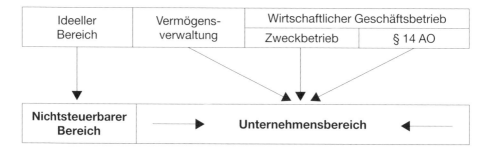

Einnahmen eines Vereins können vorliegen:

a) IM IDEELLEN BEREICH

7 Hierunter fallen alle Einnahmen, die nicht im Rahmen eines Leistungsaustauschs erfolgen, wie z.B. Mitgliedsbeiträge, Umlagen, soweit diese nicht für den wirtschaftlichen Geschäftsbetrieb bestimmt sind, Spenden, Erbschaften, sofern sie nicht einem bestimmten Zweck zuzuordnen sind, Einnahmen durch Verkäufe von Wirtschaftsgütern, die nicht dem Unternehmensbereich zugeordnet werden.

b) IN DER VERMÖGENSVERWALTUNG

8 Zu den Einnahmen aus Vermögensverwaltung gehören i.d.R. steuerpflichtige Vermietungen von Grundstücken wie z.B. Vermietung von Gaststätten und Abstellplätzen für Fahrzeuge. Hierzu gehören auch die Einnahmen aus Kapitalanlagen und Beteiligungen (sofern diese nicht dem wirtschaftlichen Geschäftsbetrieb zuzuordnen sind).

c) IM (ERTRAGSTEUERFREIEN) ZWECKBETRIEB

9 Ein Zweckbetrieb (§§ 65 und 68 AO) ist ein wirtschaftlicher Geschäftsbetrieb, der zur Verwirklichung des Satzungszweckes erforderlich ist und zu nicht begünstigten wirtschaftlichen Geschäftsbetrieben nicht in größerem Umfang in Wettbewerb steht, wie z.B. die entgeltliche Überlassung von Sportstätten und Sportgeräten (Segelflugzeug) an Mitglieder. Die Unternehmereigenschaft setzt jedoch

einen Leistungsaustausch voraus, wobei der Leistung des Vereins eine erwartete Gegenleistung (Entgelt) des Mitglieds gegenübersteht (Abschn. 1 UStR).

d) IM STEUERPFLICHTIGEN WIRTSCHAFTLICHEN GESCHÄFTSBETRIEB

Die Einnahmen im wirtschaftlichen Geschäftsbetrieb eines gemeinnützigen Vereins unterliegen den allgemeinen umsatzsteuerlichen Besteuerungsgrundsätzen, wie sie bei jedem anderen Unternehmen anzuwenden sind.

> **PRAXISTIPP:**
>
> Ein Verein kann auch aus finanziellen Gründen daran interessiert sein, die Unternehmereigenschaft zu erlangen, weil er sodann die Möglichkeit hat, die ihm von anderen Unternehmern in Rechnung gestellte Umsatzsteuer als Vorsteuer geltend machen zu können. Der Vorteil liegt darin, dass die steuerpflichtigen Leistungen des Vereins in der Vermögensverwaltung und im Zweckbetrieb nur mit dem ermäßigten Steuersatz besteuert werden, die Leistungsbezüge i.d.R. jedoch mit dem Regelsteuersatz belastet sind.

III. ZUORDNUNG VON WIRTSCHAFTSGÜTERN ZUM UNTERNEHMENSBEREICH

Bei einem gemeinnützigen Verein sind Eingangsleistungen möglich, die sowohl im ideellen (nichtunternehmerischen) als auch im unternehmerischen Bereich genutzt werden.

Die Zuordnung der Eingangsleistungen ist für den gemeinnützigen Bereich von wesentlicher Bedeutung, weil hiervon sowohl die Steuerbarkeit von Leistungen als auch eine Vorsteuerabzugsmöglichkeit abhängig ist.

1. LEISTUNGEN FÜR DAS UNTERNEHMEN

Eine Leistung wird grundsätzlich an diejenigen Leistungsempfänger ausgeführt, die aus dem schuldrechtlichen Vertragsverhältnis, das dem Leistungsaustausch zu Grunde liegt, berechtigt oder verpflichtet sind (BFH v. 13.9.1984, BStBl II 1985 S. 21).

Leistungsempfänger ist somit regelmäßig der Auftraggeber oder Besteller einer Leistung.

Die Leistung muss in die unternehmerische Sphäre des Unternehmens (Verein) eingehen (Abschn. 192 Abs. 14 Satz 1 UStR 2000).

Diese Regelung gilt sowohl für bewegliche Wirtschaftsgüter als auch für Immobilien. Die Zuordnung beweglicher Wirtschaftsgüter zum nichtunternehmerischen (ideellen) Bereich oder unternehmerischen (Zweckbetrieb, Vermögensverwaltung, wirtschaftlicher Geschäftsbetrieb) Bereich dürfte auf Grund der tatsächlichen Nutzung nicht schwierig sein. Wegen des Vorsteuerabzugs wird der Verein ein gemischt genutztes bewegliches Wirtschaftsgut i.d.R. dem unternehmerischen Bereich zuordnen.

Bei dem Bezug vertretbarer Sachen sowie sonstiger Leistungen, abgesehen von einheitlichen Gegenständen, ist eine Zuordnung der Eingangsleistungen entsprechend dem Verwendungszweck in einen unternehmerischen oder nichtunternehmerischen Anteil vorzunehmen. Eine Telefondienstleistung für den ideellen Bereich kann der Verein nicht für den unternehmerischen Bereich mit einer entsprechenden ertragsteuerlichen Auswirkung beziehen.

18 Bei einem Wirtschaftsgut, das der Verein sowohl für den unternehmerischen als auch für den nichtunternehmerischen Bereich bezieht, kann er zwischen drei Zuordnungsmöglichkeiten wählen.

19 Der Verein kann wählen zwischen
   – der vollen Zuordnung und
   – der teilweisen Zuordnung zum unternehmerischen Bereich oder
   – der Zuordnung zum nichtunternehmerischen Bereich.

20 Ein Zuordnungsverbot besteht seit 1.4.1999 nur für solche Gegenstände, die der Verein zu weniger als 10 v. H. für die unternehmerische Tätigkeit nutzt.

    Diese Einschränkung, die durch das Steuerentlastungsgesetz 1999/2000/2002 eingeführt wurde, war umstritten, weil sie der Auslegung von Art. 17 der 6. USt-RL widerspricht.

    Auf Antrag der Bundesrepublik Deutschland hat der Rat der EU in seiner Entscheidung v. 28.2.2000 die abweichende Regelung jedoch gebilligt.

2. ZUORDNUNG VON GRUNDSTÜCKEN

21 Bei Grundstücken mit Gebäuden sollten für eine zweckmäßige Zuordnung die möglichen steuerlichen Gestaltungen beachtet werden, um spätere steuerliche Belastungen zu vermeiden.

22 Ein Zuordnungswahlrecht besteht für den Verein jedoch nicht, wenn das Grundstück ausschließlich für unternehmerische Zwecke genutzt wird. Hierbei ist es unerheblich, ob das Grundstück (Gastwirtschaft) steuerpflichtig vermietet werden kann oder nur eine steuerfreie Wohnungsvermietung (z.B. an den Gastwirt) möglich ist.

3. ZUORDNUNG VON GEMISCHT GENUTZTEN GRUNDSTÜCKEN

23 Ein Verein hat als Grundstückseigentümer für die umsatzsteuerrechtliche Zuordnung sog. gemischt genutzter Grundstücke ebenfalls im Rahmen der Vermietungstätigkeit seines Grundstücks die Wahlmöglichkeiten, wenn die unternehmerische Nutzung mindestens 10 v. H. beträgt.

24 Hiernach kann er bei der vorstehenden Bedingung das Gebäude mit dem dazugehörenden Boden ganz oder teilweise dem unternehmerischen Bereich zuordnen.

25 Der Verein hat aber auch die Möglichkeit, den einheitlichen Gegenstand insgesamt dem nichtunternehmerischen Bereich zuzuordnen, auch wenn das Gebäude teilweise unternehmerisch genutzt wird.

26 Die Zuordnungsentscheidung hat der Verein zu treffen. Dies erfolgt in der Regel durch die Inanspruchnahme eines Vorsteuerabzugs.

    Bei der Zuordnung sind folgende Aufteilungsmaßstäbe möglich:

27 – **Quotale Aufteilung**

    Unter einer quotalen Aufteilung subsumiert der EuGH in dem sog. Armbrecht-Urteil, dass bei gemischt genutzten Gegenständen, wozu auch die Grundstücke zählen, eine Aufteilung nach dem Verhältnis der unternehmerischen Nutzung zur Gesamtnutzung erfolgt, wenn der Unternehmer sein Grundstück nur teilweise dem unternehmerischen Vermögen zuordnet.

III. Zuordnung von Wirtschaftsgütern zum Unternehmensbereich

Bei dieser Aufteilungsmethode im Rahmen einer Grundstücksvermietung können sich in der Praxis insbesondere dann Schwierigkeiten ergeben, wenn der Unternehmer, aber auch evtl. dessen Mieter (Leistungsempfänger), einzelne Räume des Gebäudes während eines Veranlagungszeitraums wechselnd unternehmerisch bzw. in einer Weise unternehmerisch verwendet, die einen Vorsteuerabzug ausschließen, oder nichtunternehmerisch nutzt. Ein entsprechender Nachweis obliegt dem Unternehmer. 28

– **Räumliche Aufteilung** 29

Bei einer räumlichen Aufteilung erfolgt die Zuordnung der einzelnen Räume entsprechend ihrer tatsächlichen Nutzung zum unternehmerischen oder nichtunternehmerischen Vermögen.

Die BFH-Rechtsprechung neigt dazu, bei der Beschränkung der Option auf Grundstücksteile beim Verkauf von Grundstücken eine räumliche Aufteilung vorzunehmen (BFH v. 26.6.1996, BStBl II 1997 S. 98). 30

4. AUSWIRKUNGEN DURCH DIE ZUORDNUNG DES GESAMTEN GRUNDSTÜCKS

Wenn ein Unternehmer das gesamte Grundstück dem unternehmerischen Bereich zuordnet, kann er bei Errichtung eines Gebäudes alle Vorsteuern geltend machen, die ihm von einem anderen Unternehmer für das Unternehmen ordnungsgemäß in Rechnung gestellt wurden. Soweit jedoch ein Grundstücksteil nichtunternehmerisch genutzt wird (z.B. für Wohnzwecke), liegt eine dauernde, nach § 4 Nr. 12 UStG steuerfreie Verwendung vor, für deren anteilige Kosten ein Ausschluss des Vorsteuerabzugs gegeben ist. 31

Eine Zuordnung des gesamten Grundstücks zum Unternehmensvermögen hat den Vorteil, dass bei einer Nutzungsänderung innerhalb des Berichtigungszeitraums (§ 15a Abs. 1 UStG) von zehn Jahren der Vorsteuerabzug, der zum Zeitpunkt der erstmaligen Nutzung wegen eines Vorsteuerausschlusses nach § 15 Abs. 2 Nr. 1 UStG nicht geltend gemacht werden konnte, zeitanteilig nachgeholt werden kann. 32

Andererseits ist eine Berichtigung des ursprünglichen Vorsteuerabzugs nach § 15a UStG vorzunehmen, wenn bei einem Grundstücksteil innerhalb des Berichtigungszeitraums eine Änderung der Verhältnisse in der unternehmerischen Nutzung (§ 3 Abs. 9a Nr. 1 UStG) oder durch eine Lieferung i.S. des § 3a Abs. 1b UStG erfolgt. 33

Auch bei einer nur geringfügigen unternehmerischen Nutzung des Gebäudes, jedoch mindestens 10 v. H., darf bei Zuordnung des gesamten Grundstücks zum Unternehmensvermögen die gesamte in Rechnung gestellte Vorsteuer in Abzug gebracht werden. Soweit die Vorsteuern auf Grundstücksteile entfallen, die wegen einer steuerfreien Vermietung oder wegen eines Vorsteuerausschlusses nach § 9 Abs. 2 UStG nicht zum Verzicht auf die Steuerbefreiung berechtigen, ist ein Ausgleich über den Verwendungstatbestand nach § 3 Abs. 9a UStG vorzunehmen. 34

5. AUSWIRKUNG BEI EINER NUR TEILWEISEN ZUORDNUNG DES GRUNDSTÜCKS ZUM UNTERNEHMENSVERMÖGEN

Bei einer nur teilweisen Zuordnung des Grundstücks darf nur die auf den unternehmerisch genutzten Gebäudeteil entfallende Umsatzsteuer als Vorsteuer abgezogen werden. 35

L. Umsatzsteuer

36 Wenn innerhalb des Berichtigungszeitraums die unternehmerische Nutzung erweitert wird, besteht bei diesem Sachverhalt keine Möglichkeit einer Berichtigung des Vorsteuerabzugs. Eine weitere zusätzliche Zuführung zum Unternehmensbereich stellt eine Einlage aus dem nichtunternehmerischen Bereich dar. Bei Einlagen in den Unternehmensbereich ist eine Vorsteuerberichtigung nach § 15a UStG zu Gunsten des Unternehmers nicht möglich (EuGH v. 11.7.1991, UR 1991 S. 291).

6. AUSWIRKUNGEN EINER TEILWEISEN ZUORDNUNG BEI VERÄUSSERUNG DES GRUNDSTÜCKS

37 Bei einer späteren Veräußerung des Grundstücks wird nur der dem Unternehmensbereich zugeordnete Gebäudeteil im Rahmen des Unternehmens steuerfrei nach § 4 Nr. 9a UStG geliefert.

38 Ein möglicher Verzicht auf die Steuerbefreiung (§ 9 Abs. 1 UStG) kann deshalb auch nur für diesen Gebäudeteil erfolgen.

39 Die Lieferung des nicht dem Unternehmensvermögen zugeordneten Gebäudeteils ist somit nicht steuerbar.

40 Der Gesamtkaufpreis ist entsprechend aufzuteilen, da bei einer Inrechnungstellung von Umsatzsteuer auf den nicht steuerbaren Gebäudeteil ein unberechtigter Steuerausweis i.S. des § 14 Abs. 3 UStG erfolgen würde, der von dem Rechnungsaussteller geschuldet würde und für den es nach dem geltenden deutschen Umsatzsteuergesetz (noch) keine Berichtigungsmöglichkeit gibt.

Nach dem Urteil des EuGH v. 19.9.2000 – Rs. C-454/98 – Schmeink & Cofreth und Manfred Strobel (UVR 2000 S. 424) hat der Verein jedoch das Recht, die zu Unrecht in Rechnung gestellte Umsatzsteuer wieder zu berichtigen, wenn er als Aussteller der Rechnung die Gefährdung des Steueraufkommens rechtzeitig und vollständig beseitigt und der Leistungsempfänger keinen Vorsteuerabzug vorgenommen hat.

> **Gestaltungshinweis:**
>
> 41 Wegen der unterschiedlichen Möglichkeiten der Zuordnung und des damit verbundenen Vorsteuerabzugs ist es für den Verein jedoch ratsam, einen Gegenstand, der zunächst sowohl für den ideellen Bereich, aber auch für den unternehmerischen Bereich genutzt wird, bereits zum Zeitpunkt der erstmaligen unternehmerischen Ingebrauchnahme insgesamt dem unternehmerischen Bereich zuzuordnen.

42 Bei einer späteren Nutzungsänderung besteht während des Berichtigungszeitraums nach § 15a Abs. 1 UStG von zehn Jahren die Möglichkeit, einen bisher nicht zulässigen Vorsteuerabzug nachzuholen.

IV. STEUERBARE LEISTUNGEN

1. BEGRIFFSBESTIMMUNG

43 Ein Leistungsaustausch liegt vor, wenn ein wechselseitiger Zusammenhang und eine innere Verknüpfung zwischen der Leistung des Vereins und der Gegenleistung (Entgelt) besteht.

IV. Steuerbare Leistungen

2. LEISTUNGEN AN VEREINSMITGLIEDER

Für die Annahme eines Leistungsaustauschs mit einem Mitglied und somit einer Steuerbarkeit unter den Voraussetzungen des § 1 UStG (Lieferung oder sonstige Leistung im Inland gegen Entgelt im Rahmen des Unternehmens) ist nur auszugehen, wenn die erbrachte Leistung des Vereins den Sonderbelangen des einzelnen Mitglieds dient, wie z.B. die Überlassung eines Sportgeräts (Segelflugzeug, Reitpferd) gegen ein der Leistung entsprechendes Entgelt. Wenn im Unternehmensbereich für Leistungen an Mitglieder kein oder ein nicht kostendeckendes Entgelt vom Verein erhoben wird, kann für die Ermittlung der Steuerschuld die „Mindestbemessungsgrundlage" i.S. des § 10 Abs. 5 UStG anzuwenden sein. **44**

Bei Leistungen des Vereins, die sowohl den Einzelbelangen als auch den Gesamtbelangen der Mitglieder dienen, sind Beitragszahlungen entsprechend in (nicht steuerbare) echte Mitgliedsbeiträge und in Entgelte für die steuerbaren Leistungen („unechte Mitgliedsbeiträge") aufzuteilen. **45**

3. LEISTUNGSAUSTAUSCH MIT DRITTEN

Entgeltliche Leistungen an Dritte, die keine Vereinsmitglieder sind, fallen stets im steuerpflichtigen wirtschaftlichen Geschäftsbetrieb an und fallen unter die Steuerbarkeit. Dies gilt sowohl für Lieferungen (Verkauf von Gegenständen, Betriebsmittel udgl.) als auch für sonstige Leistungen wie z.B. die Nutzung von Sportgeräten (Segelflugzeug) oder Sportstätten (Tennisplatz für Urlauber). **46**

Desgleichen fallen hierunter die Einnahmen aus Werbeverträgen, Betrieb einer Vereinsgaststätte und Altmaterialsammlungen. **47**

Grundsätzlich fallen in den Rahmen eines Leistungsaustausches auch die Einnahmen aus einer Personalgestellung und -überlassung durch den Verein. **48**

Ausgenommen hiervon sind nach Abschn. 1 Abs. 6 UStR die erstatteten Aufwendungen, wie Lohnkosten, Sozialversicherungsbeiträge bei Freistellungen durch den Unternehmer, in folgenden Beispielsfällen: **49**

1. für Luftschutz- und Katastrophenschutzübungen
2. für Sitzungen des Gemeinderats oder seiner Ausschüsse
3. an das Deutsche Rote Kreuz, das Technische Hilfswerk, den Malteser Hilfsdienst, die Johanniter Unfallhilfe oder den Arbeiter-Samariter-Bund
4. an die Feuerwehr für Zwecke der Ausbildung, zu Übungen und zu Einsätzen
5. für Wehrübungen
6. zur Teilnahme an der Vollversammlung einer Handwerkskammer, an Konferenzen, Lehrgängen udgl. einer Industriegewerkschaft, für eine Tätigkeit im Vorstand des Zentralverbandes Deutscher Schornsteinfeger e.V., für die Durchführung der Gesellenprüfung im Schornsteinfegerhandwerk
7. für Sitzungen der Vertreterversammlung und des Vorstandes der Verwaltungsstellen der Bundesknappschaft
8. für die ehrenamtlichen Tätigkeiten in den Selbstverwaltungsorganen der Allgemeinen Ortskrankenkassen, bei Innungskrankenkassen und ihren Verbänden
9. als Heimleiter in Jugenderholungsheimen einer Industriegewerkschaft

10. von Bergleuten für Untersuchungen durch das Berufsgenossenschaftliche Forschungsinstitut für Arbeitsmedizin (BGFA)

11. für Kurse der Berufsgenossenschaft zur Unfallverhütung.

50 In den Rahmen eines Leistungsaustausches fällt auch die Freigabe eines Fußballvertragsspielers oder Lizenzspielers gegen Zahlung einer Ablösesumme zwischen dem abgebenden und dem aufnehmenden Verein, auch dann, wenn die Ablöseentschädigung für die Abwanderung eines Fußballspielers in das Ausland von dem ausländischen Verein gezahlt wird.

4. UNENTGELTLICHE LEISTUNGEN AN MITGLIEDER

51 Nach dem Grundsatz der Selbstlosigkeit (§ 55 AO) dürfen Mitglieder in dieser Eigenschaft keine Zuwendungen (ausgenommen Aufmerksamkeiten) erhalten, da sonst die Gemeinnützigkeit des Vereins gefährdet ist. Individuelle Leistungen an das einzelne Mitglied müssen demnach stets gegen ein angemessenes Entgelt erbracht werden, dessen Höhe sich ggf. nach der Mindestbemessungsgrundlage (§ 10 Abs. 5 Nr. 1 i.V.m. § 10 Abs. 4 UStG) zu richten hat.

5. LEISTUNGEN AN ARBEITNEHMER DES VEREINS ODER DEREN ANGEHÖRIGE OHNE BESONDERS BERECHNETES ENTGELT

52 Lieferungen, die ein gemeinnütziger Verein gegenüber einem Arbeitnehmer oder dessen Angehörigen auf Grund des Dienstverhältnisses ohne besonders berechnetes Entgelt ausführt, ausgenommen Aufmerksamkeiten, sind von diesem nach allgemeinen Grundsätzen als geldwerter Vorteil zu versteuern (§ 3 Abs. 1b UStG). Der Verein hat die Leistungen nach den allgemeinen Grundsätzen der Umsatzbesteuerung zu unterwerfen. Für die Ermittlung der Umsatzsteuerschuld ist wiederum die Mindestbemessungsgrundlage heranzuziehen.

53 Die gleiche Regelung gilt nach § 3 Abs. 9a UStG auch für sonstige Leistungen. Hierbei ist jedoch bei sonstigen Leistungen, die einerseits für die Verwendung von Gegenständen, andererseits für andere sonstige Leistungen erbracht werden, folgende Unterscheidung zu treffen:

54 Einer sonstigen Leistung gegen Entgelt werden nach § 3 Abs. 9a Nr. 1 UStG die Verwendung eines dem Unternehmen zugeordneten Gegenstandes, der zum vollen oder teilweisen Vorsteuerabzug berechtigt hat, gleichgestellt, wenn dieser Gegenstand für den ideellen Bereich oder für den privaten Bedarf des Personals verwendet wird, es sei denn, es handelt sich um eine Aufmerksamkeit. Diese Regelung entspricht der bis zum 31.3.1999 geltenden Leistungsentnahme.

55 Ein steuerbarer Tatbestand ist nur dann nicht gegeben, wenn es sich um die Verwendung eines Fahrzeugs handelt, bei dessen Anschaffung, Einfuhr oder innergemeinschaftlichem Erwerb ein Vorsteuerabzug nur zu 50 v. H. möglich war.

56 Von dem Verwendungstatbestand ist die unentgeltliche Erbringung anderer sonstiger Leistungen zu unterscheiden, bei denen nicht vorausgesetzt wird, dass die Eingangsleistungen voll oder teilweise mit Vorsteuern belastet sind (§ 3 Abs. 9a Satz 1 Nr. 2 UStG). Dies wäre z.B. der Fall, wenn Personal des wirtschaftlichen Geschäftsbetriebs für Tätigkeiten im ideellen Bereich eingesetzt würde.

57 Der Einsatz von im ideellen (nichtunternehmerischen) Bereich beschäftigten Personen im unternehmerischen Bereich hat keinerlei steuerliche Auswirkungen.

6. ENTNAHME VON GEGENSTÄNDEN AUS DEM UNTERNEHMERISCHEN BEREICH

Einer steuerbaren Lieferung sind auch die Entnahme von Gegenständen für Zwecke außerhalb des Unternehmens gleichgestellt (§ 3 Abs. 1b UStG). Dieser Sachverhalt liegt bei einem gemeinnützigen Verein vor, wenn aus dem unternehmerischen Bereich Gegenstände entnommen und dem ideellen Bereich zugeführt werden. Voraussetzung ist jedoch, dass der entnommene Gegenstand oder seine Bestandteile im unternehmerischen Bereich zum vollen oder teilweisen Vorsteuerabzug berechtigt haben. 58

Steuerbar sind auch die unentgeltlichen Zuwendungen an das Personal des Vereins, sofern es sich nicht um Aufmerksamkeiten handelt, und auch alle anderen unentgeltlichen Zuwendungen, ausgenommen Geschenke von geringem Wert. 59

Bei den vorgenannten Sachverhalten handelt es sich um Tatbestände, die bis zum 31.3.1999 als „Eigenverbrauchstatbestände" zu behandeln waren. 60

7. ENTNAHME VON SONSTIGEN LEISTUNGEN

Die Verwendung von dem Unternehmen zugeordneten Gegenständen für Zwecke, die außerhalb des Unternehmens liegen oder für den privaten Bedarf des Personals und keine Aufmerksamkeiten waren, werden einer sonstigen Leistung gegen Entgelt gleichgestellt, wenn diese Gegenstände zum vollen oder teilweisen Vorsteuerabzug berechtigt haben (§ 3 Abs. 9a Nr. 1 UStG). Hierunter fallen bei Vereinen insbesondere die Verwendung von Gegenständen des unternehmerischen Bereichs im ideellen Bereich. 61

Vorstehende Regelung gilt jedoch nicht, wenn es sich um die Verwendung eines Fahrzeugs handelt, bei dessen Anschaffung, Einfuhr oder innergemeinschaftlichem Erwerb Vorsteuerbeträge nach § 15 Abs. 1b UStG nur zu 50 v. H. abziehbar waren oder eine Berichtigung des Vorsteuerabzugs nach § 15a Abs. 3 Nr. 2a UStG anzuwenden ist. 62

Die unentgeltliche Erbringung anderer sonstiger Leistungen ist stets steuerbar, auch wenn die Vorleistung nicht mit Umsatzsteuer belastet war (§ 3 Abs. 9a Nr. 2 UStG). 63

8. HILFSGESCHÄFTE

In den Rahmen des Unternehmens fallen nicht nur die Grundgeschäfte, sondern auch die Hilfsgeschäfte. 64

Zu den Hilfsgeschäften gehören:
- die Veräußerung von Gegenständen
- die Überlassung des Telefons an Arbeitnehmer zur privaten Nutzung und
- die Überlassung von Kraftfahrzeugen an Arbeitnehmer zur privaten Nutzung.

Wenn die Hilfsgeschäfte im nichtunternehmerischen Bereich ausgeführt werden, sind sie auch dann nicht als steuerbar zu behandeln, wenn sie wiederholt oder mit einer gewissen Regelmäßigkeit ausgeführt werden. 65

Bei einem gemeinnützigen Verein fallen Veräußerungen von Gegenständen, die von Todes wegen erworben worden sind und nicht dem unternehmerischen Bereich zugeordnet wurden, jedoch dann in den Rahmen des Unternehmens, wenn sie für sich nachhaltig sind. 66

9. VERKAUF VON WIRTSCHAFTSGÜTERN

67 Verkäufe von Wirtschaftsgütern, die **nicht** dem unternehmerischen Bereich zugeordnet waren, unterliegen bei einem Verkauf auch nicht der Umsatzbesteuerung.

68 Einheitliche Wirtschaftsgüter, die dem Unternehmen zugeordnet waren, unterliegen bei einem Verkauf der Umsatzbesteuerung, auch wenn bei der Anschaffung kein Vorsteuerabzug in Anspruch genommen werden konnte.

10. EINFUHR VON WIRTSCHAFTSGÜTERN

69 Steuerbar ist nach § 1 Abs. 1 Nr. 4 UStG auch die Einfuhr von Gegenständen aus dem Drittlandsgebiet oder den österreichischen Gebieten Jungholz und Mittelberg (Einfuhrumsatzsteuer) in das Inland, auch dann, wenn die Gegenstände für den nichtunternehmerischen (ideellen) Bereich erworben werden.

70 Die österreichischen Gemeinden Mittelberg (Kleines Walsertal) und Jungholz (Tirol) gehören nunmehr zum Gemeinschaftsgebiet, so dass Lieferungen aus einem anderen Mitgliedstaat der EU innergemeinschaftliche Erwerbe sind; die Einfuhr in diese Gebiete von Drittländern unterliegt nach wie vor der deutschen Einfuhrumsatzsteuer (Abschn. 13 Abs. 2 Satz 2 UStR 2000).

11. INNERGEMEINSCHAFTLICHER ERWERB

71 Ab dem 1.1.1993, dem Zeitpunkt des In-Kraft-Tretens des EG-Binnenmarkts, ist die Einfuhrbesteuerung für Lieferungen von Gegenständen aus dem Gebiet eines anderen EG-Mitgliedstaates in das Inland weggefallen und dafür die Erwerbsbesteuerung (§ 1a UStG) eingeführt worden.

72 Den innergemeinschaftlichen Erwerb von Gegenständen haben nicht nur alle Unternehmer, sondern auch alle juristischen Personen des öffentlichen und privaten Rechts, die nicht Unternehmer sind oder einen Gegenstand nicht für ihr Unternehmen erwerben, der Umsatzsteuer zu unterwerfen. Zu diesem Personenkreis gehören auch die Vereine, sei es, dass sie unternehmerisch oder nur im ideellen Bereich tätig sind.

73 Die Erwerbsbesteuerung ist bei einem nicht unternehmerisch tätigen Verein jedoch nur vorzunehmen, wenn er im vorangegangenen Kalenderjahr die Erwerbsschwelle (§ 1a Abs. 3 Nr. 2 UStG) von 25 000 DM (12 500 €) nicht überstiegen hat und im laufenden Kalenderjahr voraussichtlich nicht übersteigen wird.

74 Auf die Anwendung der Erwerbsschwelle kann der Verein auch verzichten. Er hat dies dem Finanzamt gegenüber zu erklären. An diesen Verzicht ist der Verein dann zwei Kalenderjahre gebunden.

75 Neue Fahrzeuge i.S. des § 1b Abs. 2 und 3 UStG und verbrauchsteuerpflichtige Waren i.S. des § 1a Abs. 5 Satz 2 UStG unterliegen stets der Erwerbsbesteuerung. Es gilt hier die Besteuerung nach dem „Bestimmungslandprinzip".

76 Zu den Landfahrzeugen gehören insbesondere Personenkraftwagen, Lastkraftwagen, Motorräder, Motorroller, Mopeds und motorbetriebene Wohnmobile und Caravans.

77 **Keine** Landfahrzeuge sind dagegen Wohnwagen, Packwagen und andere Anhänger ohne eigenen Motor, die nur von Kraftfahrzeugen mitgeführt werden können (Abschn. 15c UStR 2000).

12. EINNAHMEN ALS „BELIEHENER" UNTERNEHMER

Körperschaften des öffentlichen Rechts übertragen gelegentlich in speziellen Fällen hoheitliche Aufgaben auf Unternehmer des privaten Rechts. So werden z.B. die Jahresüberprüfungen für Segelflugzeuge und Fallschirme vom Luftfahrtbundesamt den Luftsportverbänden/Luftsportvereinen oder anderen gewerblichen Unternehmern (sog. beliehenen Unternehmern) übertragen. Diese Tätigkeit, die der Erfüllung von Hoheitsaufgaben dient, ist sodann steuerbar (Abschn. 23 Abs. 3 UStR 2000). 78

V. STEUERBARE UND STEUERPFLICHTIGE LEISTUNGEN DES VEREINS

Die steuerbaren Leistungen im unternehmerischen Bereich gegenüber den Mitgliedern und Nichtmitgliedern sind i.d.R. sonstige Leistungen gegen ein Sonderentgelt, können aber auch Lieferungen von Gegenständen sein. 79

Bei Leistungen gegenüber Mitgliedern ist stets zu prüfen, ob diese Leistungen im Rahmen eines Zweckbetriebs, der Vermögensverwaltung oder eines steuerpflichtigen wirtschaftlichen Geschäftsbetriebs erfolgen. 80

Sonstige Leistungen an Nichtmitglieder erfolgen i.d.R. im Rahmen der Vermögensverwaltung oder im steuerpflichtigen wirtschaftlichen Geschäftsbetrieb. 81

Einzelheiten zu den steuerpflichtigen Leistungen → L 121 ff.

VI. EINNAHMEN IM NICHTUNTERNEHMERISCHEN BEREICH

Die Einnahmen im nichtunternehmerischen (ideellen) Bereich sind nicht steuerbar und unterliegen somit nicht der Besteuerung. Hierunter fallen: 82

a) die **Mitgliedsbeiträge,** die nach Satzung, Beitragsordnung oder Beschluss der Mitgliederversammlung von allen Mitgliedern zu entrichten sind und zur Finanzierung der Gesamtbelange des Vereins im ideellen Bereich oder in Zweckbetrieben zur Verfügung stehen;

b) **Aufnahmegebühren,** die bei Neueintritt eines Mitglieds zu entrichten sind;

c) **Umlagen,** die auf Beschluss der Mitgliederversammlung erbracht werden müssen, um Vorhaben finanzieren zu können, für die keine Steuervergünstigung im gemeinnützigen Bereich gegeben ist. Hierunter fallen auch die **Investitionsumlagen,** die zur Finanzierung von der Mitgliederversammlung beschlossener konkreter Investitionsvorhaben erhoben werden;

d) **Arbeitsleistungen;** viele Vereine beschließen in der Beitragsordnung, dass jedes Mitglied eine Anzahl Arbeitsstunden zu erbringen hat. Diese Arbeitsleistungen (früher in den Gemeinden als „Gespanndienste" bezeichnet) sind ein zusätzlicher Mitgliedsbeitrag. Wenn ein Mitglied diese Arbeitsleistung nicht erbringen kann, ist es i.d.R. verpflichtet, anstelle der Arbeitsleistung einen von der Mitgliederversammlung beschlossenen Betrag in die Vereinskasse einzuzahlen. Diese Zahlungen sind dem ideellen Bereich zuzuordnen und somit nicht steuerbar;

e) nichtsteuerbare **echte Zuschüsse,** die ohne eine bestimmte Leistung des Vereins vereinnahmt werden. Es handelt sich im Regelfall um Zuschüsse von Bund, Länder und Kommunen. Auch die Zuschüsse der überregionalen Verbände (Deutscher Sängerbund, Landessportbünde udgl. zur Anschaffung von Notenmaterial oder Sportgeräten) unterliegen nicht der Besteuerung;

L. Umsatzsteuer

f) **Spenden,** also freigebige Zuwendungen, denen keine direkten Gegenleistungen des gemeinnützigen Vereins gegenüberstehen. Da es hier an einem Leistungsaustausch mangelt, ist die Vereinnahmung der Spenden nicht steuerbar;

g) **Schenkungen/Erbschaften;** sie sind, wenn der Schenker/Erblasser keine ausdrücklichen Anweisungen erteilt, ebenfalls dem ideellen Bereich zuzuordnen.

VII. STEUERBEFREIUNGEN

1. ALLGEMEINE GRUNDSÄTZE FÜR EINE STEUERBEFREIUNG

83 Viele steuerbare Umsätze sind aus wirtschaftspolitischen, sozialen und kulturellen Gründen oder zur Vermeidung einer Mehrfachbesteuerung nach § 4 UStG von der Umsatzsteuer befreit.

Die **Gemeinnützigkeit** eines Vereins **allein** begründet jedoch noch keine Steuerbefreiung für die im Unternehmensbereich getätigten Umsätze.

Steuerbefreite Umsätze sind gem. § 15 Abs. 2 Nr. 1 UStG vom Vorsteuerabzug ausgeschlossen.

2. SPEZIELLE BEFREIUNGSVORSCHRIFTEN, DIE AUF DIE GEMEINNÜTZIGKEIT ABSTELLEN

84

– Befreit sind die Vorträge, Kurse und andere Veranstaltungen wissenschaftlicher oder belehrender Art, wenn die Einnahmen überwiegend zur Deckung der Kosten verwendet werden	§ 4 Nr. 22a UStG
– Sportunterricht, soweit er von einem gemeinnützigen Verein im Rahmen des Zweckbetriebs „Sportliche Veranstaltungen i.S. des § 67a AO" sowohl für Mitglieder als auch für Nichtmitglieder durchgeführt wird; hierzu gehören auch Sportreisen, wenn die sportliche Betätigung wesentlicher und notwendiger Bestandteil der Reise ist (z.B. Reise zum Wettkampfort)	§ 4 Nr. 22a UStG i.V.m. Abschn. 115 Abs. 3 UStR
– kulturelle und sportliche Veranstaltungen, soweit das Entgelt in Teilnehmergebühren besteht	Abschn. 116 Abs. 3 UStR § 4 Nr. 22b UStG
– als andere kulturelle Veranstaltungen kommen z.B. Musikwettbewerbe und Trachtenfeste in Betracht	Abschn. 116 Abs. 1 UStR
– Teilnehmergebühren und Startgelder, die bei einer aktiven Teilnahme an einer sportlichen Veranstaltung gezahlt werden, wobei nicht vorausgesetzt wird, dass die Teilnehmer Mitglieder des Vereins sind	§ 4 Nr. 22b UStG i.V.m. Abschn. 116 Abs. 2 UStR

3. WEITERE BEFREIUNGSTATBESTÄNDE, DIE BEI GEMEINNÜTZIGEN VEREINEN EINSCHLÄGIG SIND

85

– Umsätze, die unter das Grunderwerbsteuergesetz fallen	§ 4 Nr. 9a UStG
– Umsätze, die unter das Lotteriegesetz fallen	§ 4 Nr. 9b UStG

– die Vermietung und Verpachtung von Grundstücken und Grundstücksteilen, soweit eine Steuerbefreiung nicht ausdrücklich ausgeschlossen ist	§ 4 Nr. 12 UStG
– das Entgelt für die Beherbergung, Beköstigung und die üblichen Naturalleistungen, das **Jugendlichen** im Rahmen ihrer Erziehung, Ausbildung und Fortbildung gewährt wird; Jugendliche i.S. dieser Vorschrift sind alle Personen vor Vollendung des 27. Lebensjahres	§ 4 Nr. 23 UStG i.V.m. Abschn. 117 UStR
– Leistungen der förderungswürdigen Träger der freien Jugendhilfe – Jugendabteilungen gemeinnütziger Vereine, die kraft Gesetzes oder von der zuständigen Jugendbehörde anerkannt sind oder die die Voraussetzungen für eine Förderung durch die Träger der öffentlichen Jugendhilfe erfüllen a) für die Durchführung von Lehrgängen, Freizeiten, Zeltlagern, Fahrten und Treffen sowie Veranstaltungen, die dem Sport oder der Erholung dienen, soweit diese Leistungen Jugendlichen oder Mitarbeitern in der Jugendhilfe unmittelbar zugute kommen b) in Verbindung mit den unter Buchstabe a bezeichneten Leistungen die Berherbung, Beköstigung und die üblichen Naturalleistungen, die den Jugendlichen und Mitarbeitern in der Jugendhilfe sowie den bei diesen Leistungen tätigen Personen als Vergütung für die geleisteten Dienste gewährt werden c) die Durchführung von kulturellen und sportlichen Veranstaltungen im Rahmen der Jugendhilfe, wenn die Darbietungen von den Jugendlichen selbst erbracht oder die Einnahmen überwiegend zur Deckung der Kosten verwendet werden	§ 4 Nr. 25 UStG i.V.m. Abschn. 119 UStR
– die Vergütungen für eine ehrenamtliche Tätigkeit, wenn das Entgelt für diese Tätigkeit nur im Auslagenersatz und einer angemessenen Entschädigung für Zeitversäumnis besteht	§ 4 Nr. 26 UStG i.V.m. Abschn. 120 UStR
– die Lieferung von Gegenständen, für die der Vorsteuerabzug nach § 15 Abs. 1a Nr. 1 UStG ausgeschlossen ist oder der Verein die gelieferten Gegenstände ausschließlich für eine steuerfreie Tätigkeit verwendet hat.	§ 4 Nr. 28 UStG i.V.m. Abschn. 122 UStR

4. STEUERBEFREIUNG BEI BESTIMMTEN VERMIETUNGSLEISTUNGEN

Vermietungsleistungen sind sonstige Leistungen i.S. des § 3 Abs. 9 UStG, die in einem Dulden bestehen und steuerbar sind, wenn ein Leistungsaustausch zwischen dem Leistenden und dem Leistungsempfänger stattfindet.

Sonstige Leistungen, die im Zusammenhang mit einem Grundstück stehen, werden dort ausgeführt, wo das Grundstück liegt (§ 3a Abs. 2 Nr. 1 UStG).

Hierzu gehören insbesondere sonstige Leistungen der in § 4 Nr. 12 UStG bezeichneten Art sowie sonstige Leistungen, die im Zusammenhang mit der Veräußerung oder dem Erwerb von Grundstücken stehen.

87 In diesem Zusammenhang sind auch die den sonstigen Leistungen gleichgestellten Wertabgaben (§ 3 Abs. 9a UStG) zu beachten. Hierunter fällt z.B. die Benutzung einer Mietwohnung. Es handelt sich hier um eine steuerbare, aber nach § 4 Nr. 12a UStG steuerfreie Wertabgabe.

Nähere Einzelheiten siehe Abschnitt 24c UStR.

Einzelfälle:

88 – Die Vermietung von Wohnräumen ist stets befreit; ein Verzicht auf die Steuerbefreiung ist nicht möglich.
   – Ebenso befreit ist die Vermietung von Grundstücken an einen anderen Unternehmer, der eine private Veranstaltung durchführt und der Vermieter keine weiteren Leistungen als die reine Nutzungsüberlassung erbringt.

89 – Die langfristige Vermietung von Campingflächen fällt unter die Befreiungsvorschrift des § 4 Nr. 12 UStG. Diese liegt vor, wenn die Vermietung auf unbestimmte Zeit vereinbart wird und/oder die tatsächliche Gebrauchsüberlassung für mindestens sechs Monate erfolgt (Abschn. 78 UStR).

Die Überlassungen der üblichen Gemeinschaftseinrichtungen sind Nebenleistungen, die den Charakter der Grundstücksvermietung als Hauptleistung nicht beeinträchtigen. Zu den üblichen Gemeinschaftseinrichtungen gehören die Wasch- und Duschräume, Toiletten, Wasserzapfstellen, elektrische Anschlüsse, Vorrichtungen zur Müllbeseitigung und Kinderspielplätze (Abschn. 78 Abs. 3 UStR).

90 Keine Nebenleistungen sind dagegen die Lieferung von elektrischem Strom, Heizgas oder Heizöl (Abschn. 76 Abs. 6 UStR).

91 Andere Leistungen des Campingplatzunternehmers (Verein), wie die Vermietung von Sportgeräten, Tennisplätzen, Saunabädern udgl., fallen nicht unter die Befreiungsvorschrift; ebenso die Vermietung von Betriebsvorrichtungen.

Betriebsvorrichtungen sind Maschinen oder sonstige Vorrichtungen aller Art, die zu einer Betriebsanlage gehören, auch dann, wenn sie wesentlicher Bestandteil eines Grundstücks sind (§ 68 Abs. 2 Nr. 2 BewG).

92 Für die nachgenannten Sportanlagen hat die Finanzverwaltung in Abschn. 86 Abs. 1 UStR Aufteilungskriterien festgelegt, was jeweils den Grundstücksteilen und den Betriebsvorrichtungen zuzurechnen ist:

1. Sportplätze und Sportstadien
2. Schwimmbäder (Frei- und Hallenbäder)
3. Tennisplätze und Tennishallen
4. Schießstände
5. Kegelbahnen
6. Squashhallen
7. Reithallen
8. Turn-, Sport- und Festhallen, Mehrzweckhallen
9. Eissportstadien, -hallen, -zentren
10. Golfplätze.

Bei der Aufteilung in Grundstücksteil und Betriebsvorrichtungen ist im Regelfall von dem Verhältnis der Gestehungskosten der Grundstücke zu den Gestehungskosten der Betriebsvorrichtungen auszugehen. Zu berücksichtigen sind hierbei die Nutzungsdauer und die kalkulatorischen Zinsen auf das eingesetzte Kapital (Abschn. 86 Abs. 2 UStR). 93

Der Verein kann das Aufteilungsverhältnis aus Vereinfachungsgründen für die gesamte Vermietungsdauer beibehalten und – soweit eine wirtschaftliche Zuordnung nicht möglich ist – auch der Aufteilung der Vorsteuer zugrunde legen. 94

5. STEUERPFLICHTIGE VERMIETUNGSLEISTUNGEN

Von der Steuerbefreiung sind ausgeschlossen:

a) BETRIEBSVORRICHTUNGEN (→ L 91, 92) 95

b) VERMIETUNG VON PLÄTZEN FÜR DAS ABSTELLEN VON FAHRZEUGEN

Eine Vermietung von Plätzen für das Abstellen von Fahrzeugen liegt vor, wenn dem Fahrzeugbesitzer der Gebrauch einer Stellfläche überlassen wird. Die bauliche oder technische Ausstattung des Stellplatzes ist ohne Bedeutung. Hierzu gehören auch Flächen, die aus besonderem Anlass wie z.B. Sport- oder Festveranstaltungen nur vorübergehend für das Abstellen von Fahrzeugen genutzt werden (Abschn. 77 Abs. 1 UStR). Diese Vermietung ist umsatzsteuerpflichtig, wenn es sich um eine **Hauptleistung** handelt. Auf die Dauer der Nutzung als Stellplatz kommt es nicht an; die Einschränkung der Steuerpflicht auf eine kurzfristige Vermietung ist weggefallen. 96

Die Vermietung eines Stellplatzes im Zusammenhang mit der Vermietung einer Wohnung ist eine **Nebenleistung,** die das Schicksal der Hauptleistung (steuerfreie Wohnungsvermietung) teilt (Abschn. 77 Abs. 3 UStR). 97

c) VERMIETUNG VON TENNISHALLEN

Bei der Vermietung von Tennishallen liegt nach deutscher Rechtsauffassung ein gemischter Vertrag vor, so dass die sonstige Leistung in eine steuerfreie Grundstücksvermietung und in eine steuerpflichtige Vermietung von Betriebsvorrichtungen (BFH v. 8.11.1995, BFH/NV 1996 S. 440) – erforderlichenfalls durch Schätzung – aufgeteilt werden muss (Abschn. 80 Abs. 1 UStR). 98

Ein gemischter Vertrag ist gegeben, wenn der Vertrag sowohl die Merkmale einer Vermietung als auch die Merkmale anderer Leistungen aufweist, ohne dass ein so starkes Zurücktreten der Merkmale der einen oder anderen Gruppe festzustellen ist, dass sie umsatzsteuerlich nicht mehr zu beachten wären (BFH v. 7.4.1960, BStBl III 1960 S. 261; Abschn. 80 Abs. 1 UStR).

d) VERTRÄGE BESONDERER ART

Ein Vertrag besonderer Art liegt vor, wenn die Gebrauchsüberlassung des Grundstücks gegenüber anderen wesentlichen Leistungen zurücktritt und das Vertragsverhältnis ein einheitliches, unteilbares Ganzes darstellt (BFH v. 19.12.1952, BStBl III 1953 S. 98). Eine Steuerbefreiung kommt deshalb weder für die gesamte Leistung noch für einen Teil der Leistung in Betracht (Abschn. 81 Abs. 1 UStR). 99

L. Umsatzsteuer

100 Bei Vereinen könnten folgende Verträge besonderer Art gegeben sein:

1. der Verein überlässt im Rahmen einer Mitgliederversammlung den Ausstellern unter besonderen Auflagen Freiflächen oder Stände in Hallen zur Schaustellung gewerblicher Erzeugnisse
2. ein Schützenverein vergibt für die Dauer eines von ihm veranstalteten Schützenfestes Teilflächen des Festplatzes unter bestimmten Auflagen zur Aufstellung von Verkaufsständen, Schankzelten, Schaubuden, Karussells udgl.
3. ein Verein überlässt die Außenwandflächen oder Dachflächen des Vereinshauses zu Reklamezwecken
4. Einzelpersonen wird die Benutzung eines Sportplatzes oder eines Schwimmbades im Rahmen des allgemeinen Sport- bzw. Badebetriebs gegen Eintrittsgeld gestattet
5. ein Golfclub stellt vereinsfremden Spielern seine Anlage gegen Entgelt (sog. Greenfee) zur Verfügung
6. Schützen wird gestattet, eine überdachte Schießanlage zur Ausübung des Schießsports ohne Ausschluss weiterer Schützen gegen ein Eintrittsgeld und ein nach Art und Anzahl der abgegebenen Schüsse bemessenes Entgelt zu nutzen.

6. VERZICHT AUF DIE STEUERBEFREIUNG BEI VERMIETUNGSLEISTUNGEN

a) VORAUSSETZUNGEN NACH § 9 UStG

101 Um wirtschaftliche Nachteile infolge einer steuerfreien Grundstücksvermietung zu vermeiden, insbesondere wegen des Ausschlusses des Vorsteuerabzugs, ist ein Vermieter berechtigt, auf die Steuerbefreiung zu verzichten, wenn er die Vermietungsleistung an einen anderen Unternehmer für dessen Unternehmen ausführt.

Die Verzichtserklärung ist an keine Form und Frist gebunden und erfolgt, indem der leistende Unternehmer den Umsatz steuerpflichtig durch gesonderten Ausweis der Umsatzsteuer behandelt. Der Verzicht ist so lange möglich, wie die Steuerfestsetzung für diese Leistung noch vorgenommen oder geändert werden kann, und ist somit auch noch möglich, wenn die Steuerfestsetzung aufgehoben oder geändert wird (Abschn. 148 Abs. 3 UStR).

102 Der Verzicht auf die Steuerbefreiung kann bei aufteilbaren sonstigen Leistungen auf deren Teile begrenzt werden (Teiloption). Dies kann bei Gebäudelieferungen, insbesondere bei unterschiedlichen Nutzungsarten der Gebäudeteile, in Betracht kommen. Eine Aufteilung nach räumlichen Gesichtspunkten, nicht jedoch eine bloße quotale Aufteilung, ist möglich (Abschn. 148 Abs. 6 UStR).

b) EINSCHRÄNKUNG DER VERZICHTSERKLÄRUNG

103 Eine Einschränkung der Verzichtserklärung ist durch Art. 20 Nr. 9 StMBG v. 21.12.1993 (BGBl. I 1993 S. 2310) in das Umsatzsteuergesetz aufgenommen worden. Ein Verzicht auf die Steuerbefreiung ist nur noch möglich, wenn der Nutzer des Gebäudes oder Gebäudeteils dieses ausschließlich für Umsätze verwendet oder zu verwenden beabsichtigt, die den Vorsteuerabzug nicht ausschließen. Diese Regelung gilt nicht nur für das gesamte Grundstück, sondern auch für selbständig nutzbare Grundstücksteile (z.B. Wohnungen, gewerbliche Flächen, Büroräume, Praxisräume). Soweit der Leistungsempfänger das Grundstück oder einzelne Grundstücksteile ausschließlich für Umsätze verwendet, die zum Vor-

steuerabzug berechtigen, kann auf die Steuerbefreiung des einzelnen Umsatzes weiterhin verzichtet werden (Abschn. 184a Abs. 1 UStR mit den angeführten Beispielen).

Werden mehrere Grundstücksteile räumlich oder zeitlich unterschiedlich genutzt, ist die Frage der Option bei jedem Grundstücksteil gesondert zu beurteilen. Dabei ist es unschädlich, wenn die Verwendung der Grundstücksteile zivilrechtlich in einem einheitlichen Vertrag geregelt ist. 104

7. STEUERBEFREIUNG VON SPORTLICHEN VERANSTALTUNGEN

Der BFH hat in seiner Entscheidung v. 25.7.1996, BStBl II 1997 S. 143, den Begriff der sportlichen Veranstaltung definiert: 105

Eine sportliche Veranstaltung ist die organisatorische Maßnahme einer begünstigten Einrichtung, die es aktiven Sportlern (nicht nur Mitgliedern des Vereins) erlaubt, Sport zu treiben. Eine bestimmte Organisationsform oder -struktur ist für die Veranstaltung nicht notwendig. Es ist auch nicht erforderlich, dass Publikum teilnimmt oder ausschließlich Mitglieder sich betätigen. Deshalb können schon das bloße Training, Sportkurse und Sportlehrgänge eine sportliche Veranstaltung sein.

Das vorstehende Urteil wurde in Abschn. 116 Abs. 2 UStR 2000 übernommen. Abzugrenzen hiervon sind sportliche Betätigungen eines Vereinsmitglieds, die zwar keine sportlichen Veranstaltungen i.S. des § 67a AO, aber dennoch sowohl ertragsteuerlich als auch umsatzsteuerlich steuerbegünstigt sind, wenn diese Betätigungen unter den Voraussetzungen des § 65 AO im Rahmen eines Zweckbetriebs erfolgen. Dies ist der Fall, wenn sich die organisatorische Maßnahme des Vereins auf Sonderleistungen für einzelne Personen beschränkt. Dies liegt vor, wenn die Maßnahme nur eine Nutzungsüberlassung von Sportgegenständen bzw. -anlagen oder bloße konkrete Dienstleistungen, wie z.B. die Beförderung zum Ort der sportlichen Betätigung oder ein spezielles Training für einzelne Sportler, zum Gegenstand hat (Abschn. 116 Abs. 4 UStR). 106

Eine sportliche Veranstaltung liegt aber auch vor, wenn ein Sportverein im Rahmen einer anderen Veranstaltung eine sportliche Darbietung präsentiert. Die andere Veranstaltung braucht nicht notwendigerweise die sportliche Veranstaltung eines Sportvereins zu sein (BFH v. 4.5.1994, BStBl II 1994 S. 886; Abschn. 116 Abs. 1 UStR). Im Urteilsfall hatte ein Tanzsportverein im Rahmen einer Veranstaltung eines Berufsverbands eine sportliche Darbietung gebracht. 107

VIII. BEMESSUNGSGRUNDLAGEN

1. BEMESSUNGSGRUNDLAGEN FÜR LIEFERUNGEN UND SONSTIGE LEISTUNGEN

Die Bemessungsgrundlage für die Erhebung der Umsatzsteuer ist das Entgelt. Dies entspricht dem Betrag, den der Leistungsempfänger für eine Lieferung oder sonstige Leistung aufzuwenden hat, um die Leistung zu erhalten (Wert der Gegenleistung), **abzüglich** der Umsatzsteuer. Hierbei kommt es nicht darauf an, ob die Gegenleistung von dem Leistungsempfänger oder von einem Dritten aufgewendet wird. Einzubeziehen sind bei einem innergemeinschaftlichen Erwerb die Verbrauchssteuern (§ 10 Abs. 1 UStG). 108

Das Entgelt besteht i.d.R. in „Geld"; es kann jedoch auch aus einer Gegenleistung (Lieferung oder sonstigen Leistung) bestehen. Ist dies der Fall (für eine Lie- 109

L. Umsatzsteuer

ferung erfolgt eine Gegenlieferung), liegt nach § 3 Abs. 12 UStG ein Tausch vor; ist die Gegenleistung für eine Lieferung und/oder sonstige Leistung eine sonstige Leistung, spricht das Umsatzsteuergesetz von einem tauschähnlichen Vorgang. Bei der Vertragsabwicklung kann der jeweilige Leistungsempfänger verpflichtet sein, eine bare Zuzahlung zu leisten. Dieser Sachverhalt wird als Tausch/tauschähnlicher Umsatz mit Baraufgabe bezeichnet. Als Bemessungsgrundlage gilt hier der gemeine Wert jedes Umsatzes als Entgelt für den anderen Umsatz (§ 10 Abs. 2 UStG).

2. MINDESTBEMESSUNGSGRUNDLAGE

110 Die Mindestbemessungsgrundlage i.S. des § 10 Abs. 5 UStG hat für gemeinnützige Vereine infolge einer Änderung in Abschn. 158 UStR 1992 an Bedeutung gewonnen, da vor In-Kraft-Treten der Umsatzsteuer-Richtlinien 1992 die Mindestbemessungsgrundlage nicht anzuwenden war.

Nunmehr ist in Abschn. 158 Abs. 1 Nr. 1 UStR 2000 ausdrücklich bestimmt, dass die Mindestbemessungsgrundlage bei Umsätzen sowohl bei rechtsfähigen Vereinen (§ 1 Abs. 1 Nr. 4 KStG) als auch bei nichtrechtsfähigen Vereinen (§ 1 Abs. 1 Nr. 5 KStG) anzuwenden ist, wenn Leistungen an Mitglieder erbracht werden.

111 Die Mindestbemessungsgrundlage ist als Bemessungsgrundlage anzuwenden, wenn das von dem Mitglied (Leistungsempfänger) für Sonderleistungen tatsächlich gezahlte Entgelt nicht mindestens der Bemessungsgrundlage entspricht, die nach § 10 Abs. 4 UStG anzusetzen wäre.

112 § 10 Abs. 4 UStG regelte bis 31.3.1999 die Bemessungsgrundlage für die „Eigenverbrauchstatbestände". Für die Zeit ab 1.4.1999 wurden auf Grund der gesetzlichen Neuregelung folgende Verwaltungsanweisungen in die UStR 2000 aufgenommen:

24a UStR   Unentgeltliche Wertabgaben

24b UStR   Den Lieferungen gleichgestellte Wertabgaben

      – Entnahme von Gegenständen (§ 3 Abs. 1 Satz 1 Nr. 1 UStG)

      – Sachzuwendungen an das Personal (§ 3 Abs. 1 Satz 1 Nr. 2 UStG)

      – Andere unentgeltliche Zuwendungen (§ 3 Abs. 1b Satz 1 Nr. 3 UStG)

24c UStR   Den sonstigen Leistungen gleichgestellte Wertabgaben.

113 Der bisherigen Gegenstandsentnahme (§ 1 Abs. 1 Nr. 2a UStG) entsprechen ab 1.4.1999

– das Verbringen eines Gegenstandes des Unternehmens aus dem übrigen Gemeinschaftsgebiet in das Inland durch einen Unternehmer zu seiner Verfügung (innergemeinschaftlicher Erwerb gegen Entgelt – § 1a Abs. 2 UStG) und

– das Verbringen eines Gegenstandes des Unternehmens aus dem Inland in das übrige Gemeinschaftsgebiet durch einen Unternehmer zu seiner Verwendung (§ 3 Abs. 1a UStG) sowie

– die einer Lieferung gegen Entgelt gleichgestellte Entnahme eines Gegenstandes durch einen Unternehmer aus seinem Unternehmen für Zwecke, die außerhalb des Unternehmens liegen.

3. BEMESSUNGSGRUNDLAGE BEI UNENTGELTLICHEN WERTABGABEN (ABSCHN. 155 UStR)

Die Bemessungsgrundlage ermittelt sich aus dem Einkaufspreis zzgl. der Nebenkosten für den Gegenstand oder für einen gleichartigen Gegenstand oder mangels eines Einkaufspreises nach den Selbstkosten, jeweils zum Zeitpunkt des Umsatzes (§ 10 Abs. 4 Nr. 1 UStG; Abschn. 155 Abs. 1 UStR). 114

Der bisherigen Leistungsentnahme (§ 1 Abs. 1 Nr. 2 UStG) entsprechen 115

1. den gegen Entgelt gleichgestellten sonstigen Leistungen (Verwendung eines dem Unternehmen zugeordneten Gegenstandes, der zum vollen oder teilweisen Vorsteuerabzug berechtigt hat, durch einen Unternehmer für Zwecke, die außerhalb des Unternehmens liegen, oder für den privaten Bedarf seines Personals, sofern keine Aufmerksamkeiten vorliegen);
2. die unentgeltliche Erbringung einer anderen sonstigen Leistung durch einen Unternehmer für Zwecke, die außerhalb des Unternehmens liegen, oder für den privaten Bedarf seines Personals, sofern keine Aufmerksamkeiten vorliegen.

Bemessungsgrundlage für die sonstigen Leistungen, welche unter die Nummer 1 fallen, sind die bei der Ausführung dieser Umsätze entstandenen Kosten, soweit sie zum vollen oder teilweisen Vorsteuerabzug berechtigt haben (§ 10 Abs. 4 Nr. 2 UStG). 116

Bemessungsgrundlage für die sonstigen Leistungen, welche unter die Nummer 2 fallen, sind die bei der Ausführung dieser Umsätze entstandenen Kosten. 117

Die Umsatzsteuer gehört nicht zur Bemessungsgrundlage (§ 10 Abs. 4 Satz 2 UStG; Abschn. 155 Abs. 2 UStR).

Mitglieder gemeinnütziger Vereine dürfen im Gegensatz zu Mitgliedern anderer Vereine nach § 55 Abs. 1 Nr. 1 AO in ihrer Eigenschaft als Mitglied keine Zuwendungen aus Mitteln des Vereins erhalten. Erbringt der Verein an seine Mitglieder Sonderleistungen gegen Entgelt, braucht jedoch aus Vereinfachungsgründen eine Ermittlung der Kosten erst vorgenommen zu werden, wenn die Entgelte offensichtlich nicht kostendeckend sind (Abschn. 158 Abs. 1 Beispiel 2 UStR). 118

4. UNENTGELTLICHE ODER VERBILLIGTE LEISTUNGEN AN DAS PERSONAL

Zuwendungen von Gegenständen (Sachzuwendungen) und sonstige Leistungen an das Personal für dessen privaten Bedarf sind nach § 3 Abs. 1b Satz 1 Nr. 2 und § 3 Abs. 9a UStG auch dann steuerbar, wenn sie unentgeltlich sind. Die Steuerbarkeit setzt allerdings voraus, dass der Gegenstand oder seine Bestandteile zumindest zu einem teilweisen Vorsteuerabzug berechtigt (Abschn. 12 Abs. 2 i.V.m. Abschn. 24b und 24c UStR 2000). 119

Die Bemessungsgrundlage ist in § 10 Abs. 4 UStG geregelt. Bei der Ermittlung der Bemessungsgrundlage ist die Vorschrift über die Mindestbemessungsgrundlage in § 10 Abs. 5 Nr. 2 UStG zu beachten (Abschn. 12 Abs. 6 UStR). 120

L. Umsatzsteuer

IX. STEUERSÄTZE

1. REGELSTEUERSATZ

121 Im wirtschaftlichen Geschäftsbetrieb eines gemeinnützigen Vereins (§ 64 AO) gelten für die erbrachten steuerpflichtigen Leistungen die jeweiligen Regelsteuersätze nach

- § 12 Abs. 1 UStG mit derzeit 16 v. H. und
- § 12 Abs. 2 UStG mit dem ermäßigten Steuersatz von 7 v. H.

2. ERMÄSSIGTER STEUERSATZ FÜR GEMEINNÜTZIGE VEREINE

122 Für Vereine, die gemeinnützige, mildtätige und kirchliche Zwecke verfolgen, wurde für deren Leistungen, die im Rahmen einer Vermögensverwaltung oder in einem Zweckbetrieb anfallen, der Steuersatz gem. § 12 Abs. 2 Nr. 8 UStG auf 7 v. H. ermäßigt. Der ermäßigte Steuersatz kommt jedoch nicht für unentgeltliche Wertabgaben an den eigenen nichtunternehmerischen Bereich in Betracht (Abschn. 170 Abs. 1 Satz 6 UStR).

123 Demnach sind auch die Umsätze aus Vermietung und Verpachtung, soweit sie im Rahmen der Vermögensverwaltung vereinnahmt werden, nur mit dem ermäßigten Steuersatz von 7 v. H. zu versteuern.

124 Für die Annahme eines Zweckbetriebs müssen die Voraussetzungen des § 65 AO vorliegen. Dies setzt voraus, dass der Verein mit seinen Leistungen zu nicht begünstigten Betrieben derselben oder ähnlichen Art nicht in größerem Umfang in Wettbewerb tritt, als es bei Erfüllung seiner steuerbegünstigten Zwecke unvermeidbar ist. Ein Wettbewerb in diesem Sinne liegt vor, wenn im Einzugsbereich des Vereins ein nicht steuerbegünstigter Unternehmer die gleichen Leistungen wie der Verein anbietet oder anbieten könnte (BFH v. 30.3.2000 – V R 30/99 –, BStBl II 2000 S. 705).

Sportliche Veranstaltungen i.S.d. § 67a AO sowie die in § 68 AO aufgeführten Einrichtungen und Veranstaltungen sind stets Zweckbetriebe, auch dann, wenn die allgemeinen Voraussetzungen des § 65 AO nicht erfüllt sind (Abschn. 170 Abs. 4 UStR).

125 Kulturelle Einrichtungen und Veranstaltungen i.S.d. § 68 Nr. 7 AO sind stets als Zweckbetrieb zu behandeln. Auf eine Umsatz- oder Einkommensgrenze kommt es nicht an. Ausgenommen hiervon sind jedoch die Umsätze von Speisen und Getränken sowie die Werbeeinnahmen (Abschn. 170 Abs. 5 UStR).

3. BEISPIELE FÜR BESTEUERUNGSTATBESTÄNDE MIT STEUERSATZ

126

Vereinbartes/vereinnahmtes Entgelt	USt-Satz/v. H.
Einnahmen im Vermögensbereich:	
Einnahmen aus einer langfristigen Vermietung von Räumen, bei denen eine Verzichtserklärung auf die Steuerbefreiung nicht möglich oder nicht vorgenommen wurde	0
Verpachtung der Vereinsgaststätte an einen Gastwirt bei einem Verzicht auf die Steuerbefreiung, sofern die Gaststätte zuvor nicht in eigener Regie betrieben wurde	7

IX. Steuersätze

Vereinbartes/vereinnahmtes Entgelt	USt-Satz/v. H.
Erlöse aus der Übertragung von Werberechten	7
Erlöse aus Lizenzen	7
Verkauf von Anlagegütern	7
Einnahmen im Zweckbetrieb:	
bei sportlichen Veranstaltungen	
Eintrittsgelder	7
Teilnehmergebühren/Startgelder	0
Übertragungshonorare	7
Verkauf Programme	7
Erteilung von Sportunterricht	7
Durchführung von Sportreisen	7
Nutzungsgebühren der Mitglieder für Sportgeräte und Sportstätten, sofern keine Steuerbefreiung (Grundstücksumsatz) vorliegt	7
Ablösezahlungen	7
Verkauf von Sportgeräten	7
bei kulturellen Veranstaltungen	
Eintrittsgeld	7
Teilnehmergebühren	7
Studienreisen	7
Übertragungshonorare	7
Einnahmen im wirtschaftlichen Geschäftsbetrieb:	
bei steuerpflichtigen sportlichen Veranstaltungen	
Eintrittsgelder	16
Teilnehmergebühren/Startgelder	0
Verkauf von Programmen	16
Einnahmen aus Werbung am Trikot	16
Sportreisen	16
Verkauf von Sportartikeln	16
Sponsorenzahlungen, soweit sie nicht dem ideellen Bereich zuzurechnen sind	16
Nutzungsentgelte an Sportgeräten und Sportstätten für Nichtmitglieder	16
Verkauf von Anlagegütern	16
bei kulturellen Veranstaltungen	
Verkauf von Tonträgern	16
Einnahmen aus Anzeigenwerbung	16

127

128

L. Umsatzsteuer

Vereinbartes/vereinnahmtes Entgelt	USt-Satz/v. H.
sonstige Einnahmen	
Einnahmen in Vereinsgaststätten, die in eigener Regie betrieben werden	16
Einnahmen bei einer Betriebsaufspaltung	16
Verkauf von Bier/Wein/Fruchtsäften	16
Verkauf von Speisen über die Straße	7
Eintrittsgelder bei Festveranstaltungen	16
Verkauf von gesammeltem Altmaterial	16
Durchführung von Basaren und Flohmärkten	16
Werbeeinnahmen	16
Verkauf von Anlagegütern aus dem wirtschaftlichen Geschäftsbetrieb	16
Vermietung von Plätzen für das Abstellen von Fahrzeugen, sofern dies keine Nebenleistung zu einer steuerfreien Vermietung ist	16
die kurzfristige Vermietung von Campingplätzen	16
die Vermietung von Betriebsvorrichtungen	16
Vermietung der Vereinsgaststätte, wenn die bisher selbst betriebene Vereinsgaststätte als „ruhender Gewerbebetrieb" weitergeführt wird	16
Zuschüsse als Entgelt für eine Leistung an den Zuschussgeber	16

4. ERMÄSSIGTER STEUERSATZ BEI PERSONENVEREINIGUNGEN

129 Der ermäßigte Steuersatz kann ausnahmsweise auch bei Personenvereinigungen (Gesellschaften des bürgerlichen Rechts/Gemeinschaften), welche den Status der Gemeinnützigkeit nicht erhalten können, in Frage kommen, wenn

– alle Mitglieder der nichtrechtsfähigen Personenvereinigung oder Gemeinschaft steuerbegünstigte Körperschaften sind,

– kein wirtschaftlicher Geschäftsbetrieb vorliegt, der nicht Zweckbetrieb ist, und

– bei keinem der gemeinnützigen Körperschaften ein wirtschaftlicher Geschäftsbetrieb entstehen würde, wenn das Mitglied die anteiligen Einnahmen selbst erzielen würde (Abschn. 170 Abs. 8 UStR).

130 Zusammenschlüsse steuerbegünstigter (nichtrechtsfähiger) Körperschaften erfolgen meist dann, wenn sachlich und zeitlich begrenzte Aufgaben zu erfüllen sind, wie z.B. Sportveranstaltungen, Lotterien oder Ausspielungen.

131 Die nichtrechtsfähigen Personenvereinigungen und Gemeinschaften werden bei einem Zusammenschluss und Teilnahme am wirtschaftlichen Verkehr umsatzsteuerlich Unternehmer i.S. des § 2 UStG.

132 Daneben können diese nichtrechtsfähigen Personenvereinigungen oder Gemeinschaften für steuerpflichtige wirtschaftliche Geschäftsbetriebe (z.B. Ver-

einsgaststätte, Festveranstaltungen) gesonderte Unternehmen begründen, deren Umsätze den allgemeinen Steuersätzen unterliegen.

> **PRAXISHINWEIS:**
> Bestehen begünstigte und nicht begünstigte Personenvereinigungen oder Gemeinschaften nebeneinander, so müssen u.a. die für Umsatzsteuerzwecke erforderlichen Aufzeichnungen dieser Zusammenschlüsse voneinander getrennt erfasst werden (Abschn. 70 Abs. 8 Satz 4 UStR).

133

Sportliche Veranstaltungen eines gemeinnützigen Sportvereins sind grundsätzlich Zweckbetrieb und unterliegen dem ermäßigten Steuersatz. Sofern jedoch bei den sportlichen Veranstaltungen die Zweckbetriebsgrenze gem. § 67a Abs. 1 AO in Höhe von 60 000 DM (30 678 €) überschritten wird, werden die sportlichen Veranstaltungen ertragsteuerlich zu steuerpflichtigen wirtschaftlichen Geschäftsbetrieben, wenn vom Verein nicht auf die Anwendung der Zweckbetriebsgrenze verzichtet wird. Der Verzicht kann dem Finanzamt gegenüber bis zur Unanfechtbarkeit des Steuerbescheids erklärt werden (§ 67a Abs. 2 AO). Für steuerpflichtige sportliche Veranstaltungen kann der ermäßigte Steuersatz nicht mehr beansprucht werden.

134

> **Gestaltungshinweis:**
> Gemeinnützige Vereine, welche bei sportlichen Veranstaltungen auch bei Einnahmen über 60 000 DM (30 678 €) den ermäßigten Steuersatz beanspruchen wollen, müssen stets auf die Anwendung der Zweckbetriebsgrenze verzichten. Nach einer Verzichtserklärung werden nur noch die sportlichen Veranstaltungen als steuerpflichtiger wirtschaftlicher Geschäftsbetrieb mit dem Regelsteuersatz besteuert, an denen ein bezahlter Sportler teilnimmt.

135

5. STEUERSATZ BEI ABERKENNUNG DER GEMEINNÜTZIGKEIT

Der ermäßigte Steuersatz bei Zweckbetrieben und der Vermögensverwaltung kommt nicht mehr zur Anwendung, wenn einer gemeinnützigen Körperschaft der Status der Gemeinnützigkeit aberkannt wird.

136

Ein Erlass der Steuerschulden, die durch den sodann anzuwendenden Regelsteuersatz entstehen, wird nicht gewährt, wenn der Verein selbst keine Maßnahmen zur Tilgung der Steuerschulden in Form einer einmaligen Mitgliederumlage trifft, die durch den Verlust der Gemeinnützigkeit entstanden ist. Dies gilt insbesondere dann, wenn bereits in der Vergangenheit infolge der Aberkennung der Gemeinnützigkeit entstandene Steuerschulden erlassen worden sind, der Verein aber weiterhin gegen die Vorschriften des Gemeinnützigkeitsrechts verstoßen hat. Insoweit ist ein Sportverein erlassunwürdig (FG Münster v. 9.5.1995, EFG 1995 S. 656).

137

X. ENTSTEHUNG DER STEUERSCHULD

Bei gemeinnützigen Vereinen, die im unternehmerischen Bereich Leistungen erbringen, aber auch für den ideellen Bereich innergemeinschaftliche Erwerbe tätigen, können verschiedene Zeitpunkte für die Entstehung einer Umsatzsteuerschuld eintreten. Steuerschuldner (§ 13 Abs. 2 UStG) ist stets der Verein.

138

139 Die Steuerschuld entsteht mit den vereinbarten Entgelten grundsätzlich mit Ablauf des Voranmeldungszeitraums, in dem die Lieferungen und sonstigen Leistungen ausgeführt worden sind (§ 13 Abs. 1 Nr. 1 UStG). Bei Vereinen dürfte dies i.d.R. zeitlich mit der Vereinnahmung der Entgelte zusammentreffen. Wenn ein Verein mit seinem steuerpflichtigen wirtschaftlichen Geschäftsbetrieb verpflichtet ist, Bücher zu führen und auf Grund jährlicher Bestandsaufnahmen regelmäßig Abschlüsse zu machen, kann er für diesen Bereich beim Finanzamt beantragen, dass die Berechnung der Steuer nach den vereinnahmten Entgelten erfolgt, wenn der Gesamtumsatz nach § 19 Abs. 3 UStG im vorangegangenen Kalenderjahr nicht mehr als 250 000 DM (125 000 €) betragen hat (§ 20 UStG).

Der Betrag von 250 000 DM (125 000 €) erhöht sich für die Zeit v. 1.1.1996 bis 31.12.2004 bei Unternehmen, für deren Besteuerung ein Finanzamt in dem in Art. 3 des Einigungsvertrages bezeichneten Gebiet zuständig ist, auf 1 Mio. DM (500 000 €) – § 20 Abs. 2 UStG.

Bei einer Besteuerung nach vereinnahmten Entgelten entsteht die Steuer nach Ablauf des Voranmeldungszeitraums, in dem die Entgelte vereinnahmt worden sind.

140 Für die unentgeltlichen Wertabgaben (den Lieferungen und sonstigen Leistungen gleichgestellte Wertabgaben i.S. der §§ 3 Abs. 1b und 9a UStG) entsteht die Steuerschuld mit Ablauf des Voranmeldungszeitraums, in dem diese Leistungen ausgeführt worden sind (§ 13 Abs. 1 Nr. 2 UStG).

141 Sollte ein Verein bei der Lieferung eines Gegenstandes (z.B. Verkauf eines Segelflugzeuges aus dem Zweckbetrieb) die Umsatzsteuer mit 16 v. H. an Stelle von 7 v. H., also erhöht ausgewiesen haben, ist der höhere Betrag (§ 14 Abs. 2 UStG) mit Ablauf des entsprechenden Voranmeldungszeitraums entstanden und an das Finanzamt abzuführen (§ 13 Abs. 1 Nr. 3 UStG). Die gleiche Beurteilung ergibt sich für eine sonstige Leistung, bei der die Umsatzsteuer zu hoch ausgewiesen wurde.

142 In den Fällen des § 14 Abs. 2 UStG besteht die Möglichkeit, eine Berichtigung des Umsatzsteuerausweises vorzunehmen (§ 14 Abs. 2 Satz 2 i.V.m. § 17 Abs. 1 UStG).

143 Wenn ein Verein einen Gegenstand aus dem nichtunternehmerischen (ideellen) Bereich liefert und hierbei Umsatzsteuer offen in Rechnung stellt, schuldet er diesen unberechtigten Steuerausweis nach § 14 Abs. 3 UStG im Zeitpunkt der Ausgabe der Rechnung (§ 13 Abs. 1 Nr. 4 UStG). In diesem Fall besteht nach dem deutschen Umsatzsteuergesetz noch keine Berichtigungsmöglichkeit.

Der Verein kann sich jedoch auf das EuGH-Urteil v. 19.9.2000 (→ Rz. 40) berufen und somit doch eine Berichtigung erreichen.

144 Bei einem innergemeinschaftlichen Erwerb (§ 1a UStG) – ausgenommen neue Fahrzeuge (§ 1b UStG) – entsteht die Steuerschuld mit Ausstellung der Rechnung, spätestens jedoch mit Ablauf des dem Erwerb folgenden Kalendermonats (§ 13 Abs. 1 Nr. 6 UStG).

145 Bei einem innergemeinschaftlichen Erwerb neuer Fahrzeuge (§ 1b UStG) entsteht die Steuerschuld am Tag des Erwerbs.

XI. VORSTEUERABZUG

1. EINFÜHRUNG DES VORSTEUERABZUGS DURCH DAS MEHRWERTSTEUERSYSTEM

146 Die Bedeutung des seit 1968 auf der Grundlage der römischen Verträge der europäischen Wirtschaftsgemeinschaft (seit 1.11.1993 nunmehr: Europäische

Union – EU) eingeführten „Mehrwertsteuersystems" beruht darauf, dass in jeder Wirtschaftsstufe nur die Wertschöpfung – der „Mehrwert" – zu versteuern ist.

Die Erfassung des „Mehrwerts" erfolgt nicht bei jedem einzelnen Umsatz, sondern pauschal in der Weise, dass von der Steuerschuld die von anderen Unternehmern für ausgeführte Lieferungen und sonstige Leistungen in Rechnung gestellte Umsatzsteuer als Vorsteuer in Abzug gebracht und so die Zahllast (an das Finanzamt abzuführende Umsatzsteuer) ermittelt wird. 147

2. VORAUSSETZUNG FÜR DEN VORSTEUERABZUG

Vorsteuern können nur von einem Unternehmer für Lieferungen und Leistungen in Abzug gebracht werden, die von einem anderen Unternehmer für sein Unternehmen ausgeführt worden sind (§ 15 Abs. 1 Nr. 1 UStG). Weitere Voraussetzung ist, dass die Umsatzsteuer in einer ordnungsgemäßen Rechnung gem. § 14 Abs. 1 UStG ausgewiesen wurde. Eine Begleichung der Rechnung ist nicht gefordert. 148

Ein Vorsteuerabzug ist auch bei einem innergemeinschaftlichen Erwerb von Gegenständen für die anfallende Erwerbsteuer möglich. Einschränkungen sind hier jedoch beim innergemeinschaftlichen Erwerb neuer Fahrzeuge in sachlicher und zeitlicher Hinsicht möglich (§ 15 Abs. 4a UStG). 149

Da der Vorsteuerabzug nur beim Vorliegen einer ordnungsgemäßen Rechnung zulässig ist, hat ein Unternehmer beim Bezug einer Leistung für sein Unternehmen hierauf einen einklagbaren Rechtsanspruch (§ 14 Abs. 1 Satz 1 UStG). 150

Bei Anzahlungen für den Bezug von Leistungen für das Unternehmen kann die Vorsteuer bereits abgezogen werden, wenn eine ordnungsgemäße Rechnung vorliegt und die Zahlung geleistet wurde (§ 15 Abs. 1 Nr. 1 Satz 2 UStG). 151

3. EINSCHRÄNKUNGEN BEIM VORSTEUERABZUG

Im Steuerentlastungsgesetz (StEntlG) 1999/2000/2002 sind für die Zeit ab 1.4.1999 wesentliche Einschränkungen für den Vorsteuerabzug eingetreten. 152

Nicht abziehbar sind Vorsteuerbeträge, die auf
a) Aufwendungen, für die das Abzugsverbot des § 4 Abs. 5 Satz 1 Nr. 1 bis 4, 7, Abs. 7 oder des § 12 Nr. 1 EStG gilt. Das sind
 – Aufwendungen für Geschenke an Personen, die nicht Arbeitnehmer sind
 – Aufwendungen für die Bewirtung an Personen aus geschäftlichem Anlass
 – Aufwendungen für Gästehäuser
 – Aufwendungen für Jagd oder Fischerei, für Segeljachten oder Motorjachten
 – andere Aufwendungen, die die Lebensführung betreffen und unangemessen sind
b) Reisekosten des Unternehmers und seines Personals, soweit es sich um Verpflegungskosten, Übernachtungskosten oder um Fahrtkosten des Personals handelt, oder
c) Umzugskosten für einen Wohnungswechsel
entfallen.

Die §§ 36 bis 39 UStDV wurden dementsprechend mit Wirkung vom 1.4.1999 aufgehoben.

153 Eine weitere Einschränkung ist bei Fahrzeugen – die ab dem 1.4.1999 angeschafft oder hergestellt, eingeführt, innergemeinschaftlich eworben, gemietet oder neue Fahrzeuge i.S. von § 1b Abs. 2 UStG sind – erfolgt. Für diese Fahrzeuge darf die Vorsteuer nur noch zu 50 v. H. abgezogen werden.

4. ERLEICHTERUNGEN BEI KLEINBETRAGSRECHNUNGEN

154 Bei Kleinbetragsrechnungen i.S. des § 35 UStDV bis zu 200 DM (§ 33 UStDV) genügt es, wenn auf der Rechnung der Steuersatz angegeben ist. Der Unternehmer hat die Möglichkeit, sich die Umsatzsteuer (Vorsteuer) aus dem Rechnungsbetrag herauszurechnen und in Abzug zu bringen.

5. KEIN VORSTEUERABZUG BEI BEZUG VON LEISTUNGEN FÜR DEN NICHTUNTERNEHMERISCHEN BEREICH

155 Eine gemeinnützige Körperschaft ist im ideellen Bereich kein Unternehmer, weil hier kein Leistungsaustausch stattfindet. Ein Vorsteuerabzug für Lieferungen und sonstige Leistungen, die für den ideellen Bereich bezogen werden, kann deshalb auch nicht geltend gemacht werden. Insoweit erhöhen sich die Aufwendungen für die bezogenen Leistungen um die im Regelfall im Rechnungspreis enthaltene Umsatzsteuer.

PRAXISTIPP:

156 Wenn ein gemeinnütziger Verein daran interessiert ist, beim Bezug von Leistungen die anfallende Umsatzsteuer als Vorsteuer geltend machen zu können, müssen folgende Voraussetzungen erfüllt sein:

1. Vorsteuern können nur im unternehmerischen Bereich des Vereins geltend gemacht werden.
2. Es müssen ordnungsgemäße Eingangsrechnungen mit Steuerausweis vorliegen.
3. Bei Kleinbetragsrechnungen bis 200 DM muss auf der Rechnung der Steuersatz vermerkt sein.

Achtung: Steuerfalle

4. Der Verein muss prüfen, ob der Steuerausweis des leistenden Unternehmers den gesetzlichen Bestimmungen entspricht und nicht für einen steuerfreien oder nicht steuerbaren Umsatz oder eine zu hoch ausgewiesene Steuer (16 anstatt 7 v. H.) in Rechnung gestellt wurde, weil nach dem Urteil des BFH v. 2.4.1998, BStBl II 1998 S. 349, nur der von dem leistenden Unternehmer **geschuldete** Steuerbetrag als Vorsteuer geltend gemacht werden darf (OFD Koblenz v. 5.8.1999 – S 7300 – A – St 51 2 –); das Urteil ist bei Rechnungen anzuwenden, die nach dem 6.11.1998 ausgestellt wurden. In verfahrensrechtlicher Hinsicht muss beachtet werden, dass für den berechtigten Abzug der Vorsteuer nicht der leistende Unternehmer den Nachweis für die Richtigkeit der ausgewiesenen Umsatzsteuer führen muss, sondern dass dem Rechnungsempfänger die Feststellungslast obliegt.
Der Verein hat sich also zu vergewissern, dass die für die bezogene Leistung in Rechnung gestellte Umsatzsteuer den gesetzlichen Vorschriften entspricht.
Der Verein hat den leistenden Unternehmer zu veranlassen, eine Rechnung mit berichtigtem Steuerausweis auszustellen. Sollte dies nicht mehr möglich sein, ist eine Berichtigung der Steuerschuld ggf. nur noch aus Billigkeitsgründen (§ 163 AO) oder ein Erlass (§ 226 AO) möglich.

6. AUSSCHLUSS VOM VORSTEUERABZUG

a) AUSSCHLUSS BEI STEUERFREIEN UMSÄTZEN

Werden von einer gemeinnützigen Körperschaft im unternehmerischen Bereich Eingangsleistungen zur Verwendung von steuerfreien Umsätzen bezogen (z.B. für steuerfreie Vermietungen, sportliche Veranstaltungen, Sportunterricht, kulturelle Veranstaltungen), bei denen ein Verzicht auf die Steuerbefreiung (§ 9 UStG) nicht möglich ist, kann ein Vorsteuerabzug nicht vorgenommen werden (§ 15 Abs. 2 Nr. 1 UStG). 157

> **HINWEIS:**
> Ein Verzicht auf die Steuerbefreiung ist auch bei Leistungen an andere Unternehmer für deren Unternehmen **nicht** möglich, wenn es sich um Leistungen handelt, 158
> - die unter das Grunderwerbsteuergesetz (§ 4 Nr. 9a UStG) fallen oder
> - im Zusammenhang mit einer Vermietung oder Verpachtung (§ 4 Nr. 12a UStG),
> - die Überlassung von Grundstücken und Grundstücksteilen auf Grund eines auf Übertragung des Eigentums gerichteten Vertrages oder Vorvertrages stehen (§ 4 Nr. 12b UStG) oder
> - welche die Bestellung, die Übertragung und die Überlassung der Ausübung von dinglichen Nutzungsrechten an Grundstücken (§ 4 Nr. 12c UStG) betreffen und der Leistungsempfänger die bezeichneten Umsätze für Umsätze verwendet, die den Vorsteuerabzug ausschließen (§ 9 Abs. 2 UStG).

Für einen zulässigen Verzicht auf die Steuerbefreiung hat der Unternehmer (Verein) die Voraussetzungen nachzuweisen.

b) AUSSCHLUSS BEI ANWENDUNG DER KLEINUNTERNEHMERREGELUNG (§ 19 UStG)

Ein Kleinunternehmer ist ebenfalls vom Vorsteuerabzug ausgeschlossen. 159

Sofern Vereine, deren Umsätze unter die „Nichterhebungsgrenze" (32 500 DM, 16 620 €) fallen, einen Vorsteuerabzug geltend machen wollen, um sich Mittel für eine „Finanzierungshilfe" zu verschaffen, haben sie die Möglichkeit, auf die Anwendung der Kleinunternehmerregelung zu verzichten (§ 19 Abs. 2 UStG) und sich der Regelbesteuerung zu unterwerfen.

7. VORSTEUERAUFTEILUNG

a) ALLGEMEINE REGELUNG

Grundsätzlich sind die bezogenen Vorsteuern den jeweiligen Außenumsätzen direkt zuzurechnen. Nur soweit die Vorsteuern nicht direkt zurechenbar sind und die Eingangsleistungen sowohl für steuerpflichtige als auch für steuerfreie Umsätze bezogen werden, sind sie in abziehbare und nichtabziehbare Vorsteuern aufzuteilen (§ 15 Abs. 4 UStG). Dies kann z.B. bei Fahrzeugkosten, Raumkosten udgl. der Fall sein. Bei vertretbaren Waren ist i.d.R. eine direkte Zurechnung möglich. 160

Die Aufteilung richtet sich sodann nach der tatsächlichen Verwendung der Gegenstände bzw. der bezogenen Leistungen (Abschn. 208 UStR). Hierbei ist das Prinzip der wirtschaftlichen Zuordnung zu beachten. Bei Gebäuden kann für die Aufteilung der nicht direkt zurechenbaren Kosten als geeigneter Schlüssel eine Aufteilung nach der Fläche, dem umbauten Raum oder anderen Merkmalen gefunden werden. 161

L. Umsatzsteuer

b) Vereinfachungsregelung für Vereine, Forschungsbetriebe und ähnliche Einrichtungen

162 Die Umsatzsteuer-Richtlinien sehen in Abschn. 22 Abs. 7 und 8 wegen der Schwierigkeiten bei der sachgerechten Zuordnung der Vorsteuern und bei der Besteuerung der unentgeltlichen Wertabgaben auf Antrag Erleichterungen vor.

163 Das Finanzamt kann dem gemeinnützigen Verein gewähren, dass die Vorsteuern, die teilweise dem unternehmerischen und teilweise dem nichtunternehmerischen Bereich zuzurechnen sind, auf diese Bereiche nach dem Verhältnis aufgeteilt werden, das sich aus folgender Gegenüberstellung ergibt:

1. Einnahmen aus dem unternehmerischen Bereich abzüglich der Einnahmen aus Hilfsgeschäften dieses Bereichs und
2. Einnahmen aus dem nichtunternehmerischen Bereich abzüglich der Einnahmen aus Hilfsgeschäften dieses Bereichs.

164 Hierzu gehören alle Einnahmen, die der betreffenden Einrichtung zufließen, insbesondere die Einnahmen aus erbrachten Leistungen (z.B. Umsätze bei Veranstaltungen, Lizenzüberlassungen, aber auch Mitgliederbeiträge, Zuschüsse, Spenden udgl.).

165 Für die Ermittlung des Aufteilungsmaßstabes kann das Finanzamt anordnen, dass bei der Gegenüberstellung das Verhältnis des laufenden, eines früheren oder mehrerer Kalenderjahre zu Grunde gelegt wird.

166 In das vereinfachte Aufteilungsverfahren können z.B. auch alle Vorsteuern, die sich auf die sog. Verwaltungsgemeinkosten beziehen, in den Aufteilungsschlüssel einbezogen werden, auch dann, wenn einzelne dieser Vorsteuerbeträge an sich dem unternehmerischen oder dem nichtunternehmerischen Bereich ausschließlich zuzurechnen wären.

167 Wenn in das vorerwähnte Aufteilungsverfahren auch Vorsteuern einbezogen werden, die durch Anschaffung, dem innergemeinschaftlichen Erwerb oder die Einfuhr von einheitlich genutzten Gegenständen entfallen (z.B. Computer), oder solche Vorsteuern, die durch die Verwendung oder Nutzung dieser Gegenstände anfallen, so braucht der Anteil der nichtunternehmerischen Verwendung dieses Gegenstandes nicht als unentgeltliche Wertabgabe i.S. des § 3 Abs. 9a Satz 1 Nr. 1 UStG versteuert werden.

168 Die Versteuerung der Überführung eines Gegenstandes in den nichtunternehmerischen Bereich hat jedoch als eine unentgeltliche Wertabgabe (§ 3 Abs. 1b Satz 1 Nr. 1 UStG) zu erfolgen.

169 Vorsteuern, die im Zusammenhang mit der Anschaffung, Einfuhr, innergemeinschaftlichem Erwerb, Miete oder dem Betrieb von Fahrzeugen stehen, bei denen nur ein Vorsteuerabzug von 50 v. H. möglich wäre, können in das vereinfachte Aufteilungsverfahren nicht mit einbezogen werden (Abschn. 22 Abs. 7 Satz 10 UStR).

170 Im Einzelfall kann das Finanzamt auch ein anderes Aufteilungsverfahren zulassen. Z.B. kann es gestatten, dass die teilweise dem unternehmerischen Bereich zuzurechnenden Vorsteuern, die auf die Anschaffung, Herstellung und Unterhaltung eines Gebäudes entfallen, insoweit, als das Gebäude dauernd zu einem festen Anteil für Unternehmenszwecke verwendet wird, entsprechend der tatsächlichen Verwendung und im Übrigen nach der vorerwähnten Vereinfachung aufgeteilt werden.

Die Umsatzsteuer-Richtlinien enthalten hierzu folgendes Beispiel: **171**

Bei einem Vereinsgebäude, das nach seiner Beschaffenheit dauernd zu 75 v. H. als Gastwirtschaft und im Übrigen mit wechselndem Anteil für unternehmerische und nichtunternehmerische Vereinszwecke verwendet wird, können die nicht ausschließlich zurechenbaren Vorsteuern von vornherein zu 75 v. H. als abziehbar behandelt werden. Der restliche Teil von 25 v. H. kann entsprechend dem jeweiligen Einnahmeverhältnis in einen abziehbaren und einen nichtabziehbaren Teil aufgeteilt werden.

8. PAUSCHALIERUNG DES VORSTEUERABZUGS BEI GEMEINNÜTZIGEN VEREINEN

Als umsatzsteuerliche Vereinfachungsmaßnahme wird den gemeinnützigen, mildtätigen und kirchlichen Körperschaften, die nicht verpflichtet sind, Bücher zu führen und Abschlüsse zu erstellen, und deren steuerpflichtige Umsätze mit Ausnahme der Einfuhren und der innergemeinschaftlichen Erwerbe im vorangegangenen Kalenderjahr nicht mehr als 60 000 DM (30 678 €) betragen haben, ein Wahlrecht für die Anwendung des Vorsteuerabzugs angeboten. Sie können bei den vorgenannten Voraussetzungen einen Vorsteuerabzug mit einem einheitlichen Durchschnittsatz von 7 v. H. des vorbezeichneten steuerpflichtigen Umsatzes (§ 23a Abs. 1 UStG) in Anspruch nehmen. **172**

Ein weiterer Vorsteuerabzug ist jedoch sodann ausgeschlossen.

Übersteigt der maßgebliche Vorjahresumsatz den Betrag von 60 000 DM (30 678 €), so kann für den Vorsteuerabzug der Durchschnittsatz von 7 v. H. nicht in Anspruch genommen werden (§ 23a Abs. 2 UStG). **173**

Diese Regelung erleichtert kleineren gemeinnützigen Vereinen, die z.B. nur an Wochenenden oder bei gelegentlichen Festveranstaltungen wirtschaftlich tätig werden, aber deren Einnahmen im unternehmerischen Bereich die „Nichterhebungsgrenze" von 32 500 DM (16 620 €) übersteigen, die Verwaltungsarbeit hinsichtlich der Nachweis- und Aufzeichnungspflichten, die für die Inanspruchnahme des Vorsteuerabzugs erfüllt werden müssen. **174**

a) AUSÜBUNG DES WAHLRECHTS

Der Verein hat ein Wahlrecht, entweder die tatsächlich angefallenen Vorsteuern in Abzug zu bringen oder die Vorsteuern nach dem Durchschnittsatz zu ermitteln. **175**

Die Erklärung für die Anwendung des Durchschnittsatzes kann spätestens bis zum zehnten Tag nach Ablauf des ersten Voranmeldungszeitraums eines Kalenderjahres gegenüber dem Finanzamt erklärt werden.

Wenn ein Verein von der Abgabe einer Voranmeldung befreit ist, weil im Vorjahr eine Umsatzsteuer von nicht mehr als 1 000 DM (500 €) angefallen war, muss die für die Ermittlung der Vorsteuer nach dem Durchschnittsatz notwendige Erklärung spätestens am 10.4. des maßgebenden Kalenderjahres beim Finanzamt abgegeben werden (BFH v. 30.3.1995, BStBl II 1995 S. 567).

b) BINDUNGSFRIST BEI PAUSCHALIERUNG DES VORSTEUERABZUGS

Die Erklärung bindet den Verein für mindestens fünf Kalenderjahre. Ein Widerruf kann nur mit Wirkung vom Beginn eines Kalenderjahres an erfolgen. Der Widerruf ist wiederum spätestens bis zum zehnten Tag nach Ablauf des ersten **176**

Voranmeldungszeitraums dieses Kalenderjahres zu erklären. Eine erneute Anwendung des Durchschnittsatzes ist frühestens nach Ablauf von fünf Kalenderjahren zulässig (§ 23a Abs. 3 UStG).

c) KEINE VORSTEUERPAUSCHALIERUNG BEI PERSONENVEREINIGUNGEN

177 Die nichtrechtsfähigen Personenvereinigungen und Gemeinschaften, die trotz fehlender Gemeinnützigkeit den ermäßigten Steuersatz nach § 12 Abs. 2 Nr. 8b UStG in Anspruch nehmen können, sind mangels Steuerbefreiung nach § 5 Abs. 1 Nr. 9 KStG nicht berechtigt, den Durchschnittsatz für den Vorsteuerabzug nach § 23a UStG anzuwenden.

> **Gestaltungshinweis:**
>
> 178 Die Anwendung des Durchschnittsatzes erleichtert den kleineren gemeinnützigen Vereinen die oft sehr schwierige und mit großem Aufwand durchzuführende Aufteilung und Zuordnung der Vorsteuern in abziehbare und nicht abziehbare Vorsteuern. In diesem Fall wird ein Vorsteuerabzug auch dann ermöglicht, wenn keine ordnungsgemäßen Rechnungen i.S. der § 14 UStG und § 33 UStDV vorliegen.

XII. BERICHTIGUNG DES VORSTEUERABZUGS

1. ÄNDERUNGEN DER UNTERNEHMERISCHEN NUTZUNG BEI WIRTSCHAFTSGÜTERN DES ANLAGEVERMÖGENS

179 Wenn sich seit Beginn der erstmaligen Verwendung eines Wirtschaftsguts des Anlagevermögens die Verhältnisse hinsichtlich des Vorsteuerabzugs ändern, muss in den auf den Abzug folgenden Jahren der ursprüngliche Vorsteuerabzug berücksichtigt werden (§ 15a Abs. 1 Satz 1 UStG).

Eine Änderung der Verhältnisse kann auch darauf beruhen, dass sich die rechtliche Beurteilung im Erstjahr, die der Gewährung des Vorsteuerabzugs im Abzugsjahr zu Grunde lag, in einem der Folgejahre als unzutreffend erweist, sofern die Steuerfestsetzung für das Abzugsjahr bestandskräftig und unabänderbar ist (Abschn. 215 Abs. 6 Nr. 3 UStR).

a) BERICHTIGUNGSZEITRAUM FÜR WIRTSCHAFTSGÜTER, AUSGENOMMEN GRUNDSTÜCKE

180 Bei Wirtschaftsgütern des Anlagevermögens, die keine Grundstücke sind, beträgt der Berichtigungszeitraum fünf Jahre. Die Berichtigung des ursprünglichen Vorsteuerabzugs ist für jedes Kalenderjahr der Änderung mit einem Fünftel vorzunehmen.

b) BERICHTIGUNGSZEITRAUM FÜR GRUNDSTÜCKE

181 Der Berichtigungszeitraum ist bei Grundstücken auf zehn Jahre erweitert und somit für jedes Kalenderjahr der Änderung mit einem Zehntel vorzunehmen. Hierbei sind insbesondere die evtl. Berichtigungen zu beachten, die auf Grund der Einschränkung der Optionsmöglichkeit bei Änderung einer tatsächlichen Nutzung von Räumlichkeiten durch einen Mieter oder Pächter nach § 9 Abs. 2 UStG, Abschn. 203 Abs. 3 UStR, eintreten.

XII. Berichtigung des Vorsteuerabzugs

c) MASSGEBLICHER BERICHTIGUNGSZEITRAUM

Eine Berichtigung ist grundsätzlich entsprechend den Besteuerungsverfahren nach § 18 Abs. 1 und 2 UStG vorzunehmen. Endet der Zeitraum, für den eine Berichtigung des Vorsteuerabzugs vorzunehmen ist, vor dem 16. eines Kalendermonats, so bleibt dieser Kalendermonat für die Berichtigung unberücksichtigt. Endet er nach dem 15. eines Kalendermonats, so ist dieser Kalendermonat voll zu berücksichtigen (§ 45 UStDV). Dies gilt insbesondere, wenn ein Wirtschaftsgut während des maßgeblichen Berichtigungszeitraums veräußert oder einer Lieferung gegen Entgelt gleichgestellt ist (§ 44 Abs. 4 UStDV). **182**

d) BERICHTIGUNG DES VORSTEUERABZUGS IN DER UMSATZSTEUER-JAHRESERKLÄRUNG

Wenn die auf die Anschaffung eines Wirtschaftsguts entfallende Vorsteuer 2 000 DM (1 000 €) nicht überstiegen hat, erfolgt die Berichtigung des Vorsteuerabzugs für **alle** in Betracht kommenden Kalenderjahre einheitlich bei der Berechnung der Steuer für das Kalenderjahr, in dem der maßgebliche Berichtigungszeitraum endet (§ 44 Abs. 3 UStDV). **183**

e) WEITERE VEREINFACHUNGSREGELUNGEN

Eine Berichtigung des Vorsteuerabzugs entfällt, wenn die auf die Anschaffungskosten eines Wirtschaftsguts entfallende Vorsteuer 500 DM (250 €) nicht überstiegen hat und sich die maßgebenden Verhältnisse für den Vorsteuerabzug in einem Kalenderjahr gegenüber den Verhältnissen der erstmaligen Verwendung um weniger als 10 v. H. geändert haben (§ 44 Abs. 2 UStDV). **184**

Übersteigt der Berichtigungsbetrag bei einem Wirtschaftsgut nicht 12 000 DM (6 136 €), so ist die Berichtigung abweichend von § 18 Abs. 1 und 2 UStG erst im Rahmen der Steuerfestsetzung für den Besteuerungszeitraum durchzuführen, in dem sich die für den Vorsteuerabzug maßgebenden Verhältnisse gegenüber den Verhältnissen im Kalenderjahr der erstmaligen Verwendung geändert haben (§ 44 Abs. 4 UStDV).

Die Regelung in → Tz. 183 bleibt unberührt.

f) BERICHTIGUNG BEI ÄNDERUNG DER MÖGLICHKEIT DES VORSTEUERABZUGS

Eine Berichtigung des Vorsteuerabzugs ist auch dann gegeben, wenn der Vorsteuerabzug für ein Wirtschaftsgut wegen seiner bisherigen Nutzung ausgeschlossen war und nun infolge der Nutzungsänderung möglich wird. Voraussetzung hierfür ist jedoch, dass das Wirtschaftsgut bei Inbetriebnahme dem unternehmerischen Vermögen des Vereins zugeordnet war. **185**

g) KEINE BERICHTIGUNGSMÖGLICHKEIT NACH § 15a UStG

Keine Berichtigungsmöglichkeit ist gegeben, wenn ein Wirtschaftsgut von einem Nichtunternehmer erworben oder von dem Verein im Zeitpunkt der Anschaffung seinem nichtunternehmerischen Bereich zugeordnet wurde. **186**

Dies gilt auch, wenn nichtunternehmerisch genutzte Grundstücksteile als separater Gegenstand im Erstjahr dem nichtunternehmerischen Bereich zugeordnet und in einem Folgejahr unternehmerisch genutzt werden (z.B. ein Raum des ideellen Bereichs eines Gesangvereins wird an einen Unternehmer vermietet, der steuerpflichtige Außenumsätze tätigt) – Abschn. 214 Abs. 7 UStR –.

2. BERICHTIGUNG BEI VERÄUSSERUNG VON GRUNDSTÜCKEN ODER EINER ÜBERFÜHRUNG VON WIRTSCHAFTSGÜTERN IN DEN IDEELLEN BEREICH

187 Eine Berichtigung des Vorsteuerabzugs hat auch zu erfolgen, wenn innerhalb des Berichtigungszeitraums eine Veräußerung oder Überführung von Wirtschaftsgütern in den ideellen Bereich des Vereins erfolgt und dieser Umsatz für den Vorsteuerabzug anders zu beurteilen ist als die Verwendung bei Anschaffung und Inbetriebnahme des Wirtschaftsguts. Dies gilt insbesondere auch bei Gebäuden und Gebäudeteilen, die bisher dem unternehmerischen Bereich zugeordnet waren, nunmehr veräußert oder in den ideellen Bereich übernommen werden. In diesen Fällen ist die Berichtigung des Vorsteuerabzugs bereits in dem Voranmeldungszeitraum vorzunehmen, in dem die Veräußerung oder die einer Lieferung gleichgestellte Überführung stattgefunden hat.

3. VORSTEUERBERICHTIGUNG BEI NACH DEM 31.3.1999 ANGESCHAFFTEN FAHRZEUGEN

188 Eine Vorsteuerberichtigung ist auch vorzunehmen, wenn neue Fahrzeuge i.S. des § 1b Abs. 2 UStG von dem Verein angeschafft, eingeführt, innergemeinschaftlich erworben oder gemietet wurden, die nicht nur im Unternehmensbereich, sondern auch im ideellen Bereich verwendet werden und deshalb ein Vorsteuerabzug nur zu 50 v. H. zulässig war.

Eine Berichtigung ist vorzunehmen, wenn das betreffende Fahrzeug vom Verein (Personenkraftwagen, Wasserfahrzeug, Segel- oder Motorflugzeug)

1. zunächst ausschließlich für unternehmerische Zwecke, später jedoch auch im ideellen Bereich verwendet wird oder
2. zunächst für den ideellen Bereich des Vereins, später jedoch ausschließlich im unternehmerischen Bereich (Zweckbetrieb, wirtschaftlichen Geschäftsbetrieb) eingesetzt wird (Abschn. 215 Abs. 11 UStR).

189 Ebenso führt die Veräußerung oder Entnahme von Fahrzeugen, bei deren Anschaffung, Einfuhr oder innergemeinschaftlichem Erwerb Vorsteuerbeträge nur zu 50 v. H. abziehbar waren, zu einer Änderung der Verhältnisse (Abschn. 215 Abs. 12 UStR).

XIII. AUFZEICHNUNGSPFLICHTEN

1. AUFZEICHNUNGSPFLICHTEN NACH § 22 UStG

190 Der Verein hat zur Feststellung der Steuer und der Grundlagen ihrer Berechnung zahlreiche Aufzeichnungen zu machen. Die Aufzeichnungen müssen so beschaffen sein, dass es einem sachverständigen Dritten innerhalb einer angemessenen Zeit möglich ist, einen Überblick über die Umsätze des Vereins und die abziehbaren Vorsteuern zu erhalten (§ 63 Abs. 1 UStDV).

191 Aufzeichnungspflicht besteht auch für zu hoch oder zu Unrecht ausgewiesene Umsatzsteuer gem. § 14 Abs. 2 und 3 UStG.

192 Aufzuzeichnen haben die Vereine die vereinbarten vereinnahmten Entgelte/Teilentgelte entsprechend den Bemessungsgrundlagen des § 10 UStG für die erbrachten sonstigen Leistungen oder Lieferungen nach folgenden Kriterien:
  – steuerpflichtige Umsätze, getrennt nach Steuersätzen
  – steuerfreie Umsätze.

Umfangreiche Aufzeichnungspflichten sind insbesondere dann zu beachten, wenn ein Sportverein sportliche Veranstaltungen durchführt und ein Verzicht auf die Anwendung der Zweckbetriebsgrenze u.U. dazu führt, dass die Durchführung der Veranstaltung zu einem steuerpflichtigen Geschäftsbetrieb wird und der ermäßigte Steuersatz nicht mehr angewendet werden kann.

Aufzeichnungspflichten, die bei einer gemeinnützigen Körperschaft auf Grund ihrer Rechtsform (z.B. GmbH, AktG oder Genossenschaft) zu beachten sind, sind ebenfalls zu beachten.

Der Verein hat auch für die empfangenen Leistungen, bei denen ein Vorsteuerabzug in Anspruch genommen werden kann, oder für entsprechende Entgeltsminderungen die hierfür notwendigen Aufzeichnungen zu machen (Abschn. 256 Abs. 8 UStR).

Keine Aufzeichnungen nach § 22 UStG sind erforderlich, wenn die vom Verein bezogenen Leistungen einen Vorsteuerabzug ausschließen oder eine Steuer in der Rechnung nicht ausgewiesen ist (Abschn. 256 Abs. 9 UStR).

2. AUFZEICHNUNGSPFLICHTEN NACH § 66a UStDV

Um dem Sinn und Zweck der Anwendung des Durchschnittsatzes nach § 23a UStG Rechnung zu tragen, sind die nach § 5 Abs. 1 Nr. 9 AO steuerbefreiten Körperschaften im Hinblick auf eine Verwaltungsvereinfachung von den Aufzeichnungspflichten teilweise befreit. Danach brauchen von den vorgenannten Körperschaften keine Aufzeichnungen gemacht zu werden für

- die Entgelte der empfangenen steuerpflichtigen Lieferungen und sonstigen Leistungen und
- die Bemessungsgrundlagen für die Einfuhr und den innergemeinschaftlichen Erwerb von Gegenständen.

XIV. AUSWIRKUNGEN DES UMSATZSTEUER-BINNENMARKTGESETZES

Die Einführung des Umsatzsteuer-Binnenmarktgesetzes (UStBG) ab 1.1.1993 kann auch umsatzsteuerliche Auswirkungen bei Vereinen haben, insbesondere dann, wenn sie nur im ideellen Bereich ihre satzungsmäßigen Zwecke erfüllen und selbst nicht unternehmerisch tätig, also keine „Unternehmer" i.S. des § 2 UStG sind.

Nach dem UStBG sind juristische Personen verpflichtet, innergemeinschaftlichen Erwerbe im Inland gegen Entgelt der Besteuerung zu unterwerfen (§ 1 Abs. 1 Nr. 5 UStG).

1. INNERGEMEINSCHAFTLICHE ERWERBE

Ein innergemeinschaftlicher Erwerb gegen Entgelt liegt vor, wenn bei einer Lieferung ein Gegenstand von einem Gebiet des Mitgliedstaates in das Gebiet eines anderen Mitgliedstaates gelangt.

Sofern ein innergemeinschaftlicher Erwerb im Rahmen der unternehmerischen Tätigkeit des Vereins erfolgt, ergeben sich keine Besonderheiten gegenüber anderen Unternehmen, die der Regelbesteuerung unterliegen.

Sobald ein Verein jedoch einen Gegenstand für den nichtunternehmerischen Bereich aus einem anderen EG-Staat erwirbt, ist er verpflichtet, für diesen innergemeinschaftlichen Erwerb die Erwerbsteuer zu entrichten (§ 1a Abs. 1 Nr. 2b UStG).

2. ERWERBSSCHWELLE

202 Eine Besteuerung als innergemeinschaftlicher Erwerb erfolgt jedoch erst dann, wenn der Gesamtbetrag der Entgelte aller innergemeinschaftlichen Erwerbe aus allen EG-Mitgliedstaaten im vorangegangenen Kalenderjahr die Erwerbsschwelle (§ 1a Abs. 3 Nr. 2 UStG) von 25 000 DM (12 500 €) überschritten hat und diesen Betrag im laufenden Kalenderjahr voraussichtlich übersteigen wird.

203 Der Verein kann auf die Anwendung der Erwerbsschwelle verzichten (§ 1a Abs. 4 UStG). Der Verzicht ist gegenüber dem Finanzamt zu erklären und bindet den Verein für mindestens zwei Kalenderjahre.

Gestaltungshinweis:

204 Ein solcher Verzicht ist sinnvoll, wenn der Umsatzsteuersatz in dem anderen Mitgliedstaat der EG (Ursprungsland) höher ist als in Deutschland. Für einen Verzicht ist jedoch erforderlich, dass der gemeinnützige Verein, sofern er im Inland beim Finanzamt umsatzsteuerlich noch nicht registriert ist, sich von dem zuständigen Finanzamt eine Steuernummer zuteilen lässt. Erst danach ist es ihm möglich, sich vom Bundesamt für Finanzen in Saarlouis eine Umsatzsteuer-Identifikationsnummer (USt-IdNr.) zuteilen zu lassen. Der Verein muss die USt-IdNr. grundsätzlich vor dem Leistungsbezug dem Lieferanten in dem anderen Mitgliedstaat bekannt geben, damit dieser eine steuerfreie innergemeinschaftliche Lieferung ausführen kann.

3. KEINE ANWENDUNG DER ERWERBSSCHWELLE

205 Bei einem Erwerb neuer Fahrzeuge und verbrauchsteuerpflichtiger Waren ist die Erwerbsteuer stets zu entrichten (§ 1a Abs. 5 UStG).

206 Zu den neuen Fahrzeugen zählen:
– motorbetriebene Landfahrzeuge mit einem Hubraum von mehr als 48 Kubikzentimeter oder einer Leistung von mehr als 7,2 Kilowatt
– Wasserfahrzeuge mit einer Länge von mehr als 7,5 Metern
– Luftfahrzeuge, deren Starthöchstmasse mehr als 1 550 Kilogramm beträgt.

207 Ein Fahrzeug gilt als neu, wenn
– das Landfahrzeug nicht mehr als 6 000 Kilometer zurückgelegt hat oder seine erste Inbetriebnahme im Zeitpunkt des Erwerbs nicht mehr als drei Monate zurückliegt
– das Wasserfahrzeug nicht mehr als 100 Betriebsstunden auf dem Wasser zurückgelegt hat oder seine erste Inbetriebnahme im Zeitpunkt des Erwerbs nicht mehr als drei Monate zurückliegt
– das Luftfahrzeug nicht länger als 40 Betriebsstunden genutzt worden ist oder seine erste Inbetriebnahme im Zeitpunkt des Erwerbs nicht mehr als drei Monate zurückliegt.

208 Verbrauchsteuerpflichtige Waren sind Mineralöle, Alkohol und alkoholische Getränke sowie Tabakwaren.

Eine Erwerbsbesteuerung eines neuen Fahrzeugs kann für Motorsportvereine, Segelflugvereine udgl., die in einem anderen EG-Mitgliedstaat einen Kauf tätigen, anfallen. 209

4. ENTSTEHUNG DER STEUERSCHULD

Die Erwerbsteuer für innergemeinschaftliche Erwerbe entsteht mit Ausstellung der Rechnung, spätestens jedoch mit Ablauf des dem Erwerb folgenden Kalendermonats (§ 13 Abs. 1 Nr. 6 UStG). 210

Bei neuen Fahrzeugen gem. § 1b UStG entsteht die Erwerbsteuer am Tage des Erwerbs. Es ist eine Fahrzeugeinzelbesteuerung durchzuführen. Hierfür ist der besondere Vordruck „USt 1 B Umsatzsteuererklärung für die Fahrzeugeinzelbesteuerung" zu verwenden (BMF-Schreiben zu § 18 Abs. 5a v. 19.12.1994, BStBl I 1995 S. 63). 211

Steuerschuldner ist der Erwerber (Verein). Bei einem Erwerb für den nichtunternehmerischen Bereich steht dem Verein ein Vorsteuerabzug für die gezahlte Erwerbsteuer nicht zu. 212

XV. DAS BESTEUERUNGSVERFAHREN

1. VORANMELDUNGSZEITRÄUME

Grundsätzlich ist vierteljährlich eine Umsatzsteuer-Voranmeldung nach amtlichem Muster bis zum zehnten Tag nach Ablauf des Voranmeldungszeitraums abzugeben. Vorauszahlungen sind ebenfalls am zehnten Tag nach Ablauf des Voranmeldungszeitraums fällig. 213

Wenn die abzuführende Umsatzsteuer (Zahllast) im vorangegangenen Kalenderjahr mehr als 12 000 DM (6 136 €) betragen hat, ist Voranmeldungszeitraum der Kalendermonat. 214

Auf Antrag kann das Finanzamt auch einen monatlichen Voranmeldungszeitraum gestatten, wenn sich für das vorausgegangene Kalenderjahr ein Überschuss zu Gunsten des Steuerpflichtigen von mehr als 12 000 DM ergibt. In diesem Fall hat der Verein bis zum 10.2. des laufenden Kalenderjahres eine Voranmeldung abzugeben. An dieses Wahlrecht ist der Verein für dieses Kalenderjahr gebunden. 215

Bei Gefährdung des Steueranspruchs kann das Finanzamt einen monatlichen Voranmeldungszeitraum anordnen. 216

Sofern im vorangegangenen Kalenderjahr die Zahllast nicht mehr als 1 000 DM betragen hat, kann das Finanzamt den Verein von der Verpflichtung zur Abgabe von Voranmeldungen und Vorauszahlungen freistellen. 217

Wird die unternehmerische Tätigkeit nur während eines Teils des Kalenderjahres ausgeübt, so ist für die Festlegung des Abgabezeitraums (monatlich, vierteljährlich, jährlich) die tatsächliche Steuer in eine Jahressteuer umzurechnen. 218

2. ABGABE EINER STEUERANMELDUNG

Der Verein hat, soweit eine unternehmerische Tätigkeit vorliegt, jährlich eine Umsatzsteuererklärung nach amtlichem Muster abzugeben und die zu entrichtende Steuer oder einen Überschuss an Vorsteuer selbst zu ermitteln – Steueran- 219 meldung –. Wenn der Verein nur während eines Teils des Jahres tätig war, gilt dieser Zeitraum (§ 16 Abs. 3 UStG). Einen kürzeren Zeitraum kann das Finanzamt bestimmen, wenn der Eingang der Steuer gefährdet erscheint oder der Verein damit einverstanden ist. In den beiden letztgenannten Fällen ist die Steueranmeldung binnen einem Monat nach Ablauf des kürzeren Besteuerungszeitraums gem. § 18 Abs. 3 Satz 2 UStG abzugeben.

220 Die Steueranmeldung muss vom Vorstand des Vereins eigenhändig unterschrieben werden.

221 Die vom Verein selbst berechnete Abschlusszahlung ist bei Abweichung von der Summe der Vorauszahlungen einen Monat nach Eingang der Steueranmeldung fällig und an das Finanzamt abzuführen.

3. BESTEUERUNG IM ABZUGSVERFAHREN

a) ANWENDUNG DES ABZUGSVERFAHRENS (§§ 51 bis 56 UStDV)

222 Wenn ein im Ausland ansässiger Unternehmer für den unternehmerischen Bereich eines Vereins eine steuerpflichtige Werklieferung oder eine sonstige Leistung im Inland ausführt, hat der Verein als Leistungsempfänger grundsätzlich die bei dem ausländischen Unternehmen anfallende Umsatzsteuer einzubehalten und an das Finanzamt abzuführen (Abzugsverfahren, § 51 Abs. 1 UStDV).

223 Das Abzugsverfahren (§§ 51 ff. UStDV 1999) verstößt nicht gegen Gemeinschaftsrecht (BFH v. 24.8.1994, BStBl II 1995 S. 188). Der Verein ist insoweit zwar nicht Schuldner der Umsatzsteuer, haftet jedoch dem Finanzamt gegenüber für die anzumeldenden und abzuführenden Umsatzsteuerbeträge (§ 55 UStDV).

b) BERECHNUNG DER EINZUBEHALTENDEN UND ABZUFÜHRENDEN UMSATZSTEUER

224 Zur Berechnung der einzubehaltenden und abzuführenden Umsatzsteuer sind auf das Nettoentgelt die allgemein üblichen Steuersätze anzuwenden, es sei denn, in der Rechnung des ausländischen Unternehmers wäre ein höherer Steuerbetrag ausgewiesen worden.

c) ANWENDUNG DER SOG. „NULLREGELUNG"

225 Die sog. „Nullregelung" (§ 52 Abs. 2 UStDV) kommt in Betracht, wenn der leistende ausländische Unternehmer in der Rechnung keine Umsatzsteuer ausgewiesen hat und der Verein im Falle des gesonderten Ausweises der Steuer den Vorsteuerabzug hinsichtlich dieser Steuer voll in Anspruch nehmen könnte.

d) ANMELDUNG UND ABFÜHRUNG DER EINBEHALTENEN UMSATZSTEUER

226 Die Steuer ist binnen zehn Tagen nach Ablauf des Voranmeldungszeitraums, in dem das Entgelt ganz oder teilweise gezahlt worden ist, auf dem amtlich vorgeschriebenen Vordruck bei dem für den Verein zuständigen Finanzamt anzumelden und an das Finanzamt abzuführen.

227 Sollte der Verein nicht zur Abgabe von Voranmeldungen verpflichtet sein, hat die Anmeldung und Abführung der Umsatzsteuer binnen zehn Tagen nach Ablauf des Kalendervierteljahres zu erfolgen, in dem das Entgelt ganz oder teilweise gezahlt worden ist.

XVI. BESTEUERUNG VON GEBRAUCHTGEGENSTÄNDEN

1. RECHTSGRUNDLAGEN

Mit Wirkung vom 1.1.1995 wurde die EG-Richtlinie zur Besteuerung der Gebrauchtgegenstände udgl. in deutsches Recht umgesetzt. Die Regelung der Differenzbesteuerung gem. § 25a UStG wurde eingeführt, um eine Mehrfachbelastung eines gebrauchten Gegenstandes mit Umsatzsteuer zu vermeiden. Das die Differenzbesteuerung erläuternde BMF-Schreiben v. 28.11.1994 ist in Abschn. 276a UStR 1996/1999 übernommen worden.

228

2. ANWENDUNG DER DIFFERENZBESTEUERUNG

Eine Differenzbesteuerung ist durchzuführen, wenn ein Unternehmer im Gemeinschaftsgebiet gewerbsmäßig mit beweglichen körperlichen Gegenständen handelt und ihm bei der Lieferung keine Umsatzsteuer in Rechnung gestellt wurde. I.d.R. handelt es sich um Lieferungen von Privatpersonen, Unternehmern aus dem nichtunternehmerischen Bereich, Kleinunternehmern oder anderen Wiederverkäufern, welche für den gelieferten Gegenstand die Differenzbesteuerung bereits in Anspruch genommen haben. Der An- und Verkauf der Gebrauchtgegenstände kann auf einen Teil- oder Nebenbereich des Unternehmens beschränkt sein.

229

Ein Verein gilt als „Wiederverkäufer", wenn er im Rahmen eines wirtschaftlichen Geschäftsbetriebs gebrauchte Gegenstände ein- und dann wieder weiterverkauft. Dies könnte beispielsweise der Fall sein, wenn ein Tennisclub einen Tennis-Shop betreibt, in dem beim Verkauf eines neuen Tennisschlägers ein gebrauchter Tennisschläger in Zahlung genommen wird, oder wenn ein Pferdesportverein von Privatpersonen Pferde einkauft, um sie später wieder weiterzuverkaufen. In diesen Fällen ist der Verein auch an die „Differenzbesteuerung" gebunden. Der Verein als Wiederverkäufer kann im Rahmen seiner unternehmerischen Tätigkeit die Differenzbesteuerung auch bei der Veräußerung von Gegenständen des Anlagevermögens anwenden, unabhängig davon, ob er mit diesen Gegenständen gewerbsmäßig handelt (Abschn. 276a Abs. 4 Satz 3 UStR 2000). Dies ist aber nur dann nicht möglich, wenn er diesen Gegenstand vom nichtunternehmerischen Bereich in den unternehmerischen Bereich eingelegt hat.

230

3. BEMESSUNGSGRUNDLAGE/STEUERSATZ

Als Bemessungsgrundlage für die Besteuerung ist der Betrag anzusetzen, um den der Verkaufspreis den Einkaufspreis übersteigt. Die Umsatzsteuer ist aus dem Differenzbetrag mit dem Regelsteuersatz herauszurechnen.

231

4. VERZICHT AUF DIE ANWENDUNG DER DIFFERENZBESTEUERUNG

Der Verein könnte bei jeder Lieferung auf die Anwendung der Differenzbesteuerung verzichten (Abschn. 276a Abs. 21 UStR 2000). Diese Gestaltungsmöglichkeit ist für den Verein jedoch nicht sinnvoll, weil sich dadurch i.d.R. eine höhere steuerliche Belastung ergibt.

232

L. Umsatzsteuer

5. VERBOT DES OFFENEN STEUERAUSWEISES/AUFZEICHNUNGSPFLICHTEN

233 Im Rahmen der Differenzbesteuerung ist der gesonderte Ausweis der Steuer in einer Rechnung verboten. Dies gilt auch dann, wenn die Lieferung an einen anderen Unternehmer erfolgt, der eine gesondert ausgewiesene Steuer aus dem Erwerb dieses Gegenstandes als Vorsteuer abziehen könnte. Es würde in diesem Fall ein unberechtigter Steuerausweis nach § 14 Abs. 3 UStG vorliegen (Abschn. 276a Abs. 16 UStR 2000).

234 Für die Umsätze von Gebrauchtgegenständen hat der Verein (Wiederverkäufer) für jeden Gegenstand getrennte Aufzeichnungen zu führen, aus denen der Verkaufspreis oder der Wert nach § 10 Abs. 4 Nr. 1 UStG, der Einkaufspreis und die Bemessungsgrundlage hervorgehen.

235 Die Angaben können auch aus den Buchführungsunterlagen entnommen werden, wenn die Aufzeichnungen für die Differenzbesteuerung getrennt von den übrigen Aufzeichnungen geführt werden (Abschn. 276a Abs. 17 Satz 3 UStR 2000).

M. ERBSCHAFTSTEUER/SCHENKUNGSTEUER

I. RECHTSGRUNDLAGEN

- Erbschaftsteuer- und Schenkungsteuergesetz (ErbStG) i.d.F. v. 27.2.1997 (BGBl. I 1997 S. 378, BStBl I 1997 S. 298), zuletzt geändert durch Art. 19 des Steuer-Euroglättungsgesetzes (StEuglG) v. 19.12.2000 (BGBl. I 2000 S. 1790, BStBl I 2001 S. 3)
- Erbschaftsteuer-Durchführungsverordnung (ErbStDV) v. 8.9.1998 (BGBl. I 1998 S. 2658), zuletzt geändert durch Art. 20 des Steuer-Euroglättungsgesetzes (StEuglG) v. 19.12.2000 (BGBl. I 2000 S. 1790, BStBl I 2001 S. 3)
- Das ErbStG enthält keine besonderen Bestimmungen über die Bewertung des der Besteuerung unterliegenden Erwerbs. Für die Ermittlung des Werts des Erwerbs ist deshalb das Bewertungsgesetz (BewG) v. 1.1.1991 (BGBl. I 1991 S. 230, BStBl I 1991 S. 450), zuletzt geändert durch Art. 17 des Steuer-Euroglättungsgesetzes (StEuglG) v. 19.12.2000 (BGBl. I 2000 S. 1790, BStBl I 2001 S. 3), anzuwenden.
- Als Verwaltungsvorschrift wurden für das Erbschaftsteuerrecht die Erbschaftsteuer-Richtlinien (ErbStR) v. 21.12.1998 (BStBl I 1998 Sondernummer 2) erlassen. Die Erbschaftsteuer-Richtlinien werden durch sog. Hinweise ergänzt, die durch gleichlautende Erlasse der obersten Finanzbehörden der Länder v. 21.12.1998 (BStBl I 1998 S. 1529), ber. durch gleichlautende Erlasse v. 18.2.1999 (BStBl I 1999 S. 297) und v. 9.6.2000 (BStBl I 2000 S. 810) bekannt gemacht wurden.

1

II. BEGRIFFSBESTIMMUNG

Die Erbschaftsteuer wird als Erbanfallsteuer erhoben. Die Schenkungsteuer ist ihrem Wesen nach eine Ergänzung der Erbschaftsteuer. Es werden alle unentgeltlichen Vermögensübergänge, sei es von Todes wegen (Erbfall) oder unter Lebenden (Schenkung), erfasst und auch auf Zweckzuwendungen ausgedehnt.

2

Zweckzuwendungen liegen vor, wenn unentgeltliche Vermögensübergänge mit der Auflage verbunden sind, zu Gunsten eines bestimmten Zwecks verwendet zu werden (§ 8 ErbStG).

3

Die Erbschaft-/Schenkungsteuer knüpft weitgehend an Begriffe und Tatbestände des bürgerlichen Rechts an. Die im Steuerrecht übliche wirtschaftliche Betrachtungsweise oder eine unzutreffende Bezeichnung eines Rechtsvorgangs ist hier nicht maßgebend (FG Hamburg v. 27.7.1987, EFG 1987 S. 265).

4

III. STEUERPFLICHT

Nach § 2 Abs. 1 Nr. 1d ErbStG unterliegen neben den natürlichen Personen auch alle Körperschaften, Personenvereinigungen und Vermögensmassen der Steuerpflicht, wenn sie ihre Geschäftsleitung oder ihren Sitz im Inland haben.

5

Der Sitz (§ 11 AO) eines Vereins ergibt sich i.d.R. aus der Satzung. Grundsätzlich kann als Sitz jeder Ort bestimmt werden.

6

Die Geschäftsleitung (§ 10 AO) des Vereins ist der Mittelpunkt der geschäftlichen Oberleitung. Sie befindet sich dort, wo die wesentlichen Entscheidungen

7

M. Erbschaftsteuer/Schenkungsteuer

getroffen werden. Bei Vereinen wird sich i.d.R. die Geschäftsleitung im Vereinsgebäude befinden und auch mit dem Sitz des Vereins übereinstimmen.

8 Ein Verein unterliegt der Steuerpflicht, wenn er zum steuerlich maßgebenden Zeitpunkt (Erbfall, Vollzug der Schenkung) im Vereinsregister eingetragen ist.

IV. STEUERBEFREIUNG

9 Gemeinnützige, mildtätige und kirchliche Körperschaften (§§ 51 bis 68 AO) mit Sitz und Geschäftsleitung im Inland sind nach § 13 Abs. 1 Nr. 16b ErbStG von der Erbschaftsteuer befreit, wenn die Zuwendungen nach der tatsächlichen Geschäftsführung ausschließlich und unmittelbar kirchlichen, gemeinnützigen oder mildtätigen Zwecken dienen.

10 Zuwendungen i.S. dieser Vorschrift sind Mitgliedsbeiträge, Aufnahmegebühren, Umlagen, insbesondere auch die Erhebung einer zulässigen Investitionsumlage (BMF v. 22.12.1995, BStBl I 1996 S. 51), Erbschaften, Schenkungen, ebenso Geldleistungen, die nach der Satzung oder Beitragsordnung für nicht geleistete Arbeitsstunden zu entrichten sind.

11 Die Steuerbefreiung fällt mit Wirkung für die Vergangenheit weg, wenn die Voraussetzungen für die Anerkennung der Gemeinnützigkeit des Vereins innerhalb von zehn Jahren nach der Zuwendung entfallen und das Vermögen nicht begünstigten Zwecken zugeführt wird (§ 13 Abs. 1 Nr. 16b Satz 3 ErbStG).

12 Mitgliedsbeiträge sind nach § 18 ErbStG stets steuerfrei, auch wenn die Voraussetzungen für die Gemeinnützigkeit nicht mehr vorliegen, soweit die von einem Mitglied im Kalenderjahr geleisteten Beiträge 500 DM nicht übersteigen. Darüber hinausgehende Beiträge sind, wenn die Voraussetzungen für die Gemeinnützigkeit nicht mehr gegeben sind, stets steuerpflichtig.

V. EINSCHRÄNKUNG DER STEUERBEFREIUNG

13 Der BFH hat zu dem insoweit gleichlautenden § 7 Abs. 1 Nr. 1 KVStG entschieden, dass die Steuerbefreiung bereits dann entfällt, wenn der Verein einen Zweckbetrieb oder einen wirtschaftlichen Geschäftsbetrieb unterhält (BFH v. 10.4.1991, BStBl II 1992 S. 41). Es fehle eine Regelung, welche die Steuervergünstigung nur insoweit ausschließt, als ein wirtschaftlicher Geschäftsbetrieb unterhalten wird.

14 Die Finanzverwaltung folgt dieser engen Auslegung des BFH nicht. Die Steuerfreiheit dürfe nicht gefährdet sein, wenn die Zuwendungen an den gemeinnützigen Verein nach der tatsächlichen Geschäftsführung ausschließlich und unmittelbar den Zwecken des Vereins (Zweckbetrieb) dienen.

15 Unterhält der Verein einen sonstigen wirtschaftlichen Geschäftsbetrieb, der im Verhältnis zur Verwirklichung steuerbegünstigter Zwecke von untergeordneter Bedeutung ist (z.B. kleiner Kantinenbetrieb), ist dies ebenfalls für die Steuerfreiheit einer Zuwendung unschädlich (FinMin Mecklenburg-Vorpommern v. 10.6.1993 – IV – S 3806 – 5/92 –).

16 Eine Steuerbefreiung ist aber dann ausgeschlossen, wenn im Einzelfall die Zuwendung von vornherein für die Verwendung in einem wirtschaftlichen Geschäftsbetrieb der steuerbegünstigten Körperschaft (z.B. Lizenzspielerbereich eines

gemeinnützigen Sportvereins) vorgesehen ist und die Verwendung auch schließlich in diesem Geschäftsbetrieb erfolgt, ohne dass damit zumindest mittelbar (z.B. Erlöse aus einem Basar) die gemeinnützigen Zwecke der Körperschaft verwirklicht werden (FinMin NRW v. 17.1.1995 – S 3812 – 17 – VA 2 –, DB 1995 S. 553).

Für Zuwendungen an einen gemeinnützigen Verein, die für den wirtschaftlichen Geschäftsbetrieb (z.B. Spülmaschine für die Kantine oder steuerpflichtige sportliche Veranstaltungen) bestimmt sind, ist eine Steuerbefreiung stets ausgeschlossen. 17

Wenn einem gemeinnützigen Verein ein wirtschaftlicher Geschäftsbetrieb als Ganzes zugewendet wird, dieser Betrieb vom Verein weitergeführt und die Überschüsse ausschließlich dem ideellen Bereich oder Zweckbetrieb tatsächlich zugeführt werden, dürfte die Steuerbefreiung jedoch nicht gefährdet sein. 18

VI. STEUERLICHE FOLGEN BEIM WEGFALL DER STEUERBEFREIUNG

1. STEUERPFLICHT DER ZUWENDUNGEN

Wenn die Voraussetzungen für die Anerkennung der Körperschaft, Personenvereinigung oder Vermögensmasse als kirchliche, gemeinnützige oder mildtätige Institution innerhalb von zehn Jahren nach der Zuwendung entfallen und das Vermögen nicht anderen begünstigten Zwecken zugeführt wird, entfällt die Steuerbefreiung mit Wirkung für die Vergangenheit. Die Erbschaft-/Schenkungsteuer ist entsprechend dem rückwirkenden Ereignis nach § 175 Nr. 2 AO nachzuholen. 19

Der Erbschaft-/Schenkungsteuer unterliegen sodann alle Mitgliedsbeiträge, Aufnahmegebühren, Investitionsumlagen, Erbschaften und Spenden, die in den letzten zehn Jahren von dem Verein vereinnahmt wurden. Lediglich für die Mitgliedsbeiträge gibt es einen jährlichen Freibetrag von 500 DM (§ 18 ErbStG). Darüber hinaus gehende Beiträge sind schenkungsteuerpflichtig (→ M 12). 20

2. STEUERKLASSE/FREIBETRAG/STEUERSÄTZE

Die Besteuerung der steuerpflichtigen Zuwendungen erfolgt nach der Steuerklasse III (§ 15 ErbStG). 21

Der Verein erhält einen Freibetrag in Höhe von 10 000 DM (5 200 €) (§ 16 Abs. 1 Nr. 5 ErbStG). 22

Die Steuersätze betragen bei einem Wert des steuerpflichtigen Erwerbs bis einschließlich 23

Deutsche Mark	Euro	Vomhundertsatz
100 000	52 000	17
500 000	256 000	23
1 000 000	512 000	29
10 000 000	5 113 000	35
25 000 000	12 783 000	41
50 000 000	25 565 000	47
über 50 000 000	über 25 565 000	50

Von der Festsetzung der Erbschaftsteuer ist abzusehen, wenn die Steuer, die für den einzelnen Steuerfall festzusetzen ist, den Betrag von 50 DM nicht übersteigt (§ 24 ErbStG). 24

3. STEUERSCHULDNER

25 Steuerschuldner ist der Verein, bei einer Schenkung auch der Schenker; beide sind somit Gesamtschuldner (§ 20 Abs. 1 ErbStG i.V.m. § 44 AO). Da es sich um eine Bereicherungssteuer handelt, könnte es jedoch ermessensfehlerhaft sein, wenn sich die Finanzbehörde nicht zuerst an den Verein halten würde.

26 Auch wird die Finanzbehörde zu prüfen haben, ob der Vorstand des Vereins zur Haftung der festgesetzten Erbschaft-/Schenkungsteuer heranzuziehen ist, wenn kein Vereinsvermögen zur Begleichung der Steuerschuld mehr zur Verfügung steht.

> **PRAXISTIPP:**
>
> 27 Um steuerliche und persönliche finanzielle Nachteile zu vermeiden, sollte der Vorstand einer steuerbegünstigten Körperschaft, insbesondere aber eines gemeinnützigen Vereins, stets dafür Sorge tragen, dass durch die tatsächliche Geschäftsführung (§ 63 AO) die Voraussetzungen für die Steuerbefreiung stets vorliegen.

N. LOTTERIESTEUER

I. GESETZLICHE GRUNDLAGEN

- Rennwett- und Lotteriegesetz (RennwLottG) vom 8.4.1922 (RGBl. I 1922 S. 393), zuletzt geändert durch Art. 1 des Gesetzes zur Änderung des Rennwett- und Lotteriegesetzes v. 17.5.2000 (BStBl I 2000 S. 1160)
- Änderung der Ausführungsbestimmungen v. 16.12.1986 (BGBl. I 1986 S. 2441), zuletzt geändert durch Art. 2 des Gesetzes zur Änderung des Rennwett- und Lotteriegesetzes v. 17.5.2000 (BStBl I 2000 S. 1160)
- § 68 Nr. 6 AO

1

II. GENEHMIGUNGSBEHÖRDEN

Nach dem Lotterierecht sind öffentliche Lotterien genehmigungspflichtig (§ 1 der Lotterieverordnung v. 6.3.1937 [BayRS 2/87 – 3 – i]).

2

Zuständig für die Genehmigung ist:

3

- das Staatsministerium des Innern für alle Lotterien und Ausspielungen, die sich über einen Regierungsbezirk hinaus erstrecken
- die Gemeinde für die Ausspielung geringwertiger Gegenstände bei Volksbelustigungen und für die Ausspielung bei Veranstaltungen in geschlossenen Räumen, die kreisfreien Städte darüber hinaus für Lotterien und Ausspielungen mit einem Spielkapital von nicht mehr als 48 000 DM.

Im Inland veranstaltete öffentliche Lotterien und Ausspielungen unterliegen einer Steuer. Nach § 17 Abs. 1 Satz 2 RennwLottG gilt eine Lotterie oder Ausspielung als öffentlich, wenn die für die Genehmigung zuständige Behörde sie als genehmigungspflichtig ansieht.

4

III. BEMESSUNGSGRUNDLAGE UND STEUERSATZ

Bemessungsgrundlage für die Lotteriesteuer sind die von den Wettern oder Spielern geleisteten Einsätze, bei Lotterien der Nennwert sämtlicher Lose.

5

Die Höhe der Steuer beträgt grundsätzlich bei Totalisatorwetten $16\,{}^{2}\!/\!_{3}$ v. H. der gewetteten Beträge.

6

Bei Lotterien und Ausspielungen beträgt die Steuer 20 v. H. des planmäßigen Preises (Nennwert) sämtlicher Lose ausschließlich der Steuer. Gem. § 1 der Verordnung v. 1.3.1961 (BGBl. I 1961 S. 138) ist von der Festsetzung der Lotteriesteuer nach § 17 abzusehen, wenn die für die einzelne Lotterie oder Ausspielung festzusetzende Steuer den Betrag von 5 DM nicht übersteigt.

7

Bei ausländischen Losen beträgt die Steuer 0,25 DM für jede angefangene Mark des planmäßigen Preises.

8

IV. ENTSTEHUNG DER STEUERSCHULD

Die Steuerschuld entsteht, wenn die Wette verbindlich geworden ist (§ 11 Abs. 2 RennwLottG). Sie entsteht auch ohne Rücksicht darauf, ob das Totalisatorunternehmen erlaubt oder der Buchmacher zugelassen war (§ 12 RennwLottG).

9

N. Lotteriesteuer

10 Schuldner der Lotteriesteuer ist der Veranstalter der Lotterie (Totalisator oder Buchmacher). Lässt ein Wohlfahrtsverband eine ihm genehmigte Lotterie von einem gewerblichen Lotterieunternehmer durchführen, ist Veranstalter der Verband.

11 Die Steuerschuld entsteht mit der Genehmigung, spätestens aber in dem Zeitpunkt, zu dem die Genehmigung hätte eingeholt werden müssen (§ 19 RennwLottG).

12 Die Steuer ist innerhalb einer Woche nach Ablauf jedes Kalendermonats zu entrichten, sofern sie nicht durch Verwendung und Entwertung von Stempelzeichen erhoben wird.

V. AUSNAHMEN VON DER (LOTTERIE-)BESTEUERUNG

13 Nach § 18 RennwLottG sind von der Besteuerung ausgenommen:

1. Ausspielungen

a) bei denen Ausweise nicht erteilt werden oder

b) bei denen der Gesamtpreis der Lose einer Ausspielung den Wert von 1 200 DM nicht übersteigt,

es sei denn, dass der Veranstalter ein Gewerbetreibender oder Reisegewerbetreibender i.S. des Gewerberechts ist oder dass die Gewinne ganz oder teilweise in barem Geld bestehen;

2. von den zuständigen Behörden genehmigte Lotterien und Ausspielungen, bei denen der Gesamtpreis der Lose einer Lotterie oder Ausspielung

a) bei Lotterien und Ausspielungen zu ausschließlich gemeinnützigen, mildtätigen oder kirchlichen Zwecken den Wert von 75 000 DM,

b) in allen anderen Fällen den Wert von 320 DM

nicht übersteigt.

VI. ERTRAGSTEUERLICHE BEHANDLUNG DER „GENEHMIGTEN" LOTTERIE

14 Zweckbetrieb i.S. des § 68 Nr. 6 AO sind die von den zuständigen Behörden genehmigten Lotterien und Ausspielungen (FinMin Bayern v. 8.3.1994 – 33 – S 0187 – 21 – 16 686 –).

15 Der Genehmigungsbescheid ist eine Voraussetzung für die Zweckbetriebseigenschaft. Das Finanzamt muss bei der veranstaltenden Körperschaft nachfragen, ob eine Lotterie-Genehmigung beantragt, erteilt oder abgelehnt wurde. Eine Kopie des Genehmigungs- bzw. Ablehnungsbescheids ist zu den Akten zu nehmen.

16 Ob eine Genehmigungspflicht besteht/bestand, ist nicht vom Finanzamt, sondern von den Genehmigungsbehörden nach dem Lotterierecht zu entscheiden.

17 Die Durchführung von Lotterien und Ausspielungen dient der Mittelbeschaffung für die Körperschaft. Sie sind deshalb steuerlich grundsätzlich wirtschaftlicher Geschäftsbetrieb.

18 Wurde von der zuständigen Behörde eine Genehmigung erteilt, ist die Lotterie unter den Voraussetzungen des § 68 Nr. 6 AO ein Zweckbetrieb; dies gilt auch dann, wenn die Lotterie im Rahmen eines steuerpflichtigen wirtschaftlichen Geschäftsbetriebs (z.B. Festveranstaltung, Ball) abgehalten wird.

Auch wenn die Lotterie mit einem Zweckbetrieb (§§ 65 bis 68 AO) zusammenhängt, ist sie grundsätzlich getrennt zu beurteilen. Aus Vereinfachungsgründen ist die Lotterie als ein Teil des Zweckbetriebs anzusehen, wenn sie nur von untergeordneter Bedeutung ist, d.h., wenn der Losverkauf nicht mehr als 20 v. H. der Gesamterlöse des Zweckbetriebs erbringt. Die 20 v. H-Grenze ist angelehnt an die Regelungen zu den Zweckbetrieben gem. § 68 Nr. 2 AO (Selbstversorgungsbetriebe gemeinnütziger Körperschaften). 19

VII. UMSATZSTEUERLICHE BEHANDLUNG DER LOTTERIEUMSÄTZE

Die nach § 18 RennwLottG von der Rennwett- und Lotteriesteuer befreiten Umsätze sind nach § 4 Nr. 9b letzter Satz UStG umsatzsteuerpflichtig. 20

Ein gewerblicher Lotterieunternehmer, der für einen Wohlfahrtsverband eine Lotterie durchführt, kann die Steuerbefreiung nach § 4 Nr. 9 UStG nicht in Anspruch nehmen (BFH v. 10.12.1970, BStBl II 1971 S. 183; Abschn. 72 Abs. 3 Satz 4 UStR 2000). 21

0. SONSTIGE STEUERN

I. GRUNDSTEUER

1. RECHTSGRUNDLAGEN

1 – Grundsteuergesetz (GrStG) v. 7.8.1973 (BGBl. I 1973 S. 965), zuletzt geändert durch Art. 21 des Steuer-Euroglättungsgesetzes (StEuglG) v. 19.12.2000 (BGBl. I 2000 S. 1790, BStBl I 2001 S. 3)
– Grundsteuer-Richtlinien 1978 (GrStR) v. 9.12.1978 (BStBl I 1978 S. 553)

2. HEBERECHT/STEUERGEGENSTAND

2 Eine Gemeinde bestimmt, ob von dem in ihrem Gebiet liegenden Grundbesitz Grundsteuer zu erheben ist (§ 1 GrStG). Steuergegenstand ist der Grundbesitz i.S. des Bewertungsgesetzes (§ 2 GrStG).

3. STEUERBEFREIUNG FÜR GRUNDBESITZ BESTIMMTER RECHTSTRÄGER

3 Nach § 3 Nr. 3b GrStG ist der Grundbesitz, der von steuerbegünstigten Vereinen unmittelbar für gemeinnützige und mildtätige Zwecke genutzt wird, von der Grundsteuer befreit.

Dies gilt insbesondere, wenn die Gemeinnützigkeit im Rahmen der Veranlagung zur Körperschaftsteuer anerkannt ist (Abschn. 12 Abs. 3 GrStR). Die im Grundsteuergesetz verwendeten Begriffe „gemeinnützige und mildtätige Zwecke" entsprechen den Vorschriften der Abgabenordnung. Die Voraussetzungen für die Steuerbefreiung sind aber nur gegeben, wenn der Zweck des Vereins als besonders förderungswürdig i.S. des § 10b Abs. 1 EStG anerkannt ist.

4 Die satzungsmäßigen Voraussetzungen für die Anerkennung der Steuervergünstigung müssen zum Beginn des Kalenderjahres, für das über die Steuerpflicht zu entscheiden ist, erfüllt sein (AEAO zu § 60 Nr. 6).

5 Eine Befreiung von der Grundsteuer ist vor Festsetzung eines Grundsteuermessbescheides beim Finanzamt zu beantragen.

6 Die Grundsteuerbefreiung gilt auch für Grundstücke und Gebäudeteile, die für einen Zweckbetrieb, z.B. Sporthalle des gemeinnützigen Vereins, genutzt werden.

4. GRUNDSTÜCKE UND GRUNDSTÜCKSTEILE, DIE VON DER GRUNDSTEUERBEFREIUNG AUSGESCHLOSSEN SIND

7 Für Gebäude und Gebäudeteile, in denen ein wirtschaftlicher Geschäftsbetrieb (z.B. Vereinsgaststätte) unterhalten wird, ist eine Grundsteuerbefreiung nicht möglich. Das Gleiche gilt für Wohnräume, z.B. für den Gastwirt oder Hallenwart.

8 Wenn das Vereinsgebäude sowohl zu steuerbegünstigten Zwecken als auch für einen steuerlich nicht begünstigten wirtschaftlichen Geschäftsbetrieb genutzt wird, ist eine entsprechende räumliche Abgrenzung vorzunehmen. Wenn eine räumliche Abgrenzung nicht möglich ist, kommt eine Steuerbefreiung nur in Frage, wenn die steuerbegünstigten Zwecke überwiegen (§ 8 Abs. 2 GrStG).

5. STEUERSCHULDNER

Sofern eine Grundsteuerbefreiung nicht Platz greift, ist der Verein der Steuerschuldner. 9

Die Grundsteuer ruht auf dem Steuergegenstand als öffentliche Last (§ 12 GrStG).

6. ERLASS DER GRUNDSTEUER

Ein Erlass der Grundsteuer ist möglich, wenn für die Erhaltung des Grundbesitzes oder Teilen davon ein öffentliches Interesse wegen seiner Bedeutung für Kunst, Geschichte, Wissenschaft oder Naturschutz besteht (§ 32 GrStG). 10

II. GRUNDERWERBSTEUER

1. RECHTSGRUNDLAGEN

– Grunderwerbsteuergesetz (GrEStG) v. 26.2.1997 (BGBl. I 1997 S. 418, ber. S. 1804), zuletzt geändert durch Art. 13 des Gesetzes zur Umrechnung und Glättung steuerlicher Euro-Beträge (Steuer-Euroglättungsgesetz – StEuglG) v. 19.12.2000 (BGBl I 2000 S. 1790, BStBl I 2001 S. 3) 11

2. STEUERGEGENSTAND

Der Besteuerung unterliegen die Rechtsvorgänge, die sich auf inländische Grundstücke i.S. des bürgerlichen Rechts beziehen (§ 1 GrEStG). Hierzu gehören auch Erbbaurechte und Gebäude auf fremdem Grund und Boden. 12

3. ALLGEMEINE AUSNAHMEN VON DER BESTEUERUNG

Infolge der grundlegenden Änderung des GrEStG ab 1.1.1983 und der damaligen Senkung des Steuersatzes auf 2 v. H. der Gegenleistung sind eine Vielzahl von Steuerbefreiungen weggefallen. 13

Für gemeinnützige Vereine gibt es keine spezielle Befreiungsvorschrift. 14

Von der Besteuerung, soweit sie gemeinnützige und mildtätige Vereine betreffen können, sind ausgenommen (§ 3 GrEStG): 15
– der Erwerb eines Grundstücks, wenn der für die Berechnung der Steuer maßgebende Wert 5 000 DM (2 500 €) nicht übersteigt
– der Grundstückserwerb von Todes wegen und
– Grundstücksschenkungen unter Lebenden.

4. BEMESSUNGSGRUNDLAGE

Bemessungsgrundlage ist der Wert der Gegenleistung. Wenn eine Gegenleistung nicht vorhanden oder zu ermitteln ist, wird die Steuer nach den Werten i.S. des § 138 Abs. 2 oder 3 des Bewertungsgesetzes bemessen (§ 8 GrEStG). 16

5. STEUERSATZ

Der Steuersatz beträgt ab 1.1.1997 3,5 v. H. und wird auf volle DM (Euro) abgerundet (§ 11 GrEStG). 17

6. STEUERSCHULDNER

18   Steuerschuldner sind im Regelfall die an einem Erwerbsvorgang beteiligten Personen (§ 13 GrEStG).

7. FÄLLIGKEIT DER STEUER

19   Die Steuer wird einen Monat nach der Bekanntgabe des Steuerbescheids fällig. Das Finanzamt darf eine längere Zahlungsfrist festsetzen (§ 15 GrEStG).

8. ÖRTLICHE ZUSTÄNDIGKEIT

20   Örtlich zuständig für die Besteuerung ist grundsätzlich das Finanzamt, in dessen Bezirk das Grundstück oder der wertvollste Teil des Grundstücks liegt (§ 17 GrEStG).

III. VERMÖGENSTEUER

21   Nach dem Beschluss des BVerfG v. 22.6.1995 (BStBl II 1995 S. 655) kann eine Vermögensteuer ab 1.1.1997 nicht mehr erhoben werden.

22   Eine Festsetzung von Vermögensteuer nach dem 31.12.1996 für Veranlagungszeitpunkte bis 1.1.1996 ist jedoch auf alle bis zum 31.12.1996 verwirklichten Tatbestände weiterhin anwendbar und zulässig.

IV. KRAFTFAHRZEUGSTEUER

1. RECHTSGRUNDLAGE

23   – Kraftfahrzeugsteuergesetz (KraftStG) v. 24.5.1994 (BGBl. I 1994 S. 1102), zuletzt geändert durch Art. 27 des Steuer-Euroglättungsgesetzes (StEuglG) v. 19.12.2000 (BGBl. I 2000 S. 1790, BStBl I 2001 S. 3)
   – Kraftfahrzeugsteuer-Durchführungsverordnung (KraftStDV) v. 24.5.1994 (BStBl I 1994 S. 1145), zuletzt geändert durch Art. 28 des Steuer-Euroglättungsgesetzes (StEuglG) v. 19.12.2000 (BGBl I 2000 S. 1790, BStBl I 2001 S. 3)

2. AUSNAHMEN VON DER BESTEUERUNG

24   Durch Art. 32 des JStG 1996 ist in § 3 KraftStG eine neue Befreiungsvorschrift – Nr. 5a – eingeführt worden.

Danach ist ab 1.1.1995 das Halten von Fahrzeugen von gemeinnützigen oder mildtätigen Organisationen für die Zeit, in der sie ausschließlich für humanitäre Hilfsgütertransporte in das Ausland oder für zeitlich damit zusammenhängende Vorbereitungsfahrten verwendet werden, von der Kraftfahrzeugsteuer befreit.

25   Für die KraftSt-Befreiung für Fahrzeuge zur Beförderung von Behinderten ist es nach einem Erlass des FinMin Nordrhein-Westfalen v. 21.2.2000 – S 6105 – 16 – V A 1 – unschädlich, wenn diese Fahrzeuge gelegentlich auch zur Beförderung des Personals zu Fortbildungszwecken, zur Beförderung von Arbeitsmaterial oder zu Fahrten zur Beschaffung von Arbeitsaufträgen für die Tageseinrichtung verwendet werden.

ANHANG 1
AUSZÜGE WICHTIGER GESETZE, DURCHFÜHRUNGSVERORDNUNGEN UND RICHTLINIEN

I. AUSZUG AUS DER ABGABENORDNUNG 1977 (§§ 51 BIS 68 AO)

DRITTER ABSCHNITT
STEUERBEGÜNSTIGTE ZWECKE

§ 51
ALLGEMEINES

¹Gewährt das Gesetz eine Steuervergünstigung, weil eine Körperschaft ausschließlich und unmittelbar gemeinnützige, mildtätige oder kirchliche Zwecke (steuerbegünstigte Zwecke) verfolgt, so gelten die folgenden Vorschriften. ²Unter Körperschaften sind die Körperschaften, Personenvereinigungen und Vermögensmassen im Sinne des Körperschaftsteuergesetzes zu verstehen. ³Funktionale Untergliederungen (Abteilungen) von Körperschaften gelten nicht als selbständige Steuersubjekte.

§ 52
GEMEINNÜTZIGE ZWECKE

(1) ¹Eine Körperschaft verfolgt gemeinnützige Zwecke, wenn ihre Tätigkeit darauf gerichtet ist, die Allgemeinheit auf materiellem, geistigem oder sittlichem Gebiet selbstlos zu fördern. ²Eine Förderung der Allgemeinheit ist nicht gegeben, wenn der Kreis der Personen, dem die Förderung zugute kommt, fest abgeschlossen ist, zum Beispiel Zugehörigkeit zu einer Familie oder zur Belegschaft eines Unternehmens, oder infolge seiner Abgrenzung, insbesondere nach räumlichen oder beruflichen Merkmalen, dauernd nur klein sein kann. ³Eine Förderung der Allgemeinheit liegt nicht allein deswegen vor, weil eine Körperschaft ihre Mittel einer Körperschaft des öffentlichen Rechts zuführt.

(2) Unter den Voraussetzungen des Absatzes 1 sind als Förderung der Allgemeinheit anzuerkennen insbesondere:
1. die Förderung von Wissenschaft und Forschung, Bildung und Erziehung, Kunst und Kultur, der Religion, der Völkerverständigung, der Entwicklungshilfe, des Umwelt-, Landschafts- und Denkmalschutzes, des Heimatgedankens,
2. die Förderung der Jugendhilfe, der Altenhilfe, des öffentlichen Gesundheitswesens, des Wohlfahrtswesens und des Sports. ²Schach gilt als Sport,
3. die allgemeine Förderung des demokratischen Staatswesens im Geltungsbereich dieses Gesetzes; hierzu gehören nicht Bestrebungen, die nur bestimmte Einzelinteressen staatsbürgerlicher Art verfolgen oder die auf den kommunalpolitischen Bereich beschränkt sind,
4. die Förderung der Tierzucht, der Pflanzenzucht, der Kleingärtnerei, des traditionellen Brauchtums einschließlich des Karnevals, der Fastnacht und des Faschings, der Soldaten- und Reservistenbetreuung, des Amateurfunkens, des Modellflugs und des Hundesports.

§ 53
MILDTÄTIGE ZWECKE

Eine Körperschaft verfolgt mildtätige Zwecke, wenn ihre Tätigkeit darauf gerichtet ist, Personen selbstlos zu unterstützen,
1. die infolge ihres körperlichen, geistigen oder seelischen Zustandes auf die Hilfe anderer angewiesen sind oder
2. deren Bezüge nicht höher sind als das Vierfache des Regelsatzes der Sozialhilfe im Sinne des § 22 des Bundessozialhilfegesetzes; beim Alleinstehenden oder Haushaltsvorstand tritt an die Stelle des Vierfachen das Fünffache des Regelsatzes. ²Dies gilt

nicht für Personen, deren Vermögen zur nachhaltigen Verbesserung ihres Unterhalts ausreicht und denen zugemutet werden kann, es dafür zu verwenden. ³Bei Personen, deren wirtschaftliche Lage aus besonderen Gründen zu einer Notlage geworden ist, dürfen die Bezüge oder das Vermögen die genannten Grenzen übersteigen. ⁴Bezüge im Sinne dieser Vorschrift sind

a) Einkünfte im Sinne des § 2 Abs. 1 des Einkommensteuergesetzes und

b) andere zur Bestreitung des Unterhalts bestimmte oder geeignete Bezüge,

die der Alleinstehende oder der Haushaltsvorstand und die sonstigen Haushaltsangehörigen haben. ⁵Zu den Bezügen zählen nicht Leistungen der Sozialhilfe und bis zur Höhe der Leistungen der Sozialhilfe Unterhaltsleistungen an Personen, die ohne die Unterhaltsleistungen sozialhilfeberechtigt wären. ⁶Unterhaltsansprüche sind zu berücksichtigen.

§ 54
KIRCHLICHE ZWECKE

(1) Eine Körperschaft verfolgt kirchliche Zwecke, wenn ihre Tätigkeit darauf gerichtet ist, eine Religionsgemeinschaft, die Körperschaft des öffentlichen Rechts ist, selbstlos zu fördern.

(2) Zu diesen Zwecken gehören insbesondere die Errichtung, Ausschmückung und Unterhaltung von Gotteshäusern und kirchlichen Gemeindehäusern, die Abhaltung von Gottesdiensten, die Ausbildung von Geistlichen, die Erteilung von Religionsunterricht, die Beerdigung und die Pflege des Andenkens der Toten, ferner die Verwaltung des Kirchenvermögens, die Besoldung der Geistlichen, Kirchenbeamten und Kirchendiener, die Alters- und Behindertenversorgung für diese Personen und die Versorgung ihrer Witwen und Waisen.

§ 55
SELBSTLOSIGKEIT

(1) Eine Förderung oder Unterstützung geschieht selbstlos, wenn dadurch nicht in erster Linie eigenwirtschaftliche Zwecke – zum Beispiel gewerbliche Zwecke oder sonstige Erwerbszwecke – verfolgt werden und wenn die folgenden Voraussetzungen gegeben sind:

1. ¹Mittel der Körperschaft dürfen nur für die satzungsmäßigen Zwecke verwendet werden. ²Die Mitglieder oder Gesellschafter (Mitglieder im Sinne dieser Vorschriften) dürfen keine Gewinnanteile und in ihrer Eigenschaft als Mitglieder auch keine sonstigen Zuwendungen aus Mitteln der Körperschaft erhalten. ³Die Körperschaft darf ihre Mittel weder für die unmittelbare noch für die mittelbare Unterstützung oder Förderung politischer Parteien verwenden.

2. Die Mitglieder dürfen bei ihrem Ausscheiden oder bei Auflösung oder Aufhebung der Körperschaft nicht mehr als ihre eingezahlten Kapitalanteile und den gemeinen Wert ihrer geleisteten Sacheinlagen zurückerhalten.

3. Die Körperschaft darf keine Person durch Ausgaben, die dem Zweck der Körperschaft fremd sind, oder durch unverhältnismäßig hohe Vergütungen begünstigen.

4. ¹Bei Auflösung oder Aufhebung der Körperschaft oder bei Wegfall ihres bisherigen Zwecks darf das Vermögen der Körperschaft, soweit es die eingezahlten Kapitalanteile der Mitglieder und den gemeinen Wert der von den Mitgliedern geleisteten Sacheinlagen übersteigt, nur für steuerbegünstigte Zwecke verwendet werden (Grundsatz der Vermögensbindung). ²Diese Voraussetzung ist auch erfüllt, wenn das Vermögen einer anderen steuerbegünstigten Körperschaft oder einer Körperschaft des öffentlichen Rechts für steuerbegünstigte Zwecke übertragen werden soll.

5. ¹Die Körperschaft muß ihre Mittel grundsätzlich zeitnah für ihre steuerbegünstigten satzungsmäßigen Zwecke verwenden. ²Verwendung in diesem Sinne ist auch die Verwendung der Mittel für die Anschaffung oder Herstellung von Vermögensgegenständen, die satzungsmäßigen Zwecken dienen. ³Eine zeitnahe Mittelverwendung ist gegeben, wenn die Mittel spätestens in dem auf den Zufluß folgenden Kalender- oder

I. Auszug aus der Abgabenordnung 1977 (§§ 51 bis 68 AO)

Wirtschaftsjahr für die steuerbegünstigten satzungsmäßigen Zwecke verwendet werden.

(2) Bei der Ermittlung des gemeinen Werts (Absatz 1 Nr. 2 und 4) kommt es auf die Verhältnisse zu dem Zeitpunkt an, in dem die Sacheinlagen geleistet worden sind.

(3) Die Vorschriften, die die Mitglieder der Körperschaft betreffen (Absatz 1 Nr. 1, 2 und 4), gelten bei Stiftungen für die Stifter und ihre Erben, bei Betrieben gewerblicher Art von Körperschaften des öffentlichen Rechts für die Körperschaft sinngemäß, jedoch mit der Maßgabe, daß bei Wirtschaftsgütern, die nach § 6 Abs. 1 Nr. 4 Satz 4 und 5 des Einkommensteuergesetzes aus einem Betriebsvermögen zum Buchwert entnommen worden sind, an die Stelle des gemeinen Werts der Buchwert der Entnahme tritt.

§ 56
AUSSCHLIESSLICHKEIT

Ausschließlichkeit liegt vor, wenn eine Körperschaft nur ihre steuerbegünstigten satzungsmäßigen Zwecke verfolgt.

§ 57
UNMITTELBARKEIT

(1) ¹Eine Körperschaft verfolgt unmittelbar ihre steuerbegünstigten satzungsmäßigen Zwecke, wenn sie selbst diese Zwecke verwirklicht. ²Das kann auch durch Hilfspersonen geschehen, wenn nach den Umständen des Falles, insbesondere nach den rechtlichen und tatsächlichen Beziehungen, die zwischen der Körperschaft und der Hilfsperson bestehen, das Wirken der Hilfsperson wie eigenes Wirken der Körperschaft anzusehen ist.

(2) Eine Körperschaft, in der steuerbegünstigte Körperschaften zusammengefaßt sind, wird einer Körperschaft, die unmittelbar steuerbegünstigte Zwecke verfolgt, gleichgestellt.

§ 58
STEUERLICH UNSCHÄDLICHE BETÄTIGUNGEN

Die Steuervergünstigung wird nicht dadurch ausgeschlossen, daß

1. eine Körperschaft Mittel für die Verwirklichung der steuerbegünstigten Zwecke einer anderen Körperschaft oder für die Verwirklichung steuerbegünstigter Zwecke durch eine Körperschaft des öffentlichen Rechts beschafft; die Beschaffung von Mitteln für eine unbeschränkt steuerpflichtige Körperschaft setzt voraus, dass diese selbst steuerbegünstigt ist,
2. eine Körperschaft ihre Mittel teilweise einer anderen, ebenfalls steuerbegünstigten Körperschaft oder einer Körperschaft des öffentlichen Rechts zur Verwendung zu steuerbegünstigten Zwecken zuwendet,
3. eine Körperschaft ihre Arbeitskräfte anderen Personen, Unternehmen oder Einrichtungen für steuerbegünstigte Zwecke zur Verfügung stellt,
4. eine Körperschaft ihr gehörende Räume einer anderen steuerbegünstigten Körperschaft zur Benutzung für deren steuerbegünstigte Zwecke überläßt,
5. eine Stiftung einen Teil, jedoch höchstens ein Drittel ihres Einkommens dazu verwendet, um in angemessener Weise den Stifter und seine nächsten Angehörigen zu unterhalten, ihre Gräber zu pflegen und ihr Andenken zu ehren,
6. eine Körperschaft ihre Mittel ganz oder teilweise einer Rücklage zuführt, soweit dies erforderlich ist, um ihre steuerbegünstigten satzungsmäßigen Zwecke nachhaltig erfüllen zu können,
7. a) eine Körperschaft höchstens ein Drittel des Überschusses der Einnahmen über die Unkosten aus Vermögensverwaltung und darüber hinaus höchstens 10 vom Hundert ihrer sonstigen nach § 55 Abs. 1 Nr. 5 zeitnah zu verwendenden Mittel einer freien Rücklage zuführt,

Anhang 1

    b) eine Körperschaft Mittel zum Erwerb von Gesellschaftsrechten zur Erhaltung der prozentualen Beteiligung an Kapitalgesellschaften ansammelt oder im Jahr des Zuflusses verwendet; diese Beträge sind auf die nach Buchstabe a in demselben Jahr oder künftig zulässigen Rücklagen anzurechnen,

8. eine Körperschaft gesellige Zusammenkünfte veranstaltet, die im Vergleich zu ihrer steuerbegünstigten Tätigkeit von untergeordneter Bedeutung sind,
9. ein Sportverein neben dem unbezahlten auch den bezahlten Sport fördert,
10. eine von einer Gebietskörperschaft errichtete Stiftung zur Erfüllung ihrer steuerbegünstigten Zwecke Zuschüsse an Wirtschaftsunternehmen vergibt,
11. eine Körperschaft folgende Mittel ihrem Vermögen zuführt:
    a) Zuwendungen von Todes wegen, wenn der Erblasser keine Verwendung für den laufenden Aufwand der Körperschaft vorgeschrieben hat,
    b) Zuwendungen, bei denen der Zuwendende ausdrücklich erklärt, daß sie zur Ausstattung der Körperschaft mit Vermögen oder zur Erhöhung des Vermögens bestimmt sind,
    c) Zuwendungen auf Grund eines Spendenaufrufs der Körperschaft, wenn aus dem Spendenaufruf ersichtlich ist, daß Beträge zur Aufstockung des Vermögens erbeten werden,
    d) Sachzuwendungen, die ihrer Natur nach zum Vermögen gehören,
12. eine Stiftung im Jahr ihrer Errichtung und in den zwei folgenden Kalenderjahren Überschüsse aus der Vermögensverwaltung und die Gewinne aus wirtschaftlichen Geschäftsbetrieben (§ 14) ganz oder teilweise ihrem Vermögen zuführt.

§ 59
VORAUSSETZUNG DER STEUERVERGÜNSTIGUNG

Die Steuervergünstigung wird gewährt, wenn sich aus der Satzung, dem Stiftungsgeschäft oder der sonstigen Verfassung (Satzung im Sinne dieser Vorschriften) ergibt, welchen Zweck die Körperschaft verfolgt, daß dieser Zweck den Anforderungen der §§ 52 bis 55 entspricht und daß er ausschließlich und unmittelbar verfolgt wird; die tatsächliche Geschäftsführung muß diesen Satzungsbestimmungen entsprechen.

§ 60
ANFORDERUNGEN AN DIE SATZUNG

(1) Die Satzungszwecke und die Art ihrer Verwirklichung müssen so genau bestimmt sein, daß auf Grund der Satzung geprüft werden kann, ob die satzungsmäßigen Voraussetzungen für Steuervergünstigungen gegeben sind.

(2) Die Satzung muß den vorgeschriebenen Erfordernissen bei der Körperschaftsteuer und bei der Gewerbesteuer während des ganzen Veranlagungs- oder Bemessungszeitraums, bei den anderen Steuern im Zeitpunkt der Entstehung der Steuer entsprechen.

§ 61
SATZUNGSMÄSSIGE VERMÖGENSBINDUNG

(1) Eine steuerlich ausreichende Vermögensbindung (§ 55 Abs. 1 Nr. 4) liegt vor, wenn der Zweck, für den das Vermögen bei Auflösung oder Aufhebung der Körperschaft oder bei Wegfall ihres bisherigen Zweckes verwendet werden soll, in der Satzung so genau bestimmt ist, daß auf Grund der Satzung geprüft werden kann, ob der Verwendungszweck steuerbegünstigt ist.

(2) ¹Kann aus zwingenden Gründen der künftige Verwendungszweck des Vermögens bei der Aufstellung der Satzung nach Absatz 1 noch nicht genau angegeben werden, so genügt es, wenn in der Satzung bestimmt wird, daß das Vermögen bei Auflösung oder Aufhebung der Körperschaft oder bei Wegfall ihres bisherigen Zwecks zu steuerbegünstigten Zwecken zu verwenden ist und daß der künftige Beschluß der Körperschaft über die Verwendung erst nach Einwilligung des Finanzamts ausgeführt werden darf. ²Das

Finanzamt hat die Einwilligung zu erteilen, wenn der beschlossene Verwendungszweck steuerbegünstigt ist.

(3) ¹Wird die Bestimmung über die Vermögensbindung nachträglich so geändert, daß sie den Anforderungen des § 55 Abs. 1 Nr. 4 nicht mehr entspricht, so gilt sie von Anfang an als steuerlich nicht ausreichend. ²§ 175 Abs. 1 Satz 1 Nr. 2 ist mit der Maßgabe anzuwenden, daß Steuerbescheide erlassen, aufgehoben oder geändert werden können, soweit sie Steuern betreffen, die innerhalb der letzten zehn Kalenderjahre vor der Änderung der Bestimmung über die Vermögensbindung entstanden sind.

§ 62
AUSNAHMEN VON DER SATZUNGSMÄSSIGEN VERMÖGENSBINDUNG

Bei Betrieben gewerblicher Art von Körperschaften des öffentlichen Rechts, bei staatlich beaufsichtigten Stiftungen, bei den von einer Körperschaft des öffentlichen Rechts verwalteten unselbständigen Stiftungen und bei geistlichen Genossenschaften (Orden, Kongregationen) braucht die Vermögensbindung in der Satzung nicht festgelegt zu werden.

§ 63
ANFORDERUNGEN AN DIE TATSÄCHLICHE GESCHÄFTSFÜHRUNG

(1) Die tatsächliche Geschäftsführung der Körperschaft muß auf die ausschließliche und unmittelbare Erfüllung der steuerbegünstigten Zwecke gerichtet sein und den Bestimmungen entsprechen, die die Satzung über die Voraussetzungen für Steuervergünstigungen enthält.

(2) Für die tatsächliche Geschäftsführung gilt sinngemäß § 60 Abs. 2, für eine Verletzung der Vorschrift über die Vermögensbindung § 61 Abs. 3.

(3) Die Körperschaft hat den Nachweis, daß ihre tatsächliche Geschäftsführung den Erfordernissen des Absatzes 1 entspricht, durch ordnungsmäßige Aufzeichnungen über ihre Einnahmen und Ausgaben zu führen.

(4) ¹Hat die Körperschaft Mittel angesammelt, ohne daß die Voraussetzungen des § 58 Nr. 6 und 7 vorliegen, kann das Finanzamt ihr eine Frist für die Verwendung der Mittel setzen. ²Die tatsächliche Geschäftsführung gilt als ordnungsgemäß im Sinne des Absatzes 1, wenn die Körperschaft die Mittel innerhalb der Frist für steuerbegünstigte Zwecke verwendet.

§ 64
STEUERPFLICHTIGE WIRTSCHAFTLICHE GESCHÄFTSBETRIEBE

(1) Schließt das Gesetz die Steuervergünstigung insoweit aus, als ein wirtschaftlicher Geschäftsbetrieb (§ 14) unterhalten wird, so verliert die Körperschaft die Steuervergünstigung für die dem Geschäftsbetrieb zuzuordnenden Besteuerungsgrundlagen (Einkünfte, Umsätze, Vermögen), soweit der wirtschaftliche Geschäftsbetrieb kein Zweckbetrieb (§§ 65 bis 68) ist.

(2) Unterhält die Körperschaft mehrere wirtschaftliche Geschäftsbetriebe, die keine Zweckbetriebe (§§ 65 bis 68) sind, werden diese als ein wirtschaftlicher Geschäftsbetrieb behandelt.

(3) Übersteigen die Einnahmen einschließlich Umsatzsteuer aus wirtschaftlichen Geschäftsbetrieben, die keine Zweckbetriebe sind, insgesamt nicht 60 000 Deutsche Mark (30 678 Euro) im Jahr, so unterliegen die diesen Geschäftsbetrieben zuzuordnenden Besteuerungsgrundlagen nicht der Körperschaftsteuer und der Gewerbesteuer.

(4) Die Aufteilung einer Körperschaft in mehrere selbständige Körperschaften zum Zweck der mehrfachen Inanspruchnahme der Steuervergünstigung nach Absatz 3 gilt als Mißbrauch von rechtlichen Gestaltungsmöglichkeiten im Sinne des § 42.

(5) Überschüsse aus der Verwertung unentgeltlich erworbenen Altmaterials außerhalb einer ständig dafür vorgehaltenen Verkaufsstelle, die der Körperschaftsteuer und der

Gewerbesteuer unterliegen, können in Höhe des branchenüblichen Reingewinns geschätzt werden.

(6) Bei den folgenden steuerpflichtigen wirtschaftlichen Geschäftsbetrieben kann der Besteuerung ein Gewinn von 15 vom Hundert der Einnahmen zu Grunde gelegt werden:
1. Werbung für Unternehmen, die im Zusammenhang mit der steuerbegünstigten Tätigkeit einschließlich Zweckbetrieben stattfindet,
2. Totalisatorbetriebe,
3. Zweite Fraktionierungsstufe der Blutspendedienste.

§ 65
ZWECKBETRIEB

Ein Zweckbetrieb ist gegeben, wenn
1. der wirtschaftliche Geschäftsbetrieb in seiner Gesamtrichtung dazu dient, die steuerbegünstigten satzungsmäßigen Zwecke der Körperschaft zu verwirklichen,
2. die Zwecke nur durch einen solchen Geschäftsbetrieb erreicht werden können und
3. der wirtschaftliche Geschäftsbetrieb zu nicht begünstigten Betrieben derselben oder ähnlicher Art nicht in größerem Umfang in Wettbewerb tritt, als es bei Erfüllung der steuerbegünstigten Zwecke unvermeidbar ist.

§ 66
WOHLFAHRTSPFLEGE

(1) Eine Einrichtung der Wohlfahrtspflege ist ein Zweckbetrieb, wenn sie in besonderem Maße den in § 53 genannten Personen dient.

(2) [1]Wohlfahrtspflege ist die planmäßige, zum Wohle der Allgemeinheit und nicht des Erwerbes wegen ausgeübte Sorge für notleidende oder gefährdete Mitmenschen. [2]Die Sorge kann sich auf das gesundheitliche, sittliche, erzieherische oder wirtschaftliche Wohl erstrecken und Vorbeugung oder Abhilfe bezwecken.

(3) [1]Eine Einrichtung der Wohlfahrtspflege dient in besonderem Maße den in § 53 genannten Personen, wenn diesen mindestens zwei Drittel ihrer Leistungen zugute kommen. [2]Für Krankenhäuser gilt § 67.

§ 67
KRANKENHÄUSER

(1) Ein Krankenhaus, das in den Anwendungsbereich der Bundespflegesatzverordnung fällt, ist ein Zweckbetrieb, wenn mindestens 40 vom Hundert der jährlichen Pflegetage auf Patienten entfallen, bei denen nur Entgelte für allgemeine Krankenhausleistungen (§§ 11, 13 und 26 der Bundespflegesatzverordnung) berechnet werden.

(2) Ein Krankenhaus, das nicht in den Anwendungsbereich der Bundespflegesatzverordnnugt fällt, ist ein Zweckbetrieb, wenn mindestens 40 vom Hundert der jährlichen Pflegetage auf Patienten entfallen, bei denen für die Krankenhausleistungen kein höheres Entgelt als nach Absatz 1 berechnet wird.

§ 67a
SPORTLICHE VERANSTALTUNGEN

(1) [1]Sportliche Veranstaltungen eines Sportvereins sind ein Zweckbetrieb, wenn die Einnahmen einschließlich Umsatzsteuer insgesamt 60 000 DM (30 678 €) im Jahr nicht übersteigen. [2]Der Verkauf von Speisen und Getränken sowie die Werbung gehören nicht zu den sportlichen Veranstaltungen.

(2) [1]Der Sportverein kann dem Finanzamt bis zur Unanfechtbarkeit des Körperschaftsteuerbescheids erklären, daß er auf die Anwendung des Absatzes 1 Satz 1 verzichtet. [2]Die Erklärung bindet den Sportverein für mindestens fünf Veranlagungszeiträume.

I. Auszug aus der Abgabenordnung 1977 (§§ 51 bis 68 AO)

(3) ¹Wird auf die Anwendung des Absatzes 1 Satz 1 verzichtet, sind sportliche Veranstaltungen eines Sportvereins ein Zweckbetrieb, wenn

1. kein Sportler des Vereins teilnimmt, der für seine sportliche Betätigung oder für die Benutzung seiner Person, seines Namens, seines Bildes oder seiner sportlichen Betätigung zu Werbezwecken von dem Verein oder einem Dritten über eine Aufwandsentschädigung hinaus Vergütungen oder andere Vorteile erhält und
2. kein anderer Sportler teilnimmt, der für die Teilnahme an der Veranstaltung von dem Verein oder einem Dritten im Zusammenwirken mit dem Verein über eine Aufwandsentschädigung hinaus Vergütungen oder andere Vorteile erhält.

²Andere sportliche Veranstaltungen sind ein steuerpflichtiger wirtschaftlicher Geschäftsbetrieb. ³Dieser schließt die Steuervergünstigung nicht aus, wenn die Vergütungen oder andere Vorteile ausschließlich aus wirtschaftlichen Geschäftsbetrieben, die nicht Zweckbetriebe sind, oder von Dritten geleistet werden.

§ 68
EINZELNE ZWECKBETRIEBE

Zweckbetriebe sind auch:

1. a) Alten-, Altenwohn- und Pflegeheime, Erholungsheime, Mahlzeitendienste, wenn sie in besonderem Maße den in § 53 genannten Personen dienen (§ 66 Abs. 3),
   b) Kindergärten, Kinder-, Jugend- und Studentenheime, Schullandheime und Jugendherbergen,
2. a) landwirtschaftliche Betriebe und Gärtnereien, die der Selbstversorgung von Körperschaften dienen und dadurch die sachgemäße Ernährung und ausreichende Versorgung von Anstaltsangehörigen sichern,
   b) andere Einrichtungen, die für die Selbstversorgung von Körperschaften erforderlich sind, wie Tischlereien, Schlossereien,

   wenn die Lieferungen und sonstigen Leistungen dieser Einrichtungen an Außenstehende dem Wert nach 20 vom Hundert der gesamten Lieferungen und sonstigen Leistungen des Betriebes – einschließlich der an die Körperschaft selbst bewirkten – nicht übersteigen,
3. Werkstätten für Behinderte, die nach den Vorschriften des Dritten Buches Sozialgesetzbuch förderungsfähig sind und Personen Arbeitsplätze bieten, die wegen ihrer Behinderung nicht auf dem allgemeinen Arbeitsmarkt tätig sein können, sowie Einrichtungen für Beschäftigungs- und Arbeitstherapie, die der Eingliederung von Behinderten dienen,
4. Einrichtungen, die zur Durchführung der Blindenfürsorge und zur Durchführung der Fürsorge für Körperbehinderte unterhalten werden,
5. Einrichtungen der Fürsorgeerziehung und der freiwilligen Erziehungshilfe,
6. von den zuständigen Behörden genehmigte Lotterien und Ausspielungen, wenn der Reinertrag unmittelbar und ausschließlich zur Förderung mildtätiger, kirchlicher oder gemeinnütziger Zwecke verwendet wird,
7. kulturelle Einrichtungen, wie Museen, Theater, und kulturelle Veranstaltungen, wie Konzerte, Kunstausstellungen; dazu gehört nicht der Verkauf von Speisen und Getränken,
8. Volkshochschulen und andere Einrichtungen, soweit sie selbst Vorträge, Kurse und andere Veranstaltungen wissenschaftlicher oder belehrender Art durchführen; dies gilt auch, soweit die Einrichtungen den Teilnehmern dieser Veranstaltungen selbst Beherbergung und Beköstigung gewähren,
9. Wissenschafts- und Forschungseinrichtungen, deren Träger sich überwiegend aus Zuwendungen der öffentlichen Hand oder Dritter oder aus der Vermögensverwaltung finanziert. ²Der Wissenschaft und Forschung dient auch die Auftragsforschung. ³Nicht zum Zweckbetrieb gehören Tätigkeiten, die sich auf die Anwendung gesicherter wissenschaftlicher Erkenntnisse beschränken, die Übernahme von Projektträgerschaften sowie wirtschaftliche Tätigkeiten ohne Forschungsbezug.

Anhang 1

II. AUSZUG AUS DEM ANWENDUNGSERLASS ZUR ABGABENORDNUNG (AEAO ZU §§ 51 BIS 68)

Zu § 51 – Allgemeines:

Unter Körperschaften i.S. des § 51, für die eine Steuervergünstigung in Betracht kommen kann, sind Körperschaften, Personenvereinigungen und Vermögensmassen i.S. des KStG zu verstehen. Dazu gehören auch die juristischen Personen des öffentlichen Rechts mit ihren Betrieben gewerblicher Art (§ 1 Abs. 1 Nr. 6, § 4 KStG), nicht aber die juristischen Personen des öffentlichen Rechts als solche.

Zu § 52 – Gemeinnützige Zwecke:

1. Bei § 52 Abs. 2 handelt es sich um eine beispielhafte, nicht abschließende Aufzählung gemeinnütziger Zwecke. Die Allgemeinheit kann deshalb auch durch die Verfolgung von Zwecken, die den in § 52 Abs. 2 Nr. 1 und 2 aufgeführten Zwecken ähnlich sind, gefördert werden. Dies sind insbesondere die Zwecke (mit Ausnahme der nach § 52 Abs. 2 Nr. 4 gemeinnützigen Zwecke), die zusätzlich zu den in § 52 Abs. 2 Nr. 1 und 2 aufgeführten Zwecken als besonders förderungswürdig im Sinne des § 10b Abs. 1 EStG anerkannt sind (Anlage 7 der EStR). Hierzu gehören z.B. die Förderung der Rettung aus Lebensgefahr, des Feuer-, Arbeits-, Zivil- und Tierschutzes, der Unfallverhütung, der Verbraucherberatung und der Gleichberechtigung von Männern und Frauen. Die Förderung der Verkehrssicherheit ist als Förderung der Unfallverhütung anzusehen und deshalb ebenfalls ein gemeinnütziger Zweck.

2. Ein wesentliches Element des Sports (§ 52 Abs. 2 Nr. 2) ist die körperliche Ertüchtigung. Motorsport fällt unter den Begriff des Sports (BFH-Urteil vom 29.10.1997, BStBl II 1998 S. 9), ebenso Ballonfahren. Skat, Bridge und Gospiel sind dagegen kein Sport im Sinn des Gemeinnützigkeitsrechts. Dies gilt auch für Amateurfunk, Modellflug und Hundesport, die jedoch eigenständige gemeinnützige Zwecke sind (§ 52 Abs. 2 Nr. 4).

3. Die Förderung des bezahlten Sports ist kein gemeinnütziger Zweck, weil dadurch eigenwirtschaftliche Zwecke der bezahlten Sportler gefördert werden. Sie ist aber unter bestimmten Voraussetzungen unschädlich für die Gemeinnützigkeit eines Sportvereins (§§ 58 Nr. 9 und 67a).

4. Die Förderung von Freizeitaktivitäten außerhalb des Bereichs des Sports ist nur dann als Förderung der Allgemeinheit anzuerkennen, wenn die Freizeitaktivitäten hinsichtlich der Merkmale, die ihre steuerrechtliche Förderung rechtfertigen, mit den im Katalog des § 52 Abs. 2 Nr. 4 genannten Freizeitgestaltungen identisch sind. Es reicht nicht aus, daß die Freizeitgestaltung sinnvoll und einer der in § 52 Abs. 2 Nr. 4 genannten ähnlich ist (BFH-Urteil vom 14.9.1994, BStBl II 1995 S. 499). Die Förderung des Baus und Betriebs von Schiffs-, Auto-, Eisenbahn- und Drachenflugmodellen ist identisch im vorstehenden Sinn mit der Förderung des Modellflugs, die Förderung des CB-Funkens mit der Förderung des Amateurfunkens. Diese Zwecke sind deshalb als gemeinnützig anzuerkennen. Nicht identisch im vorstehenden Sinn mit den § 52 Abs. 2 Nr. 4 genannten Freizeitaktivitäten und deshalb nicht als eigenständige gemeinnützige Zwecke anzuerkennen sind z.B. die Förderung des Amateurfilmens und -fotografierens, des Kochens, von Brett- und Kartenspielen und des Sammelns von Gegenständen, wie Briefmarken, Münzen und Autogrammkarten sowie die Tätigkeit von Reise- und Touristik-, Sauna-, Geselligkeits-, Kosmetik- und Oldtimer-Vereinen. Bei Vereinen, die das Amateurfilmen und -fotografieren fördern, und bei Oldtimer-Vereinen kann aber eine Steuerbegünstigung wegen der Förderung von Kunst oder (technischer) Kultur in Betracht kommen.

5. Obst- und Gartenbauvereine fördern i.d.R. die Pflanzenzucht im Sinn des § 52 Abs. 2 Nr. 4. Die Förderung der Bonsaikunst ist Pflanzenzucht, die Förderung der Aquarien- und Terrarienkunde Tierzucht im Sinn der Vorschrift.

6. Historische Schützenbruderschaften können wegen der Förderung der Brauchtumspflege, Freizeitwinzervereine wegen der Förderung der Heimatpflege, die Teil der Brauchtumspflege ist, als gemeinnützig behandelt werden. Dies gilt auch für Junggesellen- und Burschenvereine, die das traditionelle Brauchtum einer bestimmten Region fördern, z.B. durch das Setzen von Maibäumen (Maiclubs). Die besondere

Nennung des traditionellen Brauchtums als gemeinnütziger Zweck in § 52 Abs. 2 Nr. 4 bedeutet jedoch keine allgemeine Ausweitung des Brauchtumsbegriffs i.S. des Gemeinnützigkeitsrechts. Studentische Verbindungen, z.B. Burschenschaften, ähnliche Vereinigungen, z.B. Landjugendvereine, Country- und Westernvereine und Vereine, deren Hauptzweck die Veranstaltung von örtlichen Volksfesten (z.B. Kirmes, Kärwa, Schützenfest) ist, sind deshalb i.d.R. nach wie vor nicht gemeinnützig.

7. Bei Tier- und Pflanzenzuchtvereinen Freizeitwinzervereinen sowie Junggesellen- oder Burschenvereinen ist besonders auf die Selbstlosigkeit (§ 55) und die Ausschließlichkeit (§ 56) zu achten. Eine Körperschaft ist z.B. nicht selbstlos tätig, wenn sie in erster Linie eigenwirtschaftliche Zwecke ihrer Mitglieder fördert. Sie verstößt z.B. gegen das Gebot der Ausschließlichkeit, wenn die Durchführung von Festveranstaltungen (z.B. Winzerfest, Maiball) Satzungszweck ist. Bei der Prüfung der tatsächlichen Geschäftsführung von Freizeitwinzer-, Junggesellen- und Burschenvereinen ist außerdem besonders darauf zu achten, daß die Förderung der Geselligkeit nicht im Vordergrund der Vereinstätigkeit steht.

8. Soldaten- und Reservistenvereine verfolgen in der Regel gemeinnützige Zwecke i.S. des § 52 Abs. 2 Nr. 4, wenn sie aktive und ehemalige Wehrdienstleistende, Zeit- und Berufssoldaten betreuen, z.B. über mit dem Soldatsein zusammenhängende Fragen beraten, Möglichkeiten zu sinnvoller Freizeitgestaltung bieten oder beim Übergang in das Zivilleben helfen. Die Pflege der Tradition durch Soldaten- und Reservistenvereine ist weder steuerbegünstigte Brauchtumspflege noch Betreuung von Soldaten und Reservisten i.S. des § 52 Abs. 2 Nr. 4; ebenso ist die Pflege der Kameradschaft kein gemeinnütziger Zweck (BFH vom 31.10.1963, BStBl III 1964 S. 20).

9. Einrichtungen, die mit ihrer Tätigkeit auf die Erholung arbeitender Menschen ausgerichtet sind (z.B. der Betrieb von Freizeiteinrichtungen wie Campingplätze oder Bootsverleihe), können nicht als gemeinnützig anerkannt werden, es sei denn, daß das Gewähren von Erholung einem besonders schutzwürdigen Personenkreis (z.B. Kranken oder Jugend) zugute kommt oder in einer bestimmten Art und Weise (z.B. auf sportlicher Grundlage) vorgenommen wird (BFH-Urteile vom 22.11.1972, BStBl II 1973 S. 251 und vom 30.9.1981, BStBl II 1982 S. 148). Wegen Erholungsheimen wird auf § 68 Nr. 1 Buchstabe a hingewiesen.

10. Politische Zwecke (Beeinflussung der politischen Meinungsbildung, Förderung politischer Parteien u. dergl.) zählen grundsätzlich nicht zu den gemeinnützigen Zwecken i.S. des § 52.

    Eine gewisse Beeinflussung der politischen Meinungsbildung schließt jedoch die Gemeinnützigkeit nicht aus (BFH-Urteil vom 29.8.1984, BStBl II S. 844). Eine politische Tätigkeit ist danach unschädlich für die Gemeinnützigkeit, wenn eine gemeinnützige Tätigkeit nach den Verhältnissen im Einzelfall zwangsläufig mit einer politischen Zielsetzung verbunden ist und die unmittelbare Einwirkung auf die politischen Parteien und die staatliche Willensbildung gegenüber der Förderung des gemeinnützigen Zwecks weit in den Hintergrund tritt. Eine Körperschaft fördert deshalb auch dann ausschließlich ihren steuerbegünstigten Zweck, wenn sie gelegentlich zu tagespolitischen Themen im Rahmen ihres Satzungszwecks Stellung nimmt. Entscheidend ist, daß die Tagespolitik nicht Mittelpunkt der Tätigkeit der Körperschaft ist oder wird, sondern der Vermittlung der steuerbegünstigten Ziele der Körperschaft dient (BFH vom 23.11.1988, BStBl II 1989 S. 391).

    Dagegen ist die Gemeinnützigkeit zu versagen, wenn ein politischer Zweck als alleiniger oder überwiegender Zweck in der Satzung einer Körperschaft festgelegt ist oder die Körperschaft tatsächlich ausschließlich oder überwiegend einen politischen Zweck verfolgt.

11. Eine Körperschaft i.S. des § 51 kann nur dann als gemeinnützig behandelt werden, wenn sie sich bei ihrer Betätigung im Rahmen der verfassungsmäßigen Ordnung hält. Die verfassungsmäßige Ordnung wird schon durch die Ankündigung von gewaltfreiem Widerstand gegen geplante Maßnahmen und die Nichtbefolgung von polizeilichen Anordnungen durchbrochen (BFH-Urteil vom 29.8.1984, BStBl II 1985 S. 106).

12. Wird eine bisher steuerpflichtige Körperschaft nach § 5 Abs. 1 Nr. 9 KStG von der Körperschaftsteuer befreit, ist unter den Voraussetzungen des § 13 KStG eine Schlußbesteuerung durchzuführen.

Anhang 1

Zu § 53 – Mildtätige Zwecke:

1. Der Begriff „mildtätige Zwecke" umfaßt auch die Unterstützung von Personen, die wegen ihres seelischen Zustands hilfsbedürftig sind. Das hat beispielsweise für die Telefonseelsorge Bedeutung.
2. Völlige Unentgeltlichkeit der mildtätigen Zuwendung wird nicht verlangt. Die mildtätige Zuwendung darf nur nicht des Entgelts wegen erfolgen.
3. Hilfen nach § 53 Nr. 1 (Unterstützung von Personen, die infolge ihres körperlichen, geistigen oder seelischen Zustands auf die Hilfe anderer angewiesen sind) dürfen ohne Rücksicht auf die wirtschaftliche Unterstützungsbedürftigkeit gewährt werden. Bei der Beurteilung der Bedürftigkeit i.S. des § 53 Nr. 1 kommt es nicht darauf an, daß die Hilfsbedürftigkeit dauernd oder für längere Zeit besteht. Hilfeleistungen wie beispielsweise „Essen auf Rädern" können daher steuerbegünstigt durchgeführt werden. Bei Personen, die das 75. Lebensjahr vollendet haben, kann körperliche Hilfsbedürftigkeit ohne weitere Nachprüfung angenommen werden.
4. § 53 Nr. 2 legt die Grenzen der wirtschaftlichen Hilfsbedürftigkeit fest. Danach können ohne Verlust der Steuerbegünstigung Personen unterstützt werden, deren Bezüge das Vierfache, beim Alleinstehenden oder Haushaltsvorstand das Fünffache des Regelsatzes der Sozialhilfe i.S. des § 22 BSHG nicht übersteigen. Etwaige Mehrbedarfszuschläge zum Regelsatz sind nicht zu berücksichtigen. Leistungen für die Unterkunft werden nicht gesondert berücksichtigt. Für die Begriffe „Einkünfte" und „Bezüge" sind die Ausführungen in H 190 (Anrechnung eigener Einkünfte und Bezüge) EStH, R 180e und in R 190 Abs. 5 EStR maßgeblich.
5. Zu den Bezügen i.S. des § 53 Nr. 2 zählen also neben den Einkünften i.S. des § 2 Abs. 1 EStG auch alle anderen für die Bestreitung des Unterhalts bestimmten oder geeigneten Bezüge aller Haushaltsangehörigen. Hierunter fallen demnach auch solche Einnahmen, die im Rahmen der steuerlichen Einkunftsermittlung nicht erfaßt werden, also sowohl nicht steuerbare als auch für steuerfrei erklärte Einnahmen (BFH-Urteil vom 2.8.1974, BStBl II 1975 S. 139).
6. Bei Leibrenten zählt der über den von § 53 Nr. 2 Buchstabe a erfaßten Ertragsanteil hinausgehende Teil der Rente zu den Bezügen i.S. des § 53 Nr. 2 Buchstabe b.
7. Bei der Feststellung der Bezüge i.S. des § 53 Nr. 2 Buchstabe b sind aus Vereinfachungsgründen insgesamt 360 DM im Kalenderjahr abzuziehen, wenn nicht höhere Aufwendungen, die in wirtschaftlichem Zusammenhang mit den entsprechenden Einnahmen stehen, nachgewiesen oder glaubhaft gemacht werden.

Zu § 54 – Kirchliche Zwecke:

Ein kirchlicher Zweck liegt nur vor, wenn die Tätigkeit darauf gerichtet ist, eine Religionsgemeinschaft des öffentlichen Rechts zu fördern. Bei Religionsgemeinschaften, die nicht Körperschaften des öffentlichen Rechts sind, kann wegen Förderung der Religion eine Anerkennung als gemeinnützige Körperschaft in Betracht kommen.

Zu § 55 – Selbstlosigkeit:

Zu § 55 Abs. 1 Nr. 1:

1. Eine Körperschaft handelt selbstlos, wenn sie weder selbst noch zugunsten ihrer Mitglieder eigenwirtschaftliche Zwecke verfolgt. Ist die Tätigkeit einer Körperschaft in erster Linie auf Mehrung ihres eigenen Vermögens gerichtet, so handelt sie nicht selbstlos. Eine Körperschaft verfolgt zum Beispiel in erster Linie eigenwirtschaftliche Zwecke, wenn sie ausschließlich durch Darlehen ihrer Gründungsmitglieder finanziert ist und dieses Fremdkapital satzungsgemäß tilgen und verzinsen muß (BFH vom 13.12.1978, BStBl II 1979 S. 482, vom 26.4.1989, BStBl II S. 670 und vom 28.6.1989, BStBl II 1990 S. 550).
2. Nach § 55 Abs. 1 dürfen sämtliche Mittel der Körperschaft nur für die satzungsmäßigen Zwecke verwendet werden (Ausnahmen siehe § 58). Auch der Gewinn aus Zweckbetrieben und aus dem steuerpflichtigen wirtschaftlichen Geschäftsbetrieb (§ 64 Abs. 2) sowie der Überschuß aus der Vermögensverwaltung dürfen nur für die satzungsmäßigen Zwecke verwendet werden. Dies schließt die Bildung von Rück-

lagen im wirtschaftlichen Geschäftsbetrieb und im Bereich der Vermögensverwaltung nicht aus. Die Rücklagen müssen bei vernünftiger kaufmännischer Beurteilung wirtschaftlich begründet sein (entspr. § 14 Nr. 5 KStG). Für die Bildung einer Rücklage im wirtschaftlichen Geschäftsbetrieb muß ein konkreter Anlaß gegeben sein, der auch aus objektiver unternehmerischer Sicht die Bildung der Rücklage rechtfertigt (z.B. eine geplante Betriebsverlegung, Werkserneuerung oder Kapazitätsausweitung). Im Bereich der Vermögensverwaltung dürfen außerhalb der Regelung des § 58 Nr. 7 Rücklagen nur für die Durchführung konkreter Reparatur- oder Erhaltungsmaßnahmen an Vermögensgegenständen im Sinne des § 21 EStG gebildet werden. Die Maßnahmen, für deren Durchführung die Rücklage gebildet wird, müssen notwendig sein, um den ordnungsgemäßen Zustand des Vermögensgegenstandes zu erhalten oder wiederherzustellen und in einem angemessenen Zeitraum durchgeführt werden können (z.B. geplante Erneuerung eines undichten Daches).

3. Mitglieder dürfen keine Zuwendungen aus Mitteln der Körperschaft erhalten. Dies gilt nicht, soweit es sich um Annehmlichkeiten handelt, wie sie im Rahmen der Betreuung von Mitgliedern allgemein üblich und nach allgemeiner Verkehrsauffassung als angemessen anzusehen sind.

4. Keine Zuwendung im Sinne des § 55 Abs. 1 Nr. 1 liegt vor, wenn der Leistung der Körperschaft eine Gegenleistung des Empfängers gegenübersteht (z.B. bei Kauf-, Dienst- und Werkverträgen) und die Werte von Leistung und Gegenleistung nach wirtschaftlichen Grundsätzen gegeneinander abgewogen sind.

5. Ist einer Körperschaft zugewendetes Vermögen mit vor der Übertragung wirksam begründeten Ansprüchen (z.B. Nießbrauch, Grund- oder Rentenschulden, Vermächtnisse aufgrund testamentarischer Bestimmungen des Zuwendenden) belastet, deren Erfüllung durch die Körperschaft keine nach wirtschaftlichen Grundsätzen abgewogene Gegenleistung für die Übertragung des Vermögens darstellt, mindern die Ansprüche das übertragene Vermögen bereits im Zeitpunkt des Übergangs. Wirtschaftlich betrachtet wird der Körperschaft nur das nach der Erfüllung der Ansprüche verbleibende Vermögen zugewendet. Die Erfüllung der Ansprüche aus dem zugewendeten Vermögen ist deshalb keine Zuwendung i.S.d. § 55 Abs. 1 Nr. 1. Dies gilt auch, wenn die Körperschaft die Ansprüche aus ihrem anderen zulässigen Vermögen einschließlich der Rücklage nach § 58 Nr. 7 Buchstabe a erfüllt.

6. Soweit die vorhandenen flüssigen Vermögensmittel nicht für die Erfüllung der Ansprüche ausreichen, darf die Körperschaft dafür auch Erträge verwenden. Ihr müssen jedoch ausreichende Mittel für die Verwirklichung ihrer steuerbegünstigten Zwecke verbleiben. Diese Voraussetzung ist als erfüllt anzusehen, wenn für die Erfüllung der Verbindlichkeiten höchstens ein Drittel des Einkommens der Körperschaft verwendet wird. Die Ein-Drittel-Grenze umfaßt bei Rentenverpflichtungen nicht nur die über den Barwert hinausgehenden, sondern die gesamten Zahlungen. Sie bezieht sich auf den Veranlagungszeitraum.

7. § 58 Nr. 5 enthält eine Ausnahmeregelung zu § 55 Abs. 1 Nr. 1 für Stiftungen. Diese ist nur anzuwenden, wenn eine Stiftung Leistungen erbringt, die dem Grunde nach gegen § 55 Abs. 1 Nr. 1 verstoßen, also z.B. freiwillige Zuwendungen an den in § 58 Nr. 5 genannten Personenkreis leistet oder für die Erfüllung von Ansprüchen dieses Personenkreises aus der Übertragung von Vermögen nicht das belastete oder anderes zulässiges Vermögen, sondern Erträge einsetzt. Im Unterschied zu anderen Körperschaften kann eine Stiftung unter den Voraussetzungen des § 58 Nr. 5 auch dann einen Teil ihres Einkommens für die Erfüllung solcher Ansprüche verwenden, wenn ihr dafür ausreichende flüssige Vermögensmittel zur Verfügung stehen. Der Grundsatz, daß der wesentliche Teil des Einkommens für die Verwirklichung der steuerbegünstigten Zwecke verbleiben muß, gilt aber auch für Stiftungen. Daraus folgt, daß eine Stiftung insgesamt höchstens ein Drittel ihres Einkommens für unter § 58 Nr. 5 fallende Leistungen und für die Erfüllung von anderen durch die Übertragung von belastetem Vermögen begründeten Ansprüchen verwenden darf.

8. Die Körperschaft muß ihre Mittel grundsätzlich zeitnah für ihre steuerbegünstigten satzungsmäßigen Zwecke verwenden. Verwendung in diesem Sinne ist auch die Verwendung der Mittel für die Anschaffung oder Herstellung von Vermögensgegenständen, die satzungsmäßigen Zwecken dienen (z.B. Bau eines Altenheims, Kauf von Sportgeräten oder medizinischen Geräten).

Anhang 1

Die Bildung von Rücklagen ist nur unter den Voraussetzungen des § 58 Nrn. 6 und 7 zulässig. Davon unberührt bleiben Rücklagen in einem steuerpflichtigen wirtschaftlichen Geschäftsbetrieb und Rücklagen im Bereich der Vermögensverwaltung (s. oben). Die Verwendung von Mitteln, die zeitnah für die steuerbegünstigten Zwecke zu verwenden sind, für die Ausstattung einer Stiftung mit Vermögen ist ein Verstoß gegen das Gebot der zeitnahen Mittelverwendung.

9. Eine zeitnahe Mittelverwendung ist gegeben, wenn die Mittel spätestens in dem auf den Zufluß folgenden Kalender- oder Wirtschaftsjahr für die steuerbegünstigten satzungsmäßigen Zwecke verwendet werden. Am Ende des Kalender- oder Wirtschaftsjahres noch vorhandene Mittel müssen in der Bilanz oder Vermögensaufstellung der Körperschaft zulässigerweise dem Vermögen oder einer zulässigen Rücklage zugeordnet oder als im zurückliegenden Jahr zugeflossene Mittel, die im folgenden Jahr für die steuerbegünstigten Zwecke zu verwenden sind, ausgewiesen sein. Soweit Mittel nicht schon im Jahr des Zuflusses für die steuerbegünstigten Zwecke verwendet oder zulässigerweise dem Vermögen zugeführt werden, muß ihre zeitnahe Verwendung durch eine Nebenrechnung nachgewiesen werden (Mittelverwendungsrechnung).

10. Nicht dem Gebot der zeitnahen Mittelverwendung unterliegt das Vermögen der Körperschaften, auch soweit es durch Umschichtungen entstanden ist (z.B. Verkauf eines zum Vermögen gehörenden Grundstücks einschließlich des den Buchwert übersteigenden Teils des Preises). Außerdem kann eine Körperschaft folgende Zuwendungen ohne für die Gemeinnützigkeit schädliche Folgen ihrem Vermögen zuführen:

    a) Zuwendungen von Todes wegen; sie sind grundsätzlich als Zuwendungen zum Vermögen der steuerbegünstigten Körperschaft anzusehen, wenn der Erblasser eine Verwendung für den laufenden Aufwand nicht besonders vorschreibt;

    b) Zuwendungen aufgrund eines Spendenaufrufs, wenn aus dem Spendenaufruf ersichtlich ist, daß Beträge zur Aufstockung des Vermögens erbeten werden;

    c) Zustiftungen und Einzelzuwendungen, bei denen der Zuwendende ausdrücklich erklärt, daß sie zur Ausstattung der Körperschaft mit Vermögen oder zur Erhöhung des Vermögens bestimmt sind;

    d) Sachzuwendungen, die ihrer Natur nach der Vermögensbildung dienen, z.B. Schenkung eines Mietwohngrundstücks.

11. Die Vergabe von Darlehen aus Mitteln, die zeitnah für die steuerbegünstigten Zwecke zu verwenden sind, ist unschädlich für die Gemeinnützigkeit, wenn die Körperschaft damit selbst unmittelbar ihre steuerbegünstigten satzungsmäßigen Zwecke verwirklicht. Dies kann z.B. der Fall sein, wenn die Körperschaft im Rahmen ihrer jeweiligen steuerbegünstigten Zwecke Darlehen im Zusammenhang mit einer Schuldnerberatung zur Ablösung von Bankschulden, Stipendien für eine wissenschaftliche Ausbildung teilweise als Darlehen oder Darlehen an Nachwuchskünstler für die Anschaffung von Instrumenten vergibt. Voraussetzung ist, daß sich die Darlehensvergabe von einer gewerbsmäßigen Kreditvergabe dadurch unterscheidet, daß sie zu günstigeren Bedingungen erfolgt als zu den allgemeinen Bedingungen am Kapitalmarkt (z.B. Zinslosigkeit, Zinsverbilligung).

Die Vergabe von Darlehen aus zeitnah für die steuerbegünstigten Zwecke zu verwendenden Mitteln an andere steuerbegünstigte Körperschaften ist im Rahmen des § 58 Nrn. 1 und 2 zulässig (mittelbare Zweckverwirklichung), wenn die andere Körperschaft die darlehensweise erhaltenen Mittel unmittelbar für steuerbegünstigte Zwecke innerhalb der für eine zeitnahe Mittelverwendung vorgeschriebenen Frist verwendet.

Darlehen, die zur unmittelbaren Verwirklichung der steuerbegünstigten Zwecke vergeben werden, sind im Rechnungswesen entsprechend kenntlich zu machen. Es muß sichergestellt und für die Finanzbehörde nachprüfbar sein, daß die Rückflüsse, d.h. Tilgung und Zinsen, wieder zeitnah für die steuerbegünstigten Zwecke verwendet werden.

12. Aus Mitteln, die nicht dem Gebot der zeitnahen Mittelverwendung unterliegen (Vermögen einschließlich der zulässigen Zuführungen und der zulässig gebildeten Rücklagen), darf die Körperschaft Darlehen nach folgender Maßgabe vergeben.

Die Zinsen müssen sich in dem auf dem Kapitalmarkt üblichen Rahmen halten, es sei denn, der Verzicht auf die üblichen Zinsen ist eine nach den Vorschriften des Gemeinnützigkeitsrechts und der Satzung der Körperschaft zulässige Zuwendung (z.B. Darlehen an eine ebenfalls steuerbegünstigte Mitgliedsorganisation oder eine hilfsbedürftige Person). Bei Darlehen an Arbeitnehmer aus dem Vermögen kann der (teilweise) Verzicht auf eine übliche Verzinsung als Bestandteil des Arbeitslohns angesehen werden, wenn dieser insgesamt, also einschließlich des Zinsvorteils, angemessen ist und der Zinsverzicht auch von der Körperschaft als Arbeitslohn behandelt wird (z.B. Abführung von Lohnsteuer und Sozialversicherungsbeiträgen).

Maßnahmen, für die eine Rücklage nach § 58 Nr. 6 gebildet worden ist, dürfen sich durch die Gewährung von Darlehen nicht verzögern.

13. Die Vergabe von Darlehen ist als solche kein gemeinnütziger Zweck. Sie darf deshalb nicht Satzungszweck einer gemeinnützigen Körperschaft sein. Es ist jedoch unschädlich für die Gemeinnützigkeit, wenn die Vergabe von zinsgünstigen oder zinslosen Darlehen nicht als Zweck, sondern als Mittel zur Verwirklichung des steuerbegünstigten Zwecks in der Satzung der Körperschaft aufgeführt ist.

Zu § 55 Abs. 1 Nrn. 2 und 4:

14. Die in § 55 Abs. 1 Nrn. 2 und 4 genannten Sacheinlagen sind Einlagen i.S. des Handelsrechts, für die dem Mitglied Gesellschaftsrechte eingeräumt worden sind. Insoweit sind also nur Kapitalgesellschaften, nicht aber Vereine angesprochen. Unentgeltlich zur Verfügung gestellte Vermögensgegenstände, für die keine Gesellschaftsrechte eingeräumt sind (Leihgaben, Sachspenden), fallen nicht unter § 55 Abs. 1 Nrn. 2 und 4. Soweit Kapitalanteile und Sacheinlagen von der Vermögensbindung ausgenommen werden, kann von dem Gesellschafter nicht die Spendenbegünstigung des § 10b EStG (§ 9 Abs. 1 Nr. 2 KStG) in Anspruch genommen werden.

Zu § 55 Abs. 1 Nr. 4:

15. Eine wesentliche Voraussetzung für die Annahme der Selbstlosigkeit bildet der Grundsatz der Vermögensbindung für steuerbegünstigte Zwecke im Falle der Beendigung des Bestehens der Körperschaft oder des Wegfalles des bisherigen Zwecks (§ 55 Abs. 1 Nr. 4).

Hiermit soll verhindert werden, daß Vermögen, das sich auf Grund der Steuervergünstigungen gebildet hat, später zu nicht begünstigten Zwecken verwendet wird. Die satzungsmäßigen Anforderungen an die Vermögensbindung sind in den §§ 61 und 62 geregelt.

Zu § 55 Abs. 2:

16. Wertsteigerungen bleiben für steuerbegünstigte Zwecke gebunden. Bei der Rückgabe des Wirtschaftsguts selbst hat der Empfänger die Differenz in Geld auszugleichen.

Zu § 55 Abs. 3:

17. Die Regelung, nach der sich die Vermögensbindung nicht auf die eingezahlten Kapitalanteile der Mitglieder und den gemeinen Wert der von den Mitgliedern geleisteten Sacheinlagen erstreckt, gilt bei Stiftungen für die Stifter und ihre Erben sinngemäß (§ 55 Abs. 3 erster Halbsatz). Es ist also zulässig, das Stiftungskapital und die Zustiftungen von der Vermögensbindung auszunehmen und im Falle des Erlöschens der Stiftung an den Stifter oder seine Erben zurückfallen zu lassen. Für solche Stiftungen und Zustiftungen kann aber vom Stifter nicht die Spendenvergünstigung nach § 10b EStG (§ 9 Abs. 1 Nr. 2 KStG) in Anspruch genommen werden.

18. Die Vorschrift des § 55 Abs. 3 zweiter Halbsatz, die sich nur auf Stiftungen und Körperschaften des öffentlichen Rechts bezieht, berücksichtigt die Regelung im EStG, wonach die Entnahme eines Wirtschaftsgutes mit dem Buchwert angesetzt werden kann, wenn das Wirtschaftsgut den in § 6 Abs. 1 Nr. 4 Satz 2 EStG genannten Körperschaften unentgeltlich überlassen wird. Dies hat zur Folge, daß der Zuwendende bei

der Aufhebung der Stiftung nicht den gemeinen Wert der Zuwendung, sondern nur den dem ursprünglichen Buchwert entsprechenden Betrag zurückerhält. Stille Reserven und Wertsteigerungen bleiben hiernach für steuerbegünstigte Zwecke gebunden. Bei Rückgabe des Wirtschaftsgutes selbst hat der Empfänger die Differenz in Geld auszugleichen.

Zu § 56 – Ausschließlichkeit:

Die Vorschrift stellt klar, daß eine Körperschaft mehrere steuerbegünstigte Zwecke nebeneinander verfolgen darf, ohne daß dadurch die Ausschließlichkeit verletzt wird. Die steuerbegünstigten Zwecke müssen jedoch sämtlich satzungsmäßige Zwecke sein. Will demnach eine Körperschaft steuerbegünstigte Zwecke, die nicht in die Satzung aufgenommen sind, fördern, so ist eine Satzungsänderung erforderlich, die den Erfordernissen des § 60 entsprechen muß.

Zu § 57 – Unmittelbarkeit:

1. Die Vorschrift stellt in Absatz 1 klar, daß die Körperschaft die steuerbegünstigten satzungsmäßigen Zwecke selbst verwirklichen muß, damit Unmittelbarkeit gegeben ist (wegen der Ausnahmen Hinweis auf § 58).
2. Nach Absatz 2 wird eine Körperschaft, in der steuerbegünstigte Körperschaften zusammengefaßt sind, einer Körperschaft gleichgestellt, die unmittelbar steuerbegünstigte Zwecke verfolgt. Voraussetzung ist, daß jede der zusammengefaßten Körperschaften sämtliche Voraussetzungen für eine Steuervergünstigung erfüllen muß. Verfolgt eine solche Körperschaft selbst unmittelbar steuerbegünstigte Zwecke, ist die bloße Mitgliedschaft einer nicht steuerbegünstigten Organisation für die Steuerbegünstigung unschädlich. Die Körperschaft darf die nicht steuerbegünstigte Organisation aber nicht mit Rat und Tat fördern (z.B. Zuweisung von Mitteln, Rechtsberatung).

Zu § 58 – Steuerlich unschädliche Betätigungen:

Zu § 58 Nr. 1:

1. Diese Ausnahmeregelung ermöglicht, sog. Fördervereine und Spendensammelvereine als steuerbegünstigte Körperschaften anzuerkennen. Die Beschaffung von Mitteln muß als Satzungszweck festgelegt sein. Die Körperschaft, für die Mittel beschafft werden, muß nicht steuerbegünstigt sein. Die Verwendung der Mittel für die steuerbegünstigten Zwecke muß jedoch ausreichend nachgewiesen werden.

Zu § 58 Nr. 2:

2. Die teilweise (nicht überwiegende) Weitergabe eigener Mittel (auch Sachmittel) ist unschädlich. Ausschüttungen und sonstige Zuwendungen einer steuerbegünstigten Körperschaft sind unschädlich, wenn die Gesellschafter oder Mitglieder als Begünstigte ausschließlich steuerbegünstigte Körperschaften sind.

Zu § 58 Nr. 3:

3. Eine steuerlich unschädliche Betätigung liegt auch dann vor, wenn nicht nur Arbeitskräfte, sondern zugleich Arbeitsmittel (z.B. Krankenwagen) zur Verfügung gestellt werden.

Zu § 58 Nr. 4:

4. Zu den „Räumen" i.S. der Nummer 4 gehören beispielsweise auch Sportstätten, Sportanlagen und Freibäder.

Zu § 58 Nr. 5:

5. Eine Stiftung darf einen Teil ihres Einkommens – höchstens ein Drittel des Einkommens – dazu verwenden, die Gräber des Stifters und seiner nächsten Angehörigen zu pflegen und deren Andenken zu ehren. In diesem Rahmen ist auch gestattet, dem Stifter und seinen nächsten Angehörigen Unterhalt zu gewähren.

II. Auszug aus dem Anwendungserlass zur Abgabenordnung (AEAO zu §§ 51 bis 68 AO)

Unter Einkommen i.S. der Nr. 5 ist die Summe der Einkünfte aus den einzelnen Einkunftsarten des § 2 Abs. 1 EStG zu verstehen, unabhängig davon, ob die Einkünfte steuerpflichtig sind oder nicht. Bei ihrer Ermittlung sind von den Einnahmen die damit zusammenhängenden Aufwendungen einschließlich der Abschreibungsbeträge abzuziehen.

Zur steuerrechtlichen Beurteilung von Ausgaben für die Erfüllung von Verbindlichkeiten, die durch die Übertragung von belastetem Vermögen begründet worden sind, wird auf die Nummern 5 bis 7 zu § 55 hingewiesen.

6. Der Begriff des nächsten Angehörigen ist enger als der Begriff des Angehörigen nach § 15. Er umfaßt:
   – Ehegatten,
   – Eltern, Großeltern, Kinder, Enkel (auch falls durch Adoption verbunden),
   – Geschwister,
   – Pflegeeltern, Pflegekinder.

7. Unterhalt, Grabpflege und Ehrung des Andenkens müssen sich in angemessenem Rahmen halten. Damit ist neben der relativen Grenze von einem Drittel des Einkommens eine gewisse absolute Grenze festgelegt. Maßstab für die Angemessenheit des Unterhalts ist der Lebensstandard des Zuwendungsempfängers.

Zu § 58 Nr. 6:

8. Bei der Bildung der Rücklage nach § 58 Nr. 6 kommt es – im Gegensatz zu der Rücklagenbildung nach § 58 Nr. 7 Buchstabe a – nicht auf die Herkunft der Mittel an. Der Rücklage dürfen also auch Spendenmittel zugeführt werden.

9. Voraussetzung für die Bildung einer Rücklage nach § 58 Nr. 6 ist in jedem Fall, daß ohne sie die steuerbegünstigten satzungsmäßigen Zwecke nachhaltig nicht erfüllt werden können. Das Bestreben, ganz allgemein die Leistungsfähigkeit der Körperschaft zu erhalten, reicht für eine steuerlich unschädliche Rücklagenbildung nach dieser Vorschrift nicht aus (hierfür können nur freie Rücklagen nach § 58 Nr. 7 gebildet werden, vgl. Nrn. 11 bis 13). Vielmehr müssen die Mittel für bestimmte – die steuerbegünstigten Satzungszwecke verwirklichende – Vorhaben angesammelt werden, für deren Durchführung bereits konkrete Zeitvorstellungen bestehen. Besteht noch keine konkrete Zeitvorstellung, ist eine Rücklagenbildung zulässig, wenn die Durchführung des Vorhabens glaubhaft und bei den finanziellen Verhältnissen der steuerbegünstigten Körperschaft in einem angemessenen Zeitraum möglich ist. Die Bildung von Rücklagen für periodisch wiederkehrende Ausgaben (z.B. Löhne, Gehälter, Mieten) in Höhe des Mittelbedarfs für eine angemessene Zeitperiode ist zulässig (sog. Betriebsmittelrücklage).

10. Die vorstehenden Grundsätze zu § 58 Nr. 6 gelten auch für sogenannte Fördervereine und Spendensammelvereine i.S. des § 58 Nr. 1 (BFH vom 13.9.1989, BStBl II 1990 S. 28). Voraussetzung ist jedoch, daß die Rücklagenbildung dem Zweck der Beschaffung von Mitteln für die steuerbegünstigten Zwecke einer anderen Körperschaft entspricht. Diese Voraussetzung ist zum Beispiel erfüllt, wenn die Mittelbeschaffungskörperschaft wegen Verzögerung der von ihr zu finanzierenden steuerbegünstigten Maßnahmen gezwungen ist, die beschafften Mittel zunächst zu thesaurieren.

11. Unterhält eine steuerbegünstigte Körperschaft einen steuerpflichtigen wirtschaftlichen Geschäftsbetrieb, so können dessen Erträge der Rücklage erst nach Versteuerung zugeführt werden.

Zu § 58 Nr. 7:

12. Der freien Rücklage (§ 58 Nr. 7 Buchstabe a) darf jährlich höchstens ein Viertel des Überschusses der Einnahmen über die Unkosten aus der Vermögensverwaltung zugeführt werden. Unter Unkosten sind die Aufwendungen zu verstehen, die die Körperschaft, wäre sie steuerpflichtig, nach § 8 Abs. 1 KStG als Werbungskosten ansetzen könnte. Hierzu zählen nicht Aufwendungen im Rahmen steuerlich unschädlicher Betätigungen nach § 58.

Wird die in Satz 1 genannte Höchstgrenze nicht voll ausgeschöpft, so ist eine Nachholung in späteren Jahren nicht zulässig. Die steuerbegünstigte Körperschaft braucht die freie Rücklage während der Dauer ihres Bestehens nicht aufzulösen.

13. Die Ansammlung und Verwendung von Mitteln zum Erwerb von Gesellschaftsrechten zur Erhaltung der prozentualen Beteiligung an Kapitalgesellschaften schließen die Steuervergünstigung nicht aus (§ 58 Nr. 7 Buchstabe b). Die Herkunft der Mittel ist dabei ohne Bedeutung.

14. Die Höchstgrenze für die Zuführung zu der freien Rücklage mindert sich um den Betrag, den die Körperschaft zum Erwerb von Gesellschaftsrechten zur Erhaltung der prozentualen Beteiligung an Kapitalgesellschaften ausgibt oder bereitstellt. Übersteigt der für die Erhaltung der Beteiligungsquote verwendete oder bereitgestellte Betrag ein Viertel des Überschusses aus der Vermögensverwaltung des laufenden Jahres, ist auch in den Folgejahren eine Zuführung zu der freien Rücklage erst wieder möglich, wenn die für eine freie Rücklage verwendbaren Teile der Überschüsse aus der Vermögensverwaltung insgesamt die für die Erhaltung der Beteiligungsquote verwendeten oder bereitgestellten Mittel übersteigen. Die Zuführung von Mitteln zu Rücklagen nach § 58 Nr. 6 berührt die Höchstgrenze für die Bildung freier Rücklagen dagegen nicht.

Beispiel:

	freie Rücklage (§ 58 Nr. 7 Buchst. a)	Verwendung von Mitteln zur Erhaltung der Beteiligungsquote (§ 58 Nr. 7 Buchst. b)
Jahr 01		
Zuführung zur freien Rücklage	50 000 DM	
Jahr 02		
Höchstbetrag für die Zuführung zur freien Rücklage: 25 v. H. von 80 000 DM =	20 000 DM	
Verwendung von Mitteln zur Erhaltung der Beteiligungsquote	./. 35 000 DM	35 000 DM
Übersteigender Betrag	./. 15 000 DM	
Zuführung zur freien Rücklage	0 DM	
Jahr 03		
Höchstbetrag für die Zuführung zur freien Rücklage: 25 v. H. von 80 000 DM =	20 000 DM	
Übersteigender Betrag aus dem Jahr 02	./. 15 000 DM	
Verbleibender Betrag	5 000 DM	
Zuführung zur freien Rücklage	5 000 DM	

Zu § 58 Nrn. 6 und 7:

15. Ob die Voraussetzungen für die Bildung einer Rücklage gegeben sind, hat die steuerbegünstigte Körperschaft dem zuständigen Finanzamt im einzelnen darzulegen. Weiterhin muß sie die Rücklagen nach § 58 Nrn. 6 und 7 in ihrer Rechnungslegung – ggf. in einer Nebenrechnung – gesondert ausweisen, damit eine Kontrolle jederzeit und ohne besonderen Aufwand möglich ist (BFH-Urteil vom 20.12.1978, BStBl II 1979 S. 496).

II. Auszug aus dem Anwendungserlass zur Abgabenordnung (AEAO zu §§ 51 bis 68 AO)

Zu § 58 Nr. 8:

16. Gesellige Zusammenkünfte, die im Vergleich zur steuerbegünstigten Tätigkeit nicht von untergeordneter Bedeutung sind, schließen die Steuervergünstigung aus.

Zu § 58 Nr. 10:

17. Diese Ausnahmeregelung ermöglicht es den ausschließlich von einer oder mehreren Gebietskörperschaften errichteten rechtsfähigen und nichtrechtsfähigen Stiftungen, die Erfüllung ihrer steuerbegünstigten Zwecke mittelbar durch Zuschüsse an Wirtschaftsunternehmen zu verwirklichen. Diese mittelbare Zweckverwirklichung muß in der Satzung festgelegt sein. Die Verwendung der Zuschüsse für steuerbegünstigte Satzungszwecke muß nachgewiesen werden.

18. Den in § 58 Nrn. 2 bis 9 genannten Ausnahmetatbeständen ist gemeinsam, daß sie auch ohne entsprechende Satzungsbestimmungen verwirklicht werden können.

Zu § 59 – Voraussetzung der Steuervergünstigung:

1. Die Vorschrift bestimmt u.a., daß die Steuervergünstigung nur gewährt wird, wenn ein steuerbegünstigter Zweck (§§ 52 bis 54), die Selbstlosigkeit (§ 55) und die ausschließliche und unmittelbare Zweckverfolgung (§§ 56, 57) durch die Körperschaft aus der Satzung direkt hervorgehen. Eine weitere satzungsmäßige Voraussetzung in diesem Sinn ist die in § 61 geforderte Vermögensbindung. Das Unterhalten wirtschaftlicher Geschäftsbetriebe (§ 14 Sätze 1 und 2 und § 64), die keine Zweckbetriebe (§§ 65 bis 68) sind, und die Vermögensverwaltung (§ 14 Satz 3) dürfen nicht Satzungszweck sein.

2. Bei mehreren Betrieben gewerblicher Art einer juristischen Person des öffentlichen Rechts ist für jeden Betrieb gewerblicher Art eine eigene Satzung erforderlich.

3. Ein besonderes Anerkennungsverfahren ist im steuerlichen Gemeinnützigkeitsrecht nicht vorgesehen. Ob eine Körperschaft steuerbegünstigt ist, entscheidet das Finanzamt im Veranlagungsverfahren durch Steuerbescheid (ggf. Freistellungsbescheid). Dabei hat es von Amts wegen die tatsächlichen und rechtlichen Verhältnisse zu ermitteln, die für die Steuerpflicht und für die Bemessung der Steuer wesentlich sind. Eine Körperschaft, bei der nach dem Ergebnis dieser Prüfung die gesetzlichen Voraussetzungen für die steuerliche Behandlung als steuerbegünstigte Körperschaft vorliegen, muß deshalb auch als solche behandelt werden, und zwar ohne Rücksicht darauf, ob ein entsprechender Antrag gestellt worden ist oder nicht. Ein Verzicht auf die Behandlung als steuerbegünstigte Körperschaft ist somit für das Steuerrecht unbeachtlich.

4. Auf Antrag einer Körperschaft, bei der die Voraussetzungen der Steuervergünstigung noch nicht im Veranlagungsverfahren festgestellt worden sind, bescheinigt das zuständige Finanzamt vorläufig, z.B. für den Empfang steuerbegünstigter Spenden oder für eine Gebührenbefreiung, daß bei ihm die Körperschaft steuerlich erfaßt ist und die eingereichte Satzung alle nach § 59 Satz 1, §§ 60 und 61 geforderten Voraussetzungen erfüllt, welche u.a. für die Steuerbefreiung nach § 5 Abs. 1 Nr. 9 KStG vorliegen müssen. Eine vorläufige Bescheinigung über die Gemeinnützigkeit darf erst ausgestellt werden, wenn eine Satzung vorliegt, die den gemeinnützigkeitsrechtlichen Vorschriften entspricht.

5. Die vorläufige Bescheinigung über die Gemeinnützigkeit stellt keinen Verwaltungsakt, sondern lediglich eine Auskunft über den gekennzeichneten Teilbereich der für die Steuervergünstigung erforderlichen Voraussetzungen dar. Sie sagt z.B. nichts über die Übereinstimmung von Satzung und tatsächlicher Geschäftsführung aus. Sie ist befristet zu erteilen und ist frei widerruflich (Beschluß des BFH vom 7.5.1986, BStBl II S. 677).

6. Die vorläufige Bescheinigung wird durch den Steuerbescheid (ggf. Freistellungsbescheid) ersetzt. Die Steuerbefreiung soll spätestens alle drei Jahre überprüft werden.

Zu § 60 – Anforderungen an die Satzung:

1. Die Satzung muß so präzise gefaßt sein, daß aus ihr unmittelbar entnommen werden kann, ob die Voraussetzungen der Steuervergünstigung vorliegen (formelle Satzungs-

mäßigkeit). Die bloße Bezugnahme auf Satzungen oder andere Regelungen Dritter genügt nicht (BFH vom 19.4.1989, BStBl II S. 595). Es reicht aus, wenn sich die satzungsmäßigen Voraussetzungen aufgrund einer Auslegung aller Satzungsbestimmungen ergeben (BFH-Urteil vom 13.12.1978, BStBl II 1979 S. 482 und vom 13.8.1997, BStBl II S. 794).

2. Die Anlagen 1 und 2 enthalten das Muster einer Satzung. Das Muster in Anlage 1 sieht ergänzende Bestimmungen über die Vermögensbindung vor. Das Muster in Anlage 2 Buchstabe a kann verwendet werden, wenn die Vermögensbindung nicht in der Satzung festgelegt zu werden braucht (§ 62). Die Verwendung der Mustersatzungen ist nicht vorgeschrieben.

3. Eine Satzung braucht nicht allein deswegen geändert zu werden, weil in ihr auf Vorschriften des StAnpG oder der GemV verwiesen oder das Wort „selbstlos" nicht verwandt wird.

4. Ordensgemeinschaften haben eine den Ordensstatuten entsprechende zusätzliche Erklärung nach dem Muster der Anlage 3 abzugeben, die die zuständigen Organe der Orden bindet.

5. Die tatsächliche Geschäftsführung muß mit der Satzung übereinstimmen, wozu § 63 ergänzende Regelungen bringt.

6. Die satzungsmäßigen Voraussetzungen für die Anerkennung der Steuerbegünstigung müssen

– bei der Körperschaftsteuer vom Beginn bis zum Ende des Veranlagungszeitraums,

– bei der Gewerbesteuer vom Beginn bis zum Ende des Erhebungszeitraums,

– bei der Grundsteuer zum Beginn des Kalenderjahres, für das über die Steuerpflicht zu entscheiden ist (§ 9 Abs. 2 GrStG),

– bei der Umsatzsteuer zu den sich aus § 13 Abs. 1 UStG ergebenden Zeitpunkten,

– bei der Erbschaftsteuer zu den sich aus § 9 ErbStG ergebenden Zeitpunkten,

erfüllt sein.

Anlage 1
zu § 60

Mustersatzung
für einen Verein

(nur aus steuerlichen Gründen notwendige Bestimmungen ohne Berücksichtigung der vereinsrechtlichen Vorschriften des BGB)

§ 1 Der .... (e.V.)

mit Sitz in ....

verfolgt ausschließlich und unmittelbar – gemeinnützige – mildtätige – kirchliche – Zwecke (nicht verfolgte Zwecke streichen) im Sinne des Abschnitts „Steuerbegünstigte Zwecke" der Abgabenordnung.

Zweck des Vereins ist ....
....
....

(z.B. die Förderung von Wissenschaft und Forschung, Bildung und Erziehung, Kunst und Kultur, des Umwelt-, Landschafts- und Denkmalschutzes, der Jugend- und Altenhilfe, des öffentlichen Gesundheitswesens, des Sports, Unterstützung hilfsbedürftiger Personen).

Der Satzungszweck wird verwirklicht insbesondere durch ....
....

(z.B. Durchführung wissenschaftlicher Veranstaltungen und Forschungsvorhaben, Vergabe von Forschungsaufträgen, Unterhaltung einer Schule, einer Erziehungsberatungsstelle, Pflege von Kunstsammlungen, Pflege des Liedgutes und des Chorgesanges, Errichtung von Naturschutzgebieten, Unterhaltung eines Kindergartens, Kinder-, Jugendheimes, Unterhaltung eines Altenheimes, eines Erholungsheimes, Bekämpfung des Drogenmißbrauchs, des Lärms, Errichtung von Sportanlagen, Förderung sportlicher Übungen und Leistungen).

§ 2 Der Verein ist selbstlos tätig; er verfolgt nicht in erster Linie eigenwirtschaftliche Zwecke.

§ 3 Mittel des Vereins dürfen nur für die satzungsmäßigen Zwecke verwendet werden. Die Mitglieder erhalten keine Zuwendungen aus Mitteln des Vereins.

§ 4 Es darf keine Person durch Ausgaben, die dem Zweck der Körperschaft fremd sind, oder durch unverhältnismäßig hohe Vergütungen begünstigt werden.

§ 5 Bei Auflösung des Vereins oder bei Wegfall steuerbegünstigter Zwecke fällt das Vermögen des Vereins

a) an – den – die – das – ....
....
(Bezeichnung einer juristischen Person des öffentlichen Rechts oder einer anderen steuerbegünstigten Körperschaft)

– der – die – das – es unmittelbar und ausschließlich für gemeinnützige, mildtätige oder kirchliche Zwecke zu verwenden hat,

oder

b) an eine juristische Person des öffentlichen Rechts oder eine andere steuerbegünstigte Körperschaft

zwecks Verwendung für ....
....
(Angabe eines **bestimmten** gemeinnützigen, mildtätigen oder kirchlichen Zwecks, z.B. Förderung von Wissenschaft und Forschung, Bildung und Erziehung, der Unterstützung von Personen, die im Sinne von § 53 AO wegen
....
bedürftig sind, Unterhaltung des Gotteshauses in
....).

Alternative zu § 5:

Kann aus zwingenden Gründen der künftige Verwendungszweck jetzt noch nicht angegeben werden (§ 61 Abs. 2 AO), so kommt folgende Bestimmung über die Vermögensbindung in Betracht:

„Bei Auflösung des Vereins oder bei Wegfall steuerbegünstigter Zwecke ist das Vermögen zu steuerbegünstigten Zwecken zu verwenden.

Beschlüsse über die künftige Verwendung des Vermögens dürfen erst nach Einwilligung des Finanzamts ausgeführt werden."

Anlage 2
zu § 60

Mustersatzung

für andere Körperschaften (Betriebe gewerblicher Art von juristischen Personen des öffentlichen Rechts, Stiftungen, geistliche Genossenschaften und Kapitalgesellschaften)

Das Muster nach Anlage 1 ist unter entsprechenden Änderungen auch für andere Körperschaften verwendbar:

a) Bei Betrieben gewerblicher Art von juristischen Personen des öffentlichen Rechts, bei staatlich beaufsichtigten Stiftungen, bei den von einer juristischen Person des öffentlichen Rechts verwalteten unselbständigen Stiftungen und bei geistlichen Genossenschaften (Orden, Kongregationen)

– braucht die Vermögensbindung in der Satzung nicht festgelegt zu werden. Damit kann § 5 des Musters entfallen.

Außerdem ist folgende Bestimmung aufzunehmen:

– § 3 Abs. 2:

„Der – die – das – ....
erhält bei Auflösung oder Aufhebung der Körperschaft oder bei Wegfall steuerbegünstigter Zwecke nicht mehr als – seine – ihre – eingezahlten Kapitalanteile und den gemeinen Wert – seiner – ihrer – geleisteten Sacheinlagen zurück."

Bei Stiftungen ist diese Bestimmung nur erforderlich, wenn die Satzung dem Stifter einen Anspruch auf Rückgewähr von Vermögen einräumt (vgl. hierzu § 55 Nr. 18 Sätze 2 und 3). Fehlt die Regelung, wird das eingebrachte Vermögen wie das übrige Vermögen behandelt.

b) Bei Kapitalgesellschaften sind folgende ergänzende Bestimmungen in die Satzung aufzunehmen:

– § 3 Abs. 1 Satz 2:

„Die Gesellschafter dürfen keine Gewinnanteile und in ihrer Eigenschaft als Gesellschafter auch keine sonstigen Zuwendungen aus Mitteln der Körperschaft erhalten."

– § 3 Abs. 2:

„Sie erhalten bei ihrem Ausscheiden oder bei Auflösung der Körperschaft oder bei Wegfall steuerbegünstigter Zwecke nicht mehr als ihre eingezahlten Kapitalanteile und den gemeinen Wert ihrer geleisteten Sacheinlagen zurück."

– § 5:

„Bei Auflösung der Körperschaft oder bei Wegfall steuerbegünstigter Zwecke fällt das Vermögen der Körperschaft, soweit es die eingezahlten Kapitalanteile der Gesellschafter und den gemeinen Wert der von den Gesellschaftern geleisteten Sacheinlagen übersteigt, ... "

– Alternative zu § 5 unter den Voraussetzungen des § 61 Abs. 2 AO:

„Bei Auflösung der Körperschaft ist das Vermögen, soweit es die eingezahlten Kapitalanteile der Gesellschafter und den gemeinen Wert der von den Gesellschaftern geleisteten Sacheinlagen übersteigt, zu steuerbegünstigten Zwecken zu verwenden.

Beschlüsse über die künftige Verwendung des Vermögens dürfen erst nach Einwilligung des Finanzamts ausgeführt werden."

§ 3 Abs. 2 und der Satzteil „soweit es die eingezahlten Kapitalanteile der Gesellschafter und den gemeinen Wert der von den Gesellschaftern geleisteten Sacheinlagen übersteigt", in § 5 sind nur erforderlich, wenn die Satzung einen Anspruch auf Rückgewähr von Vermögen einräumt (vgl. hierzu zu § 55, Nr. 14 Satz 4).

Anlage 3
zu § 60

Muster einer Erklärung
der Ordensgemeinschaften

1. Der – Die ....
(Bezeichnung der Ordensgemeinschaft)

mit dem Sitz in ....
ist eine anerkannte Ordensgemeinschaft der katholischen Kirche.

2. Der – Die ....
verfolgt ausschließlich und unmittelbar kirchliche, gemeinnützige oder mildtätige Zwecke, und zwar insbesondere durch ....
....

3. Überschüsse aus der Tätigkeit der Ordensgemeinschaft werden nur für die satzungsmäßigen Zwecke verwendet. Den Mitgliedern stehen keine Anteile an den Überschüssen zu. Ferner erhalten die Mitglieder weder während der Zeit ihrer Zugehörigkeit zu der Ordensgemeinschaft noch im Fall ihres Ausscheidens noch bei Auflösung oder Aufhebung der Ordensgemeinschaft irgendwelche Zuwendungen oder Vermögensvorteile aus deren Mitteln. Es darf keine Person durch Ausgaben, die den Zwecken

der Ordensgemeinschaft fremd sind, oder durch unverhältnismäßig hohe Vergütungen begünstigt werden.

4. Der – Die ....
wird vertreten durch ....
....
(Ort)   (Datum)
....
(Unterschrift des Ordensobern)

Zu § 61 – Satzungsmäßige Vermögensbindung:

1. Die Vorschrift stellt klar, daß die zu den Voraussetzungen der Selbstlosigkeit zählende Bindung des Vermögens für steuerbegünstigte Zwecke vor allem im Falle der Auflösung der Körperschaft aus der Satzung genau hervorgehen muß (Mustersatzungen, § 5).

2. § 61 Abs. 2 läßt bei Vorliegen zwingender Gründe die Bestimmung in der Satzung zu, daß über die Verwendung des Vermögens zu steuerbegünstigten Zwecken erst nach Auflösung der Körperschaft oder bei Wegfall steuerbegünstigter Zweckverfolgung nach Einwilligung des Finanzamtes bestimmt wird (Mustersatzungen, Alternative zu § 5).

3. Für bestimmte Körperschaften, z.B. Betriebe gewerblicher Art von juristischen Personen des öffentlichen Rechts und bestimmte Stiftungen, enthält § 62 eine Ausnahme von der Vermögensbindung.

4. Wird die satzungsmäßige Vermögensbildung aufgehoben, gilt sie von Anfang an als steuerlich nicht ausreichend. Die Regelung greift auch ein, wenn die Bestimmung über die Vermögensbindung erst zu einem Zeitpunkt geändert wird, in dem die Körperschaft nicht mehr als steuerbegünstigt anerkannt ist. Die entsprechenden steuerlichen Folgerungen sind durch Steuerfestsetzung rückwirkend zu ziehen.

5. Bei Verstößen gegen den Grundsatz der Vermögensbindung bildet die Festsetzungsverjährung (§§ 169 ff.) keine Grenze. Vielmehr können nach § 175 Abs. 1 Satz 1 Nr. 2 auch Steuerbescheide noch geändert werden, die Steuern betreffen, die innerhalb von zehn Jahren vor der erstmaligen Verletzung der Vermögensbindungsregelung entstanden sind. Es kann demnach auch dann noch zugegriffen werden, wenn zwischen dem steuerfreien Bezug der Erträge und dem Wegfall der Steuerbegünstigung ein Zeitraum von mehr als fünf Jahren liegt, selbst wenn in der Zwischenzeit keine Erträge mehr zugeflossen sind.

Beispiel:

Eine gemeinnützige Körperschaft hat in den Jahren 01 bis 11 steuerfreie Einnahmen aus einem Zweckbetrieb bezogen und diese teils für gemeinnützige Zwecke ausgegeben und zum Teil in eine Rücklage eingestellt. Eine in 11 vollzogene Satzungsänderung sieht jetzt vor, daß bei Auflösung des Vereins das Vermögen an die Mitglieder ausgekehrt wird. In diesem Fall muß das Finanzamt für die Veranlagungszeiträume 01 ff. Steuerbescheide erlassen, welche die Nachversteuerung aller genannten Einnahmen vorsehen, wobei es unerheblich ist, ob die Einnahmen noch im Vereinsvermögen vorhanden sind.

6. Verstöße gegen § 55 Abs. 1 und 3 begründen die Möglichkeit einer Nachversteuerung im Rahmen der Festsetzungsfrist.

7. Die Nachversteuerung gem. § 61 Abs. 3 greift nicht nur bei gemeinnützigkeitsschädlichen Änderungen satzungsrechtlicher Bestimmungen über die Vermögensbindung ein, sondern erfaßt auch die Fälle, in denen die tatsächliche Geschäftsführung gegen die von § 61 geforderte Vermögensbindung verstößt (§ 63 Abs. 2).

Beispiel:

Eine gemeinnützige Körperschaft verwendet bei ihrer Auflösung oder bei Aufgabe ihres begünstigten Satzungszweckes ihr Vermögen entgegen der Vermögensbindungsbestimmung in der Satzung nicht für begünstigte Zwecke.

8. Verstöße der tatsächlichen Geschäftsführung gegen § 55 Abs. 1 Nrn. 1 bis 3 können so schwerwiegend sein, daß sie einer Verwendung des gesamten Vermögens für sat-

zungsfremde Zwecke gleichkommen. Auch in diesen Fällen ist eine Nachversteuerung nach § 61 Abs. 3 möglich.

9. Bei der nachträglichen Besteuerung ist so zu verfahren, als ob die Körperschaft von Anfang an uneingeschränkt steuerpflichtig gewesen wäre. § 13 Abs. 3 KStG ist nicht anwendbar.

Zu § 62 – Ausnahmen von der satzungsmäßigen Vermögensbindung:

1. Die Vorschrift befreit nur von der Verpflichtung, die Vermögensbindung in der Satzung festzulegen. Materiell unterliegen auch diese Körperschaften der Vermögensbindung.
2. Die staatliche Genehmigung einer Stiftung begründet noch nicht die Befreiung; die Stiftung muß vielmehr staatlicher Aufsicht nach den Stiftungsgesetzen der Länder unterliegen.

Zu § 63 – Anforderungen an die tatsächliche Geschäftsführung:

1. Den Nachweis, daß die tatsächliche Geschäftsführung den notwendigen Erfordernissen entspricht, hat die Körperschaft durch ordnungsmäßige Aufzeichnungen über ihre Einnahmen und Ausgaben zu führen. Die Vorschriften der AO über die Führung von Büchern und Aufzeichnungen (§§ 140 ff.) sind zu beachten. Die Vorschriften des Handelsrechts einschließlich der entsprechenden Buchführungsvorschriften gelten nur, sofern sich dies aus der Rechtsform der Körperschaft oder aus ihrer wirtschaftlichen Tätigkeit ergibt. Bei der Verwirklichung steuerbegünstigter Zwecke im Ausland besteht eine erhöhte Nachweispflicht (§ 90 Abs. 2).
2. Die tatsächliche Geschäftsführung umfaßt auch die Ausstellung steuerlicher Spendenbestätigungen. Bei Mißbräuchen auf diesem Gebiet, z.B. durch die Ausstellung von Gefälligkeitsbestätigungen, ist die Gemeinnützigkeit zu versagen.

Zu § 64 – Steuerpflichtige wirtschaftliche Geschäftsbetriebe:

Zu § 64 Abs. 1:

1. Als Gesetz, das die Steuervergünstigung teilweise, nämlich für den wirtschaftlichen Geschäftsbetrieb (§ 14 Sätze 1 und 2), ausschließt, ist das jeweilige Steuergesetz zu verstehen, also § 5 Abs. 1 Nr. 9 KStG, § 3 Nr. 6 GewStG, § 3 Abs. 1 Nr. 12 VStG, § 12 Abs. 2 Nr. 8 Satz 2 UStG, § 3 Abs. 1 Nr. 3b GrStG i.V.m. A 12 Abs. 4 GrStR.
2. Wegen des Begriffs „Wirtschaftlicher Geschäftsbetrieb" wird auf § 14 hingewiesen. Zum Begriff der „Nachhaltigkeit" bei wirtschaftlichen Geschäftsbetrieben siehe BFH vom 21.8.1985 (BStBl II 1986 S. 88). Danach ist eine Tätigkeit grundsätzlich nachhaltig, wenn sie auf Wiederholung angelegt ist. Es genügt, wenn bei der Tätigkeit der allgemeine Wille besteht, gleichartige oder ähnliche Handlungen bei sich bietender Gelegenheit zu wiederholen. Wiederholte Tätigkeiten liegen auch vor, wenn der Grund zum Tätigwerden auf einem einmaligen Entschluß beruht, die Erledigung aber mehrere (Einzel-)Tätigkeiten erfordert.
3. Ob eine an einer Personengesellschaft oder Gemeinschaft beteiligte steuerbegünstigte Körperschaft gewerbliche Einkünfte bezieht und damit einen wirtschaftlichen Geschäftsbetrieb (§ 14 Sätze 1 und 2) unterhält, wird im einheitlichen und gesonderten Gewinnfeststellungsbescheid der Personengesellschaft bindend festgestellt (BFH vom 27.7.1989, BStBl II S. 134). Ob der wirtschaftliche Geschäftsbetrieb steuerpflichtig ist oder ein Zweckbetrieb (§§ 65 bis 68) vorliegt, ist dagegen bei der Körperschaftsteuerveranlagung der steuerbegünstigten Körperschaft zu entscheiden. Die Beteiligung einer steuerbegünstigten Körperschaft an einer Kapitalgesellschaft ist grundsätzlich Vermögensverwaltung (§ 14 Satz 3). Sie stellt jedoch einen wirtschaftlichen Geschäftsbetrieb dar, wenn mit ihr tatsächlich ein entscheidender Einfluß auf die laufende Geschäftsführung der Kapitalgesellschaft ausgeübt wird oder ein Fall der Betriebsaufspaltung vorliegt (vgl. BFH-Urteil vom 30.6.1971, BStBl II S. 753; H 137 Abs. 4 bis 6 EStH). Besteht die Beteiligung an einer Kapitalgesellschaft, die selbst ausschließlich der Vermögensverwaltung dient, so liegt auch bei Einflußnahme auf die Geschäftsführung kein wirtschaftlicher Geschäftsbetrieb vor (siehe Abschnitt 8 Abs. 5 KStR). Dies gilt auch bei Beteiligung an einer steuerbegünstigten Kapitalgesellschaft.

Die Grundsätze der Betriebsaufspaltung sind nicht anzuwenden, wenn sowohl das Betriebs- als auch das Besitzunternehmen steuerbegünstigt sind.

4. Werden Werbemaßnahmen bei sportlichen oder kulturellen Veranstaltungen der Körperschaft durchgeführt, sind die Veranstaltungskosten, die auch ohne die Werbung entstanden wären, keine Betriebsausgaben des steuerpflichtigen wirtschaftlichen Geschäftsbetriebs „Werbung" (BFH-Urteil vom 27.3.1991, BStBl II 1992 S. 103).

Es ist nicht zu beanstanden, wenn eine Körperschaft die Betriebsausgaben des steuerpflichtigen wirtschaftlichen Geschäftsbetriebs „Werbung" (unmittelbar durch die Werbung selbst verursachte Kosten) pauschal mit 25 v. H. der Werbeeinnahmen ansetzt. Zu den maßgeblichen Werbeeinnahmen gehört nicht die im Bruttopreis enthaltene Umsatzsteuer. Andererseits ist die Umsatzsteuer nicht durch die Pauschale abgedeckt. Bei der Überschußermittlung nach § 4 Abs. 3 EStG ist die Umsatzsteuer als Betriebseinnahme anzusetzen und neben der Pauschale als Betriebsausgabe abzuziehen.

Falls eine Körperschaft neben Zweckbetrieben und dem steuerpflichtigen wirtschaftlichen Geschäftsbetrieb „Werbung" noch andere steuerpflichtige wirtschaftliche Geschäftsbetriebe unterhält, muß sie bei Inanspruchnahme der Betriebsausgabenpauschale – abweichend von § 64 Abs. 2 – die mit der Werbung zusammenhängenden Einnahmen und Ausgaben gesondert aufzeichnen. Die genaue Höhe der Einnahmen wird als Bemessungsgrundlage für die Betriebsausgabenpauschale benötigt. Die mit der Werbung zusammenhängenden Ausgaben dürfen das Ergebnis der anderen steuerpflichtigen wirtschaftlichen Geschäftsbetriebe nicht mindern.

Zu § 64 Abs. 2:

5. Die Regelung, daß bei steuerbegünstigten Körperschaften mehrere steuerpflichtige wirtschaftliche Geschäftsbetriebe als ein Betrieb zu behandeln sind, gilt auch für die Ermittlung des steuerpflichtigen Einkommens der Körperschaft und für die Beurteilung der Buchführungspflicht nach § 141 Abs. 2. Für die Frage, ob die Grenzen für die Buchführungspflicht überschritten sind, kommt es also auf die Werte (Einnahmen, Überschuß, Vermögen) des Gesamtbetriebs an.

6. § 55 Abs. 1 Nr. 1 Satz 2 und Nr. 3 gilt auch für den steuerpflichtigen wirtschaftlichen Geschäftsbetrieb. Das bedeutet u.a., daß Verluste und Gewinnminderungen in den einzelnen steuerpflichtigen wirtschaftlichen Geschäftsbetrieben nicht durch Zuwendungen an Mitglieder oder durch unverhältnismäßig hohe Vergütungen entstanden sein dürfen.

7. Bei einer Körperschaft, die mehrere steuerpflichtige wirtschaftliche Geschäftsbetriebe unterhält, ist für die Frage, ob gemeinnützigkeitsschädliche Verluste vorliegen (vgl. zu § 55, Nr. 8), nicht auf das Ergebnis des einzelnen steuerpflichtigen wirtschaftlichen Geschäftsbetriebs, sondern auf das zusammengefaßte Ergebnis aller steuerpflichtigen wirtschaftlichen Geschäftsbetriebe abzustellen. Danach ist die Gemeinnützigkeit einer Körperschaft gefährdet, wenn die steuerpflichtigen wirtschaftlichen Geschäftsbetriebe insgesamt Verluste erwirtschaften.

Zu § 64 Abs. 3:

8. Die Höhe der Einnahmen aus den steuerpflichtigen wirtschaftlichen Geschäftsbetrieben bestimmt sich nach den Grundsätzen der steuerlichen Gewinnermittlung. Bei steuerbegünstigten Körperschaften, die den Gewinn nach § 4 Abs. 1 oder § 5 EStG ermitteln, kommt es deshalb nicht auf den Zufluß i.S. des § 11 EStG an, so daß auch Forderungszugänge als Einnahmen zu erfassen sind. Bei anderen steuerbegünstigten Körperschaften sind die im Kalenderjahr zugeflossenen Einnahmen (§ 11 EStG) maßgeblich. Ob die Einnahmen die Besteuerungsgrenze übersteigen, ist für jedes Jahr gesondert zu prüfen.

9. Ist eine steuerbegünstigte Körperschaft an einer Personengesellschaft oder Gemeinschaft beteiligt, sind für die Beurteilung, ob die Besteuerungsgrenze überschritten wird, die anteiligen Einnahmen aus der Beteiligung – nicht aber der Gewinnanteil – maßgeblich.

Anhang 1

10. Einnahmen aus der Verwertung unentgeltlich erworbenen Altmaterials gehören auch dann zu den Einnahmen i.S. des § 64 Abs. 3, wenn der Überschuß nach § 64 Abs. 5 in Höhe des branchenüblichen Reingewinns geschätzt werden kann.

11. Einnahmen aus sportlichen Veranstaltungen, die nach § 67a Abs. 1 Satz 1 oder – bei einer Option – Abs. 3 kein Zweckbetrieb sind, gehören zu den Einnahmen i.S. des § 64 Abs. 3.

    Beispiel:

    Ein Sportverein, der auf die Anwendung des § 67a Abs. 1 Satz 1 (Zweckbetriebsgrenze) verzichtet hat, erzielt im Jahr 01 folgende Einnahmen aus wirtschaftlichen Geschäftsbetrieben:

Sportliche Veranstaltungen, an denen kein bezahlter Sportler teilgenommen hat	70 000 DM
Sportliche Veranstaltungen, an denen bezahlte Sportler des Vereins teilgenommen haben	40 000 DM
Verkauf von Speisen und Getränken	10 000 DM

    Die Einnahmen aus wirtschaftlichen Geschäftsbetrieben, die keine Zweckbetriebe sind, betragen 50 000 DM (40 000 DM + 10 000 DM). Die Besteuerungsgrenze von 60 000 DM wird nicht überschritten.

12. Zu den Einnahmen i.S. des § 64 Abs. 3 gehören auch:

    a) Zuschüsse für die Anschaffung oder Herstellung von Wirtschaftsgütern des steuerpflichtigen wirtschaftlichen Geschäftsbetriebs.

    b) Der gesamte Erlös aus der Veräußerung von Wirtschaftsgütern des steuerpflichtigen wirtschaftlichen Geschäftsbetriebs. Dies gilt auch dann, wenn Teile des Verkaufserlöses nach § 6b EStG auf ein Ersatzwirtschaftsgut übertragen werden.

    c) Vorauszahlungen (im Jahr des Zuflusses).

    d) Ausschüttungen einschließlich des Anrechnungsguthabens für Beteiligungen an Kapitalgesellschaften, wenn die Beteiligung einen steuerpflichtigen wirtschaftlichen Geschäftsbetrieb darstellt (vgl. Nr. 3) oder in einem steuerpflichtigen wirtschaftlichen Geschäftsbetrieb gehalten wird.

    e) Die mit den anzusetzenden Einnahmen zusammenhängende Umsatzsteuer, auch bei Gewinnermittlung nach § 4 Abs. 1 oder 5 EStG.

13. Nicht zu den Einnahmen i.S. des § 64 Abs. 3 gehören z.B.

    a) Investitionszulagen;

    b) der Zufluß von Darlehen;

    c) Entnahmen i.S. des § 4 Abs. 1 EStG;

    d) die Auflösung von Rücklagen.

14. Eine wirtschaftliche Betätigung verliert durch das Unterschreiten der Besteuerungsgrenze nicht den Charakter des steuerpflichtigen wirtschaftlichen Geschäftsbetriebs. Das bedeutet, daß kein Beginn einer teilweisen Steuerbefreiung i.S. des § 13 Abs. 5 KStG vorliegt und dementsprechend keine Schlußbesteuerung durchzuführen ist, wenn Körperschaft- und Gewerbesteuer wegen § 64 Abs. 3 nicht mehr erhoben werden.

15. Bei Körperschaften mit einem vom Kalenderjahr abweichenden Wirtschaftsjahr sind für die Frage, ob die Besteuerungsgrenze überschritten wird, die in dem Wirtschaftsjahr erzielten Einnahmen maßgeblich.

16. Der allgemeine Grundsatz des Gemeinnützigkeitsrechts, daß für die steuerbegünstigten Zwecke gebundene Mittel nicht für den Ausgleich von Verlusten aus steuerpflichtigen wirtschaftlichen Geschäftsbetrieben verwendet werden dürfen, wird durch § 64 Abs. 3 nicht aufgehoben. Unter diesem Gesichtspunkt braucht jedoch bei Unterschreiten der Besteuerungsgrenze der Frage der Mittelverwendung nicht nachgegangen zu werden, wenn bei überschlägiger Prüfung der Aufzeichnungen erkennbar ist, daß in den steuerpflichtigen wirtschaftlichen Geschäftsbetrieben keine Dauerverluste entstanden sind.

17. Verluste und Gewinne aus Jahren, in denen die maßgeblichen Einnahmen die Besteuerungsgrenze nicht übersteigen, bleiben bei dem Verlustabzug (§ 10d EStG) außer Ansatz. Ein rück- und vortragbarer Verlust kann danach nur in Jahren entstehen, in denen die Einnahmen die Besteuerungsgrenze übersteigen. Dieser Verlust wird nicht für Jahre verbraucht, in denen die Einnahmen die Besteuerungsgrenze von 60 000 DM nicht übersteigen.

Zu § 64 Abs. 4:

18. § 64 Abs. 4 gilt nicht für regionale Untergliederungen (Landes-, Bezirks-, Ortsverbände) steuerbegünstigter Körperschaften.

Zu § 64 Abs. 5:

19. § 64 Abs. 5 gilt nur für Altmaterialsammlungen (Sammlung und Verwertung von Lumpen, Altpapier, Schrott). Die Regelung gilt nicht für den Einzelverkauf gebrauchter Sachen (Gebrauchtwarenhandel). Basare und ähnliche Einrichtungen sind deshalb nicht begünstigt.
20. § 64 Abs. 5 ist nur anzuwenden, wenn die Körperschaft dies beantragt (Wahlrecht).
21. Wird der Überschuß nach § 64 Abs. 5 geschätzt, sind dadurch auch die tatsächlichen Aufwendungen der Körperschaft für die Altmaterialsammlung und -verwertung abgegolten; sie können nicht zusätzlich abgezogen werden.
22. Wird der Überschuß nach § 64 Abs. 5 geschätzt, muß die Körperschaft – abweichend von § 64 Abs. 2 – die mit der Altmaterialsammlung zusammenhängenden Einnahmen und Ausgaben gesondert aufzeichnen. Die genaue Höhe der Einnahmen wird als Grundlage für die Reingewinnschätzung benötigt. Die mit diesem steuerpflichtigen wirtschaftlichen Geschäftsbetrieb zusammenhängenden Ausgaben dürfen das Ergebnis der anderen steuerpflichtigen wirtschaftlichen Geschäftsbetriebe nicht mindern.
23. Der branchenübliche Reingewinn ist bei der Verwertung von Altpapier mit 5 v. H. und bei der Verwertung von anderem Altmaterial mit 20 v. H. der Einnahmen anzusetzen. Zu den maßgeblichen Einnahmen gehört nicht die im Bruttopreis enthaltene Umsatzsteuer.

Zu § 65 – Zweckbetrieb:

1. Der Zweckbetrieb ist ein wirtschaftlicher Geschäftsbetrieb i.S. von § 14. Jedoch wird ein wirtschaftlicher Geschäftsbetrieb unter bestimmten Voraussetzungen steuerlich dem begünstigten Bereich der Körperschaft zugerechnet.
2. Ein Zweckbetrieb muß tatsächlich und unmittelbar satzungsmäßige Zwecke der Körperschaft verwirklichen, die ihn betreibt. Es genügt nicht, wenn er begünstigte Zwecke verfolgt, die nicht satzungsmäßige Zwecke der ihn tragenden Körperschaft sind. Ebensowenig genügt es, wenn er der Verwirklichung begünstigter Zwecke nur mittelbar dient, z.B. durch Abführung seiner Erträge (BFH-Urteil vom 21.8.1985, BStBl II 1986 S. 88).
3. Weitere Voraussetzung eines Zweckbetriebs ist, daß die Zwecke der Körperschaft nur durch ihn erreicht werden können. Die Körperschaft muß den Zweckbetrieb zur Verwirklichung ihrer satzungsmäßigen Zwecke unbedingt und unmittelbar benötigen.
4. Der Wettbewerb eines Zweckbetriebs zu nicht begünstigten Betrieben derselben oder ähnlicher Art muß auf das zur Erfüllung der steuerbegünstigten Zwecke unvermeidbare Maß begrenzt sein. Unschädlich ist dagegen der uneingeschränkte Wettbewerb zwischen Zweckbetrieben, die demselben steuerbegünstigten Zweck dienen und ihn in der gleichen oder ähnlicher Form verwirklichen.

Zu § 66 – Wohlfahrtspflege:

1. Die Bestimmung enthält eine Sonderregelung für wirtschaftliche Geschäftsbetriebe, die sich mit der Wohlfahrtspflege befassen.

2. Die Wohlfahrtspflege darf nicht des Erwerbs wegen ausgeführt werden. Damit ist keine Einschränkung gegenüber den Voraussetzungen der Selbstlosigkeit gegeben, wie sie in § 55 bestimmt sind.

3. Die Tätigkeit muß auf die Sorge für notleidende oder gefährdete Menschen gerichtet sein. Notleidend bzw. gefährdet sind Menschen, die eine oder beide der in § 53 Nrn. 1 und 2 genannten Voraussetzungen erfüllen. Es ist nicht erforderlich, daß die gesamte Tätigkeit auf die Förderung notleidender bzw. gefährdeter Menschen gerichtet ist. Es genügt, wenn zwei Drittel der Leistungen einer Einrichtung notleidenden bzw. gefährdeten Menschen zugute kommen. Auf das Zahlenverhältnis von gefährdeten bzw. notleidenden und übrigen geförderten Menschen kommt es nicht an.

4. Unter § 68 ist eine Reihe von Einrichtungen der Wohlfahrtspflege beispielhaft aufgezählt.

Zu § 67a – Sportliche Veranstaltungen:

I. Allgemeines

1. Sportliche Veranstaltungen eines Sportvereins sind grundsätzlich ein Zweckbetrieb, wenn die Einnahmen einschließlich der Umsatzsteuer aus allen sportlichen Veranstaltungen des Vereins die Zweckbetriebsgrenze von 60 000 DM im Jahr nicht übersteigen (§ 67a Abs. 1 Satz 1). Übersteigen die Einnahmen die Zweckbetriebsgrenze von 60 000 DM (30 678 €), liegt grundsätzlich ein steuerpflichtiger wirtschaftlicher Geschäftsbetrieb vor.

   Der Verein kann auf die Anwendung der Zweckbetriebsgrenze verzichten (§ 67a Abs. 2). Die steuerliche Behandlung seiner sportlichen Veranstaltungen richtet sich dann nach § 67a Abs. 3.

2. Unter Sportvereinen i.S. der Vorschrift sind alle gemeinnützigen Körperschaften zu verstehen, bei denen die Förderung des Sports Satzungszweck ist. § 67a gilt also z.B. auch für Sportverbände. Sie gilt auch für Sportvereine, die Fußballveranstaltungen unter Einsatz ihrer Lizenzspieler nach dem Lizenzspielerstatut des Deutschen Fußballverbandes e.V. durchführen.

3. Als sportliche Veranstaltung ist die organisatorische Maßnahme eines Sportvereins anzusehen, die es aktiven Sportlern (die nicht Mitglieder des Vereins zu sein brauchen) ermöglicht, Sport zu treiben (BFH-Urteil vom 25.7.1996, BStBl II 1997 S. 154). Eine sportliche Veranstaltung liegt auch dann vor, wenn ein Sportverein in Erfüllung seiner Satzungszwecke im Rahmen einer Veranstaltung einer anderen Person oder Körperschaft eine sportliche Darbietung erbringt. Die Veranstaltung, bei der die sportliche Darbietung präsentiert wird, braucht keine steuerbegünstigte Veranstaltung zu sein (BFH-Urteil vom 4.5.1994, BStBl II S. 886).

4. Sportreisen sind als sportliche Veranstaltungen anzusehen, wenn die sportliche Betätigung wesentlicher und notwendiger Bestandteil der Reise ist (z.B. Reise zum Wettkampfort). Reisen, bei denen die Erholung der Teilnehmer im Vordergrund steht (Touristikreisen), zählen dagegen nicht zu den sportlichen Veranstaltungen, selbst wenn anläßlich der Reise auch Sport getrieben wird.

5. Die Ausbildung und Fortbildung in sportlichen Fertigkeiten gehört zu den typischen und wesentlichen Tätigkeiten eines Sportvereins. Sportkurse und Sportlehrgänge für Mitglieder und Nichtmitglieder von Sportvereinen (Sportunterricht) sind daher als „sportliche Veranstaltungen" zu beurteilen. Es ist unschädlich für die Zweckbetriebseigenschaft, daß der Verein mit dem Sportunterricht in Konkurrenz zu gewerblichen Sportlehrern (z.B. Reitlehrer, Skilehrer, Tennislehrer, Schwimmlehrer) tritt, weil § 67a als die speziellere Vorschrift dem § 65 vorgeht. Die Beurteilung des Sportunterrichts als sportliche Veranstaltung hängt nicht davon ab, ob der Unterricht durch Beiträge, Sonderbeiträge oder Sonderentgelte abgegolten wird.

6. Der Verkauf von Speisen und Getränken – auch an Wettkampfteilnehmer, Schiedsrichter, Kampfrichter, Sanitäter usw. – und die Werbung gehören nicht zu den sportlichen Veranstaltungen. Diese Tätigkeiten sind gesonderte steuerpflichtige wirtschaftliche Geschäftsbetriebe. Nach § 64 Abs. 2 ist es jedoch möglich, Überschüsse

II. Auszug aus dem Anwendungserlass zur Abgabenordnung (AEAO zu §§ 51 bis 68 AO)

aus diesen Betrieben mit Verlusten aus sportlichen Veranstaltungen, die steuerpflichtige wirtschaftliche Geschäftsbetriebe sind, zu verrechnen.

7. Wird für den Besuch einer sportlichen Veranstaltung, die Zweckbetrieb ist, mit Bewirtung ein einheitlicher Eintrittspreis bezahlt, so ist dieser – ggf. im Wege der Schätzung – in einen Entgeltsanteil für den Besuch der sportlichen Veranstaltung und in einen Entgeltsanteil für die Bewirtungsleistungen aufzuteilen.

8. Zur Zulässigkeit eines pauschalen Betriebsausgabenabzugs beim steuerpflichtigen wirtschaftlichen Geschäftsbetrieb „Werbung" wird auf Nr. 4 zu § 64 hingewiesen.

9. Die entgeltliche Übertragung des Rechts zur Nutzung von Werbeflächen in vereinseigenen oder gemieteten Sportstätten (z.B. an der Bande) sowie von Lautsprecheranlagen an Werbeunternehmer ist als steuerfreie Vermögensverwaltung (§ 14 Satz 3) zu beurteilen. Voraussetzung ist jedoch, daß dem Pächter (Werbeunternehmer) ein angemessener Gewinn verbleibt. Es ist ohne Bedeutung, ob die sportlichen Veranstaltungen, bei denen der Werbeunternehmer das erworbene Recht nutzt, Zweckbetrieb oder wirtschaftlicher Geschäftsbetrieb sind.

Die entgeltliche Übertragung des Rechts zur Nutzung von Werbeflächen auf der Sportkleidung (z.B. auch Trikots, Sportschuhen, Helmen) und auf Sportgeräten ist stets als steuerpflichtiger wirtschaftlicher Geschäftsbetrieb zu behandeln.

10. Die Unterhaltung von Club-Häusern, Kantinen, Vereinsheimen oder Vereinsgaststätten ist keine „sportliche Veranstaltung", auch wenn diese Einrichtungen ihr Angebot nur an Mitglieder richten.

11. Bei Vermietung von Sportstätten einschließlich der Betriebsvorrichtungen für sportliche Zwecke ist zwischen der Vermietung auf längere Dauer und der Vermietung auf kurze Dauer (z.B. stundenweise Vermietung, auch wenn die Stunden für einen längeren Zeitraum im voraus festgelegt werden) zu unterscheiden.

Die Vermietung auf längere Dauer ist dem Bereich der steuerfreien Vermögensverwaltung zuzuordnen, so daß sich die Frage der Behandlung als sportliche Veranstaltung i.S. des § 67a dort nicht stellt.

Die Vermietung von Sportstätten und Betriebsvorrichtungen auf kurze Dauer schafft lediglich die Voraussetzungen für sportliche Veranstaltungen. Sie ist jedoch selbst keine sportliche Veranstaltung, sondern ein wirtschaftlicher Geschäftsbetrieb eigener Art. Dieser ist als Zweckbetrieb i.S. des § 65 anzusehen, wenn es sich bei den Mietern um Mitglieder des Vereins handelt. Bei der Vermietung auf kurze Dauer an Nichtmitglieder tritt der Verein dagegen in größerem Umfang in Wettbewerb zu nicht begünstigten Vermietern, als es bei Erfüllung seiner steuerbegünstigten Zwecke unvermeidbar ist (§ 65 Nr. 3). Diese Art der Vermietung ist deshalb als steuerpflichtiger wirtschaftlicher Geschäftsbetrieb zu behandeln.

12. § 3 Nr. 26 EStG gilt nicht für Einnahmen, die ein nebenberuflicher Übungsleiter für eine Tätigkeit in einem steuerpflichtigen wirtschaftlichen Geschäftsbetrieb „sportliche Veranstaltungen" erhält.

13. Werden sportliche Veranstaltungen, die im vorangegangenen Veranlagungszeitraum Zweckbetrieb waren, zu einem steuerpflichtigen wirtschaftlichen Geschäftsbetrieb oder umgekehrt, ist grundsätzlich § 13 Abs. 5 KStG anzuwenden.

II. Zu § 67a Abs. 1

1. Bei der Anwendung der Zweckbetriebsgrenze von 60 000 DM (30 678 €) sind alle Einnahmen der Veranstaltungen zusammenzurechnen, die in dem maßgeblichen Jahr nach den Regelungen des Abschnitts I als sportliche Veranstaltungen anzusehen sind. Zu diesen Einnahmen gehören insbesondere Eintrittsgelder, Startgelder, Zahlungen für die Übertragung sportlicher Veranstaltungen in Rundfunk und Fernsehen, Lehrgangsgebühren und Ablösezahlungen. Zum allgemeinen Einnahmebegriff wird auf die Nrn. 12 und 13 zu § 64 hingewiesen.

2. Die Bezahlung von Sportlern in einem Zweckbetrieb i.S. des § 67a Abs. 1 Satz 1 ist zulässig (§ 58 Nr. 9). Dabei ist die Herkunft der Mittel, mit denen die Sportler bezahlt werden, ohne Bedeutung.

3. Die Zahlung von Ablösesummen ist in einem Zweckbetrieb i.S. des § 67a Abs. 1 Satz 1 uneingeschränkt zulässig.
4. Bei Spielgemeinschaften von Sportvereinen ist – unabhängig von der Qualifizierung der Einkünfte im Feststellungsbescheid für die Gemeinschaft – bei der Körperschaftsteuerveranlagung der beteiligten Sportvereine zu entscheiden, ob ein Zweckbetrieb oder ein steuerpflichtiger wirtschaftlicher Geschäftsbetrieb gegeben ist. Dabei ist für die Beurteilung der Frage, ob die Zweckbetriebsgrenze des § 67a Abs. 1 Satz 1 überschritten wird, die Höhe der anteiligen Einnahmen (nicht des anteiligen Gewinns) maßgeblich.

III. Zu § 67a Abs. 2

1. Ein Verzicht auf die Anwendung des § 67a Abs. 1 Satz 1 ist auch dann möglich, wenn die Einnahmen aus den sportlichen Veranstaltungen die Zweckbetriebsgrenze von 60 000 DM (30 678 €) nicht übersteigen.
2. Die Option nach § 67a Abs. 2 kann bis zur Unanfechtbarkeit des Körperschaftsteuerbescheids widerrufen werden. Die Regelungen in Abschnitt 247 Abs. 2 und 6 UStR sind entsprechend anzuwenden. Der Widerruf ist – auch nach Ablauf der Bindungsfrist – nur mit Wirkung ab dem Beginn eines Kalender- oder Wirtschaftsjahres zulässig.

IV. Zu § 67a Abs. 3

1. Verzichtet ein Sportverein gem. § 67a Abs. 2 auf die Anwendung der Zweckbetriebsgrenze (§ 67a Abs. 1 Satz 1), sind sportliche Veranstaltungen ein Zweckbetrieb, wenn an ihnen kein bezahlter Sportler des Vereins teilnimmt und der Verein keinen vereinsfremden Sportler selbst oder im Zusammenwirken mit einem Dritten bezahlt. Auf die Höhe der Einnahmen oder Überschüsse dieser sportlichen Veranstaltungen kommt es bei Anwendung des § 67a Abs. 3 nicht an. Sportliche Veranstaltungen, an denen ein oder mehrere Sportler teilnehmen, die nach § 67a Abs. 3 Satz 1 Nr. 1 oder 2 als bezahlte Sportler anzusehen sind, sind steuerpflichtige wirtschaftliche Geschäftsbetriebe. Es kommt nach dem Gesetz nicht darauf an, ob ein Verein eine Veranstaltung von vornherein als steuerpflichtigen wirtschaftlichen Geschäftsbetrieb angesehen oder ob er – aus welchen Gründen auch immer – zunächst irrtümlich einen Zweckbetrieb angenommen hat.
2. Unter Veranstaltungen i.S. des § 67a Abs. 3 sind bei allen Sportarten grundsätzlich die einzelnen Wettbewerbe zu verstehen, die in engem zeitlichen und örtlichen Zusammenhang durchgeführt werden. Bei einer Mannschaftssportart ist also nicht die gesamte Meisterschaftsrunde, sondern jedes einzelne Meisterschaftsspiel die zu beurteilende sportliche Veranstaltung. Bei einem Turnier hängt es von der Gestaltung im Einzelfall ab, ob das gesamte Turnier oder jedes einzelne Spiel als eine sportliche Veranstaltung anzusehen ist. Dabei ist von wesentlicher Bedeutung, ob für jedes Spiel gesondert Eintritt erhoben wird und ob die Einnahmen und Ausgaben für jedes Spiel gesondert ermittelt werden.
3. Sportkurse und Sportlehrgänge für Mitglieder und Nichtmitglieder von Sportvereinen sind bei Anwendung des § 67a Abs. 3 als Zweckbetrieb zu behandeln, wenn kein Sportler als Auszubildender teilnimmt, der wegen seiner Betätigung in dieser Sportart als bezahlter Sportler i.S. des § 67a Abs. 3 anzusehen ist. Die Bezahlung von Ausbildern berührt die Zweckbetriebseigenschaft nicht.
4. Ist ein Sportler in einem Kalenderjahr als bezahlter Sportler anzusehen, sind alle in dem Kalenderjahr durchgeführten sportlichen Veranstaltungen des Vereins, an denen der Sportler teilnimmt, ein steuerpflichtiger wirtschaftlicher Geschäftsbetrieb. Bei einem vom Kalenderjahr abweichenden Wirtschaftsjahr ist das abweichende Wirtschaftsjahr zugrunde zu legen. Es kommt nicht darauf an, ob der Sportler die Merkmale des bezahlten Sportlers erst nach Beendigung der sportlichen Veranstaltung erfüllt. Die Teilnahme unbezahlter Sportler an einer Veranstaltung, an der auch bezahlte Sportler teilnehmen, hat keinen Einfluß auf die Behandlung der Veranstaltung als steuerpflichtiger wirtschaftlicher Geschäftsbetrieb.
5. Die Vergütungen oder anderen Vorteile müssen in vollem Umfang aus steuerpflichtigen wirtschaftlichen Geschäftsbetrieben oder von Dritten geleistet werden (§ 67a

II. Auszug aus dem Anwendungserlass zur Abgabenordnung (AEAO zu §§ 51 bis 68 AO)

Abs. 3 Satz 3). Eine Aufteilung der Vergütungen ist nicht zulässig. Es ist also z.B. steuerlich nicht zulässig, Vergütungen an bezahlte Sportler bis zu 700 DM im Monat als Ausgaben des steuerbegünstigten Bereichs und nur die 700 DM übersteigenden Vergütungen als Ausgaben des steuerpflichtigen wirtschaftlichen Geschäftsbetriebs „Sportveranstaltungen" zu behandeln.

Auch die anderen Kosten müssen aus dem steuerpflichtigen wirtschaftlichen Geschäftsbetrieb „sportliche Veranstaltungen", anderen steuerpflichtigen wirtschaftlichen Geschäftsbetrieben oder von Dritten geleistet werden. Dies gilt auch dann, wenn an der Veranstaltung neben bezahlten Sportlern auch unbezahlte Sportler teilnehmen. Die Kosten eines steuerpflichtigen wirtschaftlichen Geschäftsbetriebs „Sportveranstaltungen" sind also nicht danach aufzuteilen, ob sie auf bezahlte oder auf unbezahlte Sportler entfallen. Etwaiger Aufwandsersatz an unbezahlte Sportler für die Teilnahme an einer Veranstaltung mit bezahlten Sportlern ist als eine Ausgabe dieser Veranstaltung zu behandeln. Aus Vereinfachungsgründen ist es aber nicht zu beanstanden, wenn die Aufwandspauschale (vgl. Nr. 8) an unbezahlte Sportler nicht als Betriebsausgabe des steuerpflichtigen wirtschaftlichen Geschäftsbetriebs behandelt, sondern aus Mitteln des ideellen Bereichs abgedeckt wird.

6. Trainingskosten (z.B. Vergütungen an Trainer), die sowohl unbezahlte als auch bezahlte Sportler betreffen, sind nach den im Einzelfall gegebenen Abgrenzungsmöglichkeiten aufzuteilen. Als solche kommen beispielsweise in Betracht der jeweilige Zeitaufwand oder – bei gleichzeitigem Training unbezahlter und bezahlter Sportler – die Zahl der trainierten Sportler oder Mannschaften. Soweit eine Abgrenzung anders nicht möglich ist, sind die auf das Training unbezahlter und bezahlter Sportler entfallenden Kosten im Wege der Schätzung zu ermitteln.

Werden bezahlte und unbezahlte Sportler einer Mannschaft gleichzeitig für eine Veranstaltung trainiert, die als steuerpflichtiger wirtschaftlicher Geschäftsbetrieb zu beurteilen ist, sind die gesamten Trainingskosten dafür Ausgaben des steuerpflichtigen wirtschaftlichen Geschäftsbetriebs. Die Vereinfachungsregelung in Nr. 5 letzter Satz gilt entsprechend.

7. Sportler des Vereins i.S. des § 67a Abs. 3 Satz 1 Nr. 1 sind nicht nur die (aktiven) Mitglieder des Vereins, sondern alle Sportler, die für den Verein auftreten, z.B. in einer Mannschaft des Vereins mitwirken. Für Verbände gilt Nr. 14.

8. Zahlungen an einen Sportler des Vereins bis zu insgesamt 700 DM je Monat im Jahresdurchschnitt sind für die Beurteilung der Zweckbetriebseigenschaft der sportlichen Veranstaltungen – nicht aber bei der Besteuerung des Sportlers – ohne Einzelnachweis als Aufwandsentschädigung anzusehen. Werden höhere Aufwendungen erstattet, sind die gesamten Aufwendungen im einzelnen nachzuweisen. Dabei muß es sich um Aufwendungen persönlicher oder sachlicher Art handeln, die dem Grunde nach Werbungskosten oder Betriebsausgaben sein können.

Die Regelung gilt für alle Sportarten.

9. Die Regelung über die Unschädlichkeit pauschaler Aufwandsentschädigungen bis zu 700 DM je Monat im Jahresdurchschnitt gilt nur für Sportler des Vereins, nicht aber für Zahlungen an andere Sportler. Einem anderen Sportler, der in einem Jahr nur an einer Veranstaltung des Vereins teilnimmt, kann also nicht ein Betrag bis zu 8 400 DM als pauschaler Aufwandsersatz dafür gezahlt werden. Vielmehr führt in den Fällen des § 67a Abs. 3 Satz 1 Nr. 2 jede Zahlung an einen Sportler, die über eine Erstattung des tatsächlichen Aufwands hinausgeht, zum Verlust der Zweckbetriebseigenschaft der Veranstaltung.

10. Zuwendungen der Stiftung Deutsche Sporthilfe, Frankfurt, und der Sporthilfe Berlin an Spitzensportler sind in der Regel als Ersatz von besonderen Aufwendungen der Spitzensportler für ihren Sport anzusehen. Sie sind deshalb nicht auf die zulässige Aufwandspauschale von 700 DM je Monat im Jahresdurchschnitt anzurechnen. Weisen Sportler die tatsächlichen Aufwendungen nach, so muß sich der Nachweis auch auf die Aufwendungen erstrecken, die den Zuwendungen der Stiftung Deutsche Sporthilfe und der Sporthilfe Berlin gegenüberstehen.

11. Bei der Beurteilung der Zweckbetriebseigenschaft einer Sportveranstaltung nach § 67a Abs. 3 ist nicht zu unterscheiden, ob Vergütungen oder andere Vorteile an einen

Sportler für die Teilnahme an sich oder für die erfolgreiche Teilnahme gewährt werden. Entscheidend ist, daß der Sportler auf Grund seiner Teilnahme Vorteile hat, die er ohne seine Teilnahme nicht erhalten hätte. Auch die Zahlung eines Preisgeldes, das über eine Aufwandsentschädigung hinausgeht, begründet demnach einen steuerpflichtigen wirtschaftlichen Geschäftsbetrieb.

12. Bei einem sog. Spielertrainer ist zu unterscheiden, ob er für die Trainertätigkeit oder für die Ausübung des Sports Vergütungen erhält. Wird er nur für die Trainertätigkeit bezahlt oder erhält er für die Tätigkeit als Spieler nicht mehr als den Ersatz seiner Aufwendungen (Nr. 8), ist seine Teilnahme an sportlichen Veranstaltungen unschädlich für die Zweckbetriebseigenschaft.

13. Unbezahlte Sportler werden wegen der Teilnahme an Veranstaltungen mit bezahlten Sportlern nicht selbst zu bezahlten Sportlern. Die Ausbildung dieser Sportler gehört nach wie vor zu der steuerbegünstigten Tätigkeit eines Sportvereins, es sei denn, sie werden zusammen mit bezahlten Sportlern für eine Veranstaltungt trainiert, die ein steuerpflichtiger wirtschaftlicher Geschäftsbetrieb ist (vgl. Nr. 6).

14. Sportler, die einem bestimmten Sportverein angehören und die nicht selbst unmittelbar Mitglieder eines Sportverbandes sind, werden bei der Beurteilung der Zweckbetriebseigenschaft von Veranstaltungen des Verbandes als andere Sportler i.S. des § 67a Abs. 3 Satz 1 Nr. 2 angesehen. Zahlungen der Vereine an Sportler im Zusammenhang mit sportlichen Veranstaltungen der Verbände (z.B. Länderkämpfe) sind in diesen Fällen als „Zahlungen von Dritten im Zusammenwirken mit dem Verein" (hier: Verband) zu behandeln.

15. Ablösezahlungen, die einem gemeinnützigen Sportverein für die Freigabe von Sportlern zufließen, beeinträchtigen seine Gemeinnützigkeit nicht. Die erhaltenen Beträge zählen zu den Einnahmen aus dem steuerpflichtigen wirtschaftlichen Geschäftsbetrieb „sportliche Veranstaltungen", wenn der den Verein wechselnde Sportler in den letzten zwölf Monaten vor seiner Freigabe bezahlter Sportler i.S. des § 67a Abs. 3 Satz 1 Nr. 1 war. Ansonsten gehören sie zu den Einnahmen aus dem Zweckbetrieb „sportliche Veranstaltungen".

   Zahlungen eines gemeinnützigen Sportvereins an einen anderen (abgebenden) Verein für die Übernahme eines Sportlers sind unschädlich für die Gemeinnützigkeit des zahlenden Vereins, wenn sie aus steuerpflichtigen wirtschaftlichen Geschäftsbetrieben für die Übernahme eines Sportlers gezahlt werden, der beim aufnehmenden Verein in den ersten zwölf Monaten nach dem Vereinswechsel als bezahlter Sportler i.S. des § 67a Abs. 3 Satz 1 Nr. 1 anzusehen ist. Zahlungen für einen Sportler, der beim aufnehmenden Verein nicht als bezahlter Sportler anzusehen ist, sind bei Anwendung des § 67a Abs. 3 nur dann unschädlich für die Gemeinnützigkeit des zahlenden Vereins, wenn lediglich die Ausbildungskosten für den den Verein wechselnden Sportler erstattet werden. Eine derartige Kostenerstattung kann bei Zahlungen bis zur Höhe von 5 000 DM je Sportler ohne weiteres angenommen werden. Bei höheren Kostenerstattungen sind sämtliche Ausbildungskosten im Einzelfall nachzuweisen. Die Zahlungen mindern nicht den Überschuß des steuerpflichtigen wirtschaftlichen Geschäftsbetriebs „sportliche Veranstaltungen".

   Zur steuerlichen Behandlung von Ablösezahlungen bei Anwendung der Zweckbetriebsgrenze des § 67a Abs. 1 Satz 1 siehe Nr. II.1 und II.3.

Zu § 68 – Einzelne Zweckbetriebe:

1. § 68 geht als die speziellere Vorschrift dem § 65 vor. Die beispielhafte Aufzählung von Betrieben, die ihrer Art nach Zweckbetriebe sein können, gibt wichtige Anhaltspunkte für die Auslegung der Begriffe Zweckbetrieb (§ 65) im allgemeinen und Einrichtungen der Wohlfahrtspflege (§ 66) im besonderen.

Zu § 68 Nr. 1:

2. Wegen der Begriffe „Alten-, Altenwohn- und Pflegeheim" Hinweis auf § 1 des Heimgesetzes.

3. Bei Kindergärten, Kinder-, Jugend- und Studentenheimen sowie bei Schullandheimen und Jugendherbergen müssen die geförderten Personen die Voraussetzungen nach § 53 nicht erfüllen.

Zu § 68 Nr. 3:

4. Wegen des Begriffs der Werkstatt für Behinderte wird auf § 54 des Schwerbehindertengesetzes hingewiesen.

5. Zu den Zweckbetrieben gehören auch die von den Trägern der Behindertenwerkstätten betriebenen Kantinen, weil die besondere Situation der Behinderten auch während der Mahlzeiten eine Betreuung erfordert.

Zu § 68 Nr. 6:

6. Begünstigt sind von den zuständigen Behörden genehmigte Lotterieveranstaltungen, die höchstens zweimal im Jahr zu ausschließlich gemeinnützigen, mildtätigen oder kirchlichen Zwecken veranstaltet werden. Der Gesetzeswortlaut läßt es offen, in welchem Umfang solche Lotterien veranstaltet werden dürfen. Da eine besondere Einschränkung fehlt, ist auch eine umfangreiche Tätigkeit so lange unschädlich, als die allgemein durch das Gesetz gezogenen Grenzen – hier insbesondere § 65 – nicht überschritten werden und die Körperschaft durch den Umfang der Lotterieveranstaltungen nicht ihr Gepräge als begünstigte Einrichtung verliert.

7. Unter Veranstaltung sind die innerhalb einer angemessenen Zeitdauer abgewickelten Lotterien und Ausspielungen zu verstehen. Lotterieveranstaltungen in Form von Dauerveranstaltungen sind demnach keine Zweckbetriebe.

Zu § 68 Nr. 7:

8. Gesellige Veranstaltungen sind als steuerpflichtige wirtschaftliche Geschäftsbetriebe zu behandeln. Veranstaltungen, bei denen zwar auch die Geselligkeit gepflegt wird, die aber in erster Linie zur Betreuung behinderter Personen durchgeführt werden, können unter den Voraussetzungen der §§ 65, 66 Zweckbetrieb sein.

9. Kulturelle Einrichtungen und Veranstaltungen i.S. des § 68 Nr. 7 können nur vorliegen, wenn die Förderung der Kultur Satzungszweck der Körperschaft ist. Sie sind stets als Zweckbetrieb zu behandeln. Das BFH-Urteil vom 4.5.1994, BStBl II S. 886, zu sportlichen Darbietungen eines Sportvereins (vgl. Nr. 3 zu § 67a) gilt für kulturelle Darbietungen entsprechend.

10. Der Verkauf von Speisen und Getränken und die Werbung bei kulturellen Veranstaltungen gehören nicht zu dem Zweckbetrieb. Diese Tätigkeiten sind gesonderte wirtschaftliche Geschäftsbetriebe. Wird für den Besuch einer kulturellen Veranstaltung mit Bewirtung ein einheitlicher Eintrittspreis bezahlt, so ist dieser – ggf. im Wege der Schätzung – in einen Entgeltsanteil für den Besuch der Veranstaltung und für die Bewirtungsleistungen aufzuteilen.

III. AUSZUG AUS DEM KÖRPERSCHAFTSTEUERGESETZ (§§ 5 ABS. 1 NR. 9 UND 9 KStG)

§ 5
BEFREIUNGEN

(1) Von der Körperschaftsteuer sind befreit

1.–8. (...)

9. Körperschaften, Personenvereinigungen und Vermögensmassen, die nach der Satzung, dem Stiftungsgeschäft oder der sonstigen Verfassung und nach der tatsächlichen Geschäftsführung ausschließlich und unmittelbar gemeinnützigen, mildtätigen oder kirchlichen Zwecken dienen (§§ 51 bis 68 der Abgabenordnung). ²Wird ein wirtschaftlicher Geschäftsbetrieb unterhalten, ist die Steuerbefreiung insoweit ausgeschlossen. ³Satz 2 gilt nicht für selbstbewirtschaftete Forstbetriebe;

10.–22. (...)

§ 9
ABZIEHBARE AUFWENDUNGEN

(1) ¹Abziehbare Aufwendungen sind auch:
1. bei Kommanditgesellschaften auf Aktien der Teil des Gewinns, der an persönlich haftende Gesellschafter auf ihre nicht auf das Grundkapital gemachten Einlagen oder als Vergütung (Tantieme) für die Geschäftsführung verteilt wird;
2. vorbehaltlich des § 8 Abs. 3 Ausgaben zur Förderung mildtätiger, kirchlicher, religiöser und wissenschaftlicher Zwecke und der als besonders förderungswürdig anerkannten gemeinnützigen Zwecke bis zur Höhe von insgesamt 5 vom Hundert des Einkommens oder 2 vom Tausend der Summe der gesamten Umsätze und der im Kalenderjahr aufgewendeten Löhne und Gehälter. ²Für wissenschaftliche, mildtätige und als besonders förderungswürdig anerkannte kulturelle Zwecke erhöht sich der Vomhundertsatz von 5 um weitere 5 vom Hundert. ³Zuwendungen an Stiftungen des öffentlichen Rechts und an nach § 5 Abs. 1 Nr. 9 steuerbefreite Stiftungen des privaten Rechts zur Förderung steuerbegünstigter Zwecke im Sinne der §§ 52 bis 54 der Abgabenordnung mit Ausnahme der Zwecke, die nach § 52 Abs. 2 Nr. 4 der Abgabenordnung gemeinnützig sind, sind darüber hinaus bis zur Höhe von 40 000 Deutsche Mark, ab dem 1. Januar 2002 20 450 Euro, abziehbar. ⁴Überschreitet eine Einzelzuwendung von mindestens 50 000 Deutsche Mark zur Förderung wissenschaftlicher, mildtätiger oder als besonders förderungswürdig anerkannter kultureller Zwecke diese Höchstsätze, ist sie im Rahmen der Höchstsätze im Jahr der Zuwendung und in den folgenden sechs Veranlagungszeiträumen abzuziehen.
⁵§ 10d Abs. 4 des Einkommensteuergesetzes gilt entsprechend.

(2) ¹Als Einkommen im Sinne dieser Vorschrift gilt das Einkommen vor Abzug der in Absatz 1 Nr. 2 und in § 10d des Einkommensteuergesetzes bezeichneten Ausgaben. ²Als Ausgabe im Sinne dieser Vorschrift gilt auch die Zuwendung von Wirtschaftsgütern mit Ausnahme von Nutzungen und Leistungen. ³Der Wert der Ausgabe ist nach § 6 Abs. 1 Nr. 4 Satz 1 und 4 des Einkommensteuergesetzes zu ermitteln. ⁴Aufwendungen zugunsten einer zum Empfang steuerlich abzugsfähiger Zuwendungen berechtigten Körperschaft sind nur abzugsfähig, wenn ein Anspruch auf die Erstattung der Aufwendungen durch Vertrag oder Satzung eingeräumt und auf die Erstattung verzichtet worden ist. ⁵Der Anspruch darf nicht unter der Bedingung des Verzichts eingeräumt worden sein.

(3) ¹Der Steuerpflichtige darf auf die Richtigkeit der Bestätigung über Spenden und Mitgliedsbeiträge vertrauen, es sei denn, daß er die Bestätigung durch unlautere Mittel oder falsche Angaben erwirkt hat oder daß ihm die Unrichtigkeit der Bestätigung bekannt oder infolge grober Fahrlässigkeit nicht bekannt war. ²Wer vorsätzlich oder grob fahrlässig eine unrichtige Bestätigung ausstellt oder wer veranlaßt, daß Zuwendungen nicht zu den in der Bestätigung angegebenen steuerbegünstigten Zwecken verwendet werden, haftet für die entgangene Steuer. ³Diese ist mit 40 vom Hundert des zugewendeten Betrags anzusetzen.

IV. AUSZUG AUS DEM EINKOMMENSTEUERGESETZ (§ 3 NR. 26 EStG)

§ 3
STEUERFREIE EINNAHMEN

Steuerfrei sind

26. Einnahmen aus nebenberuflichen Tätigkeiten als Übungsleiter, Ausbilder, Erzieher, Betreuer oder vergleichbaren nebenberuflichen Tätigkeiten, aus nebenberuflichen künstlerischen Tätigkeiten oder der nebenberuflichen Pflege alter, kranker oder behinderter Menschen im Dienst oder Auftrag einer inländischen juristischen Person des öffentlichen Rechts oder einer unter § 5 Abs. 1 Nr. 9 KStG fallenden Einrichtung zur Förderung gemeinnütziger, mildtätiger und kirchlicher Zwecke (§§ 52 bis 54 AO) bis zur Höhe von insgesamt 3 600 DM im Jahr. Überschreiten die Einnahmen für die in Satz 1 bezeichneten Tätigkeiten den steuerfreien Betrag, dürfen die mit den nebenberuflichen Tätigkeiten in unmittelbarem wirtschaftlichen Zusammenhang stehenden Ausgaben abweichend von § 3c nur insoweit als Betriebsausgaben oder Werbungskosten abgezogen werden, als sie den Betrag der steuerfreien Einnahmen übersteigen.

V. AUSZUG AUS DER EINKOMMENSTEUER-DURCHFÜHRUNGSVERORDNUNG (§§ 48 BIS 50 EStDV)

§ 48
FÖRDERUNG MILDTÄTIGER, KIRCHLICHER, RELIGIÖSER, WISSENSCHAFTLICHER UND DER ALS BESONDERS FÖRDERUNGSWÜRDIG ANERKANNTEN GEMEINNÜTZIGEN ZWECKE

(1) Für die Begriffe mildtätige, kirchliche, religiöse, wissenschaftliche und gemeinnützige Zwecke im Sinne des § 10b des Gesetzes gelten die §§ 51 bis 68 der Abgabenordnung.

(2) Die in der Anlage 1 zu dieser Verordnung bezeichneten gemeinnützigen Zwecke werden als besonders förderungswürdig im Sinne des § 10b Abs. 1 des Gesetzes anerkannt.

(3) Zuwendungen im Sinne der §§ 48 bis 50 sind Spenden und Mitgliedsbeiträge.

(4) ¹Abgezogen werden dürfen

1. Zuwendungen zur Förderung mildtätiger, kirchlicher, religiöser, wissenschaftlicher und der in Abschnitt A der Anlage 1 zu dieser Verordnung bezeichneten Zwecke und

2. Spenden zur Förderung der in Abschnitt B der Anlage 1 zu dieser Verordnung bezeichneten Zwecke.

²Nicht abgezogen werden dürfen Mitgliedsbeiträge an Körperschaften, die Zwecke fördern, die sowohl in Abschnitt A als auch in Abschnitt B der Anlage 1 zu dieser Verordnung bezeichnet sind.

§ 49
ZUWENDUNGSEMPFÄNGER

Zuwendungen für die in § 48 bezeichneten Zwecke dürfen nur abgezogen werden, wenn der Empfänger der Zuwendung

1. eine inländische juristische Person des öffentlichen Rechts oder eine inländische öffentliche Dienststelle oder

2. eine in § 5 Abs. 1 Nr. 9 des Körperschaftsteuergesetzes bezeichnete Körperschaft, Personenvereinigung oder Vermögensmasse ist.

§ 50
ZUWENDUNGSNACHWEIS

(1) Zuwendungen im Sinne der §§ 10b und 34g des Gesetzes dürfen nur abgezogen werden, wenn sie durch eine Zuwendungsbestätigung nachgewiesen werden, die der Empfänger nach amtlich vorgeschriebenem Vordruck ausgestellt hat.

(2) ¹Als Nachweis genügt der Bareinzahlungsbeleg oder die Buchungsbestätigung eines Kreditinstituts, wenn

1. die Zuwendung zur Linderung der Not in Katastrophenfällen innerhalb eines Zeitraums, den die obersten Finanzbehörden der Länder im Benehmen mit dem Bundesministerium der Finanzen bestimmen, auf ein für den Katastrophenfall eingerichtetes Sonderkonto einer inländischen juristischen Person des öffentlichen Rechts, einer inländischen öffentlichen Dienststelle oder eines inländischen amtlich anerkannten Verbandes der freien Wohlfahrtspflege einschließlich seiner Mitgliedsorganisationen eingezahlt worden ist oder

2. die Zuwendung 100 Deutsche Mark nicht übersteigt und

   a) der Empfänger eine inländische juristische Person des öffentlichen Rechts oder eine inländische öffentliche Dienststelle ist oder

   b) der Empfänger eine Körperschaft, Personenvereinigung oder Vermögensmasse im Sinne des § 5 Abs. 1 Nr. 9 des Körperschaftsteuergesetzes ist, wenn der steuerbegünstigte Zweck, für den die Zuwendung verwendet wird und die Angaben über die Freistellung des Empfängers von der Körperschaftsteuer auf einem von ihm hergestellten Beleg aufgedruckt sind und darauf angegeben ist, ob es sich bei der Zuwendung um eine Spende oder einen Mitgliedsbeitrag handelt oder

c) der Empfänger eine politische Partei im Sinne des § 2 des Parteiengesetzes ist und bei Spenden der Verwendungszweck auf dem vom Empfänger hergestellten Beleg aufgedruckt ist.

²Aus der Buchungsbestätigung müssen Name und Kontonummer des Auftraggebers und Empfängers, der Betrag sowie der Buchungstag ersichtlich sein. ³In den Fällen der Nummer 2 Buchstabe b hat der Zuwendende zusätzlich den vom Zuwendungsempfänger hergestellten Beleg vorzulegen; im Fall des Lastschriftverfahrens muß die Buchungsbestätigung Angaben über den steuerbegünstigten Zweck, für den die Zuwendung verwendet wird, und über die Steuerbegünstigung der Körperschaft enthalten.

(3) Als Nachweis für die Zahlung von Mitgliedsbeiträgen an politische Parteien im Sinne des § 2 des Parteiengesetzes genügt die Vorlage von Bareinzahlungsbelegen, Buchungsbestätigungen oder Beitragsquittungen.

(4) ¹Eine in § 5 Abs. 1 Nr. 9 des Körperschaftsteuergesetzes bezeichnete Körperschaft, Personenvereinigung oder Vermögensmasse hat die Vereinnahmung der Zuwendung und ihre zweckentsprechende Verwendung ordnungsgemäß aufzuzeichnen und ein Doppel der Zuwendungsbestätigung aufzubewahren. ²Bei Sachzuwendungen und beim Verzicht auf die Erstattung von Aufwand müssen sich aus den Aufzeichnungen auch die Grundlagen für den vom Empfänger bestätigten Wert der Zuwendung ergeben.

(...)

Anlage 1
(zu § 48 Abs. 2)

Verzeichnis
der Zwecke, die allgemein als besonders förderungswürdig
im Sinne des § 10b Abs. 1 des Einkommensteuergesetzes anerkannt sind

Abschnitt A

1. Förderung der öffentlichen Gesundheitspflege, insbesondere die Bekämpfung von Seuchen und seuchenähnlichen Krankheiten, auch durch Krankenhäuser im Sinne des § 67 der Abgabenordnung, und von Tierseuchen;
2. Förderung der Jugend- und der Altenhilfe;
3. Förderung kultureller Zwecke; dies ist die ausschließliche und unmittelbare Förderung der Kunst, die Förderung der Pflege und Erhaltung von Kulturwerten sowie die Förderung der Denkmalpflege;
    a) die Förderung der Kunst umfaßt die Bereiche der Musik, der Literatur, der darstellenden und bildenden Kunst und schließt die Förderung von kulturellen Einrichtungen, wie Theater und Museen, sowie von kulturellen Veranstaltungen, wie Konzerte und Kunstausstellungen, ein;
    b) Kulturwerte sind Gegenstände von künstlerischer und sonstiger kultureller Bedeutung, Kunstsammlungen und künstlerische Nachlässe, Bibliotheken, Archive sowie andere vergleichbare Einrichtungen;
    c) die Förderung der Denkmalpflege bezieht sich auf die Erhaltung und Wiederherstellung von Bau- und Bodendenkmälern, die nach den jeweiligen landesrechtlichen Vorschriften anerkannt sind; die Anerkennung ist durch eine Bescheinigung der zuständigen Stelle nachzuweisen;
4. Förderung der Erziehung, Volks- und Berufsbildung einschließlich der Studentenhilfe;
5. Förderung des Naturschutzes und der Landschaftspflege im Sinne des Bundesnaturschutzgesetzes und der Naturschutzgesetze der Länder, des Umweltschutzes, des Küstenschutzes und des Hochwasserschutzes;
6. Zwecke der amtlich anerkannten Verbände der freien Wohlfahrtspflege (Diakonisches Werk der Evangelischen Kirche in Deutschland e.V., Deutscher Caritasverband e.V.,

Deutscher Paritätischer Wohlfahrtsverband e.V., Deutsches Rotes Kreuz e.V., Arbeiterwohlfahrt – Bundesverband e.V., Zentralwohlfahrtsstelle der Juden in Deutschland e.V., Deutscher Blindenverband e.V., Bund der Kriegsblinden Deutschlands e.V., Verband Deutscher Wohltätigkeitsstiftungen e.V., Bundesarbeitsgemeinschaft Hilfe für Behinderte e.V., Verband der Kriegs- und Wehrdienstopfer, Behinderten und Sozialrentner e.V.), ihrer Unterverbände und ihrer angeschlossenen Einrichtungen und Anstalten;

7. Förderung der Hilfe für politisch, rassisch oder religiös Verfolgte, für Flüchtlinge, Vertriebene, Aussiedler, Spätaussiedler, Kriegsopfer, Kriegshinterbliebene, Kriegsbeschädigte und Kriegsgefangene, Zivilbeschädigte und Behinderte sowie Hilfe für Opfer von Straftaten; Förderung des Andenkens an Verfolgte, Kriegs- und Katastrophenopfer einschließlich der Errichtung von Ehrenmalen und Gedenkstätten; Förderung des Suchdienstes für Vermißte;
8. Förderung der Rettung aus Lebensgefahr;
9. Förderung des Feuer-, Arbeits-, Katastrophen- und Zivilschutzes sowie der Unfallverhütung;
10. die Förderung internationaler Gesinnung, der Toleranz auf allen Gebieten der Kultur und des Völkerverständigungsgedankens, sofern nicht nach Satzungszweck und tatsächlicher Geschäftsführung mit der Verfassung unvereinbare oder überwiegend touristische Aktivitäten verfolgt werden;
11. Förderung des Tierschutzes;
12. Förderung der Entwicklungshilfe;
13. Förderung von Verbraucherberatung und Verbraucherschutz;
14. Förderung der Fürsorge für Strafgefangene und ehemalige Strafgefangene;
15. Förderung der Gleichberechtigung von Männern und Frauen;
16. Förderung des Schutzes von Ehe und Familie;
17. Förderung der Kriminalprävention.

Abschnitt B

1. Förderung des Sports;
2. Förderung kultureller Betätigungen, die in erster Linie der Freizeitgestaltung dienen;
3. Förderung der Heimatpflege und Heimatkunde;
4. Förderung der nach § 52 Abs. 2 Nr. 4 der Abgabenordnung gemeinnützigen Zwecke.

VI. AUSZUG AUS DER UMSATZSTEUER-DURCHFÜHRUNGSVERORDNUNG (§§ 63, 65, 66a UStDV)

§ 63
AUFZEICHNUNGSPFLICHTEN

(1) Die Aufzeichnungen müssen so beschaffen sein, daß es einem sachverständigen Dritten innerhalb einer angemessenen Zeit möglich ist, einen Überblick über die Umsätze des Unternehmers und die abziehbaren Vorsteuern zu erhalten und die Grundlagen für die Steuerberechnung festzustellen.

(2) ¹Entgelte, Teilentgelte, Bemessungsgrundlagen nach § 10 Abs. 4 und 5 des Gesetzes, nach § 14 Abs. 2 und 3 des Gesetzes geschuldete Steuerbeträge sowie Vorsteuerbeträge sind am Schluß jedes Voranmeldungszeitraums zusammenzurechnen. ²Im Falle des § 17 Abs. 1 Satz 2 des Gesetzes sind die Beträge der Entgeltsminderungen am Schluß jedes Voranmeldungszeitraums zusammenzurechnen.

(3) ¹Der Unternehmer kann die Aufzeichnungspflichten nach § 22 Abs. 2 Nr. 1 Satz 1, 3, 5 und 6, Nr. 2 Satz 1 und Nr. 3 Satz 1 des Gesetzes in folgender Weise erfüllen:
1. Das Entgelt oder Teilentgelt und der Steuerbetrag werden in einer Summe statt des Entgelts oder des Teilentgelts aufgezeichnet.

2. Die Bemessungsgrundlage nach § 10 Abs. 4 und 5 des Gesetzes und der darauf entfallende Steuerbetrag werden in einer Summe statt der Bemessungsgrundlage aufgezeichnet.
3. Bei der Anwendung des § 17 Abs. 1 Satz 2 des Gesetzes werden die Entgeltsminderung und die darauf entfallende Minderung des Steuerbetrags in einer Summe statt der Entgeltsminderung aufgezeichnet.

[2]§ 22 Abs. 2 Nr. 1 Satz 2, Nr. 2 Satz 2 und Nr. 3 Satz 2 des Gesetzes gilt entsprechend. [3]Am Schluß jedes Voranmeldungszeitraums hat der Unternehmer die Summe der Entgelte und Teilentgelte, der Bemessungsgrundlagen nach § 10 Abs. 4 und 5 des Gesetzes sowie der Entgeltsminderungen im Falle des § 17 Abs. 1 Satz 2 des Gesetzes zu errechnen und aufzuzeichnen.

(4) [1]Dem Unternehmer, dem wegen der Art und des Umfangs des Geschäfts eine Trennung der Entgelte und Teilentgelte nach Steuersätzen (§ 22 Abs. 2 Nr. 1 Satz 2 und Nr. 2 Satz 2 des Gesetzes) in den Aufzeichnungen nicht zuzumuten ist, kann das Finanzamt auf Antrag gestatten, daß er die Entgelte und Teilentgelte nachträglich auf der Grundlage der Wareneingänge oder, falls diese hierfür nicht verwendet werden können, nach anderen Merkmalen trennt. [2]Entsprechendes gilt für die Trennung nach Steuersätzen bei den Bemessungsgrundlagen nach § 10 Abs. 4 und 5 des Gesetzes (§ 22 Abs. 2 Nr. 1 Satz 3 und Nr. 3 Satz 2 des Gesetzes). [3]Das Finanzamt darf nur ein Verfahren zulassen, dessen steuerliches Ergebnis nicht wesentlich von dem Ergebnis einer nach Steuersätzen getrennten Aufzeichnung der Entgelte, Teilentgelte und sonstigen Bemessungsgrundlagen abweicht. [4]Die Anwendung des Verfahrens kann auf einen in der Gliederung des Unternehmens gesondert geführten Betrieb beschränkt werden.

(5) [1]Der Unternehmer kann die Aufzeichnungspflicht nach § 22 Abs. 2 Nr. 5 des Gesetzes in der Weise erfüllen, daß er die Entgelte oder Teilentgelte und die auf sie entfallenden Steuerbeträge (Vorsteuern) jeweils in einer Summe, getrennt nach den in den Eingangsrechnungen angewandten Steuersätzen, aufzeichnet. [2]Am Schluß jedes Voranmeldungszeitraums hat der Unternehmer die Summe der Entgelte und Teilentgelte und die Summe der Vorsteuerbeträge zu errechnen und aufzuzeichnen.

§ 65
AUFZEICHNUNGSPFLICHTEN DER KLEINUNTERNEHMER

[1]Unternehmer, auf deren Umsätze § 19 Abs. 1 Satz 1 des Gesetzes anzuwenden ist, haben an Stelle der nach § 22 Abs. 2 bis 4 des Gesetzes vorgeschriebenen Angaben folgendes aufzuzeichnen:
1. die Werte der erhaltenen Gegenleistungen für die von ihnen ausgeführten Lieferungen und sonstigen Leistungen;
2. [1]die sonstigen Leistungen im Sinne des § 3 Abs. 9a Satz 1 Nr. 2 des Gesetzes. [2]Für ihre Bemessung gilt Nummer 1 entsprechend.

[2]Die Aufzeichnungspflichten nach § 22 Abs. 2 Nr. 4 und 7 des Gesetzes bleiben unberührt.

(...)

§ 66a
AUFZEICHNUNGSPFLICHTEN BEI DER ANWENDUNG DES DURCHSCHNITTSATZES FÜR KÖRPERSCHAFTEN, PERSONENVEREINIGUNGEN UND VERMÖGENSMASSEN IM SINNE DES § 5 ABS. 1 NR. 9 DES KÖRPERSCHAFTSTEUERGESETZES

Der Unternehmer ist von den Aufzeichnungspflichten nach § 22 Abs. 2 Nr. 5 und 6 des Gesetzes befreit, soweit er die abziehbaren Vorsteuerbeträge nach dem in § 23a des Gesetzes festgesetzten Durchschnittsatz berechnet.

VII. AUSZUG AUS DEN UMSATZSTEUER-RICHTLINIEN 2000

ABSCHNITT 22
UNTERNEHMEREIGENSCHAFT UND VORSTEUERABZUG BEI VEREINEN, FORSCHUNGSBETRIEBEN UND ÄHNLICHEN EINRICHTUNGEN

Unternehmereigenschaft

(1) ¹Soweit Vereine Mitgliederbeiträge vereinnahmen, um in Erfüllung ihres satzungsmäßigen Gemeinschaftszwecks die Gesamtbelange ihrer Mitglieder wahrzunehmen, ist ein Leistungsaustausch nicht gegeben (vgl. BFH-Urteil vom 12.4.1962 – BStBl III S. 260 – und Abschnitt 4 Abs. 1). ²In Wahrnehmung dieser Aufgaben sind die Vereine daher nicht Unternehmer (vgl. BFH-Urteile vom 28.11.1963 – BStBl 1964 III S. 114 – und vom 30.9.1965 – BStBl III S. 682). ³Das gleiche gilt für Einrichtungen, deren Aufgaben ausschließlich durch Zuschüsse finanziert werden, die nicht das Entgelt für eine Leistung darstellen, z.B. Forschungsbetriebe. ⁴Vereinnahmen Vereine, Forschungsbetriebe oder ähnliche Einrichtungen neben echten Mitgliederbeiträgen und Zuschüssen auch Entgelte für Lieferungen oder sonstige Leistungen, sind sie nur insoweit Unternehmer, als ihre Tätigkeit darauf gerichtet ist, nachhaltig entgeltliche Lieferungen oder sonstige Leistungen zu bewirken. ⁵Der unternehmerische Bereich umfaßt die gesamte zur Ausführung der entgeltlichen Leistungen entfaltete Tätigkeit einschließlich aller unmittelbar hierfür dienenden Vorbereitungen. ⁶Diese Beurteilung gilt ohne Rücksicht auf die Rechtsform, in der die Tätigkeit ausgeübt wird. ⁷Der umsatzsteuerrechtliche Unternehmerbegriff stellt nicht auf die Rechtsform ab (vgl. Abschnitt 16 Abs. 1). ⁸Außer Vereinen, Stiftungen, Genossenschaften können auch z.B. Kapitalgesellschaften oder Personengesellschaften einen nichtunternehmerischen Bereich besitzen (vgl. BFH-Urteil vom 20.12.1984 – BStBl 1985 II S. 176). ⁹Sogenannte Hilfsgeschäfte, die der Betrieb des nichtunternehmerischen Bereichs bei Vereinen und Erwerbsgesellschaften mit sich bringt, sind auch dann als nicht steuerbar zu behandeln, wenn sie wiederholt oder mit einer gewissen Regelmäßigkeit ausgeführt werden. ¹⁰Als Hilfsgeschäfte in diesem Sinne sind z.B. anzusehen:

1. Veräußerungen von Gegenständen, die im nichtunternehmerischen Bereich eingesetzt waren, z.B. der Verkauf von gebrauchten Kraftfahrzeugen, Einrichtungsgegenständen sowie von Altpapier;
2. Überlassung des Telefons an im nichtunternehmerischen Bereich tätige Arbeitnehmer zur privaten Nutzung;
3. Überlassung von im nichtunternehmerischen Bereich eingesetzten Kraftfahrzeugen an Arbeitnehmer zur privaten Nutzung.

Gesonderter Steuerausweis und Vorsteuerabzug

(2) ¹Einrichtungen im Sinne des Absatzes 1, die außerhalb des unternehmerischen Bereichs tätig werden, sind insoweit nicht berechtigt, Rechnungen mit gesondertem Steuerausweis auszustellen. ²Ein trotzdem ausgewiesener Steuerbetrag wird nach § 14 Abs. 3 UStG geschuldet. ³Der Leistungsempfänger ist nicht berechtigt, diesen Steuerbetrag als Vorsteuer abzuziehen. ⁴Zur Möglichkeit einer Rechnungsberichtigung aus Billigkeitsgründen vgl. Abschnitt 190 Abs. 3.

(3) ¹Unter den Voraussetzungen des § 15 UStG können die Einrichtungen die Steuerbeträge abziehen, die auf Lieferungen, sonstige Leistungen, den innergemeinschaftlichen Erwerb oder die Einfuhr von Gegenständen für den unternehmerischen Bereich entfallen. ²Abziehbar sind danach z.B. auch Steuerbeträge für Umsätze, die nur dazu dienen, den unternehmerischen Bereich in Ordnung zu halten oder eine Leistungssteigerung in diesem Bereich herbeizuführen. ³Maßgebend sind die Verhältnisse im Zeitpunkt des Umsatzes an die Einrichtung.

(4) ¹Bei Gegenständen, die nur für den nichtunternehmerischen Bereich bezogen wurden, später aber gelegentlich im unternehmerischen Bereich verwendet werden, können nur die Vorsteuern abgezogen werden, die unmittelbar durch die unternehmerische Verwendung anfallen. ²Nicht abziehbar sind die auf die Anschaffung oder Herstellung dieser Gegenstände entfallenden Steuerbeträge. ³Das gleiche gilt, wenn Gegenstände später

ganz in den unternehmerischen Bereich überführt werden. ⁴Ebenfalls nicht abziehbar sind die mit den Hilfsgeschäften (vgl. Absatz 1) in Zusammenhang stehenden Vorsteuern.

(5) ¹Für Gegenstände, die zunächst nur im unternehmerischen Bereich verwendet worden sind, später aber zeitweise dem nichtunternehmerischen Bereich überlassen werden, bleibt der Vorsteuerabzug erhalten. ²Die unternehmensfremde Verwendung unterliegt aber nach § 3 Abs. 9a Satz 1 Nr. 1 UStG der Umsatzsteuer. ³Auch eine spätere Überführung in den nichtunternehmerischen Bereich beeinflußt den ursprünglichen Vorsteuerabzug nicht; sie ist eine steuerbare Wertabgabe nach § 3 Abs. 1b Satz 1 Nr. 1 UStG. ⁴Zur Sonderregelung für Fahrzeuge im Sinne des § 1b Abs. 2 UStG vgl. BMF-Schreiben vom 8.6.1999 – BStBl I S. 581.

(6) Ist ein Gegenstand oder eine sonstige Leistung sowohl für den unternehmerischen als auch für den nichtunternehmerischen Bereich der Einrichtung bestimmt, so ist beim Vorsteuerabzug nach den in Abschnitt 192 Abs. 18 dargestellten Grundsätzen zu verfahren.

Erleichterungen beim Vorsteuerabzug

(7) ¹Wegen der Schwierigkeiten bei der sachgerechten Zuordnung der Vorsteuern und bei der Versteuerung der unentgeltlichen Wertabgaben kann das Finanzamt auf Antrag folgende Erleichterungen gewähren: ²Die Vorsteuern, die teilweise dem unternehmerischen und teilweise dem nichtunternehmerischen Bereich zuzurechnen sind, werden auf diese Bereiche nach dem Verhältnis aufgeteilt, das sich aus folgender Gegenüberstellung ergibt:

1. Einnahmen aus dem unternehmerischen Bereich abzüglich der Einnahmen aus Hilfsgeschäften dieses Bereichs und
2. Einnahmen aus dem nichtunternehmerischen Bereich abzüglich der Einnahmen aus Hilfsgeschäften dieses Bereichs. ³Hierzu gehören alle Einnahmen, die der betreffenden Einrichtung zufließen, insbesondere die Einnahmen aus Umsätzen, z.B. Veranstaltungen, Gutachten, Lizenzüberlassungen, sowie die Mitgliederbeiträge, Zuschüsse, Spenden usw. ⁴Das Finanzamt kann hierbei anordnen, daß bei der Gegenüberstellung das Verhältnis des laufenden, eines früheren oder mehrerer Kalenderjahre zugrunde gelegt wird. ⁵Falls erforderlich, z.B. bei Zugrundelegung des laufenden Kalenderjahres, kann für die Voranmeldungszeiträume die Aufteilung zunächst nach dem Verhältnis eines anderen Zeitraums zugelassen werden. ⁶Außerdem können alle Vorsteuerbeträge, die sich auf die sogenannten Verwaltungsgemeinkosten beziehen, z.B. die Vorsteuern für die Beschaffung des Büromaterials, einheitlich in den Aufteilungsschlüssel einbezogen werden, auch wenn einzelne dieser Vorsteuerbeträge an sich dem unternehmerischen oder dem nichtunternehmerischen Bereich ausschließlich zuzurechnen wären. ⁷Werden in diese Aufteilung Vorsteuerbeträge einbezogen, die durch die Anschaffung, die Herstellung, den innergemeinschaftlichen Erwerb oder die Einfuhr einheitlicher Gegenstände, ausgenommen Fahrzeuge im Sinne des § 1b Abs. 2 UStG, angefallen sind, z.B. durch den Ankauf eines für den unternehmerischen und den nichtunternehmerischen Bereich bestimmten Computers, so braucht der Anteil der nichtunternehmerischen Verwendung des Gegenstandes nicht als unentgeltliche Wertabgabe im Sinne des § 3 Abs. 9a Satz 1 Nr. 1 UStG versteuert zu werden. ⁸Dafür sind jedoch alle durch die Verwendung oder Nutzung dieses Gegenstandes anfallenden Vorsteuerbeträge in die Aufteilung einzubeziehen. ⁹Die Versteuerung der Überführung eines solchen Gegenstandes in den nichtunternehmerischen Bereich als unentgeltliche Wertabgabe (§ 3 Abs. 1b Satz 1 Nr. 1 UStG) bleibt unberührt. ¹⁰Vorsteuerbeträge, auf die § 15 Abs. 1b UStG anzuwenden ist, werden in die Aufteilung nicht einbezogen.

(8) ¹Das Finanzamt kann im Einzelfall ein anderes Aufteilungsverfahren zulassen. ²Z.B. kann es gestatten, daß die teilweise dem unternehmerischen Bereich zuzurechnenden Vorsteuern, die auf die Anschaffung, Herstellung und Unterhaltung eines Gebäudes entfallen, insoweit als das Gebäude dauernd zu einem feststehenden Anteil für Unternehmenszwecke verwendet wird, entsprechend der tatsächlichen Verwendung und im übrigen nach dem in Absatz 7 bezeichneten Verfahren aufgeteilt werden.

Beispiel:

¹Bei einem Vereinsgebäude, das nach seiner Beschaffenheit dauernd zu 75 v. H. als Gastwirtschaft und im übrigen mit wechselndem Anteil für unternehmerische und nichtunter-

nehmerische Vereinszwecke verwendet wird, können die nicht ausschließlich zurechenbaren Vorsteuern von vornherein zu 75 v. H. als abziehbar behandelt werden. ²Der restliche Teil von 25 v. H. kann entsprechend dem jeweiligen Einnahmeverhältnis (vgl. Absatz 7) in einen abziehbaren und einen nichtabziehbaren Teil aufgeteilt werden.

(9) ¹Ein vereinfachtes Aufteilungsverfahren ist nur unter dem Vorbehalt des jederzeitigen Widerrufs zu genehmigen und kann mit Auflagen verbunden werden. ²Es darf nicht zu einem offensichtlich unzutreffenden Ergebnis führen. ³Außerdem muß sich die Einrichtung verpflichten, das Verfahren mindestens für fünf Kalenderjahre anzuwenden. ⁴Ein Wechsel des Verfahrens ist jeweils nur zu Beginn eines Besteuerungszeitraums zu gestatten.

(10) Beispiele zur Unternehmereigenschaft und zum Vorsteuerabzug:

Beispiel 1:

¹Ein Verein hat die Aufgabe, die allgemeinen ideellen und wirtschaftlichen Interessen eines Berufsstandes wahrzunehmen (Berufsverband). ²Er dient nur den Gesamtbelangen aller Mitglieder. ³Die Einnahmen des Berufsverbandes setzen sich ausschließlich aus Mitgliederbeiträgen zusammen.

⁴Der Berufsverband wird nicht im Rahmen eines Leistungsaustausches tätig. ⁵Er ist nicht Unternehmer. ⁶Ein Vorsteuerabzug kommt nicht in Betracht.

Beispiel 2:

¹Derselbe Berufsverband übt seine Tätigkeit in gemieteten Räumen aus. ²Im Laufe des Jahres hat er seine Geschäftsräume gewechselt, weil die bisher genutzten Räume vom Vermieter selbst beansprucht wurden. ³Für die vorzeitige Freigabe der Räume hat der Verein vom Vermieter eine Abstandszahlung erhalten. ⁴Die übrigen Einnahmen des Vereins bestehen ausschließlich aus Mitgliederbeiträgen. ⁵Hinsichtlich seiner Verbandstätigkeit, die außerhalb eines Leistungsaustausches ausgeübt wird, ist der Verein nicht Unternehmer. ⁶Bei der Freigabe der Geschäftsräume gegen Entgelt liegt zwar ein Leistungsaustausch vor. ⁷Die Leistung des Vereins ist aber nicht steuerbar, weil die Geschäftsräume nicht im Rahmen eines Unternehmens genutzt worden sind. ⁸Der Verein ist nicht berechtigt, für die Leistung eine Rechnung mit gesondertem Ausweis der Steuer zu erteilen. ⁹Ein Vorsteuerabzug kommt nicht in Betracht.

Beispiel 3:

¹Der in Beispiel 1 bezeichnete Berufsverband betreibt neben seiner nicht steuerbaren Verbandstätigkeit eine Kantine, in der seine Angestellten gegen Entgelt beköstigt werden. ²Für die Verbandstätigkeit und die Kantine besteht eine gemeinsame Verwaltungsstelle. ³Der Kantinenbetrieb war in gemieteten Räumen untergebracht. ⁴Der Verein löst das bisherige Mietverhältnis und mietet neue Kantinenräume. ⁵Vom bisherigen Vermieter erhält er für die Freigabe der Räume eine Abstandszahlung. ⁶Die Einnahmen des Vereins bestehen aus Mitgliederbeiträgen, Kantinenentgelten und der vom Vermieter gezahlten Abstandszahlung.

⁷Der Verein ist hinsichtlich seiner nicht steuerbaren Verbandstätigkeit nicht Unternehmer. ⁸Nur im Rahmen des Kantinenbetriebs übt er eine unternehmerische Tätigkeit aus. ⁹In den unternehmerischen Bereich fällt auch die entgeltliche Freigabe der Kantinenräume. ¹⁰Diese Leistung ist daher steuerbar, aber als eine der Vermietung eines Grundstücks gleichzusetzende Leistung nach § 4 Nr. 12 Buchstabe a UStG steuerfrei (vgl. EuGH-Urteil vom 15.12.1993 – BStBl 1995 II S. 480). ¹¹Die Vorsteuerbeträge, die dieser Leistung zuzurechnen sind, sind nicht abziehbar. ¹²Lediglich die den Kantinenumsätzen zuzurechnenden Vorsteuern können abgezogen werden. ¹³Wendet der Verein eine Vereinfachungsregelung an, so kann er die Vorsteuern, die den Kantinenumsätzen ausschließlich zuzurechnen sind, z.B. den Einkauf der Kantinenwaren und des Kantineninventars, voll abziehen. ¹⁴Die für die gemeinsame Verwaltungsstelle angefallenen Vorsteuern, z.B. für Büromöbel und Büromaterial, sind nach dem Verhältnis der Einnahmen aus Mitgliederbeiträgen und der Freigabe der Kantinenräume zu den Einnahmen aus dem Kantinenbetrieb aufzuteilen. ¹⁵Die Verwendung der Büromöbel der gemeinsamen Verwaltungsstelle für

Anhang 1

den nichtunternehmerischen Bereich braucht in diesem Fall nicht als sonstige Leistung nach § 3 Abs. 9a Satz 1 Nr. 1 UStG versteuert zu werden.

Beispiel 4:

[1]Ein Verein, der ausschließlich satzungsmäßige Gemeinschaftsaufgaben wahrnimmt, erzielt außer echten Mitgliederbeiträgen Einnahmen aus wiederholten Altmaterialverkäufen und aus der Erstattung von Fernsprechkosten für private Ferngespräche seiner Angestellten.

[2]Die Altmaterialverkäufe und die Überlassung des Telefons an die Angestellten unterliegen als Hilfsgeschäfte zur nichtunternehmerischen Tätigkeit nicht der Umsatzsteuer. [3]Der Verein ist nicht Unternehmer. [4]Ein Vorsteuerabzug entfällt.

Beispiel 5:

[1]Mehrere juristische Personen des öffentlichen Rechts gründen eine GmbH zu dem Zweck, die Möglichkeiten einer Verwaltungsvereinfachung zu untersuchen. [2]Die Ergebnisse der Untersuchungen sollen in einem Bericht zusammengefaßt werden, der allen interessierten Verwaltungsstellen auf Anforderung kostenlos zu überlassen ist. [3]Die Tätigkeit der GmbH wird ausschließlich durch echte Zuschüsse der öffentlichen Hand finanziert. [4]Weitere Einnahmen erzielt die GmbH nicht.

[5]Die Tätigkeit der GmbH vollzieht sich außerhalb eines Leistungsaustausches. [6]Die GmbH ist nicht Unternehmer und daher nicht zum Vorsteuerabzug berechtigt.

Beispiel 6:

[1]Die im Beispiel 5 bezeichnete GmbH verwendet für ihre Aufgabe eine Datenverarbeitungsanlage. [2]Die Kapazität der Anlage ist mit den eigenen Arbeiten nur zu 80 v. H. ausgelastet. [3]Um die Kapazität der Anlage voll auszunutzen, überläßt die GmbH die Anlage einem Unternehmer gegen Entgelt zur Benutzung. [4]Die Einnahmen der GmbH bestehen außer dem Benutzungsentgelt nur in Zuschüssen der öffentlichen Hand.

[5]Die entgeltliche Überlassung der Datenverarbeitungsanlage ist eine nachhaltige Tätigkeit zur Erzielung von Einnahmen. [6]Insoweit ist die GmbH Unternehmer. [7]Die Leistung unterliegt der Umsatzsteuer. [8]Die Unternehmereigenschaft erstreckt sich nicht auf die unentgeltliche Forschungstätigkeit der GmbH.

[9]Für die Überlassung der Datenverarbeitungsanlage kann die GmbH Rechnungen mit gesondertem Ausweis der Steuer erteilen. [10]Die Vorsteuern für die Anschaffung und Nutzung der Datenverarbeitungsanlage können entweder voll abgezogen oder aufgeteilt werden (vgl. Abschnitt 192 Absatz 18 Nr. 2). [11]Außerdem können die der entgeltlichen Überlassung der Datenverarbeitungsanlage zuzurechnenden Vorsteuerbeträge, insbesondere in dem Bereich der Verwaltungsgemeinkosten, abgezogen werden. [12]Die Verwendung der Datenverarbeitungsanlage für den nichtunternehmerischen Bereich ist bei voller Zuordnung der Anlage zum Unternehmen als sonstige Leistung nach § 3 Abs. 9a Satz 1 Nr. 1 UStG zu versteuern.

[13]Bei Anwendung einer Vereinfachungsregelung kann die GmbH die Vorsteuern für die Verwaltungsgemeinkosten sowie die durch die Anschaffung und Nutzung der Datenverarbeitungsanlage angefallenen Vorsteuerbeträge nach dem Verhältnis der Einnahmen aus der Überlassung der Anlage an den Unternehmer zu den öffentlichen Zuschüssen auf den unternehmerischen und den nichtunternehmerischen Bereich aufteilen. [14]Die unentgeltliche Wertabgabe durch die Verwendung der Datenverarbeitungsanlage für den nichtunternehmerischen Bereich ist dann nicht zur Umsatzsteuer heranzuziehen.

Beispiel 7:

[1]Mehrere Industriefirmen oder juristische Personen des öffentlichen Rechts gründen gemeinsam eine GmbH zum Zwecke der Forschung. [2]Die Forschungstätigkeit wird vorwiegend durch echte Zuschüsse der Gesellschafter finanziert. [3]Außerdem erzielt die GmbH Einnahmen aus der Verwertung der Ergebnisse ihrer Forschungstätigkeit, z.B. aus der Vergabe von Lizenzen an ihren Erfindungen.

⁴Die Vergabe von Lizenzen gegen Entgelt ist eine nachhaltige Tätigkeit zur Erzielung von Einnahmen. ⁵Mit dieser Tätigkeit erfüllt die GmbH die Voraussetzungen für die Unternehmereigenschaft. ⁶Die vorausgegangene Forschungstätigkeit steht mit der Lizenzvergabe in unmittelbarem Zusammenhang. ⁷Sie stellt die Vorbereitungshandlung für die unternehmerische Verwertung der Erfindungen dar und kann daher nicht aus dem unternehmerischen Bereich der GmbH ausgeschieden werden (vgl. auch BFH-Urteil vom 30.9.1965 – BStBl III S. 682). ⁸Auf das Verhältnis der echten Zuschüsse zu den Lizenzeinnahmen kommt es bei dieser Beurteilung nicht an. ⁹Unter den Voraussetzungen des § 15 UStG ist die GmbH in vollem Umfange zum Vorsteuerabzug berechtigt. ¹⁰Außerdem kann sie für ihre Leistungen Rechnungen mit gesondertem Steuerausweis erteilen.

¹¹Dies gilt nicht, soweit die GmbH in einem abgrenzbaren Teilbereich die Forschung ohne die Absicht betreibt, Einnahmen zu erzielen.

Beispiel 8:

¹Einige Wirtschaftsverbände haben eine GmbH zur Untersuchung wirtschafts- und steuerrechtlicher Grundsatzfragen gegründet. ²Zu den Aufgaben der GmbH gehört auch die Erstellung von Gutachten auf diesem Gebiet gegen Entgelt. ³Die Einnahmen der GmbH setzen sich zusammen aus echten Zuschüssen der beteiligten Verbände und aus Vergütungen, die für die Erstattung der Gutachten von den Auftraggebern gezahlt worden sind.

⁴Die Erstattung von Gutachten stellt eine nachhaltige Tätigkeit zur Erzielung von Einnahmen dar. ⁵Die GmbH übt diese Tätigkeit als Unternehmer aus. ⁶In der Regel wird davon auszugehen sein, daß die Auftraggeber Gutachten bei der GmbH bestellen, weil sie annehmen, daß die GmbH aufgrund ihrer Forschungstätigkeit über besondere Kenntnisse und Erfahrungen auf dem betreffenden Gebiet verfügt. ⁷Die Auftraggeber erwarten, daß die von der GmbH gewonnenen Erkenntnisse in dem Gutachten verwertet werden. ⁸Die Forschungstätigkeit steht hiernach mit der Tätigkeit als Gutachter in engem Zusammenhang. ⁹Sie ist daher in den unternehmerischen Bereich einzubeziehen. ¹⁰Vorsteuerabzug und gesonderter Steuerausweis wie im Beispiel 7.

Beispiel 9:

¹Eine Industriefirma unterhält ein eigenes Forschungslabor. ²Darin werden die im Unternehmen hergestellten Erzeugnisse auf Beschaffenheit und Einsatzfähigkeit untersucht und neue Stoffe entwickelt. ³Die Entwicklungsarbeiten setzen eine gewisse Grundlagenforschung voraus, die durch echte Zuschüsse der öffentlichen Hand gefördert wird. ⁴Die Firma ist verpflichtet, die Erkenntnisse, die sie im Rahmen des durch öffentliche Mittel geförderten Forschungsvorhabens gewinnt, der Allgemeinheit zugänglich zu machen.

⁵Die Firma übt mit ihren Lieferungen und sonstigen Leistungen eine unternehmerische Tätigkeit aus. ⁶Auch die Grundlagenforschung soll dazu dienen, die Verkaufstätigkeit zu steigern und die Marktposition zu festigen. ⁷Obwohl es insoweit an einem Leistungsaustausch fehlt, steht die Grundlagenforschung in unmittelbarem Zusammenhang mit der unternehmerischen Tätigkeit. ⁸Die Grundlagenforschung wird daher im Rahmen des Unternehmens ausgeübt. ⁹Vorsteuerabzug und gesonderter Steuerausweis wie im Beispiel 7.

(...)

Zu § 4 Nr. 22 UStG:

ABSCHNITT 115
VERANSTALTUNG WISSENSCHAFTLICHER UND BELEHRENDER ART

(1) ¹Volkshochschulen sind Einrichtungen, die auf freiwilliger, überparteilicher und überkonfessioneller Grundlage Bildungsziele verfolgen. ²Begünstigt sind auch Volkshochschulen mit gebundener Erwachsenenbildung. ³Das sind Einrichtungen, die von einer festen politischen, sozialen oder weltanschaulichen Grundeinstellung ausgehen, im übrigen aber den Kreis der Hörer nicht ausdrücklich einengen (BFH-Urteil vom 2.8.1962 – BStBl III S. 458).

(2) ¹Begünstigt sind nach § 4 Nr. 22 Buchstabe a UStG nur Leistungen, die von den im Gesetz genannten Unternehmern erbracht werden und in Vorträgen, Kursen und anderen Veranstaltungen wissenschaftlicher oder belehrender Art bestehen. ²Es handelt sich hierbei um eine abschließende Aufzählung, die nicht im Auslegungswege erweitert werden kann. ³Vergleichbare Tätigkeiten der bei den begünstigten Unternehmern tätigen externen Dozenten fallen nicht hierunter. ⁴Sie können unter den Voraussetzungen des § 4 Nr. 21 UStG steuerfrei sein (vgl. Abschnitt 112 a). ⁵Beherbung und Beköstigung sind nur unter den Voraussetzungen des § 4 Nr. 23 UStG steuerfrei (Leistungen an Jugendliche).

(3) ¹Zu den in § 4 Nr. 22 Buchstabe a UStG bezeichneten Veranstaltungen belehrender Art gehört auf dem Gebiete des Sports die Erteilung von Sportunterricht, z.B. die Erteilung von Schwimm-, Tennis-, Reit-, Segel- und Skiunterricht. ²Der Sportunterricht ist steuerfrei, soweit er von einem Sportverein im Rahmen eines Zweckbetriebes im Sinne des § 67a AO durchgeführt wird. ³Ein bestimmter Stunden- und Stoffplan sowie eine von den Teilnehmern abzulegende Prüfung sind nicht erforderlich. ⁴Die Steuerbefreiung gilt unabhängig davon, ob der Sportunterricht Mitgliedern des Vereins oder anderen Personen erteilt wird.

ABSCHNITT 116
ANDERE KULTURELLE UND SPORTLICHE VERANSTALTUNGEN

(1) ¹Als andere kulturelle Veranstaltungen kommen z.B. Musikwettbewerbe und Trachtenfeste in Betracht.

(2) ¹Eine sportliche Veranstaltung ist die organisatorische Maßnahme einer begünstigten Einrichtung, die es aktiven Sportlern (nicht nur Mitgliedern des Vereins) erlaubt, Sport zu treiben. ²Eine bestimmte Organisationsform oder -struktur ist für die Veranstaltung nicht notwendig (vgl. BFH-Urteil vom 25.7.1996 – BStBl 1997 II S. 154). ³Es ist auch nicht erforderlich, daß Publikum teilnimmt oder ausschließlich Mitglieder sich betätigen. ⁴Deshalb können schon das bloße Training, Sportkurse und Sportlehrgänge eine sportliche Veranstaltung sein. ⁵Eine sportliche Veranstaltung liegt auch vor, wenn ein Sportverein im Rahmen einer anderen Veranstaltung eine sportliche Darbietung präsentiert. ⁶Die andere Veranstaltung braucht nicht notwendigerweise die sportliche Veranstaltung eines Sportvereins zu sein (BFH-Urteil vom 4.5.1994 – BStBl II S. 886).

(3) ¹Sportreisen sind als sportliche Veranstaltung anzusehen, wenn die sportliche Betätigung wesentlicher und notwendiger Bestandteil der Reise ist (z.B. Reise zum Wettkampfort). ²Reisen, bei denen die Erholung der Teilnehmer im Vordergrund steht (Touristikreisen), zählen dagegen nicht zu den sportlichen Veranstaltungen, selbst wenn anläßlich der Reise auch Sport getrieben wird.

(4) ¹Eine sportliche Veranstaltung ist nicht gegeben, wenn sich die organisatorische Maßnahme auf Sonderleistungen für einzelne Personen beschränkt. ²Dies liegt vor, wenn die Maßnahme nur eine Nutzungsüberlassung von Sportgegenständen bzw. -anlagen oder bloße konkrete Dienstleistungen, wie z.B. die Beförderung zum Ort der sportlichen Betätigung oder ein spezielles Training für einzelne Sportler zum Gegenstand hat (BFH-Urteil vom 25.7.1996 – BStBl 1997 II S. 154). ³Auch die Genehmigung von Wettkampfveranstaltungen oder von Trikotwerbung sowie die Ausstellung oder Verlängerung von Sportausweisen durch einen Sportverband sind keine sportlichen Veranstaltungen im Sinne des § 4 Nr. 22 Buchstabe b UStG; wegen der Anwendung des ermäßigten Steuersatzes vgl. Abschnitt 170 Abs. 4, Beispiel 1.

(5) ¹Teilnehmergebühren sind Entgelte, die gezahlt werden, um an den Veranstaltungen aktiv teilnehmen zu können, z.B. Startgelder und Meldegelder. ²Soweit das Entgelt für die Veranstaltung in Eintrittsgeldern der Zuschauer besteht, ist die Befreiungsvorschrift nicht anzuwenden.

VII. Auszug aus den Umsatzsteuer-Richtlinien 2000

Zu § 4 Nr. 23 UStG:

ABSCHNITT 117
BEHERBERGUNG UND BEKÖSTIGUNG VON JUGENDLICHEN

(1) ¹Die Steuerbefreiung nach § 4 Nr. 23 UStG ist davon abhängig, daß die Aufnahme der Jugendlichen zu Erziehungs-, Ausbildungs- oder Fortbildungszwecken erfolgt. ²Sie hängt nicht davon ab, in welchem Umfang und in welcher Organisationsform die Aufnahme von Jugendlichen zu den genannten Zwecken betrieben wird; die Tätigkeit muß auch nicht der alleinige Gegenstand oder der Hauptgegenstand des Unternehmens sein (BFH-Urteil vom 24.5.1989 – BStBl II S. 912).

(2) ¹Die Erziehungs-, Ausbildungs- oder Fortbildungszwecke müssen nicht von dem Unternehmer verfolgt werden, der die Jugendlichen bei sich aufnimmt. ²Voraussetzung ist aber, daß die Leistungen im Zusammenhang mit der Aufnahme dem in § 4 Nr. 23 UStG genannten Personenkreis tatsächlich zugute kommen. ³Auf die Frage, wer Vertragspartner des Unternehmers und damit Leistungsempfänger im Rechtssinne ist, kommt es nicht an. ⁴Dem Kantinenpächter einer berufsbildenden oder schulischen Einrichtung steht für die Abgabe von Speisen und Getränken an Schüler und Lehrpersonal die Steuerbefreiung nach § 4 Nr. 23 UStG jedoch nicht zu, weil er allein mit der Bewirtung der Schüler diese nicht zur Erziehung, Ausbildung oder Fortbildung bei sich aufnimmt (vgl. BFH-Urteil vom 26.7.1979 – BStBl II S. 721). ⁵Die Befreiung ist aber möglich, wenn die Beköstigung im Rahmen der Aufnahme der Jugendlichen zu den begünstigten Zwecken zum Beispiel von der Bildungseinrichtung selbst erbracht wird.

(3) ¹Der Begriff „Aufnahme" ist nicht an die Voraussetzung gebunden, daß die Jugendlichen Unterkunft während der Nachtzeit und volle Verpflegung erhalten. ²Unter die Befreiung fallen deshalb grundsätzlich auch Kindergärten, Kindertagesstätten und Halbtags-Schülerheime. ³Zu den begünstigten Leistungen gehören neben der Beherbergung und Beköstigung insbesondere die Beaufsichtigung der häuslichen Schularbeiten und die Freizeitgestaltung durch Basteln, Spiele und Sport (BFH-Urteil vom 19.12.1963 – BStBl 1964 III S. 110).

(4) ¹Die Erziehungs-, Ausbildungs- und Fortbildungszwecke umfassen nicht nur den beruflichen Bereich, sondern die gesamte geistige, sittliche und körperliche Erziehung und Fortbildung von Jugendlichen (vgl. BFH-Urteil vom 21.11.1974 – BStBl 1975 II S. 389). ²Hierzu gehört u.a. auch die sportliche Erziehung. ³Die Befreiungsvorschrift gilt deshalb sowohl bei Sportlehrgängen für Berufssportler als auch bei solchen für Amateursportler. ⁴Bei Kindergärten, Kindertagesstätten und Kinderheimen kann ein Erziehungszweck angenommen werden, wenn die Aufnahmedauer mindestens einen Monat beträgt.

(5) Hinsichtlich des Begriffs der Vergütung für geleistete Dienste wird auf Abschnitt 103 Abs. 7 hingewiesen.

Zu § 4 Nr. 25 UStG:

ABSCHNITT 119
LEISTUNGEN IM RAHMEN DER JUGENDHILFE

(1) Die Abgrenzung des Kreises der begünstigten Träger richtet sich nach dem Achten Buch Sozialgesetzbuch.

(2) ¹Die Umsätze der begünstigten Träger aus der Durchführung von Lehrgängen, Freizeiten, Zeltlagern, Fahrten, Treffen sowie aus Veranstaltungen, die dem Sport oder der Erholung dienen, sind nur steuerfrei, wenn sie den Jugendlichen (das sind im Sinne des Gesetzes Personen vor Vollendung des 27. Lebensjahres) oder Mitarbeitern in der Jugendhilfe unmittelbar zugute kommen. ²Die Jugendlichen oder Mitarbeiter brauchen dabei nicht Vertragspartner der begünstigten Träger zu sein. ³Die Vereinbarungen über die Teilnahme von Jugendlichen an Veranstaltungen der oben genannten Art können auch zwischen den begünstigten Trägern und Dritten, z.B. Industrieunternehmen, getroffen werden (vgl. Abschnitt 117 Abs. 2). ⁴Die begünstigten Träger sind auch mit Umsätzen steuerfrei, die sie bei den im Rahmen ihres Aufgabenkreises durchgeführten Jugendtanzveranstaltungen erzielen.

(3) ¹Unter dem Begriff des Lehrgangs ist der nach einem bestimmten Stunden- und Stoffplan erteilte Unterricht auf einem bestimmten Sachgebiet zu verstehen. ²Der Unterricht kann sowohl in der Form des Gruppenunterrichts als auch in der Form des Einzelunterrichts erteilt werden. ³Nicht erforderlich ist eine von den Teilnehmern abzulegende Prüfung oder die Erteilung eines Zeugnisses.

(4) ¹Der Begriff der Veranstaltung, die dem Sport dient, umfaßt alle Tätigkeiten, durch die die Ausbildung und Fortbildung in einer Sportart und auch die Ausübung des Sports unmittelbar gefördert werden. ²Der auf dem Gebiete des Sports erteilte Unterricht jeglicher Art ist deshalb im Sinne der Vorschrift eine Veranstaltung, die dem Sport dient. ³Ein bestimmter Stunden- und Stoffplan und eine von den Teilnehmern abzulegende Prüfung sind nicht erforderlich.

(5) ¹Der Sportunterricht der Vereine, z.B. Unterricht im Reiten, Tennis, Skilaufen, Schwimmen und Segeln, kann unter die Steuerbefreiung des § 4 Nr. 25 UStG fallen. ²Bei dem Sportunterricht muß es sich um eine Betätigung der dem betreffenden Sportverein angeschlossenen Jugendgruppe handeln. ³Außerdem muß der Sportunterricht den Jugendlichen unmittelbar zugute kommen. ⁴Es ist nicht erforderlich, daß die Jugendlichen Mitglieder des Vereins und der Jugendgruppe sind. ⁵Ferner ist es als unschädlich anzusehen, wenn an dem Sportunterricht auch Personen teilnehmen, die das 27. Lebensjahr vollendet haben. ⁶Soweit allerdings der Sportunterricht diesen Personen erteilt wird, kann die Steuerbefreiung des § 4 Nr. 25 UStG keine Anwendung finden. ⁷Es kann aber eine Befreiung unter den Voraussetzungen des § 4 Nr. 22 Buchstabe a UStG in Betracht kommen (vgl. Abschnitt 115 Abs. 3).

(6) Hinsichtlich des Begriffs der Vergütung für geleistete Dienste wird auf Abschnitt 103 Abs. 7 hingewiesen.

(7) ¹Die Leistungen der freiberuflich tätigen Familienhelfer und der im Rahmen der Sozialpädagogischen Familienhilfe tätigen Vereine sind nicht nach § 4 Nr. 25 UStG umsatzsteuerfrei. ²Es kann aber unter den Voraussetzungen des § 4 Nr. 18 UStG eine Befreiung möglich sein (vgl. Abschnitt 103).

(8) ¹Werden die im Absatz 2 Satz 1 genannten Leistungen von Soziokulturellen Zentren ausgeführt, sind sie nach § 4 Nr. 25 UStG umsatzsteuerfrei, wenn die Einrichtung ein begünstigter Träger ist und die Leistungen den Jugendlichen zugute kommen. ²Eine Befreiung ist aber für die Leistungen ausgeschlossen, die auch von anderen Unternehmern erbracht werden können. ³Deshalb sind beispielsweise der Betrieb einer Cafeteria, einer Diskothek sowie Filmvorführungen nicht befreit.

Zu § 4 Nr. 26 UStG:

ABSCHNITT 120
EHRENAMTLICHE TÄTIGKEIT

(1) ¹Unter ehrenamtlicher Tätigkeit ist die Mitwirkung natürlicher Personen bei der Erfüllung öffentlicher Aufgaben zu verstehen, die aufgrund behördlicher Bestellung außerhalb eines haupt- oder nebenamtlichen Dienstverhältnisses stattfindet und für die lediglich eine Entschädigung besonderer Art gezahlt wird (vgl. BFH-Urteil vom 16.12.1987 – BStBl 1988 II S. 384). ²Hierzu rechnen neben den in einem Gesetz ausdrücklich als solche genannten Tätigkeiten auch die, die man im allgemeinen Sprachgebrauch herkömmlicherweise als ehrenamtlich bezeichnet. ³Danach kann auch die Tätigkeit eines Mitgliedes im Aufsichtsrat einer Genossenschaft (BFH-Urteil vom 27.7.1972 – BStBl II S. 844) oder die Tätigkeit eines Ratsmitgliedes im Aufsichtsrat einer kommunalen Eigengesellschaft (BFH-Urteil vom 4.5.1994 – BStBl II S. 773) eine ehrenamtliche Tätigkeit im Sinne der Befreiungsvorschrift sein.

(2) ¹Die ehrenamtlichen Tätigkeiten für juristische Personen des öffentlichen Rechts fallen nur dann unter Buchstabe a der Vorschrift, wenn sie für deren nichtunternehmerischen Bereich ausgeführt werden. ²Es muß sich also um die Ausübung einer ehrenamtlichen Tätigkeit für den öffentlich-rechtlichen Bereich handeln. ³Wird die ehrenamtliche Tätigkeit für den Betrieb gewerblicher Art einer Körperschaft des öffentlichen Rechts ausgeübt, so kann sie deshalb nur unter den Voraussetzungen des Buchstabens b der Vorschrift steuerfrei belassen werden (BFH-Urteil vom 4.4.1974 – BStBl II S. 528).

VII. Auszug aus den Umsatzsteuer-Richtlinien 2000

(3) Die Mitwirkung von Rechtsanwälten in Rechtsberatungsdiensten ist keine ehrenamtliche Tätigkeit, weil die Rechtsanwälte in diesen Fällen nicht außerhalb ihres Hauptberufs tätig werden.

(4) ¹Geht in Fällen des § 4 Nr. 26 Buchstabe b UStG das Entgelt über einen Auslagenersatz und eine angemessene Entschädigung für Zeitversäumnis hinaus, besteht in vollem Umfang Steuerpflicht. ²Was als angemessene Entschädigung für Zeitversäumnis anzusehen ist, muß nach den Verhältnissen des Einzelfalles beurteilt werden. ³Dabei sind insbesondere die berufliche Stellung des ehrenamtlich Tätigen und sein Verdienstausfall zu berücksichtigen.

Zu § 15 UStG:

ABSCHNITT 192
ABZUG DER GESONDERT IN RECHNUNG GESTELLTEN STEUERBETRÄGE ALS VORSTEUER

Allgemeines

(1) ¹Abziehbar sind nur die Steuerbeträge, die nach dem deutschen Umsatzsteuergesetz geschuldet werden. ²Unternehmer, die mit ausländischen Vorsteuerbeträgen belastet wurden, haben sich wegen eines eventuellen Abzugs an den Staat zu wenden, der die Steuer erhoben hat. ³Die EG-Mitgliedstaaten vergüten nach Maßgabe der 8. EG-Richtlinie 79/1072/EWG zur Harmonisierung der Umsatzsteuern vom 6.12.1979 den in einem anderen Mitgliedstaat ansässigen Unternehmern die Vorsteuern in einem besonderen Verfahren und haben hierfür zentrale Erstattungsbehörden bestimmt.

(2) ¹Die Berechtigung zum Vorsteuerabzug aus Lieferungen und sonstigen Leistungen ist unter folgenden Voraussetzungen gegeben:

1. die Steuer muß für eine Lieferung oder sonstige Leistung gesondert in Rechnung gestellt worden sein (vgl. Absätze 4 bis 11);
2. die Lieferung oder sonstige Leistung muß von einem Unternehmer ausgeführt worden sein (vgl. Absatz 12);
3. der Leistungsempfänger muß Unternehmer sein, und die Lieferung oder sonstige Leistung muß für sein Unternehmen ausgeführt worden sein (vgl. Absätze 13 bis 17).

²Diese Voraussetzungen müssen insgesamt erfüllt werden. ³Das gilt auch für Leistungsempfänger, die die Steuer für ihre Umsätze nach vereinnahmten Entgelten berechnen (§ 20 UStG). ⁴Fallen Empfang der Leistung und Empfang der Rechnung zeitlich auseinander, so ist der Vorsteuerabzug für den Besteuerungszeitraum zulässig, in dem erstmalig beide Voraussetzungen erfüllt sind. ⁵Bei Zahlungen vor Empfang der Leistung vgl. aber Abschnitt 193. ⁶Bezieht ein Unternehmer Teilleistungen (z.B. Mietleistungen) für sein Unternehmen, ist sowohl für den Leistungsbezug (§ 15 Abs. 1 Nr. 1 UStG) als auch für die Frage der Verwendung dieser Leistungen (§ 15 Abs. 2 UStG, vgl. Abschnitt 203) auf die monatlichen (Teil-)Leistungsabschnitte abzustellen (BFH-Urteil vom 9.9.1993 – BStBl 1994 II S. 269).

(3) Folgende Sonderregelungen für den Vorsteuerabzug sind zu beachten:

1. Nach § 15 Abs. 1a UStG sind nicht abziehbar Vorsteuerbeträge, die auf
   a) Aufwendungen, für die das Abzugsverbot des § 4 Abs. 5 Satz 1 Nr. 1 bis 4, 7, Abs. 7 oder des § 12 Nr. 1 des Einkommensteuergesetzes gilt,
   b) Reisekosten des Unternehmers und seines Personals, soweit es sich um Verpflegungskosten, Übernachtungskosten oder um Fahrtkosten für Fahrzeuge des Personals handelt, oder
   c) Umzugskosten für einen Wohnungswechsel

   entfallen.

2. ¹Nur zu 50 vom Hundert abziehbar sind Vorsteuerbeträge, die auf die Anschaffung oder Herstellung, die Einfuhr, den innergemeinschaftlichen Erwerb, die Miete oder den Betrieb von Fahrzeugen im Sinne des § 1b Abs. 2 UStG entfallen, die auch für den privaten Bedarf des Unternehmers oder für andere unternehmensfremde Zwecke verwendet werden (§ 15 Abs. 1b UStG). ²Dies gilt jedoch nur für solche Fahrzeuge, die

nach dem 31.3.1999 angeschafft oder hergestellt, eingeführt, innergemeinschaftlich erworben oder gemietet werden (vgl. im einzelnen BMF-Schreiben vom 8.6.1999 – BStBl I S. 581).

3. Ermitteln Unternehmer ihre abziehbaren Vorsteuern nach den Durchschnittsätzen der §§ 23 oder 23a UStG, ist insoweit ein weiterer Vorsteuerabzug ausgeschlossen (§ 70 Abs. 1 UStDV, § 23a Abs. 1 UStG).

4. Bewirkt der Unternehmer Reiseleistungen im Sinne des § 25 Abs. 1 UStG, so ist er nicht berechtigt, die ihm in diesen Fällen für die Reisevorleistungen gesondert in Rechnung gestellten Steuerbeträge als Vorsteuern abzuziehen (§ 25 Abs. 4 UStG, vgl. Abschnitt 275).

5. Ein Wiederverkäufer, der für die Lieferung beweglicher körperlicher Gegenstände die Differenzbesteuerung des § 25a Abs. 2 UStG anwendet, kann die entrichtete Einfuhrumsatzsteuer sowie die Steuer für die an ihn ausgeführte Lieferung nicht als Vorsteuer abziehen (§ 25a Abs. 5 UStG).

Rechnung mit gesondertem Steuerausweis

(4) [1]Nach § 15 Abs. 1 Nr. 1 UStG muß die Steuer in einer Rechnung im Sinne des § 14 UStG gesondert ausgewiesen sein. [2]Der Begriff der Rechnung ergibt sich aus § 14 Abs. 4 UStG (vgl. auch Abschnitt 183). [3]Für den Vorsteuerabzug muß eine Rechnung das Entgelt und den Steuerbetrag getrennt ausweisen; die Angabe des Entgelts als Grundlage des gesondert ausgewiesenen Steuerbetrags ist damit zwingend erforderlich (vgl. BFH-Urteil vom 27.1.1994 – BStBl II S. 342 und Abschnitt 202 Abs. 4). [4]Eine Gutschrift gilt unter den Voraussetzungen des § 14 Abs. 5 UStG als Rechnung. [5]Ein gesonderter Steuerausweis liegt nicht vor, wenn die in einem Vertrag enthaltene Abrechnung offen läßt, ob der leistende Unternehmer den Umsatz steuerfrei oder steuerpflichtig (§ 9 UStG) behandeln will (vgl. Abschnitt 183 Abs. 2 Satz 5), oder in der Urkunde nicht durch Angaben tatsächlicher Art zum Ausdruck kommt, daß die gesondert ausgewiesene Steuer auf Lieferungen oder sonstigen Leistungen des Rechnungsausstellers an den Leistungsempfänger beruht (BFH-Urteil vom 12.6.1986 – BStBl II S. 721). [6]Eine Rechnung im Sinne des § 14 UStG ist auch bei der Abrechnung der Leistung des Insolvenzverwalters an den Gemeinschuldner erforderlich. [7]Der Beschluß des Insolvenzgerichts über die Festsetzung der Vergütung ist für den Vorsteuerabzug nicht ausreichend (vgl. BFH-Urteil vom 20.2.1986 – BStBl II S. 579).

(5) [1]Entsprechend dem Sinn und Zweck des § 15 UStG umfaßt der Vorsteuerabzug grundsätzlich nur die Vorsteuerbeträge, die für im Inland bewirkte Lieferungen oder sonstige Leistungen gesondert ausgewiesen wurden. [2]Abziehbar ist auch die Steuer für die Lieferungen und sonstigen Leistungen, die nach § 1 Abs. 3 UStG wie Umsätze im Inland zu behandeln sind.

(6) [1]Der Vorsteuerabzug nach § 15 Abs. 1 Nr. 1 Satz 1 UStG setzt voraus, daß die in Rechnung gestellte Steuer für den berechneten Umsatz geschuldet wird (vgl. BFH-Urteil vom 2.4.1998 – BStBl II S. 695). [2]Ein Vorsteuerabzug ist damit nicht zulässig, soweit der die Rechnung ausstellende Unternehmer die Steuer nach § 14 Abs. 2 und 3 UStG schuldet.

(7) [1]Hat der Rechnungsaussteller die Steuer unzutreffend berechnet, bleibt es dem Rechnungsempfänger überlassen, eine berichtigte Rechnung anzufordern. [2]In den Fällen eines Entgelts von dritter Seite (§ 10 Abs. 1 Satz 3 UStG) ist nicht der Dritte, sondern nur der Leistungsempfänger zum Vorsteuerabzug berechtigt (vgl. auch Abschnitt 188 Abs. 1).

(8) [1]Wird über die Lieferung oder sonstige Leistung mit einer Gutschrift abgerechnet, so kommt – wie bei der Erteilung einer Rechnung (vgl. Absatz 6) – der Vorsteuerabzug für den Leistungsempfänger nur in Betracht, wenn der leistende Unternehmer zum gesonderten Ausweis der Steuer in einer Rechnung berechtigt ist (§ 14 Abs. 5 Satz 2 Nr. 1 UStG). [2]Daher kann auch in diesen Fällen der Vorsteuerabzug nicht in Anspruch genommen werden, wenn der leistende Unternehmer § 19 Abs. 1 UStG anwendet.

(9) [1]Vorsteuerabzug aus einer Gutschrift entfällt auch, wenn die Lieferung oder sonstige Leistung nicht steuerpflichtig ist (vgl. auch BFH-Urteil vom 31.1.1980 – BStBl II S. 369). [2]Hat der Aussteller der Gutschrift die Steuer zu hoch ausgewiesen (vgl. Abschnitt 189 Abs. 3), so kann er den zu hoch ausgewiesenen Steuerbetrag nicht als Vorsteuer abziehen (vgl. Absatz 6). [3]Ein Vorsteuerabzug ist ebenfalls nicht zulässig, wenn eine Gutschrift

ohne das Einverständnis des Gutschriftsempfängers erteilt wird (vgl. § 14 Abs. 5 Satz 2 Nr. 2 UStG) oder wenn der Leistungsempfänger eine unvollständige und daher zum Vorsteuerabzug nicht berechtigende Rechnung z.B. bei fehlendem gesondertem Steuerausweis ohne ausdrückliche Anerkennung des Lieferers oder Leistenden durch eine Gutschrift ersetzt (vgl. auch Abschnitt 184 Abs. 1). ⁴Der Vorsteuerabzug entfällt, soweit der Gutschriftsempfänger dem in der Gutschrift angegebenen Steuerbetrag widerspricht (vgl. § 14 Abs. 5 Satz 4 UStG). ⁵Dieser Widerspruch wirkt auch für den Vorsteuerabzug des Gutschriftausstellers erst in dem Besteuerungszeitraum, in dem er erklärt wird (vgl. BFH-Urteil vom 19.5.1993 – BStBl II S. 779).

(10) ¹Bei Anwendung des Abzugsverfahrens (§ 18 Abs. 8 UStG) ist der Abzug eines in einer Gutschrift gesondert ausgewiesenen Steuerbetrages auch dann zulässig, wenn der leistende Unternehmer nicht zum gesonderten Ausweis der Steuer in einer Rechnung berechtigt ist (vgl. § 53 Abs. 4 Satz 2 UStDV). ²Diese Erweiterung setzt voraus, daß der leistende Unternehmer dem gesonderten Steuerausweis nicht widerspricht und der Leistungsempfänger den Steuerbetrag einbehält und an das Finanzamt abführt. ³Zum Vorsteuerabzug bei Anwendung des Abzugsverfahrens vgl. im übrigen Abschnitt 192a.

(11) ¹Steuerbeträge, die für einen Innenumsatz, z.B. zwischen Betriebsabteilungen desselben Unternehmers oder innerhalb eines Organkreises, gesondert ausgewiesen werden, berechtigen nicht zum Vorsteuerabzug. ²Bei Sacheinlagen aus der Privatsphäre oder dem Hoheitsbereich des Unternehmers ist ein Vorsteuerabzug ebenfalls nicht zulässig (vgl. auch Abschnitt 183 Abs. 3).

Leistung eines Unternehmers

(12) ¹Die Rechnung muß grundsätzlich vom leistenden Unternehmer ausgestellt sein. ²Ein Vorsteuerabzug ist deshalb nicht zulässig, wenn ein anderer im Namen des Leistenden eine Rechnung mit gesondertem Steuerausweis erteilt, ohne vom Leistenden dazu beauftragt zu sein. ³Zur Abrechnung durch den Vermittler vgl. BFH-Urteil vom 4.3.1982 – BStBl II S. 315. ⁴Der Abzug der in der Rechnung ausgewiesenen Steuer ist nur möglich, wenn der in der Rechnung angegebene Sitz einer GmbH bei Ausführung der Leistung und bei Rechnungstellung tatsächlich bestanden hat (vgl. BFH-Urteil vom 27.6.1996 – BStBl II S. 620). ⁵Der Unternehmer, der die Lieferung oder sonstige Leistung ausgeführt hat, muß in der Rechnung (Abrechnungspapier) grundsätzlich mit seinem wirklichen Namen bzw. mit der wirklichen Firma angegeben sein (vgl. auch § 31 Abs. 2 UStDV). ⁶Bei der Verwendung eines unzutreffenden und ungenauen Namens, z.B. Scheinname oder Scheinfirma, kann der Vorsteuerabzug ausnahmsweise zugelassen werden, wenn der tatsächlich leistende Unternehmer eindeutig und leicht nachprüfbar aus dem Abrechnungspapier ersichtlich ist (vgl. BFH-Urteil vom 7.10.1987 – BStBl 1988 II S. 34). ⁷Diese Ausnahmekriterien sind eng auszulegen, so daß z.B. der Vorsteuerabzug unter folgenden Umständen unzulässig ist:

1. ¹Bei Verwendung einer Scheinfirma oder eines Scheinnamens ergibt sich aus dem Abrechnungspapier kein Hinweis auf den tatsächlich leistenden Unternehmer (vgl. BFH-Urteil vom 19.10.1978 – BStBl 1979 II S. 345). ²Hinweise auf den tatsächlich leistenden Unternehmer fehlen in der Regel in Rechnungen mit willkürlich ausgesuchten Firmenbezeichnungen und/oder unzutreffenden Anschriften sowie bei Rechnungen von zwar existierenden Firmen, die aber die Leistung nicht ausgeführt haben, z.B. bei Verwendung von echten Rechnungsformularen dieser Firmen ohne ihr Wissen oder bei gefälschten Rechnungsformularen. ³Das gilt auch, wenn der Abrechnende bereits bei der Leistungsbewirkung unter dem fremden Namen aufgetreten ist (BFH-Urteil vom 17.9.1992 – BStBl 1993 II S. 205).

2. ¹Aus dem Abrechnungspapier geht der tatsächlich leistende Unternehmer nicht eindeutig hervor. ²Dies ist beispielsweise anzunehmen, wenn nach der Abrechnung mehrere leistende Unternehmer in Betracht kommen und sich der tatsächlich leistende Unternehmer nicht zweifelsfrei ergibt. ³Im Fall eines Strohmannverhältnisses sind die von dem (weisungsabhängigen) Strohmann bewirkten Leistungen trotz selbständigen Auftretens im Außenverhältnis dem Hintermann als Leistendem zuzurechnen (vgl. BFH-Urteil vom 15.9.1994 – BStBl 1995 II S. 275).

3. Aus dem Abrechnungspapier ist der tatsächlich leistende Unternehmer nur schwer zu ermitteln, also nicht leicht nachprüfbar festzustellen.

4. Der tatsächlich leistende Unternehmer ist zwar bekannt, seine Identität ergibt sich jedoch nicht aus dem Abrechnungspapier oder aus solchen Unterlagen, auf die in dem Abrechnungspapier verwiesen wird (vgl. hierzu die zur zutreffenden Leistungsbezeichnung in Rechnungen ergangenen BFH-Beschlüsse vom 4.12.1987 – BStBl 1988 II S. 702 – und vom 9.12.1987 – BStBl 1988 II S. 700). [8]Steuern, die dem Unternehmer von einem Lieferer oder Leistenden in Rechnung gestellt werden, der nicht Unternehmer ist, sind – obwohl sie von diesem nach § 14 Abs. 3 UStG geschuldet werden – nicht abziehbar (vgl. BFH-Urteile vom 8.12.1988 – BStBl 1989 II S. 250 – und vom 2.4.1998 – BStBl II S. 695). [9]Zum Vorsteuerabzug im Rahmen der Sicherungsübereignung und der Zwangsvollstreckung sowie in Insolvenzfällen vgl. Abschnitt 2.

Leistung für das Unternehmen

(13) [1]Eine Lieferung oder sonstige Leistung wird grundsätzlich an diejenige Person ausgeführt, die aus dem schuldrechtlichen Vertragsverhältnis, das dem Leistungsaustausch zugrunde liegt, berechtigt oder verpflichtet ist (BFH-Beschluß vom 13.9.1984 – BStBl 1985 II S. 21). [2]Leistungsempfänger ist somit regelmäßig der Auftraggeber oder Besteller einer Leistung. [3]Wird auf einem Grundstück, an dem die Ehegatten gemeinschaftlich Miteigentümer sind, ein Bauwerk errichtet, kann statt der Ehegattengemeinschaft auch einer der Ehegatten allein Leistungsempfänger sein. [4]In derartigen Fällen muß sich schon aus der Auftragserteilung klar ergeben, wer Auftraggeber und damit Leistungsempfänger ist. [5]Die tatsächliche Durchführung muß den getroffenen Vereinbarungen entsprechen (vgl. BFH-Urteile vom 11.12.1986 – BStBl 1987 II S. 233 –, vom 26.11.1987 – BStBl 1988 II S. 158 – und vom 5.10.1995 – BStBl 1996 II S. 111). [6]Wird unter Mißachtung des sich aus dem schuldrechtlichen Vertragsverhältnis ergebenden Anspruchs die Leistung tatsächlich an einen Dritten erbracht, so kann der Dritte unabhängig von den zugrundeliegenden Rechtsbeziehungen Leistungsempfänger sein (BFH-Urteil vom 1.6.1989 – BStBl II S. 677). [7]Zur Bestimmung des Leistungsempfängers bei Leistungen im Sinne des § 3b Abs. 3 bis 6 UStG vgl. Abschnitt 42c Abs. 1.

(14) [1]Die Leistung muß in die unternehmerische Sphäre des Unternehmers eingehen (vgl. BFH-Urteile vom 20.12.1984 – BStBl 1985 II S. 176 –, vom 4.7.1985 – BStBl II S. 538 – und vom 18.12.1986 – BStBl 1987 II S. 350). [2]Ob dies zutrifft, ist nach dem Innenverhältnis zu beurteilen. [3]Danach muß die Verwendung der bezogenen Leistung in der unternehmerischen Sphäre objektiv möglich und auch durchgeführt sein (vgl. auch Absatz 18). [4]Für die Frage, ob eine Leistung für das Unternehmen vorliegt, sind grundsätzlich die Verhältnisse im Zeitpunkt des Umsatzes an den Unternehmer maßgebend (vgl. BFH-Urteil vom 6.5.1993 – BStBl II S. 564). [5]Eine erstmalige vorübergehende nichtunternehmerische Verwendung steht dem Leistungsbezug für das Unternehmen nicht entgegen, wenn der erworbene Gegenstand anschließend bestimmungsgemäß unternehmerisch genutzt wird (vgl. BFH-Urteil vom 20.7.1988 – BStBl II S. 1012 – und BFH-Beschluß vom 21.6.1990 – BStBl II S. 801). [6]Bei der Anschaffung von sogenannten Freizeitgegenständen, z.B. von Segelbooten, Segelflugzeugen und Wohnwagen, ist davon auszugehen, daß diese Gegenstände dem nichtunternehmerischen Bereich zuzuordnen sind (vgl. Abschnitt 19 Abs. 4). [7]Zum Vorsteuerabzug aus dem Erwerb eines Flugzeugs durch die Ehefrau, das weitaus überwiegend vom Ehemann genutzt wird, vgl. BFH-Urteil vom 19.5.1988 – BStBl II S. 916. [8]Liefert ein Unternehmer unter der Anschrift und Bezeichnung, unter der er seine Umsatztätigkeit ausführt, einen ihm gelieferten für sein Unternehmen objektiv nützlichen Gegenstand sogleich weiter und rechnet darüber mit gesondertem Steuerausweis ab, behandelt er den Gegenstand als für sein Unternehmen bezogen (vgl. BFH-Urteil vom 27.7.1995 – BStBl II S. 853).

(15) [1]Als Nachweis dafür, daß die Leistung für das Unternehmen bezogen wurde, sind zutreffende Angaben des leistenden Unternehmers über Art und Umfang der von ihm ausgeführten Leistung in der Rechnung oder in den in § 31 UStDV bezeichneten Unterlagen erforderlich. [2]Bei Lieferungen bestehen die erforderlichen Angaben tatsächlicher Art grundsätzlich in der zutreffenden handelsüblichen Bezeichnung der einzelnen Liefergegenstände. [3]In besonderen Einzelfällen, z.B. wenn bei der Lieferung von ausschließlich gewerblich nutzbaren Erzeugnissen hinsichtlich des Bezugs für das Unternehmen keine Zweifel bestehen, können die gelieferten Gegenstände in Warengruppen zusammengefaßt werden (vgl. BFH-Urteil vom 24.4.1986 – BStBl II S. 581). [4]Bei den übrigen Leistungen hat der leistende Unternehmer in der Rechnung grundsätzlich tatsächliche Angaben über

VII. Auszug aus den Umsatzsteuer-Richtlinien 2000

seine Leistungshandlung zu machen. ⁵Es bestehen jedoch insbesondere bei der Ausführung sonstiger Leistungen keine Bedenken, wenn der Rechnungsaussteller statt seiner Leistungshandlung den beim Leistungsempfänger eintretenden Erfolg seiner Leistungshandlung bezeichnet. ⁶Danach genügt bei der Inrechnungstellung von Arbeitnehmerüberlassungen regelmäßig die Angabe der Gewerke, die mit Hilfe der überlassenen Arbeitskräfte erstellt werden (vgl. BFH-Urteil vom 21.1.1993 – BStBl II S. 384). ⁷Durch die Angaben in der Rechnung muß zum Ausdruck kommen, daß die gesondert ausgewiesene Steuer auf Lieferungen oder sonstigen Leistungen des Rechnungsausstellers an den Leistungsempfänger beruht. ⁸Dafür genügt eine bloße Auflistung von Umsätzen – aufgeteilt in Entgelt und Umsatzsteuer – nicht (vgl. BFH-Urteil vom 12.6.1986 – BStBl II S. 721).

(16) ¹Der Vorsteuerabzug kann nur aufgrund einer Rechnung geltend gemacht werden, die eine eindeutige und leicht nachprüfbare Feststellung der Leistung ermöglicht, über die abgerechnet worden ist (BFH-Urteil vom 10.11.1994 – BStBl 1995 II S. 395). ²Eine für die Gewährung des Vorsteuerabzugs ausreichende Leistungsbezeichnung ist dann nicht gegeben, wenn die Angaben tatsächlicher Art im Abrechnungspapier unrichtig oder so ungenau sind, daß sie eine Identifizierung des Leistungsgegenstandes nicht ermöglichen. ³Den Vorsteuerabzug ausschließende

1. unrichtige Angaben liegen vor, wenn eine in der Rechnung aufgeführte Leistung tatsächlich nicht erbracht ist und auch nicht erbracht werden soll, z.B. bei Gefälligkeitsrechnungen, oder zwar eine Leistung ausgeführt ist oder ausgeführt werden soll, jedoch in der Rechnung nicht auf die tatsächliche Leistung, sondern auf eine andere hingewiesen wird (vgl. Beispielsfälle in Abschnitt 190 Abs. 2 Nr. 3);

2. ¹ungenaue Angaben liegen vor, wenn die Rechnungsangaben zwar nicht unrichtig, aber nicht so eingehend und präzise sind, daß sie ohne weiteres völlige Gewißheit über Art und Umfang des Leistungsgegenstandes verschaffen. ²Dies ist regelmäßig der Fall, wenn sich anhand der Rechnung nachträglich nicht genau feststellen läßt, auf welchen gelieferten Gegenstand bzw. auf welchen beim Leistungsempfänger eingetretenen Erfolg einer sonstigen Leistung sich die gesondert ausgewiesene Steuer beziehen soll (vgl. Beispielsfall in Abschnitt 190 Abs. 2 Nr. 3). ³Die erforderlichen Angaben müssen entweder aus der vom leistenden Unternehmer erstellten Rechnung oder aus solchen Unterlagen hervorgehen, auf die in der Rechnung verwiesen wird. ⁴Andere Unterlagen oder Nachweise sowie Rechnungsergänzungen durch den Leistungsempfänger können nicht berücksichtigt werden (vgl. BFH-Beschlüsse vom 4.12.1987 – BStBl 1988 II S. 702 – und vom 9.12.1987 – BStBl 1988 II S. 700).

(17) ¹Der Vorsteuerabzug setzt grundsätzlich eine auf den Namen des umsatzsteuerlichen Leistungsempfängers lautende Rechnung mit gesondert ausgewiesener Steuer voraus. ²Es ist jede Bezeichnung des Leistungsempfängers ausreichend, die eine eindeutige und leicht nachprüfbare Feststellung seines Namens und seiner Anschrift ermöglicht (vgl. BFH-Urteil vom 2.4.1997 – BStBl II S. 443). ³Eine andere Rechnungsadresse ist nicht zu beanstanden, wenn aus dem übrigen Inhalt der Rechnung oder aus anderen Unterlagen, auf die in der Rechnung hingewiesen wird (§ 31 Abs. 1 UStDV), Name und Anschrift des umsatzsteuerlichen Leistungsempfängers eindeutig hervorgehen, z.B. bei einer Rechnungsausstellung auf den Namen eines Gesellschafters für Leistungen an die Gesellschaft. ⁴Eine Gesellschaft kann jedoch aus einer Rechnung, die nur auf einen Gesellschafter ausgestellt ist, keinen Vorsteuerabzug vornehmen, wenn die Rechnung keinen Hinweis auf die Gesellschaft als Leistungsempfänger enthält (vgl. BFH-Urteil vom 5.10.1995 – BStBl 1996 II S. 111). ⁵Der in einer Rechnung an die Bauherren eines Gesamtobjekts (z.B. Wohnanlage mit Eigentumswohnungen) gesondert ausgewiesene Steuerbetrag kann nach § 1 Abs. 2 der Verordnung über die gesonderte Feststellung von Besteuerungsgrundlagen nach § 180 Abs. 2 AO auf die Beteiligten verteilt und ihnen zugerechnet werden. ⁶Die Bezeichnung der einzelnen Leistungsempfänger und der für sie abziehbare Steuerbetrag kann aus einer Abrechnung über das bezeichnete Gesamtobjekt abgeleitet werden (BFH-Urteil vom 27.1.1994 – BStBl II S. 488).

Leistung für den unternehmerischen und den nichtunternehmerischen Bereich

(18) Wird ein Umsatz sowohl für das Unternehmen als auch für Zwecke ausgeführt, die außerhalb des Unternehmens liegen, ist hinsichtlich des Vorsteuerabzugs wie folgt zu verfahren:

Anhang 1

1. Bei der Lieferung vertretbarer Sachen sowie bei sonstigen Leistungen ist, abgesehen von den unter Nummer 2 bezeichneten Fällen, die darauf entfallende Steuer entsprechend dem Verwendungszweck in einen abziehbaren und einen nicht abziehbaren Anteil aufzuteilen. ²Telefondienstleistungen bezieht ein Unternehmer nur insoweit für sein Unternehmen, als er das Telefon unternehmerisch nutzt.

2. ¹Bei einem einheitlichen Gegenstand hat der Unternehmer ein Wahlrecht. ²Er kann z.B. einerseits ein Gebäude mit dem dazugehörenden Grund und Boden insgesamt dem nichtunternehmerischen Bereich zuordnen, auch wenn das Gebäude teilweise unternehmerisch genutzt wird. ³Andererseits kann er ein Gebäude auch insgesamt seinem Unternehmen zuordnen, wenn die unternehmerische Nutzung mindestens 10 v. H. beträgt (§ 15 Abs. 1 letzter Satz UStG). ⁴Nach dem EuGH-Urteil vom 4.10.1995 – BStBl 1996 II S. 392 – kann der Unternehmer einen nichtunternehmerisch (privat) genutzten Gebäudeteil (z.B. eine eigengenutzte Wohnung) auch von vornherein ganz oder teilweise seinem nichtunternehmerischen Bereich zuordnen.

    a) ¹Umsatzsteuerbeträge, die durch den Erwerb, die Herstellung sowie die Verwendung oder Nutzung eines solchen Gegenstandes anfallen, z.B. durch den Kauf oder die Miete sowie den laufenden Unterhalt eines Computers, können in vollem Umfang abgezogen werden, wenn der Gegenstand dem Unternehmen insgesamt zugeordnet wird. ²Zum Ausgleich dafür unterliegt die Verwendung des Gegenstandes für unternehmensfremde Zwecke nach § 3 Abs. 9a Satz 1 Nr. 1 UStG der Umsatzsteuer. ³Die Entscheidung über die Zuordnung zum Unternehmen hat der Unternehmer zu treffen (BFH-Urteile vom 25.3.1988 – BStBl II S. 649 – und vom 27.10.1993 – BStBl 1994 II S. 274). ⁴Hierbei reicht es aus, daß der Gegenstand im Umfang des vorgesehenen Einsatzes für unternehmerische Zwecke in einem objektiven und erkennbaren wirtschaftlichen Zusammenhang mit der gewerblichen oder beruflichen Tätigkeit steht und diese fördern soll (BFH-Urteil vom 12.12.1985 – BStBl 1986 II S. 216). ⁵Der Zuordnungsentscheidung gibt der Unternehmer im Regelfall mit der Inanspruchnahme des Vorsteuerabzugs Ausdruck (vgl. BFH-Urteil vom 20.12.1984 – BStBl 1985 II S. 176). ⁶Wird ein nicht zum Unternehmen gehörender Gegenstand gelegentlich dem Unternehmen überlassen, können nur die Vorsteuern abgezogen werden, die unmittelbar durch die unternehmerische Verwendung anfallen, z.B. die Steuer für den Bezug von Kraftstoff anläßlich einer betrieblichen Fahrt mit einem privaten Kraftfahrzeug.

    b) ¹Will der Unternehmer von der Möglichkeit der Zuordnung von nichtunternehmerisch verwendeten Gebäudeteilen zum nichtunternehmerischen Bereich Gebrauch machen, so muß er dies dem Finanzamt spätestens bis zur Abgabe der Umsatzsteuererklärung des Jahres schriftlich mitteilen, in dem das Gebäude erstmals verwendet wird. ²Ansonsten ist davon auszugehen, daß der Unternehmer das Gebäude insgesamt seinem unternehmerischen Bereich zugeordnet hat. ³Im Fall der Zuordnung des nichtunternehmerisch genutzten Teils zum nichtunternehmerischen Bereich wird der nichtunternehmerisch genutzte Teil als separater Gegenstand angesehen, der nicht „für das Unternehmen" im Sinne des § 15 Abs. 1 Nr. 1 UStG bezogen wird. ⁴Somit entfällt der Vorsteuerabzug aus den Kosten, die auf diesen Gegenstand entfallen. ⁵Wird dieser Gegenstand später unternehmerisch genutzt (z.B. durch Umwandlung von Wohnräumen in Büroräume), ist eine Vorsteuerberichtigung zugunsten des Unternehmers nach § 15a UStG nicht zulässig (vgl. Abschnitt 214 Abs. 7). ⁶Bei einer späteren Veräußerung des bebauten Grundstücks kann der Unternehmer unter den Voraussetzungen des § 9 UStG lediglich auf die Steuerbefreiung des § 4 Nr. 9 Buchstabe a UStG für die Lieferung des zu diesem Zeitpunkt unternehmerisch genutzten Teils verzichten. ⁷Die Lieferung des zu diesem Zeitpunkt nichtunternehmerisch genutzten Teils erfolgt nicht im Rahmen des Unternehmens und ist somit nicht steuerbar. ⁸Ein Gesamtkaufpreis ist entsprechend aufzuteilen. ⁹Weist der Unternehmer für die Lieferung des nichtunternehmerisch genutzten Teils dennoch in der Rechnung Umsatzsteuer aus, so schuldet er diese nach § 14 Abs. 3 UStG.

    c) ¹Das EuGH-Urteil vom 4.10.1995 – BStBl 1996 II S. 390 – zur Aufteilbarkeit bei einheitlichen Gegenständen kann nicht nur auf Grundstücke, sondern grundsätzlich auch auf gemischt genutzte bewegliche Wirtschaftsgüter (z.B. sowohl unternehmerisch als auch nichtunternehmerisch genutzter Computer) angewendet werden. ²Es ist jedoch regelmäßig davon auszugehen, daß der Unternehmer ein bewegliches Wirtschaftsgut insgesamt dem Unternehmen zuordnet. ³In diesem Fall kann der Unternehmer die Vorsteuer (sowohl aus den Anschaffungskosten als auch aus den laufenden Unterhaltskosten) in voller Höhe abziehen. ⁴Die nichtunternehmerische Nutzung wird nach § 3 Abs. 9a Satz 1 Nr. 1 UStG erfaßt. ⁵Bei Fahrzeugen, bei deren Anschaffung oder Herstellung, Einfuhr oder innergemeinschaftlichem Erwerb Vorsteuerbeträge nach § 15 Abs. 1b UStG nur zu 50 v. H. abziehbar waren oder bei denen § 15a Abs. 3 Nr. 2 Buchstabe a UStG anzuwenden ist, entfällt die Besteuerung der nichtunternehmerischen Verwendung (§ 3 Abs. 9a Satz 2 UStG). ⁶Will der Unternehmer ein bewegliches Wirtschaftsgut ausnahmsweise lediglich hinsichtlich des unternehmerisch genutzten Teils dem Unternehmen zuordnen, so darf er nur die auf diesen Teil entfallende – ggf. auf 50 v. H. reduzierte – Vorsteuer (sowohl aus den Anschaffungskosten als auch aus den laufenden Unterhaltskosten) abziehen. ⁷Eine Besteuerung nach § 3 Abs. 9a Satz 1 Nr. 1 UStG entfällt insoweit.

Regelungen in Einzelfällen

(19) Zum Vorsteuerabzug in besonderen Fällen wird auf folgende Regelungen hingewiesen:

1. Errichtung von Gebäuden auf fremdem Boden,
   vgl. BMF-Schreiben vom 23.7.1986 – BStBl I S. 432;
2. Einrichtungen, bei denen neben dem unternehmerischen auch ein nichtunternehmerischer Bereich besteht, z.B. bei juristischen Personen des öffentlichen Rechts, Vereinen,
   vgl. Abschnitte 22 und 212;
3. Garantieleistungen in der Reifenindustrie,
   vgl. BMF-Schreiben vom 21.11.1974 – BStBl I S. 1021;
4. Garantieleistungen und Freiinspektionen in der Kraftfahrzeugwirtschaft,
   vgl. BMF-Schreiben vom 3.12.1975 – BStBl I S. 1132;
5. Austauschverfahren in der Kraftfahrzeugwirtschaft,
   vgl. Abschnitt 153 Abs. 3;
6. Einschaltung von Personengesellschaften beim Erwerb oder der Errichtung von Betriebsgebäuden der Kreditinstitute,
   vgl. BMF-Schreiben vom 29.5.1992 – BStBl I S. 378;
7. Einschaltung von Unternehmern in die Erfüllung hoheitlicher Aufgaben,
   vgl. BMF-Schreiben vom 27.12.1990 – BStBl 1991 I S. 81;
8. Essensabgabe an das Personal durch eine vom Arbeitgeber nicht selbst betriebene Kantine oder Gaststätte,
   vgl. Abschnitt 12 Abs. 12.

(20) ¹Erwachsen dem Unternehmer Aufwendungen durch Beköstigung des im Unternehmen beschäftigten Personals in seinem Haushalt, so gilt folgende Vereinfachungsregelung: Für die auf diese Aufwendungen entfallenden Vorsteuern kann ohne Einzelnachweis ein Betrag abgezogen werden, der sich unter Anwendung eines durchschnittlichen Steuersatzes von 7,9 v. H. auf den Wert errechnet, der bei der Einkommensteuer für die außerbetrieblichen Zukäufe als Betriebsausgabe anerkannt wird. ²Dementsprechend kann in diesen Fällen die abziehbare Vorsteuer von 7,32 v. H. dieses Werts (Bruttobetrag) errechnet werden.

ANHANG 2
BMF-SCHREIBEN IM ABDRUCK

Abzugsteuer bei künstlerischen, sportlichen, artistischen oder ähnlichen Darbietungen gemäß § 50a Abs. 4 EStG

BMF-Schreiben vom 30. Mai 1995 (BStBl I S. 337);
BMF-Schreiben vom 19. Dezember 1995 – IV B 4 – S 2303 – 147/95 –
sowie Erörterungen in der Sitzung ESt I/96 (TOP 23)
(BMF v. 23.1.1996, BStBl I S. 89)

Inhaltsübersicht

1 Allgemeines
1.1 Steuerpflicht nach dem EStG
1.2 Steuerabzug
1.3 Einschränkungen des Besteuerungsrechts aufgrund von Doppelbesteuerungsabkommen (DBA)
1.4 Einschränkungen des Besteuerungsrechts nach § 50 Abs. 7 EStG

2 Voraussetzungen der abzugspflichtigen Einkünfte gemäß § 50a Abs. 4 Satz 1 i.V.m. § 49 Abs. 1 EStG
2.1 Allgemeines
2.2 Gewerbliche Einkünfte aus Darbietungen (§ 50a Abs. 4 Satz 1 Nr. 1 i.V.m. § 49 Abs. 1 Nr. 2 Buchst. d EStG)
2.2.1 Darbietung im Inland
2.2.2 Verwertung der Darbietung im Inland
2.2.3 Mit Darbietungen oder deren Verwertung zusammenhängende Leistungen
2.2.3.1 Ausrüstungsverträge, Werbeverträge und andere Leistungen
2.2.3.2 Nebenleistungen
2.3 Einkünfte aus der Ausübung oder Verwertung einer Tätigkeit als Künstler oder Berufssportler (§ 50a Abs. 4 Satz 1 Nr. 2 i.V.m. § 49 Abs. 1 Nr. 2 bis 4 EStG)
2.4 Einkünfte aus Vergütungen für die Nutzung von Urheberrechten (§ 50a Abs. 4 Satz 1 Nr. 3 i.V.m. § 49 Abs. 1 Nr. 2, 3, 6 und 9 EStG)
2.5 Besteuerung bei verschiedenen hintereinander geschalteten beschränkt Steuerpflichtigen
2.6 Verhältnis zum Lohnsteuerabzug

3 Steuerabzug
3.1 Abzugsverpflichteter (§ 50a Abs. 5 Satz 2 EStG)
3.2 Bemessungsgrundlage für den Steuerabzug (§ 50a Abs. 4 Sätze 3 und 4 EStG)
3.3 Höhe des Steuersatzes (§ 50a Abs. 4 Satz 2 EStG)

4 Zuständigkeit, Verfahren
4.1 Zuständigkeit
4.2 Verfahren

5 Entlastung aufgrund von Doppelbesteuerungsabkommen (DBA)
5.1 Verhältnis der DBA zum innerstaatlichen Recht
5.2 Begriff der Künstler und Sportler im Sinne der DBA
5.3 Einkünfte aus künstlerischer oder sportlicher Tätigkeit im Sinne der DBA
5.4 Abgrenzung zwischen Tätigkeitsvergütungen und Lizenzgebühren

6 Beispiele

7 Anwendungsregelung

Im Einvernehmen mit den obersten Finanzbehörden der Länder gilt zur Frage der Abzugsteuer bei künstlerischen, sportlichen, artistischen oder ähnlichen Darbietungen gemäß § 50a Abs. 4 EStG folgendes:

1 Allgemeines

1.1 Steuerpflicht nach dem EStG

Natürliche Personen, die im Inland weder einen Wohnsitz noch ihren gewöhnlichen Aufenthalt haben, unterliegen ebenso wie Körperschaften, Personenvereinigungen und Vermögensmassen, die im Inland weder ihre Geschäftsleitung noch ihren Sitz haben, mit ihren inländischen Einkünften im Sinne des § 49 EStG der beschränkten Steuerpflicht (§ 1 Abs. 4 EStG bzw. § 2 Nr. 1 KStG), wenn sie nicht nach § 1 Abs. 2 EStG unbeschränkt steuerpflichtig sind oder soweit sie nicht nach § 1 Abs. 3 EStG als unbeschränkt einkommensteuerpflichtig zu behandeln sind.

Bei bestimmten, in § 50a Abs. 4 Satz 1 EStG aufgezählten Einkünften beschränkt Steuerpflichtiger wird die Einkommensteuer oder Körperschaftsteuer im Wege des Steuerabzugs erhoben. Es handelt sich um folgende Einkünfte:

1. Einkünfte, die durch künstlerische, sportliche, artistische oder ähnliche Darbietungen im Inland oder durch deren Verwertung im Inland erzielt werden, einschließlich der Einkünfte aus anderen, mit diesen Leistungen zusammenhängenden Leistungen, unabhängig davon, wem die Einnahmen zufließen (§ 49 Abs. 1 Nr. 2 Buchst. d EStG),
2. Einkünfte aus der Ausübung oder Verwertung einer Tätigkeit als Künstler, Berufssportler, Schriftsteller, Journalist oder Bildberichterstatter einschließlich solcher Tätigkeiten für den Rundfunk oder Fernsehfunk (§ 49 Abs. 1 Nr. 2 bis 4 EStG), es sei denn, es handelt sich um Einkünfte aus nichtselbständiger Arbeit, die dem Steuerabzug vom Arbeitslohn nach § 38 Abs. 1 Nr. 1 EStG unterliegen,
3. Einkünfte, die aus Vergütungen für die Nutzung beweglicher Sachen im Inland oder für die Überlassung der Nutzung oder des Rechts auf Nutzung von Rechten, insbesondere von Urheberrechten und gewerblichen Schutzrechten, von gewerblichen, technischen, wissenschaftlichen und ähnlichen Erfahrungen, Kenntnissen und Fertigkeiten, z.B. Plänen, Mustern und Verfahren, herrühren (§ 49 Abs. 1 Nr. 2, 3, 6 und 9 EStG).

Bei einem beschränkt steuerpflichtigen Künstler oder Sportler ist der Steuerabzug nach § 50a EStG auch dann vorzunehmen, wenn er einen Antrag zur unbeschränkten Steuerpflicht nach § 1 Abs. 3 EStG stellt.

1.2 Steuerabzug

Der Steuerabzug beträgt 25 v. H. der **Einnahmen.**

Dem Steuerabzug unterliegt der volle Betrag der Einnahmen. Abzüge (z.B. für Betriebsausgaben, Werbungskosten, Sonderausgaben und Steuern) sind nicht zulässig (§ 50a Abs. 4 Sätze 3 und 4 EStG).

Der Schuldner der Vergütungen im Sinne des § 50a Abs. 4 EStG hat den Steuerabzug für Rechnung des beschränkt steuerpflichtigen Gläubigers (Steuerschuldner) vorzunehmen, die Steuer bei dem für ihn zuständigen Finanzamt anzumelden und sie dorthin abzuführen (§ 50 Abs. 5 EStG, § 73e EStDV; siehe Tz. 4.1 und 4.2). Ist es zweifelhaft, ob der Gläubiger beschränkt oder unbeschränkt steuerpflichtig ist, so darf der Schuldner die Einbehaltung der Steuer nur dann unterlassen, wenn der Gläubiger durch eine Bescheinigung des nach den abgabenrechtlichen Vorschriften für die Besteuerung seines Einkommens zuständigen Finanzamts nachweist, daß er unbeschränkt steuerpflichtig ist (§ 73e Satz 5 EStDV).

1.3 Einschränkungen des Besteuerungsrechts aufgrund von Doppelbesteuerungsabkommen (DBA)

Der Steuerabzug nach § 50a Abs. 4 EStG ist grundsätzlich ungeachtet eines DBA in voller Höhe vorzunehmen (§ 50d Abs. 1 Satz 1 EStG).

Ist in einem DBA festgelegt, daß die abzugspflichtigen Vergütungen nicht oder nur nach einem vom EStG abweichenden niedrigeren Steuersatz besteuert werden können, so darf der Schuldner der Vergütungen den Steuerabzug nur unterlassen oder nach dem niedrigeren Steuersatz vornehmen, wenn das Bundesamt für Finanzen, 53221 Bonn, eine entsprechende Bescheinigung erteilt hat (Freistellungsbescheinigung, § 50d EStG); auch in diesem Fall hat er dem Finanzamt eine Steueranmeldung zu übersenden (§ 73e Satz 3 EStDV). Wegen Einzelheiten hierzu vgl. das BMF-Merkblatt zur Entlastung von deutscher Abzugsteuer gemäß § 50a Abs. 4 EStG aufgrund von Doppelbesteuerungsabkommen (BMF-Schreiben vom 1. März 1994, BStBl I S. 201) und Tz. 5.

Beim Bundesamt für Finanzen sind jährlich aktualisierte Merkblätter mit zusätzlichen Informationen (Übersicht über die DBA-Regelungen, Behandlung von Künstlern/Sportlern, Behandlung von Film- und Fernsehschaffenden) erhältlich.

1.4 Einschränkungen des Besteuerungsrechts nach § 50 Abs. 7 EStG

Die obersten Finanzbehörden der Länder oder die von ihnen beauftragten Finanzbehörden können mit Zustimmung des Bundesministeriums der Finanzen die Einkommensteuer bei beschränkt Steuerpflichtigen ganz oder zum Teil erlassen oder in einem Pauschbetrag festsetzen, wenn es aus volkswirtschaftlichen Gründen zweckmäßig ist oder eine gesonderte Berechnung der Einkünfte besonders schwierig ist. Bei der Anwendung dieser Vorschrift sind auch wettbewerbs- sowie kultur- und sportpolitische Aspekte zu berücksichtigen. Danach kann ein Erlaß oder eine Steuerermäßigung für im internationalen Wettbewerb stehende Großveranstaltungen (z.B. Europa- oder Weltmeisterschaften, Olympische Spiele) in Betracht kommen.

Ausländische Kulturvereinigungen, die nicht bereits aufgrund der Vorschriften eines DBA vom Steuerabzug nach § 50a Abs. 4 EStG freizustellen sind, können unter bestimmten Voraussetzungen nach § 50 Abs. 7 EStG von der inländischen Einkommensteuer befreit werden. Zuständig für diese Freistellung ist nicht das Bundesamt für Finanzen, sondern das Finanzamt. Weitere Einzelheiten hierzu sind den BMF-Schreiben vom 20. Juli 1983, BStBl I S. 382, und vom 30. Mai 1995, BStBl I S. 336, zu entnehmen.

2 Voraussetzungen der abzugspflichtigen Einkünfte gemäß § 50a Abs. 4 Satz 1 i.V.m. § 49 Abs. 1 EStG

2.1 Allgemeines

Bei der Besteuerung nach einem der Tatbestände des § 49 Abs. 1 EStG sind in erster Linie die im Inland entfalteten Aktivitäten maßgebend. Ausländische Besteuerungsgrundlagen sind unbeachtlich, soweit ihre Berücksichtigung eine nach den Verhältnissen im Inland begründete Steuerpflicht ausschließen würde (§ 49 Abs. 2 EStG).

Hinweis auf Tz. 6, Beispiel 1.

2.2 Gewerbliche Einkünfte aus Darbietungen (§ 50a Abs. 4 Satz 1 Nr. 1 i.V.m. § 49 Abs. 1 Nr. 2 Buchst. d EStG)

Die Regelung findet in erster Linie Anwendung in Fällen, in denen ausländische Unternehmen die Künstler usw. dem inländischen Veranstalter nicht im Wege der Vermittlung, sondern im eigenen Namen und für eigene Rechnung zur Verfügung stellen, und der Veranstalter die Vergütung an diese Unternehmen zahlt. Die Regelung ist aber auch Grundlage für die Besteuerung gewerblich tätiger Berufssportler, Artisten, Entertainer oder ähnliches sowie allgemein für die Besteuerung der mit der künstlerischen usw. Darbietung zusammenhängenden Einkünfte.

Hinweis auf Tz. 6, Beispiele 3, 3a, 4a.

2.2.1 Darbietung im Inland

Darbietungen liegen vor, wenn etwas aufgeführt, gezeigt oder vorgeführt wird, z.B. Ausstellungen, Konzerte, Theateraufführungen, Shows, Turniere, Wettkämpfe. Der Begriff ist weit zu verstehen; auch nichtöffentliche Auftritte und Studioaufnahmen für Film, Funk, Fernsehen und zur Herstellung von Tonträgern fallen hierunter. Zu den Darbietungen, die den künstlerischen, sportlichen oder artistischen Darbietungen ähnlich sind, gehören Darbietungen mit vergleichbarem Unterhaltungscharakter wie beispielsweise Talkshows und Quizsendungen; auch Modeschauen können hierunter fallen. Nicht hierzu zählen z.B. wissenschaftliche Vorträge und Seminare.

Die Darbietung findet im Inland statt, wenn die künstlerische, sportliche, artistische oder ähnliche Tätigkeit tatsächlich im Inland ausgeübt wird. Ort der Darbietung ist bei Filmaufnahmen der Ort der Dreharbeiten, bei Schallplattenaufnahmen der tatsächliche Aufnahmeort. Live-Übertragungen im Hör- und Fernsehfunk von einer Darbietung im Inland sind unabhängig davon, wer die Leistung anbietet, nicht zur Verwertung, sondern zur Darbietung zu rechnen.

2.2.2 Verwertung der Darbietung im Inland

Unter Verwerten ist der Vorgang zu verstehen, durch den der Inhaber der Nutzungsrechte an einer Darbietung sich das Ergebnis der Darbietung durch eine zusätzliche Handlung nutzbar macht, insbesondere durch Übertragung der Nutzungsrechte. Verwerten kann auch ein Dritter, der die Leistung nicht selbst erbracht hat.

Sowohl inländische als auch ausländische Darbietungen können im Inland verwertet werden. Live-Übertragungen im Hör- und Fernsehfunk von einer Darbietung im Ausland sind Teil der Verwertung.

Hinweis auf Tz. 6, Beispiel 10.

2.3.3 Mit Darbietungen oder deren Verwertung zusammenhängende Leistungen

2.2.3.1 Ausrüstungsverträge, Werbeverträge und andere Leistungen

Einkünfte aus Ausrüstungsverträgen (Sponsoring), Werbeverträgen, Vergütungen für Autogrammstunden, Interviews, Auftritten in Talkshows usw. gehören zu den Einkünften aus mit den Darbietungen oder deren Verwertung zusammenhängenden Leistungen, soweit diese Leistungen in sachlichem Zusammenhang mit der jeweiligen Darbietung stehen. Gesamtvergütungen sind ggf. aufzuteilen.

Einkünfte aus Verträgen über die Einräumung von Rechten zur rundfunk- und fernsehmäßigen Verwertung von Sportveranstaltungen gehören ebenfalls zu den Einkünften aus mit den Darbietungen oder deren Verwertung zusammenhängenden Leistungen. Das gilt auch für die Erbringung von hiermit zusammenhängenden weiteren Leistungen wie die Erstellung des Bildsignals.

Hinweis auf Tz. 6, Beispiele 3, 10, 11.

2.2.3.2 Nebenleistungen

Zu den Leistungen, die mit den Darbietungen zusammenhängen, zählen auch **technische Nebenleistungen** wie Bühnenbild, Beleuchtung, Tontechnik, Kostüme usw. und Vermittlungsleistungen, soweit sie Teil der Gesamtleistung sind. Voraussetzung für die Einbeziehung dieser Nebenleistungen ist, daß sie auf Grund des bestehenden Vertragsverhältnisses Teil einer von dem beschränkt Steuerpflichtigen erbrachten Gesamtleistung sind, für die eine Gesamtvergütung gezahlt wird. Werden diese Nebenleistungen dagegen auf der Grundlage besonderer Verträge, die der inländische Veranstalter mit **Dritten** abgeschlossen hat, von einem anderen als dem Darbieter oder dem die Darbietungen Verwertenden erbracht, so sind die dafür gezahlten Entgelte nicht in die Bemessungsgrundlage für die Abzugsteuer einzubeziehen (siehe R 222 Abs. 3 und R 227b EStR 1993).

Hinweis auf Tz. 6, Beispiel 4b.

2.3 Einkünfte aus der Ausübung oder Verwertung einer Tätigkeit als Künstler oder Berufssportler (§ 50a Abs. 4 Satz 1 Nr. 2 i.V.m. § 49 Abs. 1 Nr. 2 bis 4 EStG)

Für den Steuerabzug ist zu prüfen, ob es sich um eine selbständig oder nicht selbständig ausgeübte Tätigkeit handelt (siehe auch Tz. 2.6).

Die Tätigkeit wird dort ausgeübt, wo der Steuerpflichtige persönlich tätig wird (siehe auch Tz. 2.2.1).

Die Tätigkeit wird im Inland verwertet, wenn das Ergebnis einer im Ausland ausgeübten Tätigkeit im Inland genutzt wird. Unter Verwerten ist der Vorgang zu verstehen, durch den der Inhaber der Nutzungsrechte sich das Ergebnis der Tätigkeit als Künstler oder Berufssportler durch eine zusätzliche Handlung nutzbar macht. Unter die Regelung fällt nur die Verwertung durch denjenigen, der selbst die Leistung erbracht hat. Ausübenden Künstlern, die bei der Herstellung eines Filmwerkes mitwirken, stehen hinsichtlich der Verwertung des Filmwerkes im Regelfall keine Urheberrechte zu (§ 92 UrhG), so daß der

Verwertungstatbestand meist nicht erfüllt ist. Auch bei Live-Fernsehsendungen wird die Gage der Künstler üblicherweise nicht für die Übertragung der Urheberrechte, sondern für die künstlerische Tätigkeit gezahlt.

Stammen die Einkünfte aus einer Tätigkeit, die im Inland sowohl ausgeübt als auch verwertet wird oder worden ist, bleibt für den Verwertungstatbestand kein Raum, da die Ausübung als Grundtatbestand Vorrang hat. Dabei ist unerheblich, ob die Art der Verwertung im Zeitpunkt der Ausübung bereits vorhersehbar war und ob zwischen der Tätigkeit und der wirtschaftlichen Nutzung ein größerer Zeitraum liegt.

Hinweis auf Tz. 6, Beispiele 3, 6, 6a, 7, 8, 9, 9b.

2.4 Einkünfte aus Vergütungen für die Nutzung von Urheberrechten (§ 50a Abs. 4 Satz 1 Nr. 3 i.V.m. § 49 Abs. 1 Nr. 2, 3, 6 und 9 EStG)

Bei der Übertragung von Urheberrechten **im Rahmen von gewerblichen oder selbständigen Einkünften** gem. § 49 Abs. 1 Nr. 2 Buchst. a oder d oder Nr. 3 EStG kommt es nicht darauf an, ob die Urheberrechte zeitlich begrenzt oder unbegrenzt (Rechtekauf) übertragen werden (siehe R 227a Abs. 2 EStR 1993). Liegen Einkünfte nach § 49 Abs. 1 Nr. 2 Buchst. a oder Nr. 3 EStG vor, ist der Steuerabzug nach § 50a Abs. 4 Satz 1 Nr. 2 oder 3 EStG vorzunehmen.

Liegen Einkünfte gem. § 49 Abs. 1 Nr. 2 Buchst. d EStG vor, ist der Steuerabzug nach § 50a Abs. 4 Satz 1 Nr. 1 EStG vorzunehmen.

Bei der Übertragung von Urheberrechten **außerhalb gewerblicher oder selbständiger Einkünfte** liegen Einkünfte gem. § 49 Abs. 1 Nr. 6 i.V.m. § 21 Abs. 1 Nr. 3 EStG nur bei der zeitlich begrenzten Übertragung vor. Der Steuerabzug ist gemäß § 50a Abs. 4 Satz 1 Nr. 3 EStG vorzunehmen. Bei einem Rechtekauf hingegen ist in diesen Fällen ein Besteuerungstatbestand nach § 49 EStG nicht gegeben.

Die Erlaubnis des Veranstalters zur rundfunkmäßigen Verwertung einer Sportveranstaltung ist im Rechtssinn keine Übertragung von Rechten, sondern eine Einwilligung in Eingriffe, die der Veranstalter aufgrund seiner Rechtsposition (insbes. aus § 823 Abs. 1 BGB, § 1 UWG und seinem Hausrecht nach §§ 858, 1004 BGB) verbieten könnte. Die an den ausländischen Ausrichter einer im Ausland stattfindenden Sportveranstaltung gezahlten Vergütungen für die Rundfunk- oder Fernsehübertragung der Sportveranstaltung ins Inland sind bei dem Vergütungsgläubiger daher keine Einkünfte aus der Übertragung von Urheberrechten; sie gehören aber zu den gewerblichen Einkünften aus Darbietungen, siehe Tz. 2.2.3.1. Die Fernsehübertragung hingegen ist urheberrechtlich geschützt (Laufbilder gem. § 95 UrhG), so daß Einkünfte aus der Weitergabe der Fernsehbilder unter die Regelung fallen können.

Hinweis auf Tz. 6, Beispiele 6, 10, 11.

2.5 Besteuerung bei verschiedenen hintereinander geschalteten beschränkt Steuerpflichtigen

Wird die Vergütung für die Darbietung eines Künstlers usw. nicht diesem unmittelbar, sondern einem beschränkt steuerpflichtigen Dritten, z.B. einer ausländischen Künstlerverleihgesellschaft oder einem ausländischen darbietenden Unternehmen gezahlt, so ist sowohl die an den Dritten gezahlte Vergütung als auch die von dem Dritten an den Künstler weitergeleitete Vergütung gemäß § 49 Abs. 1 Nr. 2 Buchst. d, Nr. 3 oder Nr. 4 i.V.m. § 50a Abs. 4 Satz 1 Nr. 1 oder Nr. 2 EStG zu besteuern. Das gilt auch für den Fall eines ausländischen Veranstalters. Zu Billigkeitsmaßnahmen siehe Tz. 4.2.

Hinweis auf Tz. 6, Beispiele 3a, 4a, 5, 11.

2.6 Verhältnis zum Lohnsteuerabzug

Bezüge beschränkt steuerpflichtiger Künstler, Sportler, Schriftsteller, Journalisten oder Bildberichterstatter unterliegen grundsätzlich nicht dem Steuerabzug nach § 50a Abs. 4 EStG, sondern dem Lohnsteuerabzug nach § 39d EStG, wenn sie zu den Einkünften aus nichtselbständiger Arbeit gehören und ein inländischer Arbeitgeber im Sinne des § 38

Abs. 1 Nr. 1 EStG zum Steuerabzug verpflichtet ist (§ 50a Abs. 4 Satz 1 Nr. 2 EStG). In diesen Fällen hat der Arbeitgeber den Lohnsteuerabzug nach den dafür geltenden Vorschriften durchzuführen. Wegen der Abgrenzung nichtselbständiger/selbständiger Arbeit vgl. BMF-Schreiben vom 5. Oktober 1990, BStBl I S. 638, das auch für den Bereich der beschränkten Einkommensteuerpflicht entsprechend anzuwenden ist. Zum Lohnsteuerabzug bei beschränkt steuerpflichtigen gastspielverpflichteten Künstlern wird auf das BMF-Schreiben vom 15. Januar 1996, BStBl I S. 55, verwiesen. § 50d Abs. 1 EStG gilt nicht für den Lohnsteuerabzug; über die Beschränkungen des Besteuerungsrechts aufgrund von Doppelbesteuerungsabkommen (DBA) ist im Lohnsteuerabzugsverfahren zu entscheiden, Abschn. 125 LStR 1996.

Kann die Lohnsteuer nicht erhoben werden, weil kein inländischer Arbeitgeber vorhanden ist, hat wie bisher der ausländische Vergütungsschuldner den Steuerabzug nach § 50a Abs. 4 Satz 1 Nr. 2 EStG vorzunehmen. Aus Vereinfachungsgründen kann bei beschränkt steuerpflichtigen Artisten, deren nichtselbständige Arbeit im Inland ausgeübt oder verwertet wird, die darauf entfallende Lohnsteuer mit einem Pauschsteuersatz von 25 v. H. erhoben werden, wenn der Artist die Lohnsteuer trägt; übernimmt der Arbeitgeber die Lohnsteuer, beträgt der Pauschsteuersatz 33,33 v.H. (Abschn. 125 Abs. 6 LStR 1996).

Hinweis auf Tz. 6, Beispiele 9, 9a.

3 Steuerabzug

3.1 Abzugsverpflichteter (§ 50a Abs. 5 Satz 2 EStG)

Der Vergütungsschuldner (in der Regel der Veranstalter) hat den Steuerabzug für Rechnung des beschränkt steuerpflichtigen Gläubigers vorzunehmen. Vergütungsschuldner ist, wer zivilrechtlich die Vergütungen schuldet, die die Tatbestände der dem Steuerabzug unterliegenden beschränkten Einkommensteuerpflicht erfüllen. Veranstalter ist, wer in organisatorischer und finanzieller Hinsicht für die Veranstaltung verantwortlich ist, wer deren Vorbereitung und Durchführung übernimmt und dabei das unternehmerische Risiko trägt. Tritt als Veranstalter nach außen ein zivilrechtlich nicht rechtsfähiges Gebilde auf, so ist dieses steuerrechtlich als Abzugsverpflichteter im Sinne des § 50a Abs. 5 EStG anzusehen; das BFH-Urteil vom 17. Februar 1995, BStBl II S. 390, ist entsprechend anzuwenden.

Entsprechend § 38 Abs. 1 EStG ist derjenige Vergütungsschuldner zum Steuerabzug verpflichtet, der im Inland seinen Wohnsitz, seinen gewöhnlichen Aufenthalt, seine Geschäftsleitung, seinen Sitz, eine Betriebsstätte oder einen ständigen Vertreter im Sinne der §§ 8 bis 13 der AO hat. Darüber hinaus ist ab 1. Juni 1995 auch der Vergütungsschuldner zum Steuerabzug verpflichtet, der nicht die Voraussetzungen des § 38 Abs. 1 EStG erfüllt, wenn ein Inlandsbezug gegeben ist. Dies ist z.B. bei einer ausländischen Künstlerverleih- oder Verwertungsgesellschaft, die einen Künstler ins Inland verleiht, oder bei einer Veranstaltung im Inland mit ausländischem Veranstalter stets der Fall.

Nach § 50 Abs. 5 Satz 1 EStG ist bei beschränkt Steuerpflichtigen die Einkommensteuer für Einkünfte, die dem Steuerabzug nach § 50a Abs. 4 EStG unterliegen, grundsätzlich durch den Steuerabzug abgegolten. Solche Einkünfte dürfen – vorbehaltlich der Regelungen in §§ 1 Abs. 3, 1a, 50 Abs. 5 Satz 3 und Satz 4 EStG – nicht in die Veranlagung zur Einkommen-/Körperschaftsteuer einbezogen werden, und zwar auch dann nicht, wenn der an sich gebotene Steuerabzug unterblieben ist. Der Vergütungsschuldner **haftet** aber für die Einbehaltung und Abführung der Steuer gem. § 50a Abs. 5 Satz 5 EStG. Der beschränkt Steuerpflichtige ist gem. § 50a Abs. 5 Satz 6 EStG durch **Nachforderungsbescheid** in Anspruch zu nehmen. Soweit die Haftung des Vergütungsschuldners reicht, sind der Vergütungsschuldner und der Vergütungsgläubiger Gesamtschuldner. Die Steuer- oder Haftungsschuld kann vom zuständigen Finanzamt nach pflichtgemäßem Ermessen gegenüber jedem Gesamtschuldner geltend gemacht werden. Muß ein gegen den Steuerschuldner zu richtender Nachforderungsbescheid im Ausland vollstreckt werden, so rechtfertigt dieser Umstand im Rahmen der Ermessensausübung die Inanspruchnahme eines inländischen Haftungsschuldners, ohne daß dies einer weiteren Begründung bedarf.

Organisiert ein beschränkt steuerpflichtiger Künstler usw. im Inland eine Veranstaltung selbst (Eigenveranstalter), so sind die Voraussetzungen für den Steuerabzug nach § 50a Abs. 4 EStG dem Grunde nach erfüllt. Dasselbe gilt für den Fall, daß eine Darbietung durch einen ausländischen Veranstalter ausgerichtet wird. Vergütungsschuldner wären hiernach – bei öffentlichen Veranstaltungen – die Eintrittskartenkäufer. Aus tatsächlichen Gründen wird jedoch in diesen Fällen weder der Steuerabzug für die Eintrittsgelder einbehalten, noch kann der einzelne Eintrittskartenkäufer als Haftungsschuldner in Anspruch genommen werden. In diesen Fällen ist die Steuer durch Nachforderungsbescheid vom ausländischen Künstler usw. oder Veranstalter als Vergütungsgläubiger zu erheben. Soweit der ausländische Veranstalter Vergütungen an Künstler usw. weiterleitet, ist er seinerseits als Vergütungsschuldner zum Steuerabzug verpflichtet, siehe Tz. 2.5.

Die Abgeltungswirkung nach § 50 Abs. 5 Satz 1 EStG tritt unabhängig davon ein, ob die Steuer nach § 50a Abs. 4 EStG einbehalten oder über einen Haftungs- oder Nachforderungsbescheid erhoben wurde.

Hinweis auf Tz. 6, Beispiele 2a, 3, 4, 4a, 11.

3.2 Bemessungsgrundlage für den Steuerabzug (§ 50a Abs. 4 Sätze 3 und 4 EStG)

Dem Steuerabzug unterliegt der volle Betrag der Einnahmen einschließlich der Beträge im Sinne des § 3 Nr. 13 und 16 EStG. Damit sind auch an beschränkt Steuerpflichtige erstattete Fahrtkosten in nachgewiesener Höhe sowie Tage- und Übernachtungsgelder dem Steuerabzug nach § 50a Abs. 4 EStG zu unterwerfen (siehe auch BMF-Schreiben vom 25. Februar 1992, BStBl I S. 187). Die §§ 8 und 11 EStG sind unabhängig von der Einkunftsart anzuwenden. Werden Amateuren (Amateurmannschaften, Amateurmusikern, Laienschauspielern) ausschließlich Kosten erstattet bzw. übernimmt der Veranstalter die Kosten, ist aus Billigkeitsgründen kein Steuerabzug nach § 50a Abs. 4 EStG vorzunehmen.

Hinweis auf Tz. 6, Beispiele 1, 2.

3.3 Höhe des Steuersatzes (§ 50a Abs. 4 Satz 2 EStG)

Der Steuersatz beträgt 25 v. H.

Die maßgeblichen Berechnungssätze auch unter Berücksichtigung der Umsatzsteuer mit und ohne Übernahme der Abzugsteuern nach § 50a Abs. 4 EStG und des Solidaritätszuschlages durch den Schuldner der Vergütung können der nachfolgenden Tabelle (hier nicht abgedruckt) entnommen werden und sind auf die jeweilige Netto-Vergütung anzuwenden. Die Berechnungssätze gelten unverändert auch bei Anwendung der umsatzsteuerlichen Null-Regelung gem. § 52 Abs. 2 Umsatzsteuer-Durchführungsverordnung.

4 Zuständigkeit, Verfahren

4.1 Zuständigkeit

Die nach § 50a Abs. 4 EStG einbehaltene Steuer ist an das für den Vergütungsschuldner zuständige Finanzamt anzumelden und abzuführen (§ 73e EStDV). Ist der Vergütungsschuldner keine Körperschaft und stimmen Betriebs- und Wohnsitzfinanzamt nicht überein, ist die einbehaltene Steuer an das Betriebsfinanzamt abzuführen.

Ist für den Vergütungsschuldner kein Finanzamt nach § 73e EStDV zuständig, ist die Steuer an das Finanzamt anzumelden und abzuführen, in dessen Bezirk der Anlaß für die Amtshandlung hervortritt (§ 24 AO). Bei einer Tournee mit ausländischem Veranstalter ist daher das Finanzamt zuständig, in dessen Bezirk die Tournee beginnt. Bei mehrfacher örtlicher Zuständigkeit ist die Zuständigkeit nach § 25 AO zu bestimmen.

Für Haftungs- und Nachforderungsbescheide ist das Finanzamt zuständig, an das der Steuerabzug nach § 50a Abs. 4 EStG durch den Vergütungsschuldner hätte abgeführt werden müssen, vgl. BFH-Urteil vom 18. Mai 1994, BStBl II S. 697. Entsprechendes gilt für Anträge auf Billigkeitsmaßnahmen nach §§ 163, 227 AO (siehe Tz. 4.2) und nach § 50 Abs. 7 EStG.

In einzelnen Ländern können abweichende Zuständigkeitsbestimmungen aufgrund landesrechtlicher Vorschriften gelten.

4.2 Verfahren

Der Vergütungsschuldner hat die innerhalb eines Kalendervierteljahrs einbehaltene Steuer von Vergütungen im Sinne des § 50a Abs. 4 EStG bis zum 10. des dem Kalendervierteljahr folgenden Monats bei dem zuständigen Finanzamt anzumelden und abzuführen. Die Steueranmeldung hat die Wirkung einer Steuerfestsetzung (§ 168 AO). Sie greift in die Rechte des Vergütungsgläubigers und des Vergütungsschuldners ein. Jeder von ihnen kann sie daher mit dem Rechtsbehelf des Einspruchs anfechten (§ 347 AO). Aus dem Anfechtungsrecht folgt das Recht, Aussetzung der Vollziehung der Steueranmeldung zu beantragen. Ein Anspruch auf Steuerbefreiung nach einem DBA kann nicht im Rahmen der Steueranmeldung, sondern nur in einem besonderen Erstattungsverfahren gem. § 50d Abs. 1 Satz 2 EStG gegenüber dem Bundesamt für Finanzen geltend gemacht werden.

Gegen einen Haftungs- oder Nachforderungsbescheid besteht als Rechtsmittel der Einspruch.

In Fällen der Tz. 2.5 (verschiedene hintereinander geschaltete beschränkt Steuerpflichtige) kann es in Ausnahmefällen zu einer Überbesteuerung kommen. In diesen Fällen kommt im Einzelfall eine Billigkeitsmaßnahme in Betracht.

5 Entlastung aufgrund von Doppelbesteuerungsabkommen (DBA)

5.1 Verhältnis der DBA zum innerstaatlichen Recht

Der Steuerabzug nach § 50a Abs. 4 EStG ist ungeachtet eines DBA in voller Höhe vorzunehmen (§ 50d Abs. 1 Satz 1 EStG).

Der Vergütungsschuldner kann den Steuerabzug nach § 50a Abs. 4 EStG unterlassen oder nach einem niedrigeren Steuersatz vornehmen, wenn das Bundesamt für Finanzen auf Antrag bescheinigt, daß die Voraussetzungen dafür nach einem DBA vorliegen (Freistellungsverfahren nach § 50d EStG, siehe Tz. 1.3). Das Freistellungsverfahren ist in den Fällen des § 50a Abs. 4 EStG auch anzuwenden, wenn das Bundesamt für Finanzen den Schuldner auf Antrag hierzu allgemein ermächtigt (Kontrollmeldeverfahren), § 50d Abs. 3 EStG.

Auch Haftungsbescheide gem. § 50a Abs. 5 Satz 5 EStG (siehe Tz. 3.1) sind zunächst ungeachtet eines DBA von den zuständigen Finanzämtern zu erlassen; das Freistellungsverfahren nach § 50 d EStG ist anzuwenden.

Wurde der Steuerabzug nicht oder nicht ordnungsgemäß durchgeführt, kann die Steuer auch gegenüber dem beschränkt steuerpflichtigen Vergütungsgläubiger (Steuerschuldner) nachgefordert werden. In diesen Fällen ist das Verfahren nach § 50d EStG nicht einzuhalten. Das zuständige Finanzamt darf einen Nachforderungsbescheid nur erlassen, wenn nach dem DBA ein Steueranspruch besteht. Erforderlichenfalls erteilt das Bundesamt für Finanzen dem zuständigen Finanzamt im Wege der Amtshilfe Auskunft über die abkommensrechtliche Rechtslage.

Vorbehaltlich des § 50d EStG gehen die Regelungen der DBA dem inländischen Steuerrecht als Sonderregelungen vor (§ 2 AO). Deshalb besteht nach den DBA für die Einkünfte eines ausländischen Unternehmens ohne Betriebsstätte im Sinne der DBA im Inland aus künstlerischen, sportlichen, artistischen oder ähnlichen Darbietungen oder deren Verwertung im Inland nur ein inländisches Besteuerungsrecht, wenn die Abkommensbestimmungen über die Besteuerung von Künstlern und Sportlern (vgl. Artikel 17 OECD-Musterabkommen 1992 – OECD-MA) dies zulassen. In diesen Fällen kann eine Freistellungsbescheinigung nach § 50d Abs. 3 EStG vom Bundesamt für Finanzen nicht erteilt werden.

5.2 Begriff der Künstler und Sportler im Sinne der DBA

Die Definition der unter Art. 17 Abs. 1 OECD-MA fallenden Personen ist enger gefaßt als der Begriff der künstlerischen, sportlichen, artistischen oder ähnlichen Darbietungen und des Künstlers i.S. des § 50a Abs. 4 Satz 1 Nr. 1 und 2 EStG.

So muß die Tätigkeit als Künstler, Musiker oder Sportler i.S. des Art. 17 Abs. 1 OECD-MA im Inland persönlich ausgeübt werden (z.B. bei öffentlichen Veranstaltungen). Unter den

Begriff „Künstler" fallen nur vortragende Künstler, nicht jedoch Kunstausübungen, die in der Herstellung eines Werkes bestehen (z.B. Maler, Bildhauer, Komponisten, Regisseure, Bühnenbildner, Choreographen). Auf diese nicht vortragenden Künstler sind Art. 14 oder Art. 15 OECD-MA anzuwenden.

5.3 Einkünfte aus künstlerischer oder sportlicher Tätigkeit im Sinne der DBA

Zu den Einkünften des individuellen Auftritts des Künstlers oder Sportlers gehören auch die Einkünfte aus Werbe-, Ausrüstungs- und ähnlichen Verträgen, soweit sie unmittelbar oder mittelbar mit dem Auftritt im Inland zusammenhängen (siehe Tz. 9 des Kommentars zu Art. 17 OECD-MA). Insoweit ist eine Freistellung nach § 50d EStG nicht möglich.

Unter Art. 17 Abs. 1 OECD-MA fallen jedoch **nicht** die Einkünfte

– aus Werbeverträgen von Sportlern/Künstlern, die zwar das Image und den Namen des Sportlers/Künstlers verwerten, aber nicht in Zusammenhang mit einer sportlichen/künstlerischen Darbietung stehen (sog. sportfremde Werbung),

– aus Vermittlungstätigkeit und

– aus der Verwertung einer im Ausland ausgeübten Tätigkeit im Inland.

Art. 17 Abs. 2 OECD-MA erweitert das Besteuerungsrecht des Staates, in dem der Künstler oder Sportler seine Tätigkeit ausübt, auf die Fälle, in denen die Einkünfte nicht dem Künstler oder Sportler, sondern einer abkommensberechtigten dritten Person zufließen.

Enthält das DBA eine dem Artikel 17 Abs. 2 des OECD-MA entsprechende Vorschrift, bleibt die Besteuerung nach §§ 49 Abs. 1 Nr. 2 Buchst. d, 50a Abs. 4 Nr. 1 EStG aufrechterhalten, abgesehen von Einkünften aus Nebenleistungen, die auf mit Dritten abgeschlossenen Verträgen beruhen, und Einkünften aus der inländischen Verwertung einer im Ausland stattfindenden Darbietung. Eine Freistellungsbescheinigung kann in der Regel nicht erteilt werden.

5.4 Abgrenzung zwischen Tätigkeitsvergütungen und Lizenzgebühren

Art. 12 OECD-MA enthält eine eigenständige Begriffsbestimmung der Lizenzgebühren und Regelung zu der Besteuerung der Einkünfte aus Lizenzen. Unter Art. 12 des OECD-MA – Lizenzgebühren – fallen insbesondere Einkünfte aus der Überlassung von Urheberrechten zur Nutzung, auch wenn sie nicht nach § 50a Abs. 4 Nr. 3, sondern nach Nr. 1 oder 2 EStG zu besteuern sind (siehe Tz. 2.4).

Bei Entscheidung der Frage, ob und inwieweit Vergütungen, die an Künstler gezahlt werden, als Tätigkeitsvergütungen oder Lizenzgebühren im Sinne der DBA zu behandeln sind, ist folgendes zu beachten:

a) Das Entgelt ist eine Lizenzgebühr, wenn es für eine nicht öffentliche Studioaufnahme auf Bild- und Tonträgern gezahlt wird (Übertragung von Verwertungsrechten).

b) Das Entgelt ist aufzuteilen, wenn es für einen öffentlichen Auftritt und für die Verwertung auf Bild- und Tonträgern gezahlt wird. Aufgeteilt wird nach dem Verhältnis ein Drittel persönliche Tätigkeit und zwei Drittel Verwertung, falls keine Anhaltspunkte für eine anderweitige Aufteilung vorliegen (z.B. Dienstleistungs- und Verwertungsvertrag wird mit verschiedenen Vertragspartnern abgeschlossen).

c) Vergütungen an Filmschauspieler werden für – in der Regel nichtselbständige – künstlerische Tätigkeit gezahlt.

Die DBA weisen das Besteuerungsrecht an Lizenzgebühren grundsätzlich dem Staat zu, in dem der nutzungsberechtigte Lizenzgeber ansässig ist. In diesen Fällen kann eine Freistellungsbescheinigung erteilt werden. Allerdings gibt es auch DBA, die Deutschland ein der Höhe nach begrenztes Besteuerungsrecht einräumen. Eine Freistellungsbescheinigung zur teilweisen Unterlassung des Steuerabzugs kann dann nur erteilt werden, wenn der Steuerabzug nach § 50a Abs. 4 EStG höher ist als nach dem DBA zulässig.

Beim Bundesamt für Finanzen ist ein jährlich aktualisiertes Merkblatt mit einer Übersicht, ob und ggf. inwieweit die verschiedenen deutschen DBA von Artikel 17 Abs. 1 und 2 OECD-MA abweichen, erhältlich.

Hinweis auf Tz. 6, alle Beispiele.

6 Beispiele

Bei den nachfolgenden Beispielen ist zu beachten, daß sich die Entlastung aufgrund von DBA ausschließlich nach den Regelungen des jeweiligen DBA richtet, die vom OECD-MA abweichen können.

Soweit im folgenden die Begriffe inländisch oder ausländisch in Verbindung mit Personen verwendet werden, sind sie im Sinne von unbeschränkter oder beschränkter Einkommen-/Körperschaftsteuerpflicht zu verstehen.

Beispiel 1: zu Tz. 2.1, 3.2

Ein ausländischer Amateurfußballverein, dessen Rechtsform einem e.V. entspricht, erhält über die Erstattung der Reisekosten hinaus eine Vergütung für ein Gastspiel bei einem deutschen Fußballverein. Die Vergütung wird nicht an die einzelnen Spieler weitergegeben.

Der inländische Sachverhalt erfüllt regelmäßig die Voraussetzungen einer gewerblichen Tätigkeit nach § 49 Abs. 1 Nr. 2 Buchst. d EStG; allerdings wäre ggf. die gesamte Inlandstätigkeit zu betrachten. Unbeachtlich ist, ob der Verein einen Totalgewinn in der Zeit der Gründung bis zur Veräußerung/Aufgabe anstrebt. Außerdem bleiben nach § 49 Abs. 2 EStG ausländische Besteuerungsmerkmale, die z.B. zu einer steuerlichen Freistellung des Vereins im Ausland führen würden, außer Betracht. Der Verein ist mit den gesamten Einnahmen steuerpflichtig, die er für das Gastspiel erhält. Die Einnahmen unterliegen einer Abzugsteuer in Höhe von 25 v. H. gemäß § 50a Abs. 4 Satz 1 Nr. 1 und Satz 2 i.V.m. § 49 Abs. 1 Nr. 2 Buchst. d EStG. Werden dagegen nur Reisekosten erstattet, ist aus Billigkeitsgründen kein Steuerabzug nach § 50a Abs. 4 EStG vorzunehmen, siehe Tz. 3.2.

Enthält das DBA keine dem Art. 17 Abs. 2 OECD-MA entsprechende Vorschrift, kann eine Freistellungsbescheinigung nach § 50d EStG erteilt werden.

Beispiel 2: zu Tz. 3.2

Ein inländischer Sportverein führt einen international besetzten Marathonlauf durch. Hierbei treten aufgrund mündlicher Absprachen auch ausländische Läufer an, die ein Startgeld und die Erstattung von Reise- und Übernachtungskosten erhalten. Einige der ausländischen Läufer erhalten als Siegprämien von einem Sponsor bereitgestellte Sachpreise.

a) Die Sachpreise werden vom Sponsor zunächst dem Veranstalter übereignet.
b) Die Sachpreise werden vom Sponsor unmittelbar dem ausländischen Sportler übereignet.

Nach den Statuten des internationalen Sport-Verbandes gelten die ausländischen Läufer als Amateur-Sportler.

a) Sportler, die bei Sportveranstaltungen Startgelder und Siegprämien erhalten, erzielen gem. § 15 Abs. 2 EStG Einkünfte aus Gewerbebetrieb. Die ausländischen Sportler sind mit ihren inländischen Einkünften gem. § 49 Abs. 1 Nr. 2 Buchst. d EStG beschränkt steuerpflichtig. Der sog. „Amateur"-Status nach den Grundsätzen des internationalen Sport-Verbandes ist steuerlich ohne Bedeutung. Gemäß § 50a Abs. 4 Satz 1 Nr. 1 EStG wird die Einkommensteuer im Wege des Steuerabzugs mit 25 v. H. der Einnahmen erhoben. Dem Steuerabzug unterliegt gemäß § 50a Abs. 4 Satz 3 EStG der volle Betrag der Einnahmen. Der Begriff der Einnahmen bestimmt sich unabhängig von der Einkunftsart nach § 8 EStG. Einnahmen sind danach alle Güter, die in Geld oder Geldeswert bestehen; Einnahmen, die nicht in Geld bestehen, sind mit den üblichen Endpreisen am Abgabeort anzusetzen. Zur Bemessungsgrundlage gehört deshalb auch der Betrag der erstatteten Reise- und Übernachtungskosten sowie der Wert des Sachpreises. Der Steuerabzug ist gemäß § 50a Abs. 5 Sätze 2 und 3 EStG vom inländischen Sportverein als Schuldner der Vergütung vorzunehmen und an das für ihn zuständige Finanzamt abzuführen.

Art. 17 Abs. 1 OECD-MA teilt das Besteuerungsrecht Deutschland zu, da hier die sportliche Tätigkeit ausgeübt wird.

b) Lobt ein Unternehmen einen Sachpreis für den Gewinner einer Sportveranstaltung aus, ohne den Sachpreis zunächst dem Veranstalter zu übereignen, ist das Unternehmen der Vergütungsschuldner. Es hat daher auch insoweit den Steuerabzug gemäß § 50a Abs. 4 Satz 1 Nr. 1 EStG in Höhe von 25 v.H. vorzunehmen. Der Veranstalter hat nur für die von ihm unmittelbar gezahlten Vergütungen den entsprechenden Steuerabzug vorzunehmen.

Beispiel 2a: zu Tz. 3.1

Wie Beispiel 2, aber mit dem Unterschied, daß der jährliche Marathonlauf von einer Gesellschaft bürgerlichen Rechts (GbR), deren Gesellschafter drei Leichtathletikvereine e.V sind, durchgeführt wird. Die Gesellschaft verfügt über ein Organisationsbüro und tritt als Vertragspartner und Veranstalter auf.

Ob bei einer GbR die Abzugsverpflichtung gem. § 50a Abs. 5 EStG von der Gesellschaft oder dem einzelnen Gesellschafter zu erfüllen ist, hängt davon ab, wer nach außen als Vertragspartner auftritt. Dies ist hier die GbR selbst. Der Steuerabzug gem. § 50a Abs. 5 Sätze 2 und 3 EStG ist von der GbR als Schuldnerin der Vergütung vorzunehmen und an das für sie zuständige Finanzamt abzuführen.

Beispiel 3: zu Tz. 2.2, 2.2.3.1, 2.3, 3.1

Ein ausländischer Berufstennisspieler nimmt an einem Tennisturnier im Inland teil. Er hat einen langfristigen Ausrüstungsvertrag mit einem inländischen Sportartikelhersteller, der ihn verpflichtet, bei allen sportlichen Veranstaltungen dessen Ausrüstung zu tragen. Weiterhin hat er einen langfristigen Werbevertrag mit einem ausländischen Bankhaus, der die Bank zur Verwendung von Namen und Bild des Sportlers berechtigt. Anläßlich des Turniers gibt der Sportler bezahlte Interviews für inländische und ausländische Zeitungen und Rundfunkanstalten und tritt in einer Fernseh-Talkshow auf.

Bei dem **Preisgeld** aus dem Tennisturnier handelt es sich um Einkünfte aus der Ausübung einer Tätigkeit als Berufssportler nach § 49 Abs. 1 Nr. 2 Buchst. d i.V.m. § 50a Abs. 4 Satz 1 Nr. 2 EStG.

Das Besteuerungsrecht steht nach Art. 17 Abs. 1 OECD-MA Deutschland zu.

Die Einkünfte aus dem **Ausrüstungsvertrag** stehen anteilig im Zusammenhang mit dem Tennisturnier; der Ausrüster hat als Vergütungsschuldner von der Gesamtvergütung einen auf die inländische Darbietung entfallenden Teilbetrag der Abzugsteuer nach § 49 Abs. 1 Nr. 2 Buchst. d i.V.m. § 50a Abs. 4 Satz 1 Nr. 1 EStG zu unterwerfen.

Das Besteuerungsrecht steht nach Art. 17 Abs. 1 OECD-MA Deutschland zu.

Die Vergütungen aus dem **Werbevertrag** stehen in keinem ausreichenden sachlichen Zusammenhang mit der sportlichen Darbietung. Mangels inländischer Betriebsstätte oder ständigen Vertreters liegen keine inländischen Einkünfte gemäß § 49 Abs. 1 EStG vor.

Die Vergütungen für die **Interviews** und die **Talkshow** sind Einkünfte aus mit sportlichen Darbietungen zusammenhängenden Leistungen und unterliegen der Abzugsteuer nach § 49 Abs. 1 Nr. 2 Buchst. d i.V.m. § 50a Abs. 4 Satz 1 Nr. 1 EStG in Höhe von 25 v.H., die die Vergütungsschuldner (hier: in- und ausländische Zeitungen, Rundfunkanstalten) anmelden und abführen müssen.

Das Besteuerungsrecht steht nach Art. 17 Abs. 1 OECD-MA Deutschland zu.

Beispiel 3a: zu Tz. 2.2, 2.5

Wie **Beispiel 3;** der Berufstennisspieler hat jedoch alle Rechte einer ausländischen Gesellschaft übertragen, die Vergütungsgläubigerin hinsichtlich aller Leistungen ist.

Besteuerung der Gesellschaft

Die Gesellschaft erzielt Einkünfte aus § 50a Abs. 4 Satz 1 Nr. 1 i.V.m. § 49 Abs. 1 Nr. 2 Buchst. d EStG hinsichtlich aller nach Beispiel 3 steuerpflichtigen Vergütungen (Preisgeld, Ausrüstungsvertrag, Interviews und Talkshow). Die Abzugsteuer beträgt 25 v.H.

Enhält das DBA keine dem Art. 17 Abs. 2 OECD-MA entsprechende Vorschrift, kann eine Freistellungsbescheinigung erteilt werden.

Besteuerung des Tennisspielers

Hinsichtlich der Steuerpflicht der Einkünfte wie Beispiel 3. Allerdings ist die ausländische Gesellschaft Vergütungsschuldnerin i.S. des § 50a Abs. 5 EStG, da sie mit Inlandsbezug tätig wird. Ggf. ist gegen die ausländische Gesellschaft ein Haftungsbescheid und/oder gegen den Tennisspieler ein Nachforderungsbescheid zu erlassen.

Beispiel 4: zu Tz. 3.1

Eine inländische Musik-Veranstaltungs-GmbH engagiert für Konzerte in Deutschland ein aus ausländischen Künstlern zusammengesetztes Quartett. Der Zusammenschluß der Künstler ist einer deutschen GbR vergleichbar. Die Konzerte werden örtlich von „Konzert-Veranstaltern" organisiert, die im Auftrag der GmbH gegen eine prozentuale Beteiligung an den Einnahmen tätig werden.

Die ausländischen Musiker sind mit ihren inländischen Einkünften gem. § 49 Abs. 1 Nr. 3 EStG beschränkt steuerpflichtig. Die Einkommensteuer wird im Wege des Steuerabzugs gem. § 50a Abs. 4 Satz 1 Nr. 2 EStG mit 25 v.H. erhoben. § 50a Abs. 4 EStG erfaßt auch gesamthänderisch erzielte Einkünfte.

Der Steuerabzug ist gem. § 50a Abs. 5 Sätze 2 und 3 EStG von der GmbH als Schuldnerin der Vergütungen vorzunehmen und an das zuständige Finanzamt abzuführen. Vergütungsschuldner ist, wer zivilrechtlich die Vergütungen schuldet. Soweit keine selbständigen Vergütungsverpflichtungen gegenüber den ausländischen Künstlern übernommen werden, ist ohne Belang, wer die Konzerte jeweils örtlich organisiert und z.B. in der Werbung als „Veranstalter" des Konzerts am betreffenden Ort auftritt.

Art. 17 Abs. 1 OECD-MA teilt das Besteuerungsrecht Deutschland zu, weil hier die künstlerische Tätigkeit ausgeübt wird.

Beispiel 4a: zu Tz. 2.2, 2.5, 3.1

Wie **Beispiel 4,** jedoch mit dem Unterschied, daß die inländische Musik-Veranstaltungs-GmbH das **Quartett durch Vertrag mit einer ausländischen Künstlerverleihgesellschaft** engagiert (die Verleihgesellschaft entspricht einer deutschen Kapitalgesellschaft); zwischen dem **Quartett** und der inländischen Musik-Veranstaltungs-GmbH bestehen keine vertraglichen Beziehungen.

Besteuerung der Künstlerverleihgesellschaft

Sie ist mit inländischen Einkünften aus Gewerbebetrieb gem. § 2 Nr. 1 KStG i.V.m. § 49 Abs. 1 Nr. 2 Buchst. d EStG beschränkt körperschaftsteuerpflichtig. Die Körperschaftsteuer wird gem. § 49 KStG i.V.m. § 50a Abs. 4 Satz 1 Nr. 1 EStG im Wege des Steuerabzugs mit 25 v. H. der Einnahmen erhoben. Bemessungsgrundlage sind alle Einnahmen i.S.d. § 8 EStG, die die Künstlerverleihgesellschaft für die künstlerische Darbietung des Quartetts erhält.

Der Steuerabzug ist gem. § 50a Abs. 5 Sätze 2 und 3 EStG von der Musik-Veranstaltungs-GmbH als Schuldnerin der Vergütungen vorzunehmen und an das zuständige Finanzamt abzuführen.

Enthält das DBA keine dem Art. 17 Abs. 2 OECD-MA entsprechende Regelung, kann eine Freistellungsbescheinigung erteilt werden.

Besteuerung des Quartetts

Die ausländischen Musiker sind mit ihren inländischen Einkünften gem. § 1 Abs. 4, § 49 Abs. 1 Nr. 3 EStG beschränkt einkommensteuerpflichtig. Die Einkommensteuer wird gem. § 50a Abs. 4 Satz 1 Nr. 2 EStG im Wege des Steuerabzugs erhoben. Bemessungsgrundlage sind alle Einnahmen i.S.d. § 8 EStG, die den ausländischen Musikern für die im Inland ausgeübte selbständige Tätigkeit zufließen.

Die Künstlerverleihgesellschaft ist als Vergütungsschuldnerin zum Steuerabzug verpflichtet, da sie mit Inlandsbezug tätig wird. Wird der Steuerabzug nicht ordnungsgemäß vorgenommen, haftet sie gem. § 50a Abs. 5 Satz 5 EStG. Ferner können gegenüber den Vergütungsgläubigern (jeder einzelne ausländische Musiker) gem. § 50a Abs. 5 Satz 6 EStG Nachforderungsbescheide erlassen werden. Die Einkommensteuer ist in Höhe des Steuerabzugsbetrages gegen die ausländischen Künstler festzusetzen.

Art. 17 Abs. 1 OECD-MA teilt das Besteuerungsrecht Deutschland zu, weil hier die künstlerische Tätigkeit ausgeführt worden ist.

Beispiel 4b: zu Tz. 2.2, 3.2

Wie **Beispiel 4,** das Quartett wird jedoch durch eine ausländische Künstleragentur vermittelt. Die Künstleragentur erhält von der inländischen Musik-Veranstaltungs-GmbH nur für ihre Vermittlungsleistung eine Vergütung.

Die Einkünfte der ausländischen Künstleragentur aus der Vermittlungstätigkeit sind Einkünfte aus Gewerbebetrieb. Gleichwohl wären die Voraussetzungen des § 49 Abs. 1 Nr. 2 EStG nur erfüllt, wenn eine Betriebsstätte oder ständiger Vertreter im Inland i.S. von § 49 Abs. 1 Nr. 2 Buchst. a EStG vorhanden wäre. Es handelt sich nicht um Einkünfte nach § 49 Abs. 1 Nr. 2 Buchst. d EStG, da kein Zusammenhang mit einer künstlerischen Darbietung der Künstleragentur oder einer Verwertung einer solchen Darbietung besteht.

Zur Besteuerung des Quartetts wird auf Beispiel 4 verwiesen.

Beispiel 5: zu Tz. 2.6

Ein ausländisches Orchester mit ausländischen Musikern wird für ein Konzert im Inland von einem inländischen Unternehmen engagiert. Das Orchester ist nach deutschem Rechtsverständnis einem rechtsfähigen Verein vergleichbar.

Besteuerung des Orchesters

Das ausländische Orchester erzielt Einkünfte nach § 18 Abs. 1 Nr. 1 i.V.m. § 49 Abs. 1 Nr. 3 EStG. Körperschaftsteuerpflichtige Personen, die nicht zur Führung von Büchern verpflichtet sind, können grundsätzlich Bezieher sämtlicher Einkünfte i.S. von § 2 Abs. 1 EStG sein (siehe Abschn. 27 Abs. 2 KStR 1995).

Die Einkünfte unterliegen dem Steuerabzug nach § 50a Abs. 4 Satz 1 Nr. 2 EStG. Der Steuersatz beträgt 25 v. H., § 50a Abs. 4 Satz 2 EStG.

Enthält das DBA keine dem Art. 17 Abs. 2 OECD-MA entsprechende Vorschrift, kann für das Orchester eine Freistellungsbescheinigung erteilt werden.

Besteuerung der Musiker

Die einzelnen Musiker des Orchesters sind, soweit sie selbständig tätig sind, mit ihren Einkünften aus der Darbietung gem. § 49 Abs. 1 Nr. 3 oder 4 i.V.m. § 50a Abs. 4 Satz 1 Nr. 2 EStG im Wege des Steuerabzugs nach § 50a EStG zu besteuern, da es sich um eine inländische künstlerische Darbietung handelt. Sind die Musiker nichtselbständig tätig, hat der Lohnsteuerabzug nach § 39d i.V.m. § 49 Abs. 1 Nr. 4 EStG Vorrang, wenn das Orchester ein inländischer Arbeitgeber im Sinne des § 38 Abs. 1 Nr. 1 EStG ist. Erfüllt das ausländische Orchester die Anforderungen an einen inländischen Arbeitgeber im Sinne des § 38 Abs. 1 Nr. 1 EStG nicht, ist für die Einkünfte der Musiker aus dieser Darbietung der Steuerabzug nach § 50a Abs. 4 Satz 1 Nr. 2 und Satz 2 EStG in Höhe von 25 v. H. durchzuführen. Den Steuerabzug hat der Vergütungsschuldner (das Orchester) anzumelden und abzuführen. Wird der Steuerabzug nicht ordnungsgemäß durchgeführt, haftet der Vergütungsschuldner (und zwar unabhängig davon, ob der Verein selbst gemäß Art. 17 Abs. 2 OECD-MA im Inland besteuert wird); gegenüber den einzelnen Musikern des Orchesters kann die Einkommensteuer durch einen Nachforderungsbescheid in Höhe des Steuerabzuges nach § 50a Abs. 4 EStG festgesetzt werden.

Art. 17 Abs. 1 OECD-MA teilt das Besteuerungsrecht Deutschland zu, weil hier die künstlerische Tätigkeit ausgeübt wird.

Beispiel 6: zu Tz. 2.3, 2.4

Ein ausländischer Künstler dirigiert im Inland ein öffentliches Konzert. Gegen eine zusätzliche Vergütung überträgt er das zeitlich begrenzte Recht, diese Produktion

a) live für Fernsehzwecke

b) als Aufzeichnung für Fernseh- und Videozwecke zu nutzen, auf ein inländisches Unternehmen.

Die Vergütungen, die der ausländische Künstler für die Verwertung seiner Leistungsschutzrechte erzielt, sind – sowohl bei a) als auch bei b) – als Einkünfte aus der Ausübung einer Tätigkeit als Künstler anzusehen. Die Abzugsteuer beträgt gemäß § 50a Abs. 4 Satz 1 Nr. 2 i.V.m. § 49 Abs. 1 Nr. 3 EStG 25 v. H.

Im Falle a) ist Art. 17 Abs. 1 OECD-MA anwendbar. Die Einkünfte aus der Liveübertragung stammen aus der persönlich ausgeübten Tätigkeit des Künstlers, da sie unmittelbar mit dem Auftritt im Inland zusammenhängen. Das Besteuerungsrecht steht nach Art. 17 Abs. 1 OECD-MA Deutschland zu.

Im Falle b) fallen die Vergütungen für die Verwertung von Urheberrechten nicht unter Art. 17 OECD-MA. Es handelt sich um eine zeitlich begrenzte Rechteübertragung, die unter Art. 12 OECD-MA (Lizenzgebühren) fällt.

Die Erteilung der Freistellungsbescheinigung hängt vom Inhalt der Lizenzgebührenregelung des jeweiligen DBA ab.

Werden die Rechte nach a) und b) gegen ein Gesamtentgelt übertragen, wird regelmäßig im Verhältnis ein Drittel (persönlich ausgeübte Tätigkeit) zu zwei Drittel (Lizenzgebühren) aufgeteilt.

Beispiel 6a: zu Tz. 2.3

Wie Beispiel 6, das Konzert findet jedoch im Ausland statt.

Im Falle a) steht Deutschland das Besteuerungsrecht nicht zu, da Einkünfte aus der Verwertung einer im Ausland ausgeübten Tätigkeit im Inland nicht unter Art. 17 Abs. 1 OECD-MA fallen. Eine Freistellungsbescheinigung kann nach jedem DBA erteilt werden.

Im Falle b) handelt es sich um eine zeitlich begrenzte Rechteübertragung, die unter Art. 12 OECD-MA (Lizenzgebühren) fällt. Die Erteilung der Freistellungsbescheinigung hängt vom Inhalt der Lizenzgebührenregelung des jeweiligen DBA ab.

Beispiel 7: zu Tz. 2.3

Ein im Ausland ansässiger Produzent nimmt im Ausland von einem ausländischen Künstler einen Tonträger auf. Ein inländischer Musikverlag erwirbt die Tonträger und die damit verbundenen

a) zeitlich begrenzten

b) zeitlich unbegrenzten

Rechte zur Verbreitung, Vervielfältigung und Wiedergabe.

Da die Rechteübertragung im Rahmen des Gewerbebetriebs des im Ausland ansässigen Produzenten erfolgt, ist der Verwertungstatbestand des § 49 Abs. 1 Nr. 2 Buchst. d EStG gegeben. Auf die Unterscheidung zwischen a) und b) kommt es nicht an (siehe Tz. 2.4). Die Abzugsteuer beträgt 25 v. H.

Im Falle a) fällt die zeitlich begrenzte Rechteübertragung unter Art. 12 OECD-MA (Lizenzgebühren). Die Erteilung der Freistellungsbescheinigung hängt vom Inhalt der Lizenzgebührenregelung des jeweiligen DBA ab.

Im Falle b) kann eine Freistellungsbescheinigung hinsichtlich der zeitlich unbegrenzten Nutzungsrechte (Rechtekauf) mangels inländischer Betriebsstätte (Art. 7 OECD-MA) nach jedem DBA erteilt werden; Art. 12 OECD-MA ist nicht einschlägig.

Beispiel 8: zu Tz. 2.6

Ein ausländischer Filmschauspieler wirkt für einen inländischen Produzenten **im Ausland** an Dreharbeiten an einem Film mit, der im Inland zur Aufführung kommt.

Der Filmschauspieler, der seine Tätigkeit regelmäßig im Rahmen eines Arbeitsverhältnisses erbringt, wird ausschließlich im Ausland tätig. Da er im Gegensatz z.B. zum Regisseur nach § 92 UrhG regelmäßig kein Urheberrecht an dem Filmwerk erwirbt und deshalb ein solches Recht nicht übertragen kann, erfolgt regelmäßig keine Verwertung im Inland. Demnach liegen keine Inlandseinkünfte nach § 49 Abs. 1 Nr. 4 EStG vor. Ein Steuerabzug nach § 50a oder ein Lohnsteuerabzug kommt nicht in Betracht.

Beispiel 9: zu Tz. 2.3, 2.6

Ein inländischer privater Fernsehsender produziert im Ausland eine Unterhaltungssendung mit angestellten ausländischen Künstlern zur unmittelbaren Ausstrahlung nach Deutschland.

Die Künstler sind mit ihren Einkünften aus nichtselbständiger Arbeit regelmäßig nicht nach § 49 Abs. 1 Nr. 4 EStG beschränkt steuerpflichtig. Die Tätigkeit wird nicht im Inland verwertet, da bei Vergütungen für Auftritte in Live-Sendungen die künstlerische Tätigkeit im Vordergrund steht.

Beispiel 9a: zu Tz. 2.6

Wie Beispiel 9; es handelt sich jedoch um eine öffentlich-rechtliche Rundfunkanstalt. Der Produktionsort liegt nicht im Wohnsitzstaat der Künstler.

Die Künstler sind mit ihren Einkünften gem. § 49 Abs. 1 Nr. 4 EStG beschränkt steuerpflichtig, weil sie Einkünfte aus einer inländischen öffentlichen Kasse beziehen. Die inländische, öffentlich-rechtliche Rundfunkanstalt hat gemäß § 39d EStG Lohnsteuer einzubehalten.

Da die Voraussetzungen des Art. 17 Abs. 1 OECD-MA (Ausübung im Inland) nicht erfüllt sind und die Kassenstaatsklausel des Art. 19 Abs. 1a OECD-MA nur für öffentliche Kassen des Vertragsstaates und seiner Gebietskörperschaften anzuwenden ist, kann eine Befreiung von der beschränkten Einkommensteuerpflicht nach Maßgabe des Abschnittes 125 Abs. 3 LStR 1996 in Betracht kommen. Einige DBA beziehen jedoch in die sog. „große Kassenstaatsklausel" auch öffentlich-rechtliche Rundfunkanstalten ein.

Beispiel 9b: zu Tz. 2.3

Wie **Beispiel 9,** es handelt sich jedoch um selbständig tätige Künstler.

Die Künstler sind mit ihren Einkünften aus selbständiger Arbeit nicht nach § 49 Abs. 1 Nr. 3 EStG beschränkt steuerpflichtig. Die Tätigkeit wird nicht im Inland verwertet, da bei Vergütungen für Auftritte in Live-Sendungen die künstlerische Tätigkeit im Vordergrund steht.

Beispiel 10: zu Tz. 2.2.2, 2.2.3.1, 2.4

Ein inländischer Fernsehsender erwirbt von einem ausländischen Fußballverein die Live-Ausstrahlungsrechte für ein im Ausland stattfindendes Europacupspiel. Ein ausländischer Fernsehsender überläßt dem inländischen Sender gegen Entgelt das Bildsignal.

Die Vergütung, die der Fußballverein erhält, unterliegt dem Steuerabzug nach § 50a Abs. 4 Satz 1 Nr. 1 i.V.m. § 49 Abs. 1 Nr. 2 Buchst. d EStG in Höhe von 25 v.H.; der Steuerabzug ist vom inländischen Fernsehsender als Vergütungsschuldner vorzunehmen.

Das Entgelt für die Leistung des ausländischen Senders unterliegt gleichfalls dem Steuerabzug nach § 50a Abs. 4 Satz 1 Nr. 1 i.V.m. § 49 Abs. 1 Nr. 2 Buchst. d EStG in Höhe von 25 v.H.; der Steuerabzug ist vom inländischen Fernsehsender vorzunehmen. Die Erstellung des Bildsignals durch den ausländischen Sender ist eine technische Leistung, ohne die die inländische Rundfunkanstalt live nicht ausstrahlen könnte. Sie ist daher eine mit der Verwertung im Inland zusammenhängende Leistung und damit gem. § 49 Abs. 1 Nr. 2 Buchst. d EStG beschränkt steuerpflichtig.

Die Vergütungen des ausländischen Senders und des ausländischen Fußballvereins für die Rechteerwerbe unterfallen grundsätzlich Art. 17 Abs. 2 OECD-MA. Weil die sportliche Tätigkeit nicht im Inland ausgeübt wird, sind dessen Voraussetzungen aber nicht erfüllt. Eine Freistellungsbescheinigung kann nach jedem DBA erteilt werden.

Beispiel 11: zu Tz. 2.2.3.1, 2.4, 2.5, 3.1

Entsprechend dem für alle Mitgliedsverbände verbindlichen Reglement eines europäischen Dach-Sportverbandes mit Sitz im Ausland findet eine Europameisterschaft statt. Der Dachverband betraut den deutschen Landesverband mit der Organisation der Endrunde im Inland. Als Einnahmen sind im Reglement die Erlöse aus **Kartenverkauf,** aus **Werbung** und aus dem Verkauf von Maskottchen und Fan-Artikeln (im Reglement als **Merchandising** bezeichnet) aufgeführt. Der Landesverband hat seine Erlöse aus Kartenverkauf, Werbung und Merchandising abzüglich eines Selbstbehalts an den Dachverband abzuführen. Nach Beendigung der Endrunde wird der **Überschuß** entsprechend dem Reglement auf die in der Endrunde verbliebenen ausländischen Landesverbände sowie auf den deutschen Landesverband verteilt. Das Recht zur Vergabe der **Fernsehrechte** steht nach dem Reglement dem Dachverband zu. Der Dachverband hat die Fernsehrechte durch langfristigen Vertrag an eine ausländische Verwertungsgesellschaft übertragen.

Als Veranstalter der Europameisterschaft kommen
- der deutsche Landesverband
- der europäische Dachverband
- beide gemeinsam

in Betracht (siehe Tz. 3.1).

a) Einnahmen des Dachverbands aus Kartenverkauf, Werbung und Merchandising

Der Dachverband stellt den sportrechtlichen Rahmen für die Durchführung der sportlichen Veranstaltung bereit. Diese Leistung ist ein untrennbarer Bestandteil der Veranstaltung. Es spielt keine Rolle, wer durch die in dem Reglement vorgesehene Aufgaben- und Risikoverteilung zwischen Dach- und Landesverband als Veranstalter der Europameisterschaft zu betrachten ist. Die Einnahmen des Dachverbands aus Kartenverkauf, Werbung und Merchandising sind Einkünfte aus sportlichen Darbietungen gem. § 50a Abs. 4 Satz 1 Nr. 1 i.V.m. § 49 Abs. 1 Nr. 2 Buchst. d EStG, die dem Steuerabzug von 25 v. H. unterliegen.

Soweit der Landesverband als Vergütungsschuldner anzusehen ist, hat er die Steuer anzumelden und die einbehaltene Steuer abzuführen.

Soweit der Dachverband selbst die Leistungen (Eintrittskarten, Werberechte, Merchandising) an andere inländische Personen erbringt, sind diese zum Steuerabzug verpflichtet. Soweit er in unmittelbare Rechtsbeziehungen zum Publikum tritt und daher die Einbehaltung der Abzugsteuer faktisch unmöglich ist, ist die Steuer gegenüber dem Dachverband im Wege eines Nachforderungsbescheides zu erheben.

Enthält das DBA keine dem Art. 17 Abs. 2 OECD-MA entsprechende Vorschrift, kann eine Freistellungsbescheinigung erteilt werden.

b) Verteilung des Überschusses an teilnehmende Landesverbände

Der vom Dachverband ausgezahlte Überschuß aus der Endrunde an die **ausländischen** Landesverbände, die teilgenommen haben, stellt eine Vergütung für eine sportliche Darbietung im Inland im Sinne des § 49 Abs. 1 Nr. 2 Buchst. d EStG dar, die dem Steuerabzug nach § 50a Abs. 4 Satz 1 Nr. 1 EStG unterliegt. Soweit der Dachverband als Vergütungsschuldner den Steuerabzug nicht ordnungsgemäß vornimmt, haftet er gem. § 50a Abs. 5 Satz 5 EStG. Gegenüber den Vergütungsgläubigern kann ein Nachforderungsbescheid gem. § 50a Abs. 5 Satz 6 EStG erlassen werden.

Enthält das jeweilige DBA keine dem Art. 17 Abs. 2 OECD-MA entsprechende Vorschrift, kann eine Freistellungsbescheinigung erteilt werden.

c) Fernsehrechte

Originärer Inhaber der Fernsehübertragungsrechte an der Europameisterschafts-Endrunde ist der Veranstalter (siehe Tz. 2.4). Falls der deutsche Landesverband nach dem Reglement als Allein- oder Mitveranstalter anzusehen ist, hat er seine Fernsehübertragungsrechte bzw. seinen Anteil hieran dem Dachverband zur Verfügung gestellt. Diese Leistung des Landesverbandes ist nur im Rahmen dessen unbeschränkter Steuerpflicht zu berücksichtigen. Für die Besteuerung der Einnahmen aus der Übertragung der Fernsehrechte ist entsprechend dem Reglement davon auszugehen, daß der Dachverband Alleininhaber der Fernsehrechte (geworden) ist. Bei den Fernsehrechten handelt es sich – unabhängig von der Person des Inhabers – nicht um Urheberrechte, sondern um eine Einwilligung in Eingriffe, die der Veranstalter aufgrund seiner Rechtsposition verbieten könnte.

Der Dachverband erzielt durch die Veräußerung der Fernsehrechte (Live-Ausstrahlungsrechte und Aufzeichnungsrechte) an die ausländische Verwertungsgesellschaft Einkünfte durch eine sportliche Darbietung im Inland bzw. durch deren Verwertung nach § 49 Abs. 1 Nr. 2 Buchst. d EStG. Die Einnahmen unterliegen dem Steuerabzug von 25 v. H.

Das Gesamtentgelt, das der Dachverband für die langfristige Vergabe aller Fernsehrechte erzielt, ist der auf die inländische Darbietung entfallende Teilbetrag der Abzugsteuer. Die ausländische Verwertungsgesellschaft ist, da sie mit Inlandsbezug tätig wird, zum Steuerabzug verpflichtet. Ggf. ist gegen den Dachverband ein Nachforderungsbescheid und/ oder gegen die Verwertungsgesellschaft ein Haftungsbescheid zu erlassen.

Vergütungen für Live-Übertragungen fallen unter Art. 17 OECD-MA. Enthält das DBA keine dem Art. 17 Abs. 2 OECD-MA entsprechende Vorschrift, kann eine Freistellungsbescheinigung erteilt werden.

Vergütungen für Aufzeichnungsrechte fallen nicht unter Art. 17 Abs. 2 OECD-MA, sondern Art. 12 OECD-MA. Die Erteilung der Freistellungsbescheinigung hängt vom Inhalt der Lizenzgebührenregelung des jeweiligen DBA ab.

7 Anwendungsregelung

Die vorstehenden Regelungen sind auf Bezüge anzuwenden, die nach dem 31. Dezember 1995 zufließen. Sie ersetzen das BMF-Schreiben vom 30. Mai 1995 (BStBl I S. 337).

Gemeinnützigkeitsrecht;
1. Erteilung vorläufiger Bescheinigungen über die Gemeinnützigkeit
2. Angemessenheit von Aufwendungen für die Verwaltung und Spendenwerbung

Sitzung KSt/GewSt I/00 – TOP I/21
(BMF v. 15.5.2000, BStBl I 2000 S. 814)

Der BFH hat mit Beschluß vom 23.9.1998 (BStBl II 2000 S. 320) entschieden, daß

I. eine gemeinnützige Körperschaft unter bestimmten Voraussetzungen Anspruch auf Erteilung einer vorläufigen Bescheinigung über die Gemeinnützigkeit hat und

II. eine Körperschaft gegen das Gebot der Selbstlosigkeit (§ 55 AO) verstoßen kann, wenn sie Spendeneinnahmen nicht überwiegend für ihre steuerbegünstigten satzungsmäßigen Zwecke verwendet.

Unter Bezugnahme auf das Ergebnis der Erörterung mit den obersten Finanzbehörden der Länder nehme ich zur Anwendung der Rechtsgrundsätze dieses Beschlusses wie folgt Stellung:

I. Vorläufige Bescheinigungen

1. Nach dem Anwendungserlass zur AO, zu § 59, Nr. 4 und 5, hat das Finanzamt einer Körperschaft, bei der die Voraussetzungen der Steuervergünstigung noch nicht im Veranlagungsverfahren festgestellt worden sind (Neugründungen), auf Antrag eine vorläufige

Bescheinigung über die Gemeinnützigkeit zu erteilen, wenn die eingereichte Satzung den Anforderungen des Gemeinnützigkeitsrechts genügt. Die Bescheinigung ist befristet zu erteilen und jederzeit widerruflich. Sie berechtigt die Körperschaft insbesondere zum Empfang steuerbegünstigter Spenden bereits vor Ablauf des ersten Veranlagungszeitraums.

An diesem Verfahren wird festgehalten. Die vorläufige Bescheinigung über die Gemeinnützigkeit ist in diesen Fällen (Neugründungen) mit dem Vordruck Gem 5 zu erteilen.

2. Nach dem Beschluß des BFH vom 23. September 1998 kann die Erteilung einer vorläufigen Bescheinigung über die Gemeinnützigkeit auch in Betracht kommen, wenn eine Körperschaft schon längere Zeit existiert und die Gemeinnützigkeit im Veranlagungsverfahren versagt wurde.

a) Eine vorläufige Bescheinigung über die Gemeinnützigkeit ist in diesen Fällen auf Antrag zu erteilen, wenn die Körperschaft die Voraussetzungen für die Gemeinnützigkeit im gesamten Veranlagungszeitraum, der dem Zeitraum der Nichtgewährung folgt, voraussichtlich erfüllen wird. Ihre Geltungsdauer sollte 18 Monate nicht überschreiten.

b) Darüber hinaus kann die Erteilung einer vorläufigen Bescheinigung über die Gemeinnützigkeit auch dann geboten sein, wenn die Körperschaft nach Auffassung des Finanzamts nicht gemeinnützig ist. In diesen Fällen darf die Bescheinigung nur erteilt werden, wenn die folgenden Voraussetzungen erfüllt sind:

aa) Die Körperschaft muß gegen eine Entscheidung des Finanzamts, mit der die Erteilung einer vorläufigen Bescheinigung über die Gemeinnützigkeit abgelehnt wurde, beim zuständigen Finanzgericht Rechtsschutz begehrt haben.

bb) Es müssen ernstliche Zweifel bestehen, ob die Ablehnung der Gemeinnützigkeit im Klageverfahren bestätigt wird. Dies erfordert, daß die Körperschaft schlüssig darlegt und glaubhaft macht, daß sie die Voraussetzungen für die Gemeinnützigkeit nach ihrer Satzung und bei der tatsächlichen Geschäftsführung erfüllt.

cc) Die wirtschaftliche Existenz der Körperschaft muß in Folge der Nichterteilung der vorläufigen Bescheinigung gefährdet sein. Für die Beurteilung sind die Verhältnisse im jeweiligen Einzelfall maßgeblich. Eine Existenzgefährdung kann nicht allein deshalb unterstellt werden, weil sich die Körperschaft bisher zu einem wesentlichen Teil aus Spenden oder steuerlich abziehbaren Mitgliedsbeiträgen finanziert hat und wegen der Nichtgewährung der Steuervergünstigungen ein erheblicher Rückgang dieser Einnahmen zu erwarten ist. Sie liegt z.B. auch dann nicht vor, wenn die Körperschaft über ausreichendes verwertbares Vermögen verfügt oder sich ausreichende Kredite verschaffen kann. Die Körperschaft muß als Antragsgrund die Existenzgefährdung schlüssig darlegen und glaubhaft machen.

Die vorläufige Bescheinigung über die Gemeinnützigkeit nach der Nummer 2 Buchstabe b ist ggf. formlos zu erteilen. Sie muß die Körperschaft in die Lage versetzen, unter Hinweis auf die steuerliche Abzugsfähigkeit um Zuwendungen zu werben. Ihre Geltungsdauer ist bis zum rechtskräftigen Abschluß des gerichtlichen Verfahrens zu befristen. Ob Auflagen, wie sie der BFH in dem entschiedenen Fall beschlossen hat (u.a. vierteljährliche Einreichung von Aufstellungen über die Einnahmen und Ausgaben), sinnvoll und erforderlich sind, hängt von den Umständen des Einzelfalls ab.

II. Angemessenheit von Verwaltungsausgaben

1. Eine Körperschaft kann nicht als gemeinnützig behandelt werden, wenn ihre Ausgaben für die allgemeine Verwaltung einschließlich der Werbung um Spenden einen angemessenen Rahmen übersteigen (§ 55 Abs. 1 Nr. 1 und 3 AO). Nach dem Beschluß des BFH vom 23. September 1998 wird dieser Rahmen überschritten, wenn eine Körperschaft, die sich weitgehend durch Geldspenden finanziert, diese – nach einer Aufbauphase – überwiegend zur Bestreitung von Ausgaben für Verwaltung und Spendenwerbung statt für die Verwirklichung der steuerbegünstigten satzungsmäßigen Zwecke verwendet. Der BFH hat die Höhe der Verwaltungsausgaben einschließlich Spendenwerbung ins Verhältnis zu den Spendeneinnahmen gesetzt. Dies ist dahingehend zu verallgemeinern, daß die Verwaltungsausgaben einschließlich Spendenwerbung ins Verhältnis zu den gesamten

vereinnahmten Mitteln (Spenden, Mitgliedsbeiträge, Zuschüsse, Gewinne aus wirtschaftlichen Geschäftsbetrieben usw.) zu setzen sind.

Der BFH hat mit diesem Beschluß keine allgemeine Grenze von 50 v.H. für die Angemessenheit von Verwaltungsausgaben einschließlich der Spendenwerbung festgelegt. Vielmehr kommt es, wie sich auch aus der Begründung des Beschlusses entnehmen läßt, für die Frage der Angemessenheit dieser Ausgaben entscheidend auf die Umstände des jeweiligen Einzelfalls an. Deshalb kann eine für die Gemeinnützigkeit schädliche Mittelverwendung auch schon bei einem deutlich geringeren prozentualen Anteil der Verwaltungsausgaben vorliegen.

Verwendet eine Körperschaft Mittel für die Werbung neuer Mitglieder, ist es in der Regel nicht zu beanstanden, wenn sie hierfür im Jahr nicht mehr als 10 v.H. der gesamten Mitgliedsbeiträge des Jahres aufwendet.

2. Während der Gründungs- oder Aufbauphase einer Körperschaft kann auch eine überwiegende Verwendung der Mittel für Verwaltungsausgaben und Spendenwerbung unschädlich für die Gemeinnützigkeit sein. Die Dauer der Gründungs- oder Aufbauphase, während der dies möglich ist, hängt von den Verhältnissen des Einzelfalls ab.

In dem entschiedenen Fall hat der BFH es nicht beanstandet, daß die Ausgaben der Körperschaft für Verwaltung und Spendenwerbung in den ersten vier Jahren nach der Gründung die Grenze von 50 v.H. der eingenommenen Geldspenden weit überschritten haben, und erst ab dem 5. Jahr die Einhaltung dieser Grenzen verlangt. Hieraus kann nicht geschlossen werden, daß generell eine Aufbauphase von vier Jahren, in der höhere anteilige Ausgaben für Verwaltung und Spendenwerbung zulässig sind, zugestanden werden muß. Der BFH hat in dem entschiedenen Fall neben den besonderen Aufgaben und der Struktur der Körperschaft auch noch berücksichtigt, daß nach der Aberkennung der Gemeinnützigkeit und dem dadurch verursachten starken Rückgang der Spendeneinnahmen eine 2. Aufbauphase erforderlich war. Der vom BFH zugestandene Zeitraum von vier Jahren ist deshalb als Obergrenze zu verstehen. In der Regel ist von einer kürzeren Aufbauphase auszugehen.

3. Es wird darauf hingewiesen, daß die Gemeinnützigkeit auch dann zu versagen ist, wenn das Verhältnis der Verwaltungsausgaben zu den Ausgaben für die steuerbegünstigten Zwecke zwar insgesamt nicht zu beanstanden, eine einzelne Verwaltungsausgabe (z.B. das Gehalt des Geschäftsführers oder der Aufwand für die Mitglieder- und Spendenwerbung) aber nicht angemessen ist (§ 55 Abs. 1 Nr. 3 AO).

4. Nach den Ausführungen des BFH in dem Beschluß vom 23. September 1998 sind Ausgaben für Gehälter und Lohnnebenkosten (Personalkosten) der Verwaltung und der Spendenwerbung entsprechend der für diese Tätigkeiten aufgewendeten Arbeitszeit zuzuordnen. Hierzu wird darauf hingewiesen, daß es sich bei den Kosten für die Beschäftigung eines Geschäftsführers grundsätzlich um Verwaltungsausgaben handelt. Eine Zuordnung der Kosten zu der steuerbegünstigten Tätigkeit ist nur insoweit möglich, als der Geschäftsführer unmittelbar bei gemeinnützigen Projekten mitarbeitet. Entsprechendes gilt für die Zuordnung von Reisekosten.

Gemeinnützigkeitsrecht;
Ausgleich von Verlusten des steuerpflichtigen wirtschaftlichen Geschäftsbetriebs

Sitzungen KSt/GewSt II/98 – TOP I/14 – und III/98 – TOP I/15 –;
Sitzung der Abteilungsleiter (Steuer) der obersten Finanzbehörden
des Bundes und der Länder
vom 21. bis 23.9.1998 – TOP 10 –
(BMF v. 19.10.1998, BStBl I 1998 S. 1423)

Unter Bezugnahme auf das Ergebnis der Erörterung mit den obersten Finanzbehörden der Länder nehme ich zu der Frage, wie bei gemeinnützigen Körperschaften die Verwendung von Mitteln für den Ausgleich von Verlusten des steuerpflichtigen wirtschaftlichen Geschäftsbetriebs gemeinnützigkeitsrechtlich zu beurteilen ist, wie folgt Stellung:

1. Es ist grundsätzlich nicht zulässig, Mittel des ideellen Bereichs (insbesondere Mitgliedsbeiträge, Spenden, Zuschüsse, Gewinne aus Zweckbetrieben, Rücklagen), Erträge aus der

Vermögensverwaltung und das entsprechende Vermögen zum Ausgleich eines Verlustes des steuerpflichtigen wirtschaftlichen Geschäftsbetriebs zu verwenden. Maßgeblich ist das Ergebnis des einheitlichen steuerpflichtigen wirtschaftlichen Geschäftsbetriebs (§ 64 Abs. 2). Eine Verwendung von Mitteln des ideellen Bereichs für den Ausgleich des Verlustes eines einzelnen wirtschaftlichen Geschäftsbetriebs liegt deshalb nicht vor, soweit der Verlust bereits im Entstehungsjahr mit Gewinnen anderer steuerpflichtiger wirtschaftlicher Geschäftsbetriebe verrechnet werden kann. Verbleibt danach ein Verlust, ist keine Verwendung von Mitteln des ideellen Bereichs für dessen Ausgleich anzunehmen, wenn dem ideellen Bereich in den sechs vorangegangenen Jahren Gewinne des einheitlichen steuerpflichtigen wirtschaftlichen Geschäftsbetriebs in mindestens gleicher Höhe zugeführt worden sind. Insoweit ist der Verlustausgleich im Entstehungsjahr als Rückgabe früherer durch das Gemeinnützigkeitsrecht vorgeschriebener Gewinnabführungen anzusehen.

2. Ein nach ertragsteuerlichen Grundsätzen ermittelter Verlust eines steuerpflichtigen wirtschaftlichen Geschäftsbetriebs ist unschädlich für die Gemeinnützigkeit der Körperschaft, wenn er ausschließlich durch die Berücksichtigung von anteiligen Abschreibungen auf gemischt genutzte Wirtschaftsgüter entstanden ist und wenn die folgenden Voraussetzungen erfüllt sind:

– Das Wirtschaftsgut wurde für den ideellen Bereich angeschafft oder hergestellt und wird nur zur besseren Kapazitätsauslastung und Mittelbeschaffung teil- oder zeitweise für den steuerpflichtigen wirtschaftlichen Geschäftsbetrieb genutzt. Die Körperschaft darf nicht schon im Hinblick auf eine zeit- oder teilweise Nutzung für den steuerpflichtigen wirtschaftlichen Geschäftsbetrieb ein größeres Wirtschaftsgut angeschafft oder hergestellt haben, als es für die ideelle Tätigkeit notwendig war.

– Die Körperschaft verlangt für die Leistungen des steuerpflichtigen wirtschaftlichen Geschäftsbetriebs marktübliche Preise.

– Der steuerpflichtige wirtschaftliche Geschäftsbetrieb bildet keinen eigenständigen Sektor eines Gebäudes (z.B. Gaststättenbetrieb in einer Sporthalle).

– Diese Grundsätze gelten entsprechend für die Berücksichtigung anderer gemischter Aufwendungen (z.B. zeitweiser Einsatz von Personal des ideellen Bereichs in einem steuerpflichtigen wirtschaftlichen Geschäftsbetrieb) bei der gemeinnützigkeitsrechtlichen Beurteilung von Verlusten.

3. Der Ausgleich des Verlustes eines steuerpflichtigen wirtschaftlichen Geschäftsbetriebs mit Mitteln des ideellen Bereichs ist außerdem unschädlich für die Gemeinnützigkeit, wenn

– der Verlust auf einer Fehlkalkulation beruht,

– die Körperschaft innerhalb von 12 Monaten nach Ende des Wirtschaftsjahres, in dem der Verlust entstanden ist, dem ideellen Tätigkeitsbereich wieder Mittel in entsprechender Höhe zuführt und

– die zugeführten Mittel nicht aus Zweckbetrieben, aus dem Bereich der steuerbegünstigten Vermögensverwaltung, aus Beiträgen oder aus anderen Zuwendungen, die zur Förderung der steuerbegünstigten Zwecke der Körperschaft bestimmt sind, stammen (BFH-Urteil vom 13.11.1996 I R 152/93, BStBl II 1998 S. 711).

Die Zuführungen zu dem ideellen Bereich können demnach aus dem Gewinn des (einheitlichen) steuerpflichtigen wirtschaftlichen Geschäftsbetriebs, der in dem Jahr nach der Entstehung des Verlustes erzielt wird, geleistet werden. Außerdem dürfen für den Ausgleich des Verlustes Umlagen und Zuschüsse, die dafür bestimmt sind, verwendet werden. Derartige Zuwendungen sind jedoch keine steuerbegünstigten Spenden.

Gemeinnützige Körperschaften unterhalten steuerpflichtige wirtschaftliche Geschäftsbetriebe regelmäßig nur, um dadurch zusätzliche Mittel für die Verwirklichung der steuerbegünstigten Zwecke zu beschaffen. Es kann deshalb unterstellt werden, daß etwaige Verluste bei Betrieben, die schon längere Zeit bestehen, auf einer Fehlkalkulation beruhen. Bei dem Aufbau eines neuen Betriebs ist eine Verwendung von Mitteln des ideellen Bereichs für den Ausgleich von Verlusten auch dann unschädlich für die Gemeinnützigkeit, wenn mit Anlaufverlusten zu rechnen war. Auch in diesem Fall muß die Körperschaft aber in der Regel innerhalb von drei Jahren nach dem Ende des Entstehungsjahres des Verlustes dem ideellen Bereich wieder Mittel, die gemeinnützigkeitsunschädlich dafür verwendet werden dürfen, zuführen.

Anhang 2

Steuerliche Anerkennung sogenannter Aufwandsspenden an gemeinnützige Vereine (§ 10b Absatz 3 Satz 4 und 5 EStG); Aufwendungsersatzansprüche gemäß § 670 BGB

(BMF v. 7.6.1999, BStBl I 1999 S. 591)

Im Einvernehmen mit den obersten Finanzbehörden der Länder gilt zur steuerlichen Anerkennung von Aufwendungsersatzansprüchen gemäß § 670 BGB als Aufwandsspenden im Sinne des § 10b EStG folgendes:

1. Aufwendungsersatzansprüche nach § 670 BGB können zwar Gegenstand sogenannter Aufwandsspenden gemäß § 10b Abs. 3 Satz 4 und 5 EStG sein. Das gilt grundsätzlich auch im Verhältnis eines Zuwendungsempfängers zu seinen ehrenamtlich tätigen Mitgliedern. Nach den Erfahrungen spricht aber eine tatsächliche Vermutung dafür, daß Leistungen ehrenamtlich tätiger Mitglieder und Förderer des Zuwendungsempfängers unentgeltlich und ohne Aufwendungsersatzanspruch erbracht werden. Diese Vermutung ist allerdings widerlegbar. Der Gegenbeweis wird bei vertraglichen Ansprüchen grundsätzlich durch eine schriftliche Vereinbarung geführt, die vor der zum Aufwand führenden Tätigkeit getroffen sein muß.

2. Hat der Zuwendende einen Aufwendungsersatzanspruch gegenüber dem Zuwendungsempfänger und verzichtet er darauf, ist ein Spendenabzug nach § 10b Abs. 3 Satz 4 EStG nur zulässig, wenn der entsprechende Aufwendungsersatzanspruch durch Vertrag, Satzung oder einen rechtsgültigen Vorstandsbeschluß eingeräumt worden ist, und zwar bevor die zum Aufwand führende Tätigkeit begonnen worden ist. Für die Anerkennung eines Aufwendungsersatzanspruches aufgrund eines Vorstandsbeschlusses ist zusätzlich erforderlich, daß der entsprechende Beschluß den Mitgliedern in geeigneter Weise bekanntgemacht worden ist. Eine nachträgliche rückwirkende Begründung von Ersatzpflichten durch den Zuwendungsempfänger, zum Beispiel durch eine rückwirkende Satzungsänderung, reicht nicht aus. Aufwendungsersatzansprüche nach § 27 Abs. 3. i.V.m. § 670 BGB von Vorstandsmitgliedern eines Vereins sind keine durch Satzung eingeräumten Ansprüche im Sinne des § 10b Abs. 3 Satz 4 EStG. Aufwendungsersatzansprüche aus einer auf einer entsprechenden Satzungsermächtigung beruhenden Vereinsordnung (z.B. Reisekostenordnung) sind Ansprüche aus Satzungen im Sinne des § 10b Abs. 3 Satz 4 EStG.

3. Aufwendungsersatzansprüche müssen ernsthaft eingeräumt sein und dürfen gemäß § 10b Abs. 3 Satz 5 EStG nicht unter der Bedingung des Verzichts stehen.

Wesentliches Indiz für die Ernsthaftigkeit von Aufwendungsersatzansprüchen ist die wirtschaftliche Leistungsfähigkeit des Zuwendungsempfängers. Dieser muß ungeachtet des späteren Verzichts in der Lage sein, den geschuldeten Aufwendungsersatz zu leisten. Die vorstehenden Grundsätze gelten entsprechend, wenn der Aufwendungsersatz nach einer vorhergehenden Geldspende ausgezahlt wird. Der Abzug einer Spende gemäß § 10b EStG setzt voraus, daß die Ausgabe beim Spender zu einer endgültigen wirtschaftlichen Belastung führt. Eine endgültige wirtschaftliche Belastung liegt nicht vor, soweit der Wertabgabe aus dem Vermögen des Steuerpflichtigen ein entsprechender Zufluß – im Falle der Zusammenveranlagung auch beim anderen Ehegatten – gegenübersteht (BFH-Urteil vom 20.2.1991, BStBl II 1991 S. 690). Die Auszahlung von Aufwendungsersatz an den Spender führt nur insoweit nicht zu einem schädlichen Rückfluß, als der Aufwendungsersatz aufgrund eines ernsthaft eingeräumten Ersatzanspruchs geleistet wird, der nicht unter der Bedingung der vorhergehenden Spende steht. Die Grundsätze des BFH-Urteils vom 3.12.1996 (BStBl II 1997 S. 474) sind für die Beurteilung des Spendenabzugs nicht anzuwenden, soweit sie mit den vorstehenden Grundsätzen nicht im Einklang stehen.

4. Bei dem Verzicht auf den Ersatz der Aufwendungen handelt es sich nicht um eine Spende des Aufwands, sondern um eine Geldspende, bei der entbehrlich ist, daß Geld zwischen dem Zuwendungsempfänger und dem Zuwendenden tatsächlich hin und her fließt. In der Zuwendungsbestätigung ist deshalb eine Geldzuwendung zu bescheinigen.

5. Für die Höhe der Zuwendung ist der vereinbarte Ersatzanspruch maßgeblich; allerdings kann ein unangemessen hoher Ersatzanspruch zum Verlust der Gemeinnützigkeit

des Zuwendungsempfängers führen (§ 55 Abs. 1 Nr. 3 AO). Eine Zuwendungsbestätigung darf nur erteilt werden, wenn sich der Ersatzanspruch auf Aufwendungen bezieht, die zur Erfüllung der satzungsmäßigen Zwecke des Zuwendungsempfängers erforderlich waren. Der Zuwendungsempfänger muß die zutreffende Höhe des Ersatzanspruchs, über den er eine Zuwendungsbestätigung erteilt hat, durch geeignete Unterlagen im einzelnen belegen können.

Verwendung der verbindlichen Muster für Zuwendungsbestätigungen

ESt IV/2000 außerhalb der TO
(BMF v. 2.6.2000, BStBl I 2000 S. 592)

Unter Bezugnahme auf das Ergebnis der Erörterungen mit den obersten Finanzbehörden der Länder gilt für die Verwendung der verbindlichen Muster für Zuwendungsbestätigungen im Sinne des § 50 Abs. 1 EStDV Folgendes.

1 Die im Bundessteuerblatt 1999 Teil I Seite 979 veröffentlichten Vordrucke sind verbindliche Muster. Ihre Verwendung ist gem. § 50 Abs. 1 EStDV Voraussetzung für den Spendenabzug. Die Zuwendungsbestätigungen sind vom jeweiligen Zuwendungsempfänger anhand dieser Muster selbst herzustellen. In der auf einen bestimmten Zuwendungsempfänger zugeschnittenen Zuwendungsbestätigung müssen nur die Angaben aus den veröffentlichten Mustern übernommen werden, die im Einzelfall einschlägig sind. Auf die Beispiele auf den Seiten 988 und 989 des Bundessteuerblatts 1999 Teil I wird hingewiesen.

2 Eine optische Hervorhebung von Textpassagen durch Einrahmungen und vorangestellte Ankreuzkästchen ist zulässig. Es bestehen auch keine Bedenken, den Namen des Zuwendenden und dessen Adresse untereinander anzuordnen. Die Wortwahl und die Reihenfolge der in den amtlichen Vordrucken vorgeschriebenen Textpassagen sind aber – vorbehaltlich der folgenden Ausführungen – beizubehalten.

3 Auf den Zuwendungsbestätigungen dürfen weder Danksagungen an den Zuwendenden noch Werbung für die Ziele der begünstigten Einrichtung angebracht werden. Entsprechende Texte sind jedoch auf der Rückseite zulässig.

4 Um eine vordruckmäßige Verwendung der Muster zu ermöglichen, bestehen keine Bedenken, wenn auf einem Mustervordruck mehrere steuerbegünstigte Zwecke genannt werden. Der Zuwendungsempfänger hat dann den jeweils einschlägigen Zweck kenntlich zu machen.

5 Soweit in einem Mustervordruck mehrere steuerbegünstigte Zwecke genannt werden, die für den Spendenabzug unterschiedlich hoch begünstigt sind (Spendenabzugsrahmen 5 bzw. 10 v.H.), und die Zuwendung keinem konkreten Zweck zugeordnet werden kann, weil der Spender bei der Hingabe der Zuwendung keine Widmung für einen bestimmten Zweck vorgenommen oder der Zuwendungsempfänger die unterschiedlich hoch begünstigten Spendenzwecke organisatorisch und buchhalterisch nicht voneinander getrennt hat, ist davon auszugehen, daß die Zuwendung nicht berechtigt, den erhöhten Spendenabzug in Anspruch zu nehmen. In diesen Fällen ist der folgende Zusatz zwischen der Verwendungsbestätigung und der Unterschrift des Zuwendungsempfängers in die Zuwendungsbestätigung aufzunehmen:

> „Diese Zuwendungsbestätigung berechtigt nicht zum Spendenabzug im Rahmen des erhöhten Vomhundertsatzes nach § 10b Abs. 1 Satz 2 EStG / § 9 Abs. 1 Nr. 2 Satz 2 KStG oder zum Spendenrücktrag bzw. -vortrag nach § 10b Abs. 1 Satz 3 EStG / § 9 Abs. 1 Nr. 2 Satz 3 KStG. Entsprechendes gilt auch für den Spendenabzug bei der Gewerbesteuer (§ 9 Nr. 5 GewStG)."

Bei mehreren steuerbegünstigten Zwecken, die unterschiedlich hoch begünstigt sind, kann eine Zuwendung – bei entsprechender Widmung durch den Spender und organisatorischer und buchhalterischer Trennung durch den Zuwendungsempfänger – in Teilbeträgen auch verschiedenen Förderzwecken zugeordnet werden (z.B. Geldzuwendung in Höhe von 500 DM, davon 300 DM für mildtätige Zwecke, 200 DM für Entwicklungshilfe nach Abschnitt A Nr. 12 der Anlage 1 zu § 48 Abs. 2 EStDV). Es handelt sich in diesen Fällen steuerlich um zwei Zuwendungen, die entweder jeweils gesondert oder im Rahmen einer Sammelbestätigung (vgl. Rdnr. 6) zu bestätigen sind.

6 Gegen die Erstellung von Sammelbestätigungen für Geldzuwendungen (Mitgliedsbeiträge, Geldspenden), d.h. die Bestätigung mehrerer Zuwendungen in einer förmlichen Zuwendungsbestätigung, bestehen unter folgenden Voraussetzungen keine Bedenken:
- Anstelle des Wortes „Bestätigung" ist das Wort „Sammelbestätigung" zu verwenden.
- Bei „Art der Zuwendung" und „Tag der Zuwendung" ist auf die Rückseite oder die beigefügte Anlage (s.u.) zu verweisen.
- In der Zuwendungsbestätigung ist die Gesamtsumme zu nennen.
- Nach der Bestätigung, daß die Zuwendungen zur Förderung steuerbegünstigter Zwecke verwendet werden, ist folgende Bestätigung zu ergänzen: „Es wird bestätigt, daß über die in der Gesamtsumme enthaltenen Zuwendungen keine weiteren Bestätigungen, weder formelle Zuwendungsbestätigungen noch Beitragsquittungen o.ä., ausgestellt wurden und werden."
- Auf der Rückseite der Zuwendungsbestätigung oder in der Anlage ist jede einzelne Zuwendung mit Datum, Betrag und Art (Mitgliedsbeitrag, Geldspende) und nur im Falle unterschiedlich hoch begünstigter Zwecke auch der begünstigte Zweck aufzulisten. Diese Auflistung muß ebenfalls eine Gesamtsumme enthalten und als „Anlage zur Zuwendungsbestätigung vom ..." gekennzeichnet sein.
- Zu den in der Sammelbestätigung enthaltenen Geldspenden ist anzugeben, ob es sich hierbei um den Verzicht auf Erstattung von Aufwendungen handelt oder nicht (vgl. auch Rdnr. 10). Handelt es sich sowohl um direkte Geldspenden als auch um Geldspenden im Wege des Verzichts auf Erstattung von Aufwendungen, sind die entsprechenden Angaben dazu entweder auf der Rückseite der Zuwendungsbestätigung oder in der Anlage zu machen.
- In der Sammelbestätigung ist anzugeben, auf welchen Zeitraum sich die Sammelbestätigung erstreckt. Die Sammelbestätigung kann auch für nur einen Teil des Kalenderjahrs ausgestellt werden.
- Werden im Rahmen einer Sammelbestätigung Zuwendungen für steuerlich unterschiedlich hoch begünstigte Zwecke bestätigt, dann ist unter der in der Zuwendungsbestätigung genannten Gesamtsumme ein Klammerzusatz aufzunehmen:

    „(von der Gesamtsumme entfallen ... DM auf die Förderung von ... [Bezeichnung der höher begünstigten Zwecke])".

7 Sind lediglich Mitgliedsbeiträge Gegenstand der Zuwendung an Körperschaften im Sinne des § 5 Abs. 1 Nr. 9 KStG, Parteien oder unabhängige Wählervereinigungen, so ist auf der jeweiligen Zuwendungsbestätigung zu vermerken, daß es sich um einen Mitgliedsbeitrag handelt (Art der Zuwendung: Mitgliedsbeitrag – der weitere Begriff Geldzuwendung ist zu streichen). Handelt es sich hingegen um eine Spende, ist bei Art der Zuwendung „Geldzuwendung" anzugeben und im Rahmen der Bestätigung am Ende des Musters zu vermerken, daß es sich hierbei „nicht um Mitgliedsbeiträge, sonstige Mitgliedsumlagen oder Aufnahmegebühren" handelt. Dies ist auch in den Fällen erforderlich, in denen eine Körperschaft Zwecke verfolgt, für deren Förderung Mitgliedsbeiträge und Spenden begünstigt sind. Hat der Spender zusammen mit einem Mitgliedsbeitrag auch eine Geldspende geleistet (z.B. Überweisung von 200 DM, davon 120 DM Mitgliedsbeitrag und 80 DM Spende), handelt es sich steuerlich um zwei Zuwendungen, die entweder jeweils gesondert oder im Rahmen einer Sammelbestätigung (vgl. Rdnr. 6) zu bestätigen sind.

8 Der zugewendete Betrag ist sowohl in Ziffern als auch in Buchstaben zu benennen. Für die Benennung in Buchstaben ist es nicht zwingend erforderlich, daß der zugewendete Betrag in einem Wort genannt wird; ausreichend ist die Buchstabenbenennung der jeweiligen Ziffern. So kann z.B. ein Betrag in Höhe von 1 246 DM als „eintausendzweihundertsechsundvierzig" oder „eins-zwei-vier-sechs" bezeichnet werden. In diesen Fällen sind allerdings die Leerräume vor der Nennung der ersten Ziffer und hinter der letzten Ziffer in geeigneter Weise (z.B. durch „X") zu entwerten.

9 Handelt es sich um eine Sachspende, so sind in die Zuwendungsbestätigung genaue Angaben über den zugewendeten Gegenstand aufzunehmen (z.B. Alter, Zustand, histori-

scher Kaufpreis usw.). Die im Folgenden für die Sachspende nicht zutreffenden Sätze in den entsprechenden Vordrucken sind zu streichen. Stammt die Sachzuwendung nach den Angaben des Zuwendenden aus dessen Betriebsvermögen, dann ist die Sachzuwendung mit dem Entnahmewert anzusetzen. In diesen Fällen braucht der Zuwendungsempfänger keine zusätzlichen Unterlagen in seine Buchführung aufzunehmen, ebenso sind Angaben über die Unterlagen, die zur Wertermittlung gedient haben, nicht erforderlich. Handelt es sich um eine Sachspende aus dem Privatvermögen des Zuwendenden, so hat der Zuwendungsempfänger anzugeben, welche Unterlagen er zur Ermittlung des angesetzten Wertes herangezogen hat. In Betracht kommt in diesem Zusammenhang z.B. ein Gutachten über den aktuellen Wert der zugewendeten Sache oder der sich aus der ursprünglichen Rechnung ergebende historische Kaufpreis unter Berücksichtigung einer Absetzung für Abnutzung. Diese Unterlagen hat der Zuwendungsempfänger zusammen mit der Zuwendungsbestätigung in seine Buchführung aufzunehmen. Der unvollständige Satz in den amtlichen Vordrucken für Sachbestätigungen (Bundessteuerblatt 1999 Teil I Seiten 981, 983, 985) „Geeignete Unterlagen, die zur Wertermittlung gedient haben, z.B. Rechnungen, Gutachten." ist um die Worte „liegen vor" zu ergänzen.

Nach dem Betrag der Zuwendung ist bei Zuwendungen an Körperschaften im Sinne des §5 Abs.1 Nr.9 KStG, Parteien oder unabhängige Wählervereinigungen immer anzugeben, ob es sich hierbei um den Verzicht auf Erstattung von Aufwendungen handelt oder nicht. Dies gilt auch in den Fällen, in denen ein Zuwendungsempfänger grundsätzlich keine Zuwendungsbestätigungen für die Erstattung von Aufwendungen ausstellt. 10

In den Zuwendungsbestätigungen ist auch anzugeben, ob die begünstigten Zwecke im Ausland verwirklicht werden. Wird nur ein Teil der Zuwendung im Ausland verwendet, so ist anzugeben, daß die Zuwendung **auch** im Ausland verwendet wird. Steht im Zeitpunkt der Zuwendung noch nicht fest, ob der Verwendungszweck im Inland oder Ausland liegen wird, ist zu bestätigen, daß die Zuwendung ggf. (auch) im Ausland verwendet wird. 11

Werden Zuwendungen an juristische Personen des öffentlichen Rechts von diesen an andere juristische Personen des öffentlichen Rechts weitergeleitet und werden von diesen die steuerbegünstigten Zwecke verwirklicht, so hat der „Erstempfänger" die in den amtlichen Vordrucken enthaltene Bestätigung wie folgt zu fassen: 12

„Die Zuwendung wird entsprechend den Angaben des Zuwendenden an die ... [Name des Letztempfängers verbunden mit einem Hinweis auf deren öffentlich-rechtliche Organisationsform] weitergeleitet".

Die übrigen Angaben sind zu streichen.

R 111 Abs. 5 EStR 1999 gilt für maschinell erstellte Zuwendungsbestätigungen entsprechend. 13

Die auf den verbindlichen Mustern vorgesehenen Hinweise zu den haftungsrechtlichen Folgen der Ausstellung einer unrichtigen Zuwendungsbestätigung und zu der steuerlichen Anerkennung der Zuwendungsbestätigung (Datum des Freistellungsbescheids bzw. der vorläufigen Bescheinigung) sind auf die einzeln erstellten Zuwendungsbestätigungen zu übernehmen. 14

Nach § 50 Abs. 4 EStDV ist ein Doppel der Zuwendungsbestätigung von der steuerbegünstigten Körperschaft aufzubewahren. Es ist in diesem Zusammenhang zulässig, das Doppel in elektronischer Form zu speichern. Die Grundsätze ordnungsgemäßer DV-gestützter Buchführungssysteme (BMF-Schreiben vom 7.11.1995, Bundessteuerblatt Teil I, S.738) gelten entsprechend. 15

Für Zuwendungen nach dem 31. Dezember 1999 ist das Durchlaufspendenverfahren keine zwingende Voraussetzung mehr für die steuerliche Begünstigung von Spenden. Ab 1. Januar 2000 sind alle gemeinnützigen Körperschaften i.S.d. § 5 Abs. 1 Nr. 9 KStG, die spendenbegünstigte Zwecke verfolgen, zum unmittelbaren Empfang und zur Bestätigung von Spenden berechtigt. Dennoch dürfen öffentlich-rechtliche Körperschaften oder öffentliche Dienststellen auch weiterhin als Durchlaufstelle auftreten und Zuwendungsbestätigungen ausstellen. Sie unterliegen dann aber auch – wie bisher – der Haftung 16 nach § 10b Abs. 4 EStG. Dach- und Spitzenorganisationen können für die ihnen angeschlossenen Vereine dagegen nicht mehr als Durchlaufstelle fungieren.

Gemeinnützigkeitsrecht; Wettbewerbsklausel des § 65 Nr. 3 AO

(BMF v. 29.8.2000, BStBl I 2000 S. 1548)

Die Behandlung eines wirtschaftlichen Geschäftsbetriebs einer gemeinnützigen Körperschaft als Zweckbetrieb setzt nach § 65 Nr. 3 AO u.a. voraus, daß der Betrieb zu nicht begünstigten Betrieben derselben oder ähnlicher Art nicht in größerem Umfang in Wettbewerb tritt, als es bei der Erfüllung der steuerbegünstigten Zwecke unvermeidbar ist.

Der BFH hat mit Urteil vom 30. März 2000 (BStBl II S. 705) hierzu entschieden, daß schon ein potentieller Wettbewerb zur Versagung der Eigenschaft als Zweckbetrieb ausreicht. Dies entspricht der bisherigen Rechtsprechung, auf die sich der BFH in seinem Urteil bezieht, und der bisherigen Auffassung der Finanzverwaltung. Tatsächlich macht der BFH die Entscheidung im Streitfall aber von der konkreten Wettbewerbssituation vor Ort abhängig.

Das BFH-Urteil vom 30. März 2000 ist deshalb in sich widersprüchlich. Soweit der BFH darin für die Steuerpflicht eines wirtschaftlichen Geschäftsbetriebs auf die tatsächliche Wettbewerbssituation abstellt, steht es außerdem im Widerspruch zu der bisherigen Rechtsprechung.

Im Einvernehmen mit den obersten Finanzbehörden der Länder sind die Voraussetzungen des § 65 Nr. 3 AO für die Behandlung einer wirtschaftlichen Betätigung als Zweckbetrieb bereits dann nicht gegeben, wenn ein Wettbewerb mit steuerpflichtigen Unternehmen lediglich möglich wäre, ohne daß es auf die tatsächliche Wettbewerbssituation vor Ort ankommt.

Zuwendungsbestätigungen für Stiftungen; Gesetz zur weiteren steuerlichen Förderung von Stiftungen

(BMF v. 7.12.2000, BStBl I 2000 S. 1557)

Durch das Gesetz zur weiteren steuerlichen Förderung von Stiftungen vom 14. Juli 2000 (BGBl. I S. 1034; BStBl I S. 1192) sind die steuerlichen Begünstigungen für Zuwendungen an Stiftungen des öffentlichen Rechts und an nach § 5 Abs. 1 Nr. 9 des Körperschaftsteuergesetzes steuerbefreite Stiftungen des privaten Rechts rückwirkend ab dem 1. Januar 2000 erweitert worden. Begünstigt sind nach § 10b Abs. 1a EStG Zuwendungen zur Förderung steuerbegünstigter Zwecke im Sinne der §§ 52 bis 54 AO, die anläßlich der Neugründung von entsprechenden Stiftungen bis zum Ablauf eines Jahres nach Gründung in den Vermögensstock dieser Stiftungen geleistet werden, bis zu einem Höchstbetrag von 600 000 DM. Darüber hinaus sind weitere Zuwendungen an die o.a. Stiftungen für die genannten steuerbegünstigten Zwecke – mit Ausnahme der Förderung gemeinnütziger Zwecke im Sinne des § 52 Abs. 2 Nr. 4 AO – bis höchstens 40 000 DM begünstigt.

Um eine zutreffende steuerliche Berücksichtigung zu gewährleisten, sind diese Zuwendungen nach einem amtlich vorgeschriebenen Vordruck zu bestätigen. Im Kalenderjahr 2000 ausgestellte Zuwendungsbestätigungen werden steuerlich auch anerkannt, wenn sie nach den Mustern erstellt sind, die in meinem Schreiben vom 18. November 1999 (BStBl I S. 979) veröffentlicht worden sind. Hierbei ist zu gewährleisten, daß Zuwendungen auch in den Fällen steuerlich zutreffend berücksichtigt werden, in denen sich aus der Bezeichnung des Ausstellers nicht eindeutig ergibt, daß es sich um eine Stiftung handelt. Deshalb ist der Name des Ausstellers der Zuwendungsbestätigung – abhängig von der Rechtsform – um den Klammerzusatz „(Stiftung des öffentlichen Rechts)" oder „(Stiftung des privaten Rechts)" zu ergänzen. Sind bereits Zuwendungsbestätigungen ausgestellt worden, reicht eine gesonderte schriftliche Bestätigung über die Rechtsform unter Bezugnahme auf die Zuwendungsbestätigung aus.

Dies gilt in gleicher Weise für die bis zum 30. Juni 2000 erstellten Zuwendungsbestätigungen, die entsprechend meinem Schreiben vom 14. Januar 2000 (BStBl I S. 132) nach den bis zum Ablauf des Jahres 1999 verwendeten Mustern erstellt worden sind.

Die Grundsätze zur Verwendung der Vordrucke für Zuwendungsbestätigungen in meinem Schreiben vom 18. November 1999 (BStBl I S. 979) und vom 2. Juni 2000 (BStBl I S. 592) gelten auch für die Zuwendungsbestätigungen, die von Stiftungen ausgestellt werden.

Handelt es sich um Zuwendungen anläßlich der Neugründung in den Vermögensstock einer Stiftung bis zum Ablauf eines Jahres nach Gründung, ist die hierfür in den Vordrukken vorgesehene Bestätigung **zwingend** erforderlich. Fehlt diese Bestätigung, ist eine steuerliche Berücksichtigung nur nach Maßgabe des § 10b Abs. 1 EStG möglich.

ANHANG 3
RECHTSPRECHUNG ZUR VEREINSBESTEUERUNG

Datum	Sachverhalt	Urteil	Vorinstanz	Fundstellen
6.6.2000	Steuersatz für die Lieferung von Tonträgern durch einen gemeinnützigen Verein	BFH-Urteil – V B 159/99 –	FG München, Urteil	BFH/NV 2000 S. 1506
3.4.2000	Zur Begründung eines Antrags auf Prozesskostenhilfe für eine inländische juristische Person	BFH-Urteil – I B 97/99 –	FG Köln – 13 K 5008/98 –	BFH/NV 2000 S. 1227
30.3.2000	Unterliegen bei einem Eislaufverein die Eintrittsgelder für den Publikumslauf sowie die Einnahmen aus der Vermietung von Schlittschuhen beim Betrieb des Publikumslaufs dem ermäßigten Steuersatz gem. § 12 Abs. 2 Nr. 8 UStG 1980 oder liegt ein wirtschaftlicher Geschäftsbetrieb vor?	BFH-Urteil – V R 30/99 –	FG Nürnberg EFG 1999 S. 748	BStBl II 2000 S. 705
23.3.2000	Außenprüfung bei gemeinnützigem Verein	FG Köln, Urteil – 2 K 2786/99 –		EFG 2000 S. 910
17.2.2000	Förderung des Skatspiels ist nicht gemeinnützig – nach § 52 Abs. 2 Nr. 4 AO 1977 begünstigte Aktivitäten – Sport – Vertrauen auf normale Brieflaufzeit über die Weihnachtsfeiertage	BFH-Urteil – I R 108 - 109/98 –	Schleswig-Holstein. FG EFG 1999 S. 50	BFH/NV 2000 S. 1071
16.12.1999	Gemeinnützigkeit eines Fußballvereins bei inoffiziellen Zahlungen an Amateurfußballspieler	BFH-Urteil – V S 12/99 –		BFH/NV 2000 S. 996
15.12.1999	Wendet ein Spender einer Kirchengemeinde einen Betrag mit der ausdrücklichen Weisung zu, diesen für einen bestimmten kulturellen Zweck zu verwenden und geschieht dies auch, so fördert er nicht kirchliche Zwecke, sondern ausschließlich und unmittelbar kulturelle Zwecke (Abweichung vom Urteil v. 18.11.1966 VI R 167/66, BFHE 88, 282, BStBl III 1967, 365)	BFH-Urteil – XI R 93/97 –	FG Köln EFG 1997 S. 474	BStBl II 2000 S. 608
23.9.1999	Spendenhaftung: Anzeigenkampagne als Akt politischer Bildung – Anwendungszeitraum von § 48 Abs. 2 EStDV i.V.m. Anlage 7 zu Abschn. 111 Abs. 1 EStR – Volksbildung in Bezug auf politische Bildung in Abgrenzung zur Tagespolitik	BFH-Urteil – XI R 63/98 –	FG Köln EFG 1996 S. 1091	BStBl II 2000 S. 200
23.9.1999	1. Der Antrag festzustellen, ob und in welchem Unfang ein Verein befugt ist, Spendenbestätigungen auszustellen, kann Gegenstand einer Feststellungsklage sein	BFH-Urteil – XI R 66/98 –	FG Berlin EFG 1998 S. 1193	BStBl II 2000 S. 533

Rechtsprechung zur Vereinsbesteuerung

Datum	Sachverhalt	Urteil	Vorinstanz	Fundstellen
	2. § 10b Abs. 1 Satz 1 EStG begünstigt auch weltanschauliche Zwecke.			
6.9.1999	Stundenweise Vermietung oder Verpachtung von Sportanlagen als Vermögensverwaltung bei einer Körperschaft des öffentlichen Rechts – Körperschaftsteuerbefreiung nach § 5 Abs. 1 Nr. 9 KStG – Kein wirtschaftlicher Geschäftsbetrieb bei Sportanlagenvermietung an Schulträger	Hessisches FG – 4 K 2221/99 –		DStRE 2000 S. 302
3.9.1999	Gemeinnützigkeit: Nachweis der Vermögensbindung anhand der Satzung	BFH-Urteil – I B 75/98 –	FG Nürnberg EFG 1998 S. 975	BFH/NV 2000 S. 301
12.8.1999	Eine Spendenbescheinigung ist unrichtig, wenn sie Zuwendungen ausweist, die Entgelt für Leistungen sind	BFH-Urteil – XI R 65/98 –	Schleswig-Holstein. FG EFG 1998 S. 1197	BStBl II 2000 S. 65
27.7.1999	Entgeltliche Überlassung eines Bewirtschaftungsrechts als wirtschaftlicher Geschäftsbetrieb	Niedersächs. FG – VI 824/97 V –		EFG 1999 S. 1162
21.7.1999	Keine Prozesskostenhilfe an gemeinnützigen Verein allein wegen der Pflicht, Mittel nur zu gemeinnützigen Zwecken zu verwenden	BFH-Urteil – I S 6/98 –		BFH/NV 2000 S. 65
21.7.1999	Zuordnung von Ausgaben für ein Vereinsfest in einem wirtschaftlichem Geschäftsbetrieb	BFH-Urteil – I R 55/98 –	FG Nürnberg EFG 1998 S. 1447	BFH/NV 2000 S. 85 HFR 2000 S. 29
8.7.1999	Umsatzsteuer-Tarif bei einem mit hoheitlichen Aufgaben Beliehenen (hier: einem eingetragenen Verein)	Niedersächs. FG – V 362/97 –		EFG 1999 S. 1256
22.6.1999	Antragsberechtigung für InvZul	Hesisches FG – 4 K 3970/97 –		EFG 1999 S. 1197
18.6.1999	Lohnsteuerliche Behandlung von Beihilfe- und Unterstützungszahlungen an die Arbeitnehmer eines gemeinnützigen Vereins im Krankheitsfalle; die Frage, welche Zuschüsse und zweckgebundenen Mittel an den Verein als öffentliche Mittel zu werten sind	FG Baden-Württ. (Stuttgart) – 12 K 319/95 –		
27.4.1999	Nicht jede dem Satzungszweck eines gemeinnützigen Vereins unmittelbar dienende wirtschaftliche Betätigung ist als Zweckbetrieb i.S. des § 65 AO zu sehen	FG Nürnberg – II 80/98 –		EFG 1999 S. 748 UVR 2000 S. 109
11.3.1999	Ein Verein, der satzungsgemäß einem gemeinnützigen Zweck dient, verfolgt diesen auch dann ausschließlich, wenn in der Satzung neben dem ge-	BFH-Urteil – V R 57, 58/96 –	FG Köln EFG 1997 S. 186	BStBl II 1999 S. 331

249

Anhang 3

Datum	Sachverhalt	Urteil	Vorinstanz	Fundstellen
	meinnützigen Zweck als weiterer Vereinszweck „Förderung der Kameradschaft" genannt wird und sich aus der Satzung ergibt, dass damit lediglich eine Verbundenheit der Vereinsmitglieder angestrebt wird, die aus der gemeinnützigen Vereinstätigkeit folgt			
8.3.1999	Benefizveranstaltungen als steuerpflichtiger wirtschaftlicher Geschäftsbetrieb	FG München – 7 K 3032/96 –		
24.2.1999	Gemeinnützigkeit eines Sportvereins: Schädlichkeit bezahlten Fußballs bei satzungsgemäßem Verzicht auf Berufssport; Unbestimmtheit der Satzung bzgl. Unverhältnismäßigkeit von Vergütungen; Unkenntnis des Vorstands von der Zahlung von Spielergehältern durch Dritte	FG Köln – 13 K 242/90 –		EFG 1999 S. 746
28.1.1999	Grobfahrlässige Unkenntnis der Gemeinnützigkeitsschädlichkeit – kein besonderer Vorteil des Spenders bei Spende für die Bewässerungsanlage eines Golfclubs	FG Köln – 15 K 2499/98 –		
29.10.1998	Gemeinnützigkeit eines Vereins, der ein völkerverständigendes Stadtprojekt materiell fördert	FG Bremen – 4 97 162 K 1 –		EFG 1999 S. 526
23.10.1998	Keine Gemeinnützigkeit eines Skatvereins	Schleswig-Holstein. FG – II 809/95 –		EFG 1999 S. 50
24.9.1998	§ 4 Nr. 20 Buchst. a UStG ermächtigt die zuständige Landesbehörde zu bescheinigen, dass die begünstigten Unternehmer die in der Vorschrift bezeichneten Aufgaben erfüllt haben. Die Wirkung der Bescheinigung bezieht sich auf den in ihr bezeichneten Zeitraum vor der Bekanntgabe	BFH-Urteil – V R 3/98 –	FG Münster EFG 1998 S. 510	BStBl II 1999 S. 147
23.9.1998	1. Das FA darf durch eine einstweilige Anordnung verpflichtet werden, eine Bescheinigung über die vorläufige Anerkennung des Antragstellers als eine gemeinnützigen Zwecken dienende Körperschaft zu erteilen, sofern der Antragsteller zur Erfüllung seiner satzungsmäßigen und ihrer Art nach gemeinnützigen Zwecke auf den Erhalt steuerbegünstigter Spenden angewiesen und seine wirtschaftliche Existenz ohne eine derartige Regelungsordnung bedroht ist	BFH-Beschluss – I B 82/98 –	Niedersächsisches FG	BStBl II 2000 S. 320

Rechtsprechung zur Vereinsbesteuerung

Datum	Sachverhalt	Urteil	Vorinstanz	Fundstellen
	(Änderung der Rechtsprechung). 2. Es kann ein Verstoß gegen das Gebot der Selbstlosigkeit sein, wenn eine Körperschaft, deren Satzungszwecke auf die Unterstützung hilfsbedürftiger Personen gerichtet sind und die sich weitgehend durch Geldspenden finanziert, ihre Mittel nicht überwiegend für die satzungsmäßigen steuerbegünstigten Zwecke, sondern zur Deckung der Verwaltungskosten und für die Spendenwerbung verwendet			
8.9.1998	Paintballspiel kein Schießsport	Niedersächs. FG – VI 366/94 –		EFG 1998 S. 1667
23.6.1998	Ein ehrenamtlich und unentgeltlich tätiger Vorsitzender eines Vereins, der sich als solcher wirtschaftlich betätigt und zur Erfüllung seiner Zwecke Arbeitnehmer beschäftigt, haftet für die Erfüllung der steuerlichen Verbindlichkeiten des Vereins grundsätzlich nach denselben Grundsätzen wie ein Geschäftsführer einer GmbH	BFH-Urteil – VII R 4/98 –	FG Münster EFG 1998 S. 702	BStBl II 1998 S. 761
19.5.1998	Allgemein-politische Betätigung eines Studentenverbandes gemeinnützigkeitsschädlich	FG Köln – 13 K 521/93 –		EFG 1998 S. 1665
24.3.1998	Zur Gemeinnützigkeit eines Vereins: Vermögensbindung, formelle Satzungsmäßigkeit, Treu und Glauben	FG Nürnberg – I 260/94 –		EFG 1998 S. 975
26.1.1998	Spendenberechtigung von Weltanschauungsgemeinschaften	FG Berlin – 8 K 8264/97 –		EFG 1998 S. 1193
21.1.1998	Verbindlichkeiten, die in Ausführung des Stiftungsgeschäftes auf die Stiftung übergehen, mindern von vornherein das der Stiftung zugewendete Vermögen; der zur Erfüllung derartiger Ansprüche notwendige Teil des Stiftungsvermögens steht den satzungsmäßigen Zwecken der Stiftung von Anfang an nicht zur Verfügung. Die Erfüllung derartiger Ansprüche stellt keinen Verstoß gegen die Gebote der Selbstlosigkeit und Ausschließlichkeit dar; für die Anwendung des § 58 Nr. 5 AO 1977 ist insoweit kein Raum	BFH-Urteil – II R 16/95 –	FG München EFG 1995 S. 650	BStBl II 1998 S. 758
14.1.1998	Haftungsinanspruchnahme wegen Fehlverwendung von Spendengeldern	Hessisches FG – 4 K 2594/94 –		EFG 1998 S. 757

STICHWORTVERZEICHNIS

Die Großbuchstaben bezeichnen die Fächer und die Zahlen die Randziffern in dem jeweiligen Fach.

A

Abgabenordnung
– Auszug, §§ 51–68 **Anh. 1**

Abzugsteuer gem. § 50 Abs. 4 EStG
– BMF-Schreiben **Anh. 2**

Abzugsverfahren **L** 228 ff.
– Anmeldung und Abführung **L** 226 f.
– Bemessungsgrundlage **L** 231
– Differenzbesteuerung **L** 229 f.
– Einbehaltung und Abführung **L** 224
– Nullregelung **L** 225
– Rechtsgrundlage **L** 228 ff.
– Steuersatz **L** 231
– Umsatzsteuer **L** 222 ff.

AEAO
– Auszug, zu §§ 51–68 **Anh. 1**

Amateurfunken
– Förderung der Allgemeinheit **B** 26

Anstalten
– Körperschaftsteuer **A** 5

Arbeitnehmer **H** 15
– Lohnsteuerpflicht **H** 6
– Sportler **H** 10 ff.

Arbeitskräfte
– Überlassung **B** 59 f.

Arbeitsleistung
– nichtsteuerbare Umsätze **L** 82

Aufnahmegebühr **B** 5 ff., 10
– Förderung der Allgemeinheit **B** 4
– nichtsteuerbare Umsätze **L** 82

Aufwandsentschädigung
– im Sport **B** 226 ff.

Aufwandsspenden
– steuerliche Anerkennung **Anh. 2**

Aufwendungsersatzansprüche **Anh. 2**

Aufzeichnungspflicht **L** 190 ff.
– Differenzbesteuerung (Gebrauchtgegenstände) **L** 232 ff.
– Gebrauchtgegenstände **L** 232 ff.
– nach § 22 UStG **L** 190 ff.
– nach § 66a UStDV **L** 197

Ausländische Sportler und Künstler **H** 45 ff.
– Abzugsteuer **H** 47 ff.
– ausländischer Kulturverein **H** 55
– Doppelbesteuerungsabkommen (DBA) **H** 54
– gesetzliche Grundlage **H** 45 ff.
– Steuerabzug **H** 48 ff.
– Veranlagung zur Einkommensteuer **H** 52
– zuständiges Finanzamt **H** 52
– Zuständigkeit, Verfahren **H** 52 f.

Ausschließlichkeit (§ 56 AO) **B** 43 f.
– Ausnahmen vom Grundsatz **B** 43
– Ausübung der satzungsmäßigen Zwecke **B** 43
– vermögensverwaltende Tätigkeit **B** 44

B

Ballonfahren **B** 30

Bemessungsgrundlage
– Abzugsverfahren, umsatzsteuerlich **L** 231
– Eigenverbrauch **L** 112 f.
– Grunderwerbsteuer **O** 16
– Leistungen an das Personal **L** 118 ff.
– Solidaritätszuschlag **E** 2 ff.
– Umsatzsteuer **L** 108 ff.

Beschäftigungsgesellschaften und ähnliche Körperschaften
– Körperschaftsteuer **D** 26 f.

Besteuerungsgrenze
– Charakter des wirtschaftlichen Geschäftsbetriebs **B** 144
– Kapital- und Zinsabschlagsteuer **I** 24 f.
– missbräuchliche Ausnutzung **B** 148 ff.
– Untergliederungen, funktionale **B** 149
– Untergliederungen, regionale **B** 150
– Unterschreitung **B** 144 ff.
– Verlustabzug gemäß § 10d EStG **B** 146 f.
– Verwendung gebundener Mittel **B** 145

Stichwortverzeichnis

Besteuerungsgrundlagen
- Körperschaftsteuer **D** 28 ff.

Betätigungen
- bezahlter Sport neben unbezahltem Sport **B** 88
- Bildung von Betriebsmittelrücklagen **B** 73, 78
- Bildung von Rücklagen **B** 79, 85 f.
- Förderverein/Spendensammelverein **B** 57
- gesellige Veranstaltung **B** 87
- Hallenbauverein **B** 63
- Investitionsrücklage **B** 69 ff.
- Mittel an andere Körperschaften **B** 58
- steuerlich unschädlich **B** 57 ff.
- Überlassung von Arbeitskräften **B** 59 f.
- Überlassung von Räumen **B** 61 f.
- Überlassung von Sportstätten **B** 61 f.
- Vermögenszuführung bei Stiftungen **B** 93 f.
- Verwendung von Einkommen **B** 64 ff.
- Zuführung von Mitteln **B** 92 ff.
- Zuschüsse an Wirtschaftsunternehmen **B** 89

Betriebsmittelrücklage
- Betätigungen **B** 73, 78

Bildung
- Förderung der Allgemeinheit **B** 26

Blutspendedienste des DRK
- Körperschaftsteuer **D** 24

BMF-Schreiben
- im Abdruck **Anh. 2**

Bonsaikunst **B** 30

Buchführungspflicht **C** 1 ff.
- Aufzeichnungen in den Tätigkeitsbereichen **C** 3
- Auskunfts- und Rechenschaftspflicht **C** 1
- Gewinnermittlung durch Betriebsvermögensvergleich **C** 13 ff.
- Gewinnermittlung durch Einnahme-Überschuss-Rechnung **C** 17 ff.
- Kontenklassen-Übersicht **C** 15
- Nachweis über die Geschäftsführung **C** 2
- Überschussermittlung für die Tätigkeitsbereiche **C** 18
- Vorschriften der Abgabenordnung **C** 6 ff.
- wirtschaftlicher Geschäftsbetrieb **C** 5 ff.

C

CB-Funken
- Förderung der Allgemeinheit **B** 28

D

Dachverband
- Unmittelbarkeit (§ 57 AO) **B** 47 f.

Denkmalschutz
- Förderung der Allgemeinheit **B** 26

Differenzbesteuerung
- Gebrauchtgegenstände **L** 229 f., 232 ff.

Drachenbaumodell
- Förderung der Allgemeinheit **B** 28

Durchlaufspende
- Spendenrecht **F** 17

E

Echte Zuschüsse
- nichtsteuerbare Umsätze **L** 82

Ehrenamtliche Tätigkeit
- Vergütung **H** 32 ff.

Eigenverbrauch
- Bemessungsgrundlage **L** 112 f.
- Gegenstandsentnahme **L** 112 f.

Eingetragener Verein **A** 3

Einkommensteuergesetz
- Auszug, § 3 Nr. 26 **Anh. 1**

Einkommensverwendung
- Unterhalt eines Stifters und der nächsten Angehörigen **B** 64 ff.

Eisenbahnverein
- Förderung der Allgemeinheit **B** 28

Entwicklungshilfe
- Förderung der Allgemeinheit **B** 26

Erbschaftsteuer/Schenkungsteuer **M** 1 ff.
- Begriffsbestimmung **M** 2 ff.
- Einschränkung der Steuerbefreiung **M** 13 ff.
- Freibetrag **M** 22
- Rechtsgrundlagen **M** 1

Stichwortverzeichnis

- Steuerbefreiung **M** 9 ff.
- Steuerklasse **M** 21
- Steuerpflicht **M** 5 ff.
- Steuersatz **M** 23
- Steuerschuldner **M** 25 ff.
- Wegfall der Steuerbefreiung **M** 19 ff.
- Zuwendungen **M** 19 ff.
- Zweckbetrieb **M** 13, 18

Erwerbsschwelle
- Umsatzsteuer-Binnenmarktgesetz **L** 202 ff.

EStDV
- Auszug, §§ 48–50 **Anh. 1**

F

Förderung der Allgemeinheit **B** 26 ff.
- Amateurfunken **B** 26
- Aufnahmegebühren **B** 4
- Bildung und Erziehung **B** 26
- CB-Funken **B** 28
- Denkmalschutz **B** 26
- Drachenbaumodell **B** 28
- durchschnittliche Aufnahmegebühr **B** 10 ff.
- durchschnittlicher Mitgliedsbeitrag **B** 10 ff.
- Eisenbahnverein **B** 28
- Entwicklungshilfe **B** 26
- Förderung des demokratischen Staatswesens **B** 26
- Forschung **B** 26
- Freizeitaktivitäten **B** 28
- Gesundheitswesen **B** 26
- Heimatgedanke **B** 26
- Investitionsdarlehen **B** 8
- Investitionsumlage **B** 5 ff.
- Kleingärtnerei **B** 26
- Kunst, Kultur **B** 26
- Landschaftsschutz **B** 26
- nicht begünstigte Freizeitaktivitäten **B** 29
- Pflanzenzucht **B** 26
- Pflege des Brauchtums **B** 26
- Platzbenutzungsgebühr **B** 10
- Religion **B** 26
- Schach **B** 26
- Soldaten- und Reservistenbetreuung **B** 26
- Spielgeldvorauszahlungen **B** 10
- Sport **B** 26
- Tierzucht **B** 26
- Umlagen **B** 4
- Umweltschutz **B** 26
- Völkerverständigung **B** 26
- Wissenschaft **B** 26
- Wohlfahrtswesen **B** 26

Förderung des demokratischen Staatswesens
- Förderung der Allgemeinheit **B** 26

Förderverein
- Betätigungen **B** 57
- Unmittelbarkeit (§ 57 AO) **B** 49

Forschung
- Förderung der Allgemeinheit **B** 26

Freigrenze
 s. „Erwerbsschwelle"

Freizeitaktivität
- Förderung der Allgemeinheit **B** 28

G

Gebrauchtgegenstände
- Aufzeichnungspflichten **L** 233 ff.
- Differenzbesteuerung **L** 232 ff.
- offener Steuerausweis **L** 233
- Verzicht auf die Anwendung der Differenzbesteuerung **L** 232

Gefährdungshaftung
- Spendenbestätigung **F** 45 ff.

Gegenstandsentnahme
- Eigenverbrauch **L** 112 f.
- Umsatzsteuer **L** 113

Gemeinnützige Körperschaften
- eingetragener Verein **A** 3 ff.
- Gesellschaften des bürgerlichen Rechts **A** 5
- Kommanditgesellschaft **A** 4
- Körperschaften **A** 2
- nicht eingetragener Verein **A** 3
- Offene Handelsgesellschaft **A** 3
- Rechtsform **A** 2
- Rechtsgrundlagen **A** 1
- Stiftungen **A** 3
- wirtschaftlicher Geschäftsbetrieb **A** 9

Gemeinnützige Zwecke (§ 52 AO) **B** 4 ff.
 s. auch „Förderung der Allgemeinheit"

Stichwortverzeichnis

Gemeinnützigkeit
- allgemeine Voraussetzungen **B** 3
- Anerkennung **B** 1 ff.
- Anerkennungsverfahren **B** 252 ff.
- Außenprüfung **B** 260
- Bereitstellung zinsgünstiger oder zinsloser Darlehen **B** 31
- erstmalige Überprüfung **B** 255 f.
- Förderung arbeitender Personen **B** 31
- Förderung der Industrieansiedlung und Wirtschaftsförderung **B** 31
- Förderung der Interessen der Mitglieder **B** 31
- Förderung des Berufssports **B** 31
- Körperschaftsteuerbescheid **B** 259
- Krankenhäuser **B** 177 ff.
- Pflege der Geselligkeit der Mitglieder **B** 31
- regelmäßige Überprüfung **B** 257 ff.
- sinnvolle Freizeitbeschäftigung **B** 31
- Steuerbefreiungen in den Einzelsteuergesetzen **B** 1
- Überprüfung **B** 255 ff.
- Vermögensbindung **B** 42
- Versagung **B** 31
- Voraussetzungen für Steuerbegünstigungen **B** 1 ff.
- vorläufige Bescheinigung **B** 55, 253 ff.
- Zuwendungsbestätigungen **B** 258

Gemeinnützigkeitsrecht
- Ausgleich von Verlusten **Anh. 2**
- Verwaltung und Spendenwerbung **Anh. 2**
- vorläufige Bescheinigung **Anh. 2**
- Wettbewerbsklausel **Anh. 2**

Gesellschaft des bürgerlichen Rechts **A** 4

Gesellschaft mit beschränkter Haftung **A** 6

Gesetzesauszüge **Anh. 1**

Gesetzlicher Vertreter
- Auskunfts- und Rechenschaftspflicht **C** 1 ff.
- Haftung bei Steuerverkürzung und Steuerhinterziehung **B** 265
- Haftung des Vorstandes aus Ansprüchen aus dem Steuerschuldverhältnis **B** 262
- Pflichten **B** 261 ff.

Gesundheitswesen
- Förderung der Allgemeinheit **B** 26

Gewerbeertrag **K** 9 ff.

Gewerbesteuer **K** 1 ff.
- Begriffsbestimmung **K** 2
- Besteuerungsgrundlage **K** 8
- Erhebung der Gewerbesteuer **K** 29
- Ermittlung des Gewerbeertrags **K** 9 ff.
- Gewerbesteuererklärung **K** 29
- Gewerbeverluste vorangegangener Erhebungszeiträume **K** 20 ff.
- Hinzurechnungen **K** 15 ff.
- Kürzungen **K** 19
- Rechtsgrundlagen **K** 1
- Spendenabzug **K** 9
- Steuerbarkeit **K** 1 ff.
- Steuerbefreiung **K** 3 f.
- Steuermessbetrag **K** 24
- Steuerpflicht des wirtschaftlichen Geschäftsbetriebs **K** 7
- Vermögensverwaltung **K** 11

Großspenden **F** 19, 25

Grunderwerbsteuer **O** 11 ff.
- Ausnahmen von der Besteuerung **O** 13 ff.
- Bemessungsgrundlage **O** 16
- Fälligkeit **O** 19
- Rechtsgrundlagen **O** 11
- Steuergegenstand **O** 12
- Steuersatz **O** 17
- Steuerschuldner **O** 18
- Zuständigkeit, örtliche **O** 20

Grundsteuer **O** 1 ff.
- Ausschluss von der Steuerbefreiung **O** 7 f.
- Erlass **O** 10
- Heberecht **O** 2
- Rechtsgrundlagen **O** 1
- Steuerbefreiung **O** 3 ff.
- Steuergegenstand **O** 2
- wirtschaftlicher Geschäftsbetrieb **O** 7 f.
- Wohnräume **O** 7

Grundstück
- Umsatzsteuer **L** 21 ff.

H

Haftung
- gesetzlicher Vertreter **B** 262 ff.

Haftungsschuldner
- Spendenbestätigung **F** 49 ff.

Stichwortverzeichnis

Hallenbauverein
- Betätigungen **B** 63

Heimatgedanke
- Förderung der Allgemeinheit **B** 26

I

Ideeller Bereich
- Umsatzsteuer **L** 7

Investitionsdarlehen
- Förderung der Allgemeinheit **B** 8

Investitionsrücklage
- Betätigungen **B** 69 ff.

Investitionsumlage
- Förderung der Allgemeinheit **B** 5

Investitionszulagengesetz
- Anspruchsberechtigte **J** 2
- Ausschluss von der Investitionszulage **J** 11
- begünstigte Investitionen **J** 4
- ertragsteuerliche Behandlung **J** 12
- Fördergebiete **J** 3
- Höhe der Investitionszulage **J** 13
- Rechtsgrundlage **J** 1

K

Kapital- und Zinsabschlagsteuer
- Abstandnahme vom Steuerabzug **I** 9 ff.
- Begriffsbestimmung **I** 2 ff.
- Bemessung **I** 8
- Besteuerung der Zinsen **I** 18 ff.
- Besteuerungsgrenze **I** 24 f.
- Einkünfte aus Kapitalvermögen **I** 23
- Erstattung der Kapitalertragsteuer **I** 14 ff.
- funktionale Untergliederungen **I** 18
- Körperschaftsteuer-Veranlagung **I** 24
- Nichtveranlagungs(NV)-Bescheinigung **I** 10 f.
- Rechtsgrundlagen **I** 1
- regionale Untergliederungen **I** 19
- Steuerbefreiung **I** 12 ff.
- Steuerpflicht **I** 20 ff.
- wirtschaftlicher Geschäftsbetrieb **I** 20 ff.

Kirchengemeinde
- Spendenrecht **F** 5

Kirchliche Zwecke (§ 54 AO) **B** 21 ff.

Kleidersammlung
- Körperschaftsteuer **D** 21 f.

Kleingärtnerei
- Förderung der Allgemeinheit **B** 26

Kommanditgesellschaft **A** 4

Körperschaften
- gemeinnützige – **A** 2

Körperschaftsteuer **D** 1 ff.
- Anrechnungsverfahren **D** 50 ff.
- Ausgliederung eines wirtschaftlichen Geschäftsbetriebs **D** 12
- Beschäftigungsgesellschaften und ähnliche Körperschaften **D** 26 f.
- Besteuerungsgrundlagen **D** 28 ff.
- Beteiligung an einer Kapitalgesellschaft **D** 11 ff., 45 ff.
- Beteiligung an einer Personengesellschaft **D** 17
- Betriebsaufspaltung **D** 15 f.
- Betriebsvermögensvergleich **D** 34
- Blutspendedienste des DRK **D** 24
- Einlagen der Anteilseigner **D** 72
- Einnahme-Überschuss-Rechnung **D** 33
- Erhöhung **D** 67 ff.
- gemeinnützige Kapitalgesellschaften **D** 34
- Geschäftsaufgabe **D** 39
- gesetzliche Grundlagen **D** 1
- Guthaben **D** 59 ff.
- Halbeinkünfteverfahren **D** 50 ff.
- Kapitalertragsteuer **D** 75 ff.
- Kleidersammlung **D** 21 f.
- Krankenhausapotheke **D** 18
- Minderung **D** 59 ff.
- Musikverein **D** 25
- nicht befreite Tätigkeiten **D** 9
- Spendenabzug **D** 40 ff.
- Steuerbefreiung **D** 5 ff.
- Steuerpflicht **D** 2 ff.
- Steuersenkungsgesetz **D** 45 ff.
- Tätigkeitsbereiche **D** 8
- Umwandlung **D** 73 f.
- Verlustabzug **D** 37
- Verlustabzug und -vortrag **D** 38
- Verzicht auf Steuerbefreiung **D** 7
- Wandervereine **D** 19
- Werbeaufschriften **D** 23
- Wohlfahrtsbriefmarken **D** 20
- zu versteuerndes Einkommen **D** 33 ff.

Körperschaftsteuerbescheid
- Gemeinnützigkeit B 259

Körperschaftsteuergesetz
- Auszug, §§ 5 Abs. 1 Nr. 9, 9 **Anh. 1**

Körperschaftsteuerpflicht A 1 ff.
- Geschäftsleitung A 7
- Sitz A 7
- Steuerbefreiung A 8 f.
- unbeschränkte Steuerpflicht A 7

Kraftfahrzeugsteuer O 19 ff.
- Ausnahmen O 24 f.
- Rechtsgrundlage O 23

Kraftfahrzeugsteuergesetz O 23 f.

Krankenhaus
- Begriff B 177
- Gemeinnützigkeit B 177 ff.
- Krankenhauswäscherei B 181
- Zweckbetriebseigenschaft B 178

Krankenhausapotheke
- Körperschaftsteuer D 18

Kunst, Kultur
- Förderung der Allgemeinheit B 26

Künstler
  s. auch „Ausländische Sportler und Künstler"
- Vergütung für ausländische – H 45 ff.

L

Landschafts- und Denkmalschutz
- Förderung der Allgemeinheit B 26

Lohnsteuer H 1 ff.
- Abgrenzungsprobleme bei Tätigkeiten von Vereinsmitgliedern H 8
- Arbeitnehmertätigkeit H 10 ff.
- Ausnahmen von der Arbeitnehmertätigkeit H 13 f.
- Begriffsbestimmung H 2 ff.
- ehrenamtliche Tätigkeit H 4
- Rechtsgrundlagen H 1
- Steuerpflicht von Arbeitnehmern H 6
- Werbetätigkeit eines Sportlers H 10 ff.

Lotteriesteuer N 1 ff.
- ausländische Lose N 8
- Ausnahmen von der (Lotterie-)Besteuerung N 13
- Bemessungsgrundlage N 5 ff.

- Entstehung der Steuerschuld M 9 ff.
- ertragsteuerliche Behandlung N 14 ff.
- Genehmigungsbehörde N 2 ff., 14, 18
- Genehmigungsbescheid N 15
- gesetzliche Grundlagen N 1
- Schuldner N 10
- Steuersatz N 5 ff.
- Totalisatorwetten N 6
- umsatzsteuerliche Behandlung N 20 f.
- wirtschaftlicher Geschäftsbetrieb N 18
- Zweckbetrieb N 14 ff.

M

Mäzenatentum G 17

Mildtätige Zwecke (§ 53 AO) B 13 ff.
- persönliche Hilfsbedürftigkeit B 13
- wirtschaftliche Hilfsbedürftigkeit B 13 f.

Mindestbemessungsgrundlage
- Umsatzsteuer L 110 ff.

Mitgliederwerbung B 39

Mitgliedsbeiträge B 5 ff., 33
- nichtsteuerbare Umsätze L 82

Mittel des Vereins B 33 ff.
- Ausgaben für Mitgliederwerbung B 39
- Ausgleich von Verlusten B 38
- Einkünfte aus dem Vermögensbereich B 33
- Mitgliedsbeiträge, Zuschüsse, Spenden B 33
- Mittelverwendung B 33 ff.
- schädliche Mittelverwendung B 37 ff.
- Vergütungen an Mitglieder B 41
- Vermögensbindung B 42
- Vorteile für Mitglieder B 40
- wirtschaftlicher Geschäftsbetrieb B 33, 37
- Zweckbetrieb B 33

Musikverein
- Körperschaftsteuer D 25

Mustersatzung B 54 ff.
- AEAO **Anh. 1**

Stichwortverzeichnis

N

Nichtrechtsfähige Vereine A 3

Nichtsteuerbare Umsätze
- Arbeitsleistung L 82
- Aufnahmegebühren L 82
- echte Zuschüsse L 82
- Einnahmen im nichtunternehmerischen Bereich L 82
- Erbschaften L 82
- Mitgliedsbeiträge L 82
- Schenkungen L 82
- Spenden L 82
- Umlagen L 82

Nichtunternehmerischer Bereich
- nichtsteuerbare Umsätze L 82

O

Offene Handelsgesellschaft A 4

P

Pflanzenzucht
- Förderung der Allgemeinheit B 26

Pflege des Brauchtums
- Förderung der Allgemeinheit B 26

R

Räume
- Überlassung von – B 61 f.

Rechtsfähiger Verein A 3 ff.

Rechtsform
- gemeinnützige Körperschaften A 2

Rechtsprechung
- wichtige Urteile (Fundstellen) Anh. 3

Religion
- Förderung der Allgemeinheit B 26

Rücklagen
- Bildung von – B 69 ff.
- Erhaltung der prozentualen Beteiligung an einer Kapitalgesellschaft B 85 f.
- Vermögensverwaltung B 79

S

Satzung
- Anforderungen an die – B 51 ff.
- Mustersatzung B 54 ff.
- Verwirklichung der Satzungszwecke B 51
- vorläufige Bescheinigung B 55
- zeitliches Vorliegen satzungsmäßiger Voraussetzungen B 52 ff.

Schach
- Förderung der Allgemeinheit B 26

Schenkungsteuer
 s. „Erbschaftsteuer/Schenkungsteuer"

Selbstlosigkeit (§ 55 AO) B 32 ff.
- Begünstigung von Personen B 32
- Mittelverwendung B 32
- Vermögensbindung B 32
- Vermögensverwendung B 32

Soldaten- und Reservistenbetreuung
- Förderung der Allgemeinheit B 26

Solidaritätszuschlag E 1 ff.; H 30
- Abgabepflicht und Bemessungsgrundlage E 2 ff.
- gesetzliche Grundlagen E 1
- Zuschlagsatz E 6

Spenden B 33
 s. auch „Spendenrecht"
- nichtsteuerbare Umsätze L 82

Spendenabzug
- Gewerbesteuer K 9
- Körperschaftsteuer D 40 ff.
- steuerpflichtige Körperschaft F 20 ff.

Spendenbescheinigung
- Missbrauch F 43 f.

Spendenbestätigung
- Gefährdungshaftung (Veranlasserhaftung) F 45 ff.
- Haftungsschuldner F 49 ff.
- Missbrauch bei Spendenbescheinigungen F 43 f.
- Verletzung des Vertrauensschutzes F 53
- Verschuldungshaftung (Ausstellerhaftung) F 45
- Vertrauensschutz für Spender F 42 ff.

Spendenrecht A 10; F 1 ff.
- Aufbewahrungspflicht F 39 ff.
- Aufwandsspenden F 11 ff.

Stichwortverzeichnis

- Begriffsbestimmung **F** 2 ff.
- Blutspenden **F** 15
- Durchlaufspende **F** 17
- einkommensteuerpflichtige Person **F** 1 ff.
- Empfangsberechtigung **F** 26 ff.
- Großspenden **F** 19, 25
- Rechtsgrundlagen **F** 1, 20
- Sachspenden **F** 14
- Spende an eine Kirchengemeinde **F** 5
- Spendennachweis **F** 36 ff.
- steuerpflichtige Körperschaft **F** 20 ff.
- Stiftungen **F** 8 ff.
- Vermächtniszuwendungen **F** 4

Spendensammelverein
- Betätigungen **B** 57

Spielgeldvorauszahlung
- Förderung der Allgemeinheit **B** 10

Sponsoring G 1 ff.
- Begriffsbestimmung **G** 3 ff.
- Behandlung beim Empfänger **G** 15
- Berücksichtigung als Spende **G** 13
- Betriebsausgaben **G** 8
- Geschenke **G** 12
- Gleichwertigkeit der gegenseitigen Leistungen **G** 11
- Kosten der privaten Lebensführung **G** 14
- Mäzenatentum **G** 17
- Sozio-Sponsoring **G** 16
- verdeckte Gewinnausschüttung **G** 14
- wirtschaftliche Vorteile **G** 9
- Zuordnung beim Spender **G** 8
- Zuwendungsbestätigungen **G** 18 ff.

Sport
s. auch „Sportliche Veranstaltung"
- Förderung der Allgemeinheit **B** 26

Sportförderung B 210 ff.

Sportler
s. auch „Ausländische Sportler und Künstler"
- Vergütung **B** 217, 231 ff., 235 ff.
- Vergütung für ausländische – **H** 45 ff.
- Werbetätigkeit **H** 10 ff.

Sportliche Veranstaltung
- Ablösesummen **B** 246 ff.
- Begriffsbestimmung **B** 207 ff., 207 ff.
- Bezahlung von Sportlern **B** 217

- Bezahlung von Sportlern und Nichtmitgliedern **B** 235 ff., 242
- Einnahmen außerhalb einer – **B** 219 ff.
- Einnahmen von Spielgemeinschaften **B** 218
- Förderung der bezahlten Veranstaltungen **B** 210 ff.
- Förderung des bezahlten Sports **B** 210 ff.
- Liebhaberei im Sport **B** 240
- ohne Teilnahme bezahlter Sportler **B** 226 ff.
- pauschale Vergütung an Amateur-Sportler **B** 231 ff.
- steuerliche Behandlung im bezahlten Sport **B** 251
- Tanzsportverein **B** 215
- Vergütungen an Trainer/Spielertrainer **B** 243 ff.
- Werbeeinnahmen **B** 221
- wirtschaftlicher Geschäftsbetrieb **B** 121 f., 210 ff.
- Zweckbetriebseigenschaft **B** 212
- Zweckbetriebsgrenze **B** 216, 222 ff.

Sportstätten
- Überlassung von – **B** 61 f.

Steueranmeldung
- Umsatzsteuer **L** 219 ff.

Steuerbare Umsätze
- Entnahme von Gegenständen **L** 58 ff.
- Entnahme von sonstigen Leistungen **L** 61 ff.
- Hilfsgeschäfte **L** 64 ff.
- innergemeinschaftlicher Erwerb **L** 71 ff.
- Leistungen an Arbeitnehmer **L** 52
- Leistungen an Vereinsmitglieder **L** 44
- Leistungsaustausch mit Dritten **L** 46 ff.
- steuerbare und steuerpflichtige Leistungen **L** 79 ff.
- unentgeltliche Leistungen an Mitglieder **L** 51
- Unternehmer, „beliehener" **L** 78
- Wirtschaftgüter, Einfuhr **L** 69 f.
- Wirtschaftgüter, Verkauf **L** 67 f.

Steuerbefreiung A 8 f.
s. auch „Umsatzsteuerbefreiung"
- Ausschluss **A** 9
- Erbschaftsteuer/Schenkungsteuer **M** 2
- Gewerbesteuer **K** 3

Stichwortverzeichnis

- Grundsteuer **O** 3 ff.
- in den Einzelsteuergesetzen **B** 1
- Kapital- und Zinsabschlagsteuer **I** 12 ff.
- Körperschaftsteuer **D** 5 ff.
- Umsatzsteuer **A** 11; **L** 83 ff.
- Umsatzsteuerbefreiung **L** 83 ff.
- wirtschaftlicher Geschäftsbetrieb **A** 9

Steuerbegünstigung
- Voraussetzungen **B** 1 ff.

Steuerermäßigung
- Umsatzsteuer **A** 11

Steuersatz
- Aberkennung der Gemeinnützigkeit **L** 136 f.
- Besteuerungstatbestände **L** 126 ff.
- Erbschaftsteuer/Schenkungsteuer **M** 5
- ermäßigter Steuersatz **L** 122 ff.
- Grunderwerbsteuer **O** 17
- Lotteriesteuer **N** 5 ff.
- Personenvereinigung **L** 129 ff.
- Regelsteuersatz bei der Umsatzsteuer **L** 121
- Umsatzsteuer **L** 121 ff.
- Umsatzsteuerabzugsverfahren **L** 231
- wirtschaftlicher Geschäftsbetrieb **L** 134

Steuersenkungsgesetz
- Körperschaftsteuer **D** 45 ff.

Stiftungen A 5
- Spendenrecht **F** 8 ff.

T

Tätigkeitsbereich
- Körperschaftsteuer **D** 8

Teilzeitbeschäftigte H 19

Tierzucht
- Förderung der Allgemeinheit **B** 26

U

Übungsleiterpauschale
- Abzug von Werbungskosten **H** 42
- nebenberufliche Tätigkeit **H** 41
- steuerliche Vergünstigung **H** 36 ff.

Umlagen
- Förderung der Allgemeinheit **B** 4
- nichtsteuerbare Umsätze **L** 82

Umsatz
s. *„Nichtsteuerbare Umsätze"*, *„Steuerbare Umsätze"*

Umsatzsteuer L 1 ff.
- Abgrenzung des unternehmerischen Bereichs **L** 6
- Abzugsverfahren **L** 222 ff.
- Bemessungsgrundlage **L** 108 ff.
- Besteuerungsverfahren **L** 213 ff.
- Entstehung der Steuerschuld **L** 138
- Gegenstandsentnahme **L** 113
- gemischt genutztes Grundstück **L** 23 ff.
- gesamtes Grundstück **L** 31 ff.
- ideeller Bereich **L** 7
- Leistungen für das Unternehmen **L** 14 ff.
- Lotteriesteuer **N** 20 f.
- Mindestbemessungsgrundlage **L** 110 ff.
- Rechtsgrundlagen **L** 1
- Steueranmeldung **L** 219 ff.
- Steuerbare Leistungen **L** 43 ff.
- Steuerbefreiung **A** 11
- Steuerermäßigung **A** 11
- teilweise Zuordnung des Grundstücks **L** 35 f.
- Umsatzsteuer-Binnenmarktgesetz **L** 198 ff.
- unentgeltliche Wertabgaben **L** 114 ff.
- Unternehmereigenschaft **L** 2 ff.
- Veräußerung des Grundstücks **L** 37 ff.
- Vermögensverwaltung **L** 8
- Voranmeldungszeiträume **L** 213 ff.
- wirtschaftlicher Geschäftsbetrieb **L** 10 ff.
- Zuordnung von Grundstücken **L** 21 ff., 35
- Zuordnung zum Unternehmensbereich **L** 12 f.
- Zweckbetrieb **L** 9

Umsatzsteuerbefreiung L 83 ff.
- allgemeine Grundsätze **L** 82
- Befreiungstatbestände im gemeinnützigen Bereich **L** 84 f.
- sportliche Veranstaltung **L** 105 f.
- Vermietungsleistungen **L** 86 ff.
- Vermietung von Campingflächen **L** 89
- Vermietung von Wohnräumen **L** 88

Umsatzsteuer-Binnenmarktgesetz
- Alkohol und alkoholische Getränke **L** 208

Stichwortverzeichnis

- Erwerbsschwelle L 202 ff.
- Erwerbsteuer L 210 ff.
- innergemeinschaftlicher Erwerb L 199 ff.
- Landfahrzeug L 206
- Luftfahrzeug L 206
- Mineralöl L 208
- Steuerschuld L 210 ff.
- Tabakwaren L 208
- verbrauchsteuerpflichtige Waren L 205
- Vorsteuerabzug L 212
- Wasserfahrzeug L 206

Umweltschutz
- Förderung der Allgemeinheit B 26

Unbeschränkte Steuerpflicht
- Körperschaftsteuerpflicht A 7

Unmittelbarkeit (§ 57 AO) B 45 ff.
- Dachverbände B 47 f.
- Förderverein B 49
- Hilfspersonen B 45 f.

Unschädliche Betätigung
  s. „Betätigungen"

Untergliederung des Vereins
- Besteuerung der Zinsen I 18 ff.

Unternehmereigenschaft
- Begriffsbestimmung L 2 f.

UStDV
- Auszug, §§ 63, 65, 66a Anh. 1

UStR
- Auszug Anh. 1

V

Veranstaltung
  s. „Sportliche Veranstaltung"

Verdeckte Gewinnausschüttung
- Sponsoring G 14

Verein
- als gemeinnützige Körperschaft A 1
- Körperschaftsteuerpflicht A 1 ff.
- Rechtsform A 2
- Steuerbefreiung A 8 f.

Vereinsmitglieder
- Freistellung von der Besteuerung H 22 f.
- kurzfristig beschäftigte Arbeitnehmer (Aushilfskräfte) H 16
- lohnsteuerliche Abgrenzungsprobleme H 8

- Pauschalierung der Kirchensteuer H 28 f.
- Pauschalierung der Lohnsteuer H 20 f., 24
- Solidaritätszuschlag H 30
- Teilzeitbeschäftigte H 19
- umsatzsteuerliche Leistungen L 44f.
- Veranlagung H 21
- Vergütung H 15
- Vergütungen an Vorstandsmitglieder und sonstige ehrenamtlich tätige – H 32 ff.
- Vergütungen für selbständig tätige – H 31

Vereinsmittel
  s. „Mittel des Vereins"

Vermietung
- Parkplätze L 96 ff.
- steuerpflichtige Vermietungsleistungen L 95 ff.
- Tennishallen L 98
- Umsatzsteuerbefreiungen L 86 ff.
- Verträge besonderer Art L 99 f.
- Verzicht auf die Steuerbefreiung L 101
- Verzichtseinschränkung (Steuerbefreiung) L 103

Vermögensteuer O 21 f.

Vermögensverwaltende Tätigkeit
- Ausschließlichkeit (§ 56 AO) B 44

Vermögensverwaltung B 182 ff.
- Begriffsbestimmung B 182 ff.
- Bewirtschaftungs- und Veranstaltungsrechte B 200
- Bildung von Rücklagen B 79
- Ermittlung des Gewerbeertrags K 12
- Kapitalvermögen B 186 ff.
- Sportstätten B 203 ff.
- Umsatzsteuer L 8
- Vereinsgaststätte B 196 ff.
- Vermietung und Verpachtung B 195 ff.
- Werbefläche B 201 f.
- Werberechte B 192

Verschuldungshaftung
- Zuwendungsbestätigung F 45

Vertrauensschutz
- gutgläubiger Spender F 42 ff.
- Verletzung des – F 53

Völkerverständigung
- Förderung der Allgemeinheit B 26

Stichwortverzeichnis

Vorstandsmitglieder
– Vergütung **H** 32 ff.

Vorsteuer
s. „Vorsteueraufteilung",
„Vorsteuerpauschalierung",
„Vorsteuerabzug"

Vorsteuerabzug **L** 146 ff.
– Änderung der Vorsteuerabzugseigenschaft **L** 185 f.
– Ausschluss bei Kleinunternehmerregelung **L** 159
– Ausschluss bei steuerfreien Umsätzen **L** 157 f.
– Berichtigung **L** 179 ff., 187 f.
– Berichtigung in der Umsatzsteuer-Jahreserklärung **L** 183
– Berichtigungszeitraum **L** 180
– Berichtigungszeitraum für Grundstücke **L** 181
– Berichtigungszeitraum, maßgeblicher **L** 182
– Bezug für den nichtunternehmerischen Bereich **L** 155 f.
– Einführung **L** 146 f.
– Einschränkung **L** 152
– Fahrzeuge **L** 188
– Kleinbetragsrechnung **L** 154
– Nutzungsänderung bei Wirtschaftsgütern **L** 179 ff.
– Überführung von Wirtschaftgütern **L** 187
– Umsatzsteuer-Binnenmarktgesetz **L** 212
– Veräußerung von Grundstücken **L** 187
– Voraussetzung **L** 148 ff.

Vorsteueraufteilung **L** 160 ff.
– allgemeine Regelung **L** 160 f.
– Einzelfallregelung **L** 170 f.
– Vereinfachungsregelung für Vereine, Forschungsbetriebe und ähnliche Einrichtungen **L** 162

Vorsteuerpauschalierung **L** 172 ff.
– Bindungsfrist **L** 176
– Personenvereinigungen **L** 177 f.
– Wahlrecht **L** 175

W

Wandervereine
– Körperschaftsteuer **D** 19

Wasserfahrzeuge
– Umsatzsteuer-Binnenmarktgesetz **L** 206

Werbeaufschriften
– Körperschaftsteuer **D** 23

Wirtschaftlicher Geschäftsbetrieb
– Abgrenzung von der Vermögensverwaltung **B** 99
– abweichendes Wirtschaftsjahr **B** 143
– Ausgliederung **B** 131 f.; **D** 12 ff.
– Ausgliederung in eine gemeinnützige Kapitalgesellschaft **B** 127
– Begriff **B** 96 ff.; **D** 10
– Besteuerungsgrenze **B** 137 ff.
– Beteiligung an einer Kapitalgesellschaft **B** 123 ff.
– Beteiligung an einer Personengesellschaft **B** 133 ff.
– Einnahmenermittlung der Besteuerungsgrenze **B** 140 ff.
– Einzelfälle **D** 18 ff.
– Erwerb einer Beteiligung **B** 128
– Grundsteuer **O** 7 f.
– Kapital- und Zinsabschlagsteuer **I** 20 ff.
– Lotteriesteuer **N** 18
– Mittelverwendung **B** 37
– partielle Steuerpflicht **B** 95 ff.
– sportliche Veranstaltung **B** 210 ff.
– steuerpflichtige sportliche Veranstaltung **B** 121 f.
– Umsatzsteuer **L** 10 f.
– Unterhalt einer Gaststätte **B** 108 ff.
– Unterhalt mehrerer – **B** 102 ff.
– Verlustausgleich **Anh. 2**
– Verlustausgleich mit steuerbegünstigtem Vereinsbereich **B** 104 ff.
– weitere Hinweise zum – **A** 9; **B** 33, 37 ff., 139 ff., 144, 210 ff., 256; **C** 5 ff.; **D** 12 ff., 77; **K** 7; **L** 10 f., 134; **N** 18; **O** 7 f.
– Werbeeinnahmen **B** 113 ff.
– Werberechte an Dritte **B** 114

Wissenschaft
– Förderung der Allgemeinheit **B** 26

Wohlfahrtsbriefmarken
– Körperschaftsteuer **D** 20

Wohlfahrtspflege **B** 171 ff.
– amtlich anerkannte Verbände **B** 174
– Fahrdienst für den ärztlichen Notfalldienst **B** 175
– Pilgerreise **B** 176
– Wohlfahrtseinrichtungen **B** 175

Stichwortverzeichnis

Wohlfahrtswesen
- Förderung der Allgemeinheit **B** 26

Z

Zinsabschlagsteuer
  s. „Kapital- und Zinsabschlagsteuer"

Zuordnung von Grundstücken
- Umsatzsteuer **L** 21 ff.

Zuschüsse B 33

Zuwendungsbestätigungen A 10
- Muster **Anh. 2**
- Sponsoring **G** 18 ff.
- Stiftung **Anh. 2**

Zweckbetrieb B 151 ff.
- allgemeine Begriffsbestimmung **B** 151 ff.
- Alten-, Altenwohn- und Pflegeheim, Erholungsheim, Mahlzeitendienst **B** 158
- Erbschaftsteuer/Schenkungsteuer **M** 13 ff.
- ertragsteuerlich befreit **B** 151 ff.
- Fürsorgeeinrichtungen für Blinde und Körperbehinderte **B** 162
- gesetzlich festgelegter – **B** 156 ff.
- Kindergärten, Kinder-, Jugend- und Studentenheime, Schullandheime und Jugendherbergen **B** 159
- Krankenhäuser **B** 177 ff.
- kulturelle Einrichtungen **B** 164 ff.
- Lotterien und Ausspielungen **B** 163
- Lotteriesteuer **N** 14 ff.
- Selbstversorgung von begünstigten Körperschaften **B** 160
- sportliche Veranstaltung **B** 210 ff.
- Umsatzsteuer **L** 9
- Volkshochschulen und andere Einrichtungen **B** 168
- Voraussetzung **B** 152 ff.
- weitere Hinweise **B** 33, 151, 178, 210 ff., 216, 222 f., 225 ff.; **L** 9 ff., 124 f., 134; **M** 13 ff.
- Werkstätten für Behinderte **B** 161
- Wissenschafts- und Forschungseinrichtungen **B** 170

Zweckbetriebsgrenze
- Verzicht auf die Anwendung der – **B** 225 ff.